プリント形式のリアル過去問で本番の臨場感！

愛知県

愛知工業大学名電高等学校

2025年春受験用

解答集

本書は，実物をなるべくそのままに，プリント形式で年度ごとに収録しています。
問題用紙を教科別に分けて使うことができるので，本番さながらの演習ができます。

■ 収録内容

・解答集（この冊子です）

書籍ＩＤ番号，この問題集の使い方，最新年度実物データ，リアル過去問の活用，
解答例と解説，ご使用にあたってのお願い・ご注意，お問い合わせ

・2024（令和６）年度 ～ 2019（平成31）年度　学力検査問題

JN131825

○は収録あり 年度	'24	'23	'22	'21	'20	'19
■ 問題（一般入試）	○	○	○	○	○	○
■ 解答用紙			○	○	○	○
■ 配点						

全教科に解説があります

注）国語問題文非掲載:2022年度の一

問題文の非掲載につきまして

著作権上の都合により，本書に収録している過去入試問題の本文の一部を掲載しておりません。ご不便をおかけし，誠に申し訳ございません。

本文の一部を掲載できなかったことによる国語の演習不足を補うため，論説文および小説文の演習問題のダウンロード付録があります。弊社ウェブサイトから書籍ＩＤ番号を入力してご利用ください。

なお，問題の量，形式，難易度などの傾向が，実際の入試問題と一致しない場合があります。

教英出版

■　書籍ＩＤ番号

入試に役立つダウンロード付録や学校情報などを随時更新して掲載しています。
教英出版ウェブサイトの「ご購入者様のページ」画面で，書籍ＩＤ番号を入力してご利用ください。

書籍ＩＤ番号　120321

（有効期限：2025年9月30日まで）

【入試に役立つダウンロード付録】
「ラストチェックテスト（標準／ハイレベル）」
「高校合格への道」

■　この問題集の使い方

年度ごとにプリント形式で収録しています。針を外して教科ごとに分けて使用します。①片側，②中央のどちらかでとじてありますので，下図を参考に，問題用紙と解答用紙に分けて準備をしましょう（解答用紙がない場合もあります）。

針を外すときは，けがをしないように十分注意してください。また，針を外すと紛失しやすくなりますので気をつけましょう。

① 片側でとじてあるもの　　② 中央でとじてあるもの

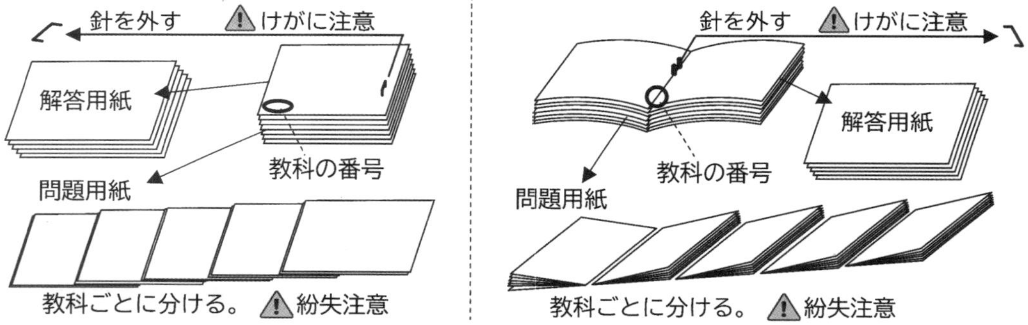

※教科数が上図と異なる場合があります。
解答用紙がない場合や，問題と一体になっている場合があります。
教科の番号は，教科ごとに分けるときの参考にしてください。

■　最新年度 実物データ

実物をなるべくそのままに編集していますが，収録の都合上，実際の試験問題とは異なる場合があります。実物のサイズ，様式は右表で確認してください。

問題用紙	Ｂ５冊子（二つ折り）
解答用紙	非公表

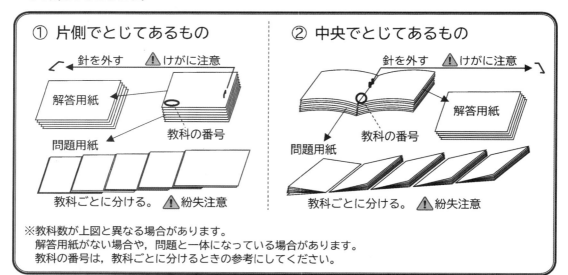

リアル過去問の活用

～リアル過去問なら入試本番で力を発揮することができる～

本番を体験しよう！

問題用紙の形式（縦向き／横向き），問題の配置や余白など，実物に近い紙面構成なので本番の臨場感が味わえます。まずはパラパラとめくって眺めてみてください。「これが志望校の入試問題なんだ！」と思えば入試に向けて気持ちが高まることでしょう。

入試を知ろう！

同じ教科の過去数年分の問題紙面を並べて，見比べてみましょう。

①　問題の量

毎年同じ大問数か，年によって違うのか，また全体の問題量はどのくらいか知っておきましょう。どのくらいのスピードで解けば時間内に終わるのか，大問ひとつにかけられる時間を計算してみましょう。

②　出題分野

よく出題されている分野とそうでない分野を見つけましょう。同じような問題が過去にも出題されていることに気がつくはずです。

③　出題順序

得意な分野が毎年同じ大問番号で出題されていると分かれば，本番で取りこぼさないように先回りして解答することができるでしょう。

④　解答方法

記述式か選択式か（マークシートか），見ておきましょう。記述式なら，単位まで書く必要があるかどうか，文字数はどのくらいかなど，細かいところまでチェックしておきましょう。計算過程を書く必要があるかどうかも重要です。

⑤　問題の難易度

必ず正解したい基本問題，条件や指示の読み間違いといったケアレスミスに気をつけたい問題，後回しにしたほうがいい問題などをチェックしておきましょう。

問題を解こう！

志望校の入試傾向をつかんだら，問題を何度も解いていきましょう。ほかにも問題文の独特な言いまわしや，その学校独自の答え方を発見できることもあるでしょう。オリンピックや環境問題など，話題になった出来事を毎年出題する学校だと分かれば，日頃のニュースの見かたも変わってきます。

こうして志望校の入試傾向を知り対策を立てることこそが，過去問を解く最大の理由なのです。

実力を知ろう！

過去問を解くにあたって，得点はそれほど重要ではありません。大切なのは，志望校の過去問演習を通して，苦手な教科，苦手な分野を知ることです。苦手な教科，分野が分かったら，教科書や参考書に戻って重点的に学習する時間をつくりましょう。今の自分の実力を知れば，入試本番までの勉強の道すじが見えてきます。

試験に慣れよう！

入試では時間配分も重要です。本番で時間が足りなくなってあわてないように，リアル過去問で実戦演習をして，時間配分や出題パターンに慣れておきましょう。教科ごとに気持ちを切り替える練習もしておきましょう。

心を整えよう！

入試は誰でも緊張するものです。入試前日になったら，演習をやり尽くしたリアル過去問の表紙を眺めてみましょう。問題の内容を見る必要はもうありません。どんな形式だったかな？受験番号や氏名はどこに書くのかな？…ほんの少し見ておくだけでも，志望校の入試に向けて心の準備が整うことでしょう。

そして入試本番では，見慣れた問題紙面が緊張した心を落ち着かせてくれるはずです。

※まれに入試形式を変更する学校もありますが，条件はほかの受験生も同じです。心を整えてあせらずに問題に取りかかりましょう。

愛知工業大学名電高等学校

《国　語》

一　【問一】a．エ　b．ウ　c．ア　d．イ　e．ア　f．ウ　【問二】g．ウ　h．エ
【問三】i．イ　j．イ　【問四】エ　【問五】ウ　【問六】エ　【問七】イ　【問八】エ
【問九】エ　【問十】イ　【問十一】イ

二　【問一】イ　【問二】ウ　【問三】ア　【問四】ウ　【問五】ウ　【問六】エ

三　(1)エ　(2)ア

《数　学》

1　(1)ア．2　(2)イ．－　ウ．5　エ．－　オ．8　(3)カ．8　キ．3　ク．2　ケ．0　コ．2　サ．4
(4)シ．－　ス．5　(5)セ．4　ソ．0　(6)タ．2　チ．4　ツ．4　(7)テ．2　ト．4　ナ．3　ニ．8

2　(1)ア．1　イ．1　(2)ウ．4　エ．1　オ．1　(3)カ．3　キ．5

3　(1)ア．2　イ．－　ウ．6　(2)エ．5　オ．1　カ．2

4　(1)ア．1　(2)イ．9　ウ．1　エ．4　(3)オ．1　カ．7　(4)キ．1　ク．9　ケ．8

《英　語》

I　1．イ　2．イ　3．イ　4．ウ　5．イ

II　1．エ　2．イ　3．ウ　4．ウ　5．ア

III　1．エ　2．ウ　3．イ　4．ア　5．ア

IV　1．エ　2．ア　3．イ　4．エ　5．ウ

V　1．ウ　2．イ　3．ウ　4．ア　5．ウ

VI　1．イ　2．エ　3．ア　4．イ　5．イ　6．イ　7．ア　8．ウ　9．ウ　10．ウ

《理　科》

1　(1)8　(2)イ．2　ウ．4　(3)8　(4)2　(5)カ．0　キ．8　ク．1　(6)7

2　(1)3　(2)1　(3)3　(4)2，3　(5)オ．2　カ．4　キ．1　ク．5　(6)1　(7)8

3　(1)6　(2)2　(3)2　(4)3　(5)4　(6)4

4　(1)2　(2)4　(3)2，5　(4)2　(5)2，3　(6)カ．1　キ．4

《社　会》

(1)3　(2)1　(3)4　(4)2　(5)4　(6)2　(7)4　(8)2　(9)3　(10)2　(11)2　(12)3　(13)3
(14)1　(15)2，6　(16)4　(17)2　(18)2

《2024　国語　解説》

一　【問二】ｇ　「本能のプログラムに従って機械的に行動するために」「想定外のことが起こると、対応できない」昆虫に対して、哺乳《ほにゅう》類は「自分の頭で考え」「どんなに環境が変化したとしても～状況を分析し、最適な行動を導き出す」。この哺乳類の特性を言い表した言葉だから、ウの「臨機応変」が適する。

ｈ　囲碁《いご》や将棋《しょうぎ》についての言葉で、２番目の（　ｈ　）の後に、「それまでの研究によって、『こういう場面では、これが最善手である』と定められた法則のようなもの」と説明があることから、エの「定石」が適する。

【問三】ｉ　「よく」とイの「しばらく」は、活用がなく、用言を修飾しているので、副詞。　ア．形容詞「おとなしい」の連用形。　ウ．助動詞の「たい」の連用形。　エ．動詞「落ち着く」の連体形。

ｊ　「たり」は接続助詞、イの「さえ」は副助詞で、両者とも助詞。　ア．受け身の助動詞「られる」の連用形。ウ．「しっかり」は、副詞。　エ．「いる」は補助動詞。

【問四】　傍線部①の直前より、「虫たちは、『本能』という仕組みだけで、誰に教わらなくても生きていくために必要な行動を取ることができる」。しかし、哺乳動物の赤ちゃんが本能でできるのはおっぱいを飲むことくらいで、親から教わらなければ、狩りもできないし、敵から逃げることもできない。このことをまとめて、傍線部①の５行後で、筆者は「私たち哺乳動物にも本能はあるが、昆虫ほど完璧にプログラムされた本能は持ち合わせていない。教わらなければ何もできないのである」と述べている。よって、「親から学ぶこと」について述べた、エが適する。

【問五】　傍線部②の後で、欠点の具体例として、トンボがアスファルトの水たまりやブルーシートの上にも卵を産んでしまうこと、狩人《かりゅうど》バチがエサを落としても捜さないこと、昆虫が電灯の光に集まってしまうことをあげている。これらの例から、筆者は「昆虫は、本能のプログラムに従って機械的に行動するために、誤った行動をしてしまうことがあるのである。これが、本能の欠点である。決まった環境であれば、プログラムに従って、正しく行動することができる。ところが、想定外のことが起こると、対応できないのである」と述べている。よって、ウが適する。「本能のプログラム」のことを、ウで「あらかじめ植え付けられた行動規範」と言い換えている。

【問六】　上空から見たときの、アスファルトの道路の水たまりと、ブルーシートの両方に共通する見え方を考える。ブルーシートは「水面」でも「水たまり」でもないので、アとイは、適さない。ウについて、道路の水たまりが「青色に染まっている」ように見えるとは考えられないので、適さない。

【問七】　選択肢前半に書かれている知能の優れている点は、ア～エとも同じような内容になっている。一方、選択肢後半に書かれている、知能の欠点は、イの後半の内容が本文の内容と近い。知能の欠点は、「自分の頭で考えて導き出した解答が、正しいとは限ら」ず、「誤った行動を選んでしまう」ことがあるという点。「知能が正しい判断をするため」には、「膨大な『情報』と「その情報を元に成功と失敗を繰り返す『経験』が必要」なのである。この「経験」は、イにあるように「生存に有利に働いた行動の蓄積からくるもの」でなければならないと考えられる。

【問八】　本文中の「データ」とは、水面とブルーシートを区別するために必要となる情報のこと。エの「水面とブルーシートはまったく違う」は、人間から見た事実であり、情報（＝データ）とは言えない。

【問九】　囲碁や将棋のＡＩは「膨大な対局が可能」で、「その経験の中から、その場面の最善手を導く」（ディープラーニング）。そして、「膨大な情報量と経験によって、ＡＩは力を発揮するようになった」とある。これと同様に、筆者は、「哺乳動物の知能」についても「正しい答えを導くためには、膨大な『情報』が必要となる。そして～『経験』が必要である」ということを述べているから、エが適する。

【問十一】　生き物の「二つの生存戦略」とは、「本能」と「知能」のこと。Ｂ君の「現代社会においてどちらがより優れた生存戦略なのかをはっきりさせようとしている」が本文に書かれていない内容。昆虫は「本能」を、人間を含む哺乳類は「知能」を発達させた。筆者はその違いを説明しているのであって、「どちらがより優れた生存戦略なのか」ということは問題にしていない。

二 【問一】 隆家が中宮定子に話しかけている場面。ⅰとⅱの隆家と中宮の会話を聞いていた筆者(清少納言)が、ⅲで、機知に富んだ面白いことを言ったので、ⅳで、隆家が、「(その言葉を横取りして)自分が言ったことにしてしまおう」と(冗談めかして)笑って言ったのである。隆家と中宮の動作には「たまふ」「のたまふ」などの尊敬語が使われているが、ⅲの直後の筆者の動作には、謙譲語の「聞こゆ」しか用いられていないこともヒントになる。

【問三】 「全くまだ見たことのない様子の骨」だと聞いた筆者が、それならば、この世に存在しない「くらげの骨」なのでしょう、と冗談を言ったのである。

【問五】 ①「よくも音弾きとどめぬ琴を～弾きたてる」、②「まらうどなどに～えは制せで聞く心地」、③「思ふ人の～同じことしたる」、④「聞きゐたりけるを知らで、人の上言ひたる」、⑤「旅立ちたる所にて、下衆どもざれゐたる」、⑥「にくげなるちごを～語りたる」、⑦「才ある人の前にて～人の名など言ひたる」、⑧「よしともおぼえぬわが歌を～よし言ふ」の８つ。

【古文の内容】

A 中納言(隆家)が参上なさって、(中宮定子に)扇を差し上げなさった時に、(隆家が)「隆家(＝私)は素晴らしい骨を手に入れました。それに(紙)を張らせて献上しようとするのに、並大抵の紙では(不釣り合いで)張れませんから、(ふさわしい紙を)探しています」と申し上げなさる。(中宮定子が)「どんな(骨)ですか。」とお尋ねなさると、(隆家は)「全く素晴らしいものです。『全くまだ見たことのない様子の骨です。』と人々は申します。本当にこれほどの(骨)は見たことがなかった。」と声を大きくしておっしゃるので、(私が)「それならば、扇の(骨)ではなく、くらげの(骨)なのでしょう。」と申し上げると、(隆家が)「これは、隆家の言ったことにしよう。」といって笑いなさる。このようなことは、「かたはらいたきもの」の中に入れるべきだけれど、「ひとつも(書き)落とすな。」というので、どうにも仕方ない。

B いたたまれなく、恥ずかしいこと(もの)。よく音を弾くことのできない琴を、よく調律もしないで、心の限り弾きたてるもの。客人などに会って話をしているのに、奥の方で打ち解けたことを言うのを制することができないで聞く気持ち。好きな人が、ひどく酔って、同じことをしているもの。聞いているのを知らないで、人の噂話を言っているもの。それはさほどの身分の人ではなくても、使用人などでさえも、いたたまれない。

外泊先で、身分の低い者がふざけているもの。可愛げのない子どもを、自分の愛おしいと思う気持ちのままに、かわいがり、かわいがり、その子どもの声(をまねて)そのままに、言ったことなどを語るもの。学問がある人の前で、学問のない人が、いかにももの知りのような声で、人の名前などを言うこと。良いとも思われない自分の歌を、人に語って、人がほめるなどしたことを言ってくるのも、聞いていて恥ずかしい。

三 (1) ア．置き字(「於」)は、書き下し文では書かない。 イ．「戦ヒヲ」を「戦いを」、「日ハク」を「日わく」と現代仮名遣いに直しているので誤り。 ウ．助動詞(打ち消しの助動詞の「不《ず》」)は、書き下し文ではひらがなに直す。

(2) イ．後半が「百→笑→則→歩」の順で読むことになってしまう。 ウ．三点・四点は、二点より上に付くはず。エ． ２字以上隔てて返って読む場合に一二点を用いる。一点は、二点より下に付くはず。

《2024 数学 解説》

1 (1) 与式$=\dfrac{(\sqrt{3}+1)\times\sqrt{3}\times(3+\sqrt{3})(2-\sqrt{3})}{3}=\dfrac{(3+\sqrt{3})^2(2-\sqrt{3})}{3}=\dfrac{(9+6\sqrt{3}+3)(2-\sqrt{3})}{3}=$

$\frac{6(2+\sqrt{3})(2-\sqrt{3})}{3}=2(4-3)=\mathbf{2}$

(2)　$3x-2y=1$…①とする。

$\frac{1}{2}x-\frac{3y+2}{4}=3$の両辺に4をかけて，$2x-(3y+2)=12$　　$2x-3y-2=12$　　$2x-3y=14$…②とする。

①×3－②×2でyを消去すると，$9x-4x=3-28$　　$5x=-25$　　$\mathbf{x=-5}$

①に$x=-5$を代入すると，$-15-2y=1$　　$-2y=16$　　$\mathbf{y=-8}$

(3)　2次方程式の解の公式より，$x=\frac{-(-8)\pm\sqrt{(-8)^2-4\times1\times3}}{2\times1}=\frac{8\pm\sqrt{52}}{2}=\frac{8\pm2\sqrt{13}}{2}=4\pm\sqrt{13}$

したがって，$a=(4+\sqrt{13})+(4-\sqrt{13})=\mathbf{8}$，$b=(4+\sqrt{13})(4-\sqrt{13})=16-13=\mathbf{3}$

$a^3+6a^2b+5ab^2=a(a^2+6ab+5b^2)=a\{a^2+(b+5b)a+b\times5b\}=a(a+b)(a+5b)$

ここで，$a=8$，$b=3$を代入すると，$8(8+3)(8+5\times3)=8\times11\times23=\mathbf{2024}$

(4)　**【解き方】(変化の割合)$=\frac{(y\text{の増加量})}{(x\text{の増加量})}$で求められるが，1次関数の変化の割合は，常にグラフの傾きと等しい。**

$y=2x+3$のグラフは傾きが2の直線だから，変化の割合は常に2である。求めるxの値をaとする(ただし，aは0ではない)。$y=-x^2$に$x=a$を代入すると，$y=-a^2$となり，$x=3$を代入すると，$y=-3^2=-9$となる。

したがって，xの値がaから3まで変化したときの変化の割合について，$\frac{-9-(-a^2)}{3-a}=\frac{(a+3)(a-3)}{-(a-3)}=$
$-a-3$となり，これが2と等しいので，$-a-3=2$より$a=\mathbf{-5}$である。

(5)　**【解き方】多角形の外角の和は，どのような多角形でも360°になることを利用して，xの方程式をたてる。**

外角の和について，$50°+70°+70°+(180°-140°)+(180°-90°)+x=360°$　　これを解くと，$x=\mathbf{40°}$

(6)　**【解き方】半円の中心をOとすると，右図のように面積を求める部分を3つに分けられる。**

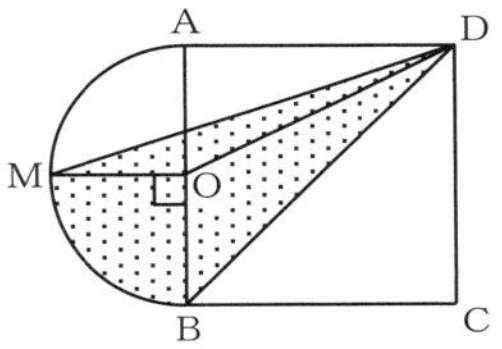

半円の半径は$8\times\frac{1}{2}=4$(cm)だから，$\triangle OMD=\frac{1}{2}\times OM\times OA=\frac{1}{2}\times4\times4=8$(cm²)

$\triangle OBD=\frac{1}{2}\times OB\times BC=\frac{1}{2}\times4\times8=16$(cm²)

おうぎ形OMBの面積は，$4^2\pi\times\frac{90}{360}=4\pi$(cm²)

よって，求める面積は，$8+16+4\pi=\mathbf{24+4\pi}$(cm²)

(7)　**【解き方】4人をA，B，C，Dとし，それぞれが用意したプレゼントをa，b，c，dとする。自分以外のプレゼントを受け取る場合については，樹形図にまとめる。**

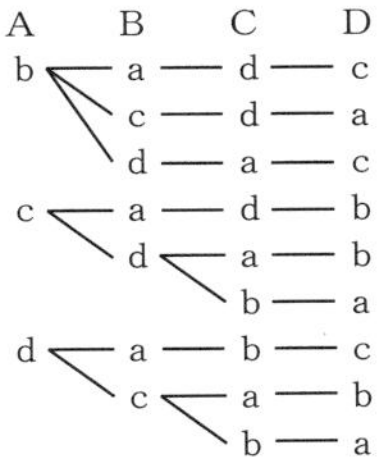

A，B，C，Dの順にプレゼントを受け取るとすると，Aの受け取り方はa，b，c，dの4通り，Bの受け取り方は残りの3通り，Cの受け取り方は残りの2通り，Dの受け取り方は残りの1通りだから，全部で，$4\times3\times2\times1=24$(通り)ある。

自分以外のプレゼントを受け取る場合は，右の樹形図の9通りある。

よって，求める確率は，$\frac{9}{24}=\mathbf{\frac{3}{8}}$

2　(1)　**【解き方】△ABGの面積をSとし，△AGM→△AHDの順に面積をSの式で表していく。**

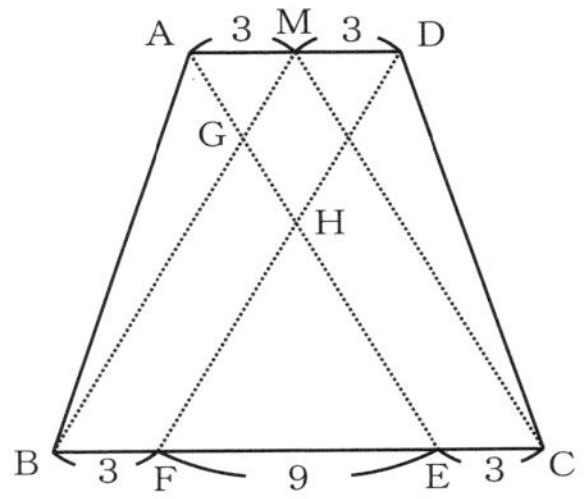

四角形AECMと四角形MBFDは平行四辺形だから，右のように作図できる。

AD//BCより△AGM∽△EGBだから，

MG：BG＝AM：EB＝3：(3＋9)＝1：4

△AGMと△ABGは，底辺をそれぞれMG，BGとしたときの高さが等しいから，面積比はMG：BG＝1：4になるので，$\triangle AGM=\frac{1}{4}\triangle ABG=\frac{1}{4}S$

MB//DFより△AGM∽△AHDで，相似比はAM：AD＝1：2である。

相似な図形の面積比は相似比の2乗に等しいから，

△ＡＧＭ：△ＡＨＤ＝1^2：2^2＝１：４　　したがって，△ＡＨＤ＝△ＡＧＭ×$\frac{4}{1}$＝$\frac{1}{4}$Ｓ×４＝Ｓ

よって，△ＡＢＧ：△ＡＨＤ＝Ｓ：Ｓ＝**１：１**

⑵　【解き方】⑴をふまえ，四角形ＤＨＥＣの面積をＳの式で表す。

ＡＤ//ＢＣより△ＡＨＤ∽△ＥＨＦだから，ＡＨ：ＥＨ＝ＡＤ：ＥＦ＝６：９＝２：３

△ＡＨＤ：△ＡＥＤ＝ＡＨ：ＡＥ＝２：(２＋３)＝２：５だから，△ＡＥＤ＝△ＡＨＤ×$\frac{5}{2}$＝$\frac{5}{2}$Ｓ

△ＡＥＤ：△ＣＤＥ＝ＡＤ：ＣＥ＝６：３＝２：１だから，△ＣＥＤ＝△ＡＥＤ×$\frac{1}{2}$＝$\frac{5}{2}$Ｓ×$\frac{1}{2}$＝$\frac{5}{4}$Ｓ

したがって，四角形ＤＨＥＣの面積は，△ＡＥＤ＋△ＣＥＤ－△ＡＨＤ＝$\frac{5}{2}$Ｓ＋$\frac{5}{4}$Ｓ－Ｓ＝$\frac{11}{4}$Ｓ

よって，△ＡＧＢと四角形ＤＨＥＣの面積比は，Ｓ：$\frac{11}{4}$Ｓ＝**４：11**

⑶　【解き方】⑴，⑵をふまえ，台形ＡＢＣＤの面積をＳの式で表す。⑴より，△ＡＧＭ＝$\frac{1}{4}$Ｓである。

△ＡＥＤ：△ＡＢＥ＝ＡＤ：ＢＥ＝６：12＝１：２だから，△ＡＢＥ＝△ＡＥＤ×２＝$\frac{5}{2}$Ｓ×２＝５Ｓ

したがって，台形ＡＢＣＤの面積は，△ＡＢＥ＋△ＡＥＤ＋△ＣＥＤ＝５Ｓ＋$\frac{5}{2}$Ｓ＋$\frac{5}{4}$Ｓ＝$\frac{35}{4}$Ｓ

よって，台形ＡＢＣＤと△ＡＧＭの面積比は，$\frac{35}{4}$Ｓ：$\frac{1}{4}$Ｓ＝35：１だから，台形ＡＢＣＤの面積は△ＡＧＭの面積の**35**倍である。

3　**⑴　【解き方】△ＰＡＢ＝15となる場合について，△ＰＡＢの底辺をＡＢとしたときの高さをまず求める。**

ＡＢ＝(ＡとＢのx座標の差)＝４－(－２)＝６だから，△ＰＡＢの底辺をＡＢとしたときの高さをｈとすると，

△ＰＡＢの面積について，$\frac{1}{2}$×６×ｈ＝15　　ｈ＝５

$y=\frac{1}{4}x^2$にＡのx座標のx＝４を代入すると，$y=\frac{1}{4}\times 4^2$＝４となるから，

Ａ(４，４)である。したがって，ＡＢより下側にＰをとることはできず，

Ｐのy座標は，４＋５＝９である。

そのようなＰの位置は，右図のＣとＤの**２**個ある。

$y=\frac{1}{4}x^2$にＰのy座標のy＝９を代入すると，９＝$\frac{1}{4}x^2$より，$x=\pm 6$

Ｃのx座標は６，Ｄのx座標は－６だから，求めるx座標は**－６**である。

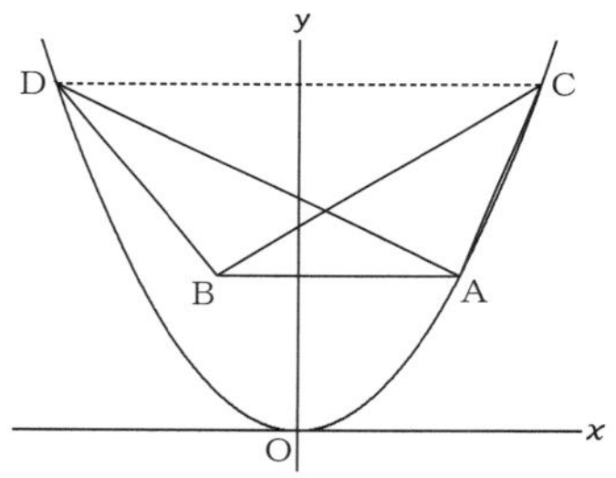

⑵　【解き方】△ＱＡＢが二等辺三角形になるときについて，ＱＡ＝ＱＢの場合と，ＢＱ＝ＢＡの場合と，ＡＱ＝ＡＢの場合がある。

ＱＡ＝ＱＢとなるＱの位置は右図のＧである。

ＢＱ＝ＢＡとなるＱの位置は図のＥとＨである。

ＡＱ＝ＡＢとなるＱの位置は図のＦとＩである。

したがって，Ｑの位置は**５**個ある。

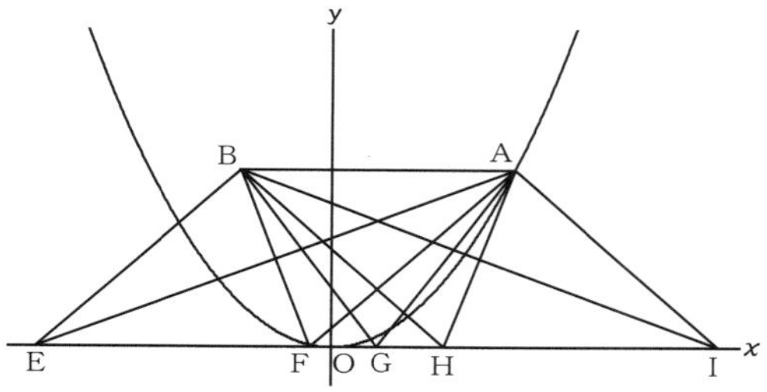

△ＱＡＢ＝$\frac{1}{2}$×ＡＢ×(ＡとＱのy座標の差)＝$\frac{1}{2}$×６×４＝**12**

4　**⑴　【解き方】△ＡＢＦと△ＥＢＦにおいて，ＢＦ＝ＢＦ，∠ＡＢＦ＝∠ＥＢＦ，∠ＢＦＡ＝∠ＢＦＥ＝90°だから，△ＡＢＦ≡△ＥＢＦである。**

ＥＢ＝ＡＢ＝６だから，ＥＣ＝８－６＝２

△ＡＥＣにおいて，ＦとＰはそれぞれＡＥ，ＡＣの中点だから，中点連結定理より，ＦＰ＝$\frac{1}{2}$ＥＣ＝**１**

⑵　【解き方】三角形の内角の二等分線の定理を利用する。

ＢＤは∠ＡＢＣの二等分線だから，ＡＤ：ＤＣ＝ＡＢ：ＢＣ＝６：８＝３：４

ＤＣ＝ＡＣ×$\frac{4}{3+4}$＝９×$\frac{4}{7}$＝$\frac{36}{7}$　　ＤＰ＝ＤＣ－ＰＣ＝$\frac{36}{7}$－$\frac{9}{2}$＝$\mathbf{\frac{9}{14}}$

⑶　【解き方】⑴よりＦＰ//ＥＣだから，△ＦＰＱ∽△ＥＢＱであることを利用する。

△ＦＰＱ∽△ＥＢＱより，ＰＱ：ＢＱ＝ＦＰ：ＥＢ＝１：６　　よって，ＰＱ：ＰＢ＝１：(１＋６)＝**１：７**

⑷　【解き方】高さが等しい三角形の面積比は底辺の長さの比に等しいことを利用して，△ＤＢＰ→△ＤＰＱの順に，面積が△ＡＢＣの何倍かを求める。

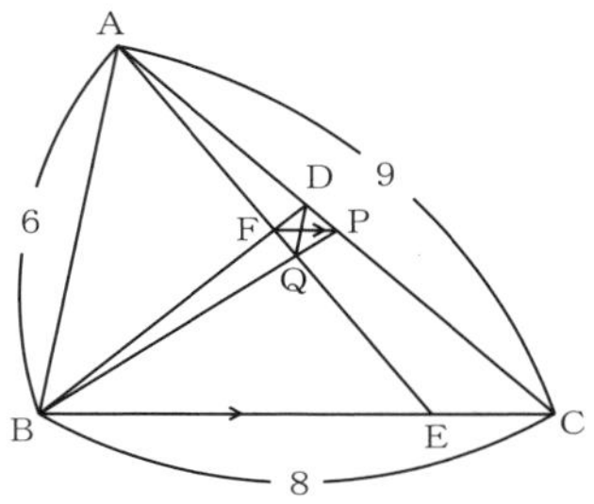

△ＤＢＰと△ＡＢＣは，底辺をそれぞれＤＰ，ＡＣとしたときの高さが等しいから，面積比はＤＰ：ＡＣ＝$\frac{9}{14}$：９＝１：14なので，

△ＤＢＰ＝$\frac{1}{14}$△ＡＢＣ

△ＤＰＱと△ＤＢＰは，底辺をそれぞれＰＱ，ＰＢとしたときの高さが等しいから，面積比はＰＱ：ＰＢ＝１：７なので，△ＤＰＱ＝$\frac{1}{7}$△ＤＢＰ＝$\frac{1}{7}$×$\frac{1}{14}$△ＡＢＣ＝$\frac{1}{98}$△ＡＢＣ

よって，△ＤＰＱ：△ＡＢＣ＝$\frac{1}{98}$△ＡＢＣ：△ＡＢＣ＝**１：98**

《2024　英語　解説》

Ⅰ　【本文の要約】参照。

１　「filly とはどういう意味ですか？」…「それは①ィ１歳より大きく，②ィ雄馬ではない馬です」が適切。

２　「(　　)に入る最適な句はどれですか？」…直前の１文より，年齢の話であるイ「その馬が何歳か」が適切。

３　「馬はなぜ人気があるのですか？」…イ「なぜなら，彼らは大きな力を持っているからです」が適切。

４　「文章の内容に合う，正しい文を選びなさい」　ア「pony は，大人の馬ではなく，×若い馬の名前です」イ×「馬は哺乳類なので脚が長いです」…本文にない内容。　ウ○「馬は草食動物なので，多くの種類の穀物を食べます」　エ「馬は私たちの生活で×ほとんど役目がありません」

５　「この文章にふさわしい題名はどれですか？」　ア「作家と馬の友情の歴史」　イ○「素晴らしい動物と人間との関係」　ウ「馬をペットとして飼う方法」　エ「世界で最もカラフルな動物の一種」

【本文の要約】

馬は美しい生き物です。さまざまな色の馬がいて，速く走ることができます。３ィ人々は馬が好きです。なぜなら，馬は強くてパワフルだからです。馬は哺乳類です。哺乳類とは毛や毛皮でおおわれた恒温動物のことです。母馬は一般的に春に１頭の赤ちゃんを産み，母乳を与えます。

馬は長い脚を持ち，大きな目で周りをほぼすべて見ることができます。彼らは歩いたり，速足で駆けたり，全速力で走ったり，ジャンプしたりすることができます。

１歳以下の非常に若い馬は foals と呼ばれています。１ィ若い雌馬は filly，若い雄馬は colt と呼ばれています。馬は４歳を過ぎると成馬とみなされます。

多くの人が若い馬を pony だと思っていますが，それは真実ではありません。pony は，あまり大きく成長しない馬の一種です。

馬は 20～25 歳まで生きます。歯を見ると２ィその馬が何歳かわかることがあります。

ふつう馬は立って寝るので，捕食者が現れたら素早く逃げることができます。馬は１日に約３時間の睡眠しか必要としません！

彼らのひずめは手入れをする必要があります。ひずめは人間の手の爪のようなもので，切る必要があります。馬が固い地面をたくさん歩くとき，人々はかれらのひずめに馬蹄を付け，ひずめを切るときに馬蹄を外します。その後，新しい馬蹄が付けられます。

4ウ食べ物については，馬は牧草や干し草，オート麦，トウモロコシ，リンゴ，ニンジンなどの食べ物を食べます。彼らは草食動物なので，他の動物は食べません。彼らの胃は小さいので，少量の食事を頻繁にとります。

野生の馬もいますが，ペットとして馬を飼っている人もたくさんいます。彼らは馬に乗ります。馬に芸を教えることもあります。人々が馬を使い始めたときは，仕事のためだけに使われました。馬は，人々を乗せて他の場所へ行くために馬車を引いたり，農夫が畑仕事をしやすくなるようにすきを引いたりしました。また，馬は物を背負いあちこちに移動させるためにも使われました。

現在，治療馬として働いている馬もいます。これらの馬は，ハンディキャップを持つ人々がより穏やかで快適になる，または動かすことができない筋肉を動かすのに役立ちます。

これらの強い生き物が大切にされると，素晴らしい友達になります。みなさんは馬について他に何を知っていますか？

Ⅱ　【本文の要約】参照。

1　「その老婦人は毎日バスの窓から種を投げます。種とは何ですか？」…エ「それらは植物の小さくて硬い部分で，それらから新しい植物が育ちます」が適切。

2　「下線部①はどういう意味ですか？」…イ「雨は花の成長を助けます」が適切。

3　「どの文章が正しいですか？」…ア「小さな少年は×ひとりでバスに乗りました。×なぜなら運転手が父親だったからです」　イ×「老婦人は男の後にバスに乗り，一緒に降りました」…本文にない内容。

ウ〇「男は老婦人より先にバスに乗り，降りるときも彼女より先でした」　エ×「老婦人は小さな男の子と一緒にバスに乗り，その子を母親に預けました」…本文にない内容。

4　「下線部②を見てください。男性はどんな気分ですか？」…ウ「彼は悲しい思いをしています，なぜなら老婦人は花が育つのを見ることができないからです」が適切。

5　「この物語の最後にあるメッセージは何ですか？」…ア〇「世界をみんなにとってより良い場所にするために，自分にできることをしよう」が適切。

【本文の要約】

男は毎日バスに乗って仕事に行っていました。3ウ次の停留所で老婦人が乗ってきて窓際に座りました。乗車時間は長く，景色は退屈でした。道路や建物はほこりだらけで灰色だったので，男は退屈していました。老婦人はかばんを抱えていて，移動中ずっと数分おきに，かばんに手を入れて窓の外に何かを投げていました。男は彼女が何を投げているのか見ようとしましたが，彼女が投げたものは小さすぎて彼には見えませんでした。

彼女は毎日同じことをしていたので，ある日，男は彼女にこう尋ねました。「すみませんが気になってしまって，窓から何を投げているのですか？」「これは種です！」と老婦人は言いました。「種？何の種ですか？」「花ですよ。花の種。外を見ると色彩も生彩もなく，すべてが悲しく思えて…。この道中を，花を見ながら移動ができたらいいなと思うんです。その方がずっといいと思いませんか？」「しかし，婦人，種子は固い地面に落ちて，交通量が多い道路では，車やバスがそれらをすべて非常に細かく砕き，鳥が食べてしまいます。本当にこの道路で種が生き延びると思っているのですか？」「私はそれを信じています。たとえ行方がわからなくなったり，砕かれたりしても，時間が経てばきっとそれらは成長します」「しかし，水が必要です」「私は自分の役割を果たしているだけです。2イ雨の日は種が育つのに役立つでしょう」

3ウ男は彼女が喜んで時間とお金を無駄にしていることに驚き，停留所でバスを降りるときに再度微笑む女性の方を見ました。

数か月後，窓から外を見ていた男は，道端で花がいっぱいに咲いていることに気づき，老婦人のことを思い出しました。彼は運転手に彼女について聞きました。

「ええと，彼女が亡くなって１か月以上になります」

4ウ男は再び腰を下ろし，明るく美しい色を見ながら，結局花は咲いたとはいえ，何の役に立ったんだろう。老婦人は自分の作品を見ることができなかったのだから，と思いました。

突然，小さな男の子の笑い声が聞こえました。彼は窓に鼻をくっつけ，花の方を指差していました。

「ほら，ママ！きれいな花を見てよ！」

老婦人は仕事をして，その結果，皆が彼女の望むものを見て楽しむことができました。

その日以来，男は窓から投げるための種の袋を持って家から職場まで移動しています。

5ア良いことをすることに疲れないでください。あなたは果物や花を見ることができないかもしれませんが，どこかで誰かがあなたが作ったものを愛してくれるでしょう。

Ⅲ　【本文の要約】参照。

1「文章によると，なぜ運転手は『親指を下ろす(＝thumbs down)』仕草を見せたのですか？」…親指を下ろす(＝thumbs down)サインは拒絶を表す。エ「彼らは豆腐が本当に好きではなかったからです」が適切。

2　「この斬新なアイデアとは何ですか？」…下線部②の直前の女性の話より，ウ「豆腐と果物を混ぜて，健康に良い飲み物を作ること」が適切。

3　「『そして豆腐は 10 年！』とはどういう意味ですか？」…この話はアメリカで豆腐が人気になるまでの雲田さんの苦労の話だから，イ「豆腐はアメリカで販売開始から 10 年後に人気が出ました」が適切。

4　「文章の内容に合う，正しい文を選びなさい」　ア○「雲田さんがアメリカで豆腐を売ろうとしたとき，多くの人はいくつかの理由で豆腐を嫌いました」　イ×「ロッキー青木さんは雲田さんのアイデアをとても気に入り，彼のレストランで豆腐料理を提供しました」…本文にない内容。　ウ「ヒラリー・クリントンさんは，×米国の人々にとって健康的な食べ物として豆腐について話しました」　エ「雲田さんは×会社の長い支援のおかげで事業に成功しました」は不適切。

5　「この文章に最適なタイトルは何ですか？」…ア「ミスター豆腐」が適切。イ「ロッキー青木」，ウ「TOFU NO1」　エ「森永豆腐」は不適切。

【本文の要約】

アメリカで「ミスター豆腐」と呼ばれる人がいるとしたら，それは現地で豆腐を流行させた雲田康夫さんです。最後には成功しましたが，雲田さんのキャリアはほとんどの人が心を打ち砕かれてしまうような不運に満ちあふれていました。彼の偉大なアイデアは何度も成功に近づきましたが，予期せぬ出来事で台無しになりました。

1980 年代初頭，40 歳の雲田さんは森永豆腐を売るために米国に派遣されました。確かに日本の専門家や健康意識の高いアメリカ人は豆腐を食べました。一部のアメリカ人は気に入っていましたが，その数は多くはありませんでした。その食感と味が気に入らない人もいました。4ア「豆腐」という言葉は，足の指(＝toes)を連想させました。また，大豆はペットフードのためだけに使われるものだと考える人もたくさんいました。1988 年に掲載された新聞の調査によると，豆腐はアメリカ人が最も嫌う食べ物のひとつであることがわかりました。

くる年もくる年も，ミスター豆腐は努力を続けました。彼は BENIHANA レストランチェーンのオーナー，ロッキー青木さんを訪ねました。しかし，青木さんは雲田さんに BENIHANA という名前を豆腐ブランドとして使わせたり，店で豆腐を提供したりすることを断りました。雲田さんの次のアイデアは，車のナンバープレートに「TOFU NO1」を付けることでした。しかし，顧問は，アメリカ人はそれを「TOFU NO!」という意味で受け取るかもしれないと彼に言いました。代わりに彼は「TOFU-A」というナンバープレートを使いました。それでも，路上で他の運転手は彼に「親指を下ろす」仕草をすることがありました。

彼はロサンゼルスで豆腐の格好をしてマラソンを走ったこともありました。彼はつまずいて転んだときにテレビで注目されました。しかし，不運と成功への障壁が彼の豆腐の売り上げを押しとどめました。

彼が諦めかけていたそんなある日，ある女性が豆腐を買っているのを見かけました。雲田さんは彼女に話しかけ，彼女が健康的なシェイクを作るためにそれを果物と混ぜていることがわかりました。彼はこの斬新なアイデアをもとに豆腐の新製品を開発し始めました。その後，ヒラリー・クリントン夫人がビル・クリントン大統領の健康のための食品として豆腐について語ったという話を聞きました。雲田さんは新製品をホワイトハウスに送り，親切な返事をもらいました。

これにより，雲田さんのやる気に再び火がつきました。しかし，ちょうどその時，森永は我慢の限界をむかえていました。会社は彼に新製品の工場を建設してもいいが，その費用は自分で支払わなければならないと告げました。これは大きな個人的リスクであり，多くの人が諦めたでしょう。でもミスター豆腐はちがいました。彼はオレゴン州に工場を建てるためにお金を借りました。10 年以上の苦闘の末，この勇敢な行動はついに報われました。ミスター豆腐の決して諦めないという姿勢が報われました。今日，森永豆腐は米国でよく売れています。

「桃栗３年，柿８年」という日本のことわざがありますが，雲田さんはそこに「そして豆腐は 10 年！」と付け加えています。

Ⅳ　【本文の要約】参照。

１　「下線部①はどういう意味ですか？」…下線部①の文の内容から，エ「食べ物を見たり触ったりしてみると，食べてもいいということがわかるでしょう」が適切。

２　「冷蔵庫は何のために使いますか？」…ア「食べ物や飲み物を冷やしておくため」が適切。ナミの８回目の発言で，トマトは冷やさない方がいいと言っているので，エは不適切。

３　「空欄(　　)に入る言葉は何ですか？」…直前の edible「食べられる」の意味がわからなくても，前の内容から類推することができる。世界では食品廃棄の問題が深刻で，捨てられている食べ物の 50%以上がまだ食べられるということである。イが適切。

４　「人々は購入した食べ物のうち，実際にどれくらいの量を食べていますか？」…ナミの 11 回目の発言より，購入した食べ物の 18%が捨てられていることがわかるので，エ「80%以上」は食べられている。

５　「ナミはサンジのことをどう思っていますか？」…ナミの最後の発言より，ウ「彼女は彼がお金や食べ物に無関心なので，イライラしています」が適切。

【本文の要約】

ナミ　：やめて！それを捨てないで！

サンジ：ナミ，どういう意味だよ？一番上の日付を見てよ。「1 月 11 日が賞味期限」と書いてあるよ。

ナミ　：もちろんよ，でもあなたはそれを見る必要はないわ。私にちょうだい，飲むわ。

サンジ：本当に？わかったよ。はい，どうぞ。

ナミ　：知ってると思うけど，ほとんどの食べ物は正しく保管すれば「賞味期限」よりも長い間大丈夫なのよ。あなたの常識と，目，手，鼻，口といった感覚を使って，まだ食べたり飲んだりしても大丈夫か確認してね。

サンジ：うん，でもこのバナナを見てよ，濃い茶色で柔らかいよ。

ナミ　：そうね，あなたはケーキが好きだよね？ケーキやパンケーキを作ることができるよ。

サンジ：僕はバナナブレッドがいいな。

ナミ　：ごみ箱を見せて。他に何を捨てたの？

サンジ：このキノコ。見て，水っぽくなってるよ。

ナミ　：私は驚かないわ。このビニール袋に入れておいたの？キノコ類は紙袋に入れておくといいよ。紙は水を吸って，キノコや他の野菜を長く新鮮に保つのよ。

サンジ：ああ，知らなかったよ。

ナミ　：そして，このトマトは…スーパーに行ったばかりでしょ！なんでこんなに柔らかいの？

サンジ：わからないよ。家に帰ってからすぐに，冷やすために冷蔵庫に入れたんだよ。

ナミ　：それが間違いよ。トマトは冷蔵庫に入れておくべきじゃないのよ。

サンジ：でも，新鮮な果物や野菜は冷蔵庫のような温度が低いところに保管した方がいいと思うんだけど，どう？

ナミ　：たいていのものはそうよ。冷蔵庫はニンジン，キャベツ，豆などの硬い野菜を温度が低く新鮮な状態に保つけど，水分の多い野菜は冷蔵庫に入れないで。

サンジ：ふーん，そうなんだ…。

ナミ　：気にしないで，トマトとキノコでパスタソースを作ることができるよ。ねえ！どうしてパスタの箱を開けたままにしておいたの？開封した食品は封をするか，ガラス瓶に入れておいてよ。そうしないと，虫やほこりが入ってしまうよ。

サンジ：ああ，そこまで考えなかったな。

ナミ　：さあ，意識し始めて！世界は深刻な食品廃棄物問題を抱えているの。4エ私たちが購入する食品の 18%は廃棄されているの。そのうちの 50%以上はまだ食べられるっていうのに，つまり，まだ大丈夫で，イ安全に食べられるの。平均的な家庭ごみの約 30%は食品廃棄物なの。ポケットにも悪いわ。

サンジ：どういう意味？

ナミ　：高価な食べ物を捨てないでってことよ。5ウお金，食べ物，そして世界のことをもっと大切にしないとね。

Ⅴ　1　What a cute baby he is!：不要な語は how。〈what＋a/an＋形容詞＋名詞＋(主語＋動詞)〉の語順で「(主語は)何て～な○○でしょう」の意味を表す。how を使うと，〈how＋形容詞＋(主語＋動詞)〉の語順になる。

2　Mike gave me a ring as a birthday present.：不要な語は for。　「(人)に(物)をあげる」＝give＋人＋物　「～として」＝as ～

3　Her cooking is as good as my mother's.：不要な語は my mother。この文では，彼女の料理と母の料理を比べているので，my mother's とする。

4　Can I speak to Mr. Takeda please?：不要な語は change。Can I speak to ～?「～にかわっていただけますか？」は電話で用いる表現。

5　These books are written in Portuguese.：不要な語は by。「～語で書かれている」＝be written in ～

Ⅵ　1　〈It has been＋○○＋since＋～〉「～から○○になる」より，イが適切。

2　肯定文の付加疑問文は，文末に疑問文の語順で〈, 動詞の否定形＋主語の代名詞?〉を付けるのでエが適切。

・Shall I ～?「～しましょうか？」

3　finish の後ろに動詞を使う場合は finish ～ing「～し終える」のように動名詞を使う。また，want＋人＋to ～「(人) に～してほしい」より，アが適切。

4　look＋形容詞「～そうに見える」，What happen to＋人?「(人)に何が起こったの？」より，イが適切。

5　Where have you been?「あなたはどこにいたの？」，I have been looking for you.「ずっと君を探していたんだよ」となるイが適切。

6　ask＋人＋to ～「(人) に～することを頼む」，make＋人＋状態「(人)を(状態)にする」より，イが適切。

7　What do you think of ～?「～をどう思いますか？」と尋ねるときは，How ではなく What を使う。〈the＋最上級

＋I have ever ～〉「私が～した中で一番…」より，アが適切。

8　「ものが盗まれる」を受動態で表現すると〈もの＋be 動詞＋stolen〉の形になる。また，後の文は「警察に電話していただけませんか？」という意味で，文末にはfor me「私にかわって」が入る。ウが適切。

9　「私はエミリーに新しいコンピュータの(　　)を教えたいけど，…」より，１つ目の(　　)は「～の使い方」＝how to ～となるhowが入る。また，２つ目の(　　)は間接疑問文にする。when ～「～するとき」が副詞節を作るときは直後の文にwillを使えないが，when ～「いつ～か？」のように名詞節を作るときはwillを使うことができる。ウが適切。

10　Let's の付加疑問文では，shall we を付ける。ウが適切。　・too…to ～「あまりに…すぎて～できない」

《2024　理科　解説》

1　(1)　動滑車を用いても仕事の大きさは変わらない(仕事の原理)。よって，図１で，４Ｎのおもりを0.2m持ち上げるとき，動滑車と合わせて４＋４＝８(Ｎ)の物体を0.2m持ち上げることになるので，〔仕事(Ｊ)＝力(Ｎ)×力の向きに動かした距離(m)〕より，ロープを引く力がした仕事は８×0.2＝1.6(Ｊ)である。また，おもりがされた仕事は４×0.2＝0.8(Ｊ)である。

(2)　図１のように，動滑車を１個用いると，物体が持ち上がる高さはロープを引く長さの半分になる。１秒間に60cmの速さでロープを引くと，物体は１秒間で60÷２＝30(cm)→0.3m持ち上がるから，仕事の大きさは８×0.3＝2.4(Ｊ)である。よって，〔仕事率(Ｗ)＝$\frac{仕事(J)}{時間(s)}$〕より，$\frac{2.4}{1}$＝2.4(Ｗ)となる。

(3)　(1)解説と同様に考える。持ち上げる物体の重さは合計で４×３＝12(Ｎ)，物体を持ち上げる高さは0.2mだから，12×0.2＝2.4(Ｊ)となる。また，おもりがされた仕事は(1)と同じ0.8Ｊである。

(4)　(i)定滑車の重さは天井にかかるので，定滑車の重さを変えてもロープを引く力は変化せず，仕事の大きさも変化しない。　(ii)動滑車の重さが大きくなると，ロープを引く力は動滑車の重さの半分だけ大きくなる。よって，動滑車の重さが大きくなると，一定の割合で仕事の大きさが大きくなる。

(5)　持ち上げる物体の重さ(動滑車ｎ個とおもりの重さ)の合計は４ｎ＋４＝４(ｎ＋１)(Ｎ)，持ち上げる高さは0.2mだから，Ｗ＝４(ｎ＋１)×0.2＝0.8(ｎ＋１)(Ｊ)となる。

(6)　手がロープを引く長さは動滑車の数が１個増えるごとに２倍になるから，Ｌ＝0.2×２ｎ＝0.4ｎ(m)となる。また，手がロープを引く力は動滑車の数が１個増えるごとに$\frac{1}{2}$倍になるから，$F=4(n+1)\times\frac{1}{2n}=\frac{2(n+1)}{n}$(Ｎ)となる。

2　(1)　③以外はすべて酸性である。

(2)　ＢＴＢ液はアルカリ性で青色，中性で緑色，酸性で黄色に変化する。よって，Ａはアルカリ性の水酸化ナトリウム水溶液，Ｂは酸性の塩酸である。フェノールフタレイン液はアルカリ性に反応して赤色に変化する。

(3)　塩酸と金属が反応すると，金属がとけながら水素が発生する。水素には燃える性質がある。なお，①は酸素，②はアンモニアや塩化水素など，④は二酸化炭素について述べたものである。

(4)　Ａの溶質である水酸化ナトリウムが水に溶けると，ナトリウムイオンと水酸化物イオンに電離する〔$NaOH \rightarrow Na^{+}+OH^{-}$〕。なお，Ｂの溶質である塩化水素が水に溶けると，水素イオンと塩化物イオンに電離する〔$HCl \rightarrow H^{+}+Cl^{-}$〕

(5)　pH試験紙はアルカリ性で青色，酸性で赤色に変化する。Ａにはアルカリ性を示す水酸化物イオン〔OH^{-}〕が含まれている。水酸化物イオンは陰イオンだから，青色の点が陽極側に広がる。これに対し，Ｂには酸性を示す水素イオン〔H^{+}〕が含まれている。水素イオンは陽イオンだから，赤色の点が陰極側に広がる。

(6)　酸性の塩酸とアルカリ性の水酸化ナトリウム水溶液を混ぜ合わせると，互いの性質を打ち消し合う反応(中和)が起こり，塩化ナトリウムと水ができる〔$HCl+NaOH \rightarrow NaCl+H_2O$〕。２つの水溶液が過不足なく反応すると，中性の塩化ナトリウム水溶液(食塩水)になる。よって，水を蒸発させると塩化ナトリウムの結晶が現れる。なお，②は炭酸水素ナトリウム，③は砂糖，④はデンプンについて述べたものである。

(7)　Ａにはナトリウムイオンと水酸化物イオンが数の比１：１で存在し，Ｂには水素イオンと塩化物イオンが数の比１：１で存在する。ＡにＢを加えていくと，水酸化物イオンと水素イオンが数の比１：１で結びついて水になり，ナトリウムイオンと塩化物イオンは水溶液中では結びつかずにイオンのまま存在する。よって，滴下したＢの体積に比例して増えるａは塩化物イオン〔Cl^-〕，数が変化しないｂはナトリウムイオン〔Na^+〕，Ｂの体積の増加にともなって減っていくｃは水酸化物イオン〔OH^-〕，中性になる(Ｂが10mLになる)までは増えず，水酸化物イオンがなくなってから増えていくｄは水素イオン〔H^+〕である。

3　(1)　高気圧の中心に近づくほど気圧は高く，低気圧の中心に近づくほど気圧は低くなる。等圧線は４hPaごとに引かれるから，1020hPaの２本外側の等圧線近くにあるＡの気圧は，およそ1020－４×２＝1012(hPa)である。

(3)　図１は午前９時の天気図である。表１より，６時から９時にかけて風向が南寄りから北寄りに変わったので，午前９時は寒冷前線が通過した直後だと考えられる。よって，寒冷前線がすぐ右側にあるＢの記録だと考えられる。

(4)　表１より，15時の気温は19.0℃，湿度は57％である。表２より，気温19.0℃での飽和水蒸気量は16.3ｇ/㎤だから，このときの空気中に含まれる水蒸気量は16.3×0.57＝9.291→9.3ｇ/㎥である。よって，飽和水蒸気量が9.3ｇ/㎥になるときの気温がこのときの露点だから，表２より，10℃の9.4ｇ/㎥が最も近いと考えられる。

(5)　(4)解説の通り，露点は空気中に含まれる水蒸気量によって決まる。15時以降は気温が下がる(飽和水蒸気量が小さくなる)とともに湿度も下がっていくので，空気中に含まれる水蒸気量が小さくなっていくから，露点は下がっていくと考えられる。

(6)　台風は熱帯低気圧が発達したものだから，北半球では中心に向かって反時計回りに風が吹きこむ。風向が北西→西→南西の順に変化するのは，台風の中心が観測地点に対し，北東→北→北西の順に通過するときだから，観測地点の東側を北西に進んだと考えられる。

4　(1)～(3)　図１より，ホウセンカの根は主根と側根からなり，図２より，茎の維管束が輪状に並んでいるから，ホウセンカは双子葉類だとわかる。水の通り道である道管は，茎の維管束の内側(図２のＢ)から葉の表側(図３のＥ)につながっている。

(4)(5)　図３のＧは気孔で，葉の裏側に多く見られる。呼吸では，気孔から酸素を取り入れ，二酸化炭素を放出する。光合成では，気孔から二酸化炭素を取り入れ，酸素を放出する。蒸散では，気孔から水蒸気を放出する。つまり，気孔から取り入れる気体は酸素と二酸化炭素である。

《2024　社会　解説》

(1)　③　　③は茨城県である。①は福岡県，②は大阪府，④は千葉県。

(2)　①　　イギリスは議院内閣制，アメリカは大統領制である。韓国は大統領制，スウェーデンは議院内閣制。

(3)　④　　紫式部が『源氏物語』を著したのは 11 世紀である。後醍醐天皇による天皇親政(建武の新政)が行われたのは 14 世紀である。

(4)　②　　緯線と経線が直角に交わるメルカトル図法は，正角図法なので，航海図に用いられる。モルワイデ図法・サンソン図法・グード図法(ホモロサイン図法)はいずれも正積図法である。

(5)　④　　経度差 15 度で１時間の時差が生じる。ロンドンとバンクーバーの経度差は 120° だから，時差は 120÷15＝

8(時間)になる。ロンドン・ヒースロー空港が 14：10 のとき，バンクーバー国際空港は6：10 だから，所要時間は，6：10から 15：45 までの9時間 35 分となる。

(6) ②　1853 年，浦賀に来航したペリーは開国を要求し，翌年，日米和親条約が結ばれた。マッカーサーはGHQの最高司令官として日本統治を行った。ラクスマンは根室に来航して開国を要求したが実現しなかった。ハルは，F・ローズベルト大統領の下で国務長官を務め，国際連合の創設に尽力した。

(7) ④　「Anywheres」＝どこでも族…コスモポリタンエリート。大学進学とともに故郷を離れ，ロンドンなどの都市で暮らすエリート。「Somewheres」＝ここだけ族…低学歴のブルーカラーや家族経営の店主など，生まれ育った町でずっと住む人々。

(8) ②　交通事故死者数は，格差社会と関係がない。

(9) ③　アメリカの夢＝アメリカンドリーム　格差社会の底辺にいる人が，チャンスをいかして成功者となること。グラフの右上にある国ほど，前の世代の所得格差が大きく，次の世代への格差の伝わりやすさが大きくなる。

(10) ②　①誤り。当初所得ジニ係数は，1967 年，1972 年，1978 年，1981 年には減少している。相対的貧困率は，2003 年，2015 年，2018 年には減少している。③誤り。データ2を見ると，相対的貧困率と子どもの貧困率の折れ線グラフは，同じような動き方をしている。④誤り。データ3を見ると，格差の影響を受けたことで，実際の GDP 成長率は減少している。

(11) ②　日本国憲法の施行は 1947 年，日本万国博覧会は 1970 年であった。日中共同声明に調印したのは 1972 年，第 18 回オリンピック競技会が開催されたのは 1964 年。

(12) ③　近年，正規雇用の職員は減少傾向にあり，その労働力を補うために，非正規雇用の職員は増加傾向にある。

(14) ①　織田信長は，楽市令を出して自由な取引を進めた。官営工場を民間に払い下げることで，民間レベルでの経済が活発化する。

(15) ②，⑥　日本国憲法第 14 条は平等権，第 25 条は生存権について定めている。

(16) ④　日本は，教育と健康において男女格差が少なく，政治と経済において男女格差が顕著である。

(17) ②　Ⅰ．正しい。Ⅱ．誤り。北側の標高が高く，南側の標高が低いので，秋篠川は北から南に向かって流れている。

(18) ②　遺物2は縄文時代の土偶，推古天皇は律令制が導入される以前の飛鳥時代前半の天皇である。

2023 解答例 令和5年度　愛知工業大学名電高等学校

《国　語》

一　【問一】a．イ　b．ウ　c．エ　d．ア　e．イ　f．エ　【問二】g．エ　h．ウ
【問三】i．ア　j．エ　【問四】エ　【問五】ウ　【問六】イ　【問七】オ　【問八】ア
【問九】エ　【問十】ウ　【問十一】ア　【問十二】ウ　【問十三】エ

二　【問一】エ　【問二】ア　【問三】エ　【問四】イ　【問五】エ　【問六】ア

《数　学》

1　(1)ア．1　イ．2　ウ．2　エ．1　(2)オ．3　カ．2　キ．3　(3)2　(4)4　(5)コ．4　サ．7
(6)シ．0　ス．8　(7)セ．6　ソ．6　タ．0　(8)チ．1　ツ．4
(9)テ．1　ト．2　ナ．1　ニ．2　ヌ．2　(10)ネ．2　ノ．3

2　ア．－　イ．8　ウ．3　エ．2　オ．8　カ．0　キ．2　ク．4　ケ．2

3　(1)2　(2)イ．4　ウ．5

4　(1)ア．1　イ．2　ウ．4　(2)エ．6　オ．4　カ．7　キ．3　ク．2　ケ．7

《英　語》

Ⅰ　1．ウ　2．ア　3．ウ　4．イ　5．イ
Ⅱ　1．ウ　2．ア　3．ウ　4．オ　5．ウ
Ⅲ　1．エ　2．ア　3．ウ　4．ウ　5．イ
Ⅳ　1．エ　2．エ　3．イ　4．ア　5．ウ
Ⅴ　1．ウ　2．イ　3．ア　4．エ　5．エ　6．ウ　7．ア
Ⅵ　1．ア　2．エ　3．イ

《理　科》

1　(1)5　(2)イ．1　ウ．2　(3)エ．0　オ．6　(4)1　(5)キ．5　ク．4　(6)ケ．5　コ．0

2　(1)4　(2)3　(3)6　(4)5　(5)6　(6)4

3　(1)4　(2)イ．3　ウ．2　エ．3　オ．4（エとオは順不同）　(3)カ．3　キ．2　(4)3

4　(1)1　(2)3　(3)5　(4)エ．1　オ．2　カ．2　(5)キ．2　ク．7　ケ．3
(6)コ．4　サ．8　シ．8　ス．2

《社　会》

1　(1)3　(2)5　(3)2　(4)3　(5)8，12　(6)6　(7)1　(8)4　(9)3　(10)1

2　(11)2　(12)1　(13)4　(14)3　(15)3　(16)1，3　(17)3　(18)5　(19)2　(20)3　(21)4　(22)2
(23)1　(24)3　(25)2

《2023　国語　解説》

一　【問三】ｉ　波線部ｉとアの「こそ」は助詞、イは助動詞、ウは名詞、エは動詞（連用形）。　ｊ　波線部ｊとエの「ずいぶん」は副詞。アは形容動詞（連用形）、イは名詞（転成名詞）、ウは動詞（連用形）。

【問四】　傍線部①の２段落前に、「空気を読める（と思っている）人は、今は質問をしないことが皆から期待されていると判断し、教師にたずねたいことやたずねるべきことがあっても質問するのを思いとどまる」とある。これは、「空気を読」む人ほど他者の意向を汲んで、私的な行動を『しない』例である。よって、エが適する。

【問五】　傍線部②よりあとの文章で、筆者は対話の構成要素として、⑴私（語る主体）と⑵あなた（語りかけられる者）が「必須」で、⑶それ（語られること）を「追加しなければならない」としているが、⑷場については、中岡成文がいうような「『磁場』のようなもの、『場』を想定しなければならないのだろうか。反対に、そのようなものがなければ、対話は成立しないのだろうか」と必要性を疑問視している。よって、ウが適する。

【問六】　空欄［Ⅰ］の３～５行前に「ソクラテスはその場にいる人たちが魂の不死について話題にすることを難しいと感じていることを知ったが～それでもなお議論をする方へと若い人を促した」とある。よって、イが適する。

【問七】「説得された人は空気を～理由に持ち出す」が、「その場の空気に呑《の》まれたというのは本当ではない」。単に「言うべきなのに言えなかったことをその場の空気のせいにしているだけである」。「だから、空気に呑まれた人が同意すべきでないことに同意したことの責任がある」という文の流れになる。よってオが適する。

【問八】「いいたいことをいわない、するべきことをしない」際の言い訳として、「必要な［Ⅱ］は、空気を読み、輪を乱さないことが大切だと考えること」とあるので、空欄［Ⅱ］には「自分の行動が正当であり、やましくないことを示す建前」を表す「大義名分」が入る。「ソクラテスは真実を語ることだけを考え、説得するために［Ⅲ］で飾られたような言葉を使わなかった」とあるので、空欄［Ⅲ］には「うわべだけ飾った内容の乏しい言葉」を意味する「美辞麗句」か「言葉をうまく飾りこびへつらうこと」を意味する「巧言令色」が入る。よって、アが適する。

【問九】「私が希薄」な「協調主義的」で「同調意識が強い」人は、「いいたいことがあってもまわりの人に気を遣って黙ってしまう」「『私』がない」人である。これに対し、「空気に抗《あらが》う勇気を持てない」人は、「人からどう思われるのかということばかり考えてしまう」「『私』がありすぎる」人である。よって、エが適する。

【問十】　傍線部④の「そのようなこと」は、「刑が軽くなるように、陪審員の感情に訴えて説得すること」を指す。具体的には、「子どもたちのどちらかでも裁判の場に登壇させて～私が死ねばこの子たちが路頭に迷うというようなことを涙交じりで訴え」ること。しかし、ソクラテスはそのようなことをせずに、「自分が正しいことを主張し、裁判官の神経を逆なでするとしか思えないことばかりを語った」のである。よって、ウが適する。

【問十二】　直前に「不正を行う人は～『不正は善である』、つまり、不正を行うことが自分のためになると考えているということになる」と述べられている。逆に「正義(＝正しい道理。人間行為の正しさ)」こそ善である」と考えて、行動したのがソクラテスである。だから、「人の情に訴えて命さえ助かればいいとは考えなかった」し、「そんなことまでして助かろうとはしなかったのである」。よって、ウが適する。

【問十三】　筆者は最終段落で、「『自分の得になるか、ならないか』で（行為を）決め」、「空気を読」んで「対人関係の軋轢《あつれき》や摩擦を避け」ようとすることが「本当に『善』なのか」と疑問を呈している。よって、エが適する。

二　【問一】「かの小童《こわらわ》」は、幼い盛重のことを指す。盛重を見かけたのは、周防《すおう》の国司の目代《もくだい》として下向していた、御家人なにがしである。よって、エが適する。

【問二】 御家人なにがしが盛重を「よび取りて、いとほし」んだのは、盛重が「魂《たま》有りげ」だったからである。この場合の「魂」は、思慮分別といった意味である。よって、アが適する。

【問三】 盛重の当時の主人の御家人なにがしは、上京後、盛重を従者として連れ、「大臣の御もとに参」ったのである。よって、エが適する。

【問四】 傍線部④の「その童」は幼き日の盛重を指す。顕房は、他の従者たちがあわてて逃げていくなか、ただ一人、木の根元にそっと立ち隠れて、ゆっくり歩いて行った盛重を見て、上品にも、何気なく、振る舞うものであるなあと感心したため、連れてくるように命じたのである。よって、イが適する。

【問五】 顕房が盛重に「一つの烏《からす》、頭の白きと見ゆるは、僻事《ひがごと》か」と尋ねたのは、盛重が、心づかい、思慮が深く、大変優れた者に成長したからである。顕房は、わざと事実でないことを聞くことで、盛重が相手の意に沿った対応ができるかどうかを確かめているのである。よって、エが適する。

【問六】 盛重は、顕房公の御前で召し使われているうちに、心づかい、思慮が深く、大変優れた者に成長した。顕房が、わざと事実でないことを尋ねた時には、じっと見てから「しかさまに候《そうろ》ふ、と見給う」と答えるという、状況に合わせた思慮深い対応をした。そのため、顕房に「いかにもうるせき者なり。世にあらむずる者なり」と評価され、より上位の白河院《しらかわいん》に仕えることになった。よって、アが適する。

【古文の内容】

肥後守盛重は周防の国の庶民の子である。六条右大臣（顕房公）の家来の何とかいった者が、その国（周防）の国司の目代として、下向していた時に、機会があって、彼（盛重）がまだ子供であったのを（御家人なにがしが）見かけて、（盛重が）思慮分別がありそうな様子だったので、（御家人なにがしは）引き取って、かわいがって育てていたが、（御家人なにがしが）上京した後、（盛重を）従者として連れて行って、顕房のお屋敷に参上したときに、（屋敷の）南面に大きな梅の木があって、「梅を取ろう」と、従者たちが、たくさん小石を投げたところ、ご主人（顕房公）が「あいつらを、捕まえろ」と、御簾《みす》の中からおっしゃったので、（従者たちは）蜘蛛《くも》の子を吹き散らすように、逃げてしまった。

その中で子供一人（盛重）が、木の根元にそっと立ち隠れて、ゆっくり歩いて行ったのを（顕房公が見て）、「上品にも、何気なく、振る舞うものであるなあ」とお思いになって、人を呼んで、「これこれの服を着ている小童は、誰の供の者か」とお尋ねになったので、（その人は）主人がどう思うかを気遣って、なかなか答えなかったけれども、無理にお尋ねになるので、黙っていることができなくて、「これこれの者の童でございます」と申し上げた。（顕房公は）すぐ、主人（御家人なにがし）をお呼びになって、「その童を、参上させよ」とおっしゃったので、（御家人なにがしは盛重を顕房公に）差し上げた。

（顕房公が盛重を）かわいがって、召し使いなさるうちに、（盛重は）大きくなるにつれて、心づかい、思慮が深く、大変優れた者に成長した。（盛重は）常に（顕房公の）御前で召し使われていたが、ある朝、（盛重が）手《ちょう》水《ず》を持って参上していたところ、（顕房公が）おっしゃることには、「あの車宿《くるまやどり》の棟《むね》に、烏が二羽とまっているが、（そのうちの）一匹の烏の、頭が白いと見えるのは、間違いか」と、事実でないことをつくりあげて、お尋ねになったが、（盛重は）じっと見てから、「その通りとお見受けいたします」と申し上げたので、（顕房公は）「本当に利口な者である。世間で立派に通用する者になるに違いない」と考えて、（顕房公は盛重を）白河院に差し上げたということである。

《2023　数学　解説》

1　(1)(ⅰ)　正四面体は右図のように，合同な正三角形を４つつなげてできた立体である。

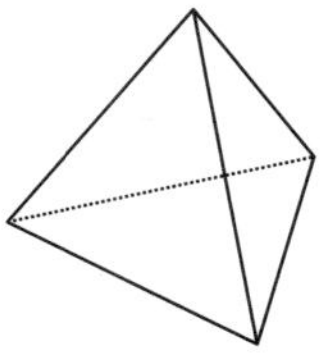

辺の数は６本だから，正しい。

(ⅱ)　$\sqrt{3}\times 2=2\sqrt{3}$であり，無理数だから，正しくない。

(ⅲ)　定価x円の商品に消費税の10%を含めた金額は，$x\times(1+0.1)=1.1x$(円)である。

y割引をすると，もとの金額の$(1-\frac{y}{10})$倍となるから，$1.1x\times(1-\frac{y}{10})=1.1x-\frac{11}{100}xy$(円)となる。

よって，正しくない。

(ⅳ)　平面Ｐと平面Ｑが平行ではないとき，必ず交わるので正しい。

補足として，２本の直線が交わらないときは必ず平行とはいえない。

(2)　与式$=3\sqrt{2}-(2-2\sqrt{2}+1)-\frac{4\sqrt{2}}{2}=3\sqrt{2}-3+2\sqrt{2}-2\sqrt{2}=\mathbf{3\sqrt{2}-3}$

(3)　与式の両辺を15倍して，$3(2x+1)-5(x-2)=15$　　$6x+3-5x+10=15$　　$x=\mathbf{2}$

(4)　$\frac{1}{3}=\frac{10}{30}$，$\frac{7}{10}=\frac{21}{30}$だから，11から20までの数のうち30と公約数を持たない整数の個数を求めればよい。

$30=2\times3\times5$より，11から20までの整数で，２，３，５を約数に持たないのは，11，13，17，19の**４**個である。

(5)　**【解き方】$\sqrt{2a+1}$の整数部分が３であるとき，$3\leqq\sqrt{2a+1}<4$である。**

$\sqrt{3^2}\leqq\sqrt{2a+1}<\sqrt{4^2}$より，$9\leqq 2a+1<16$である。

$9=2a+1$とすると，$a=4$　　$2a+1=16$とすると，$a=7.5$となるから，$4\leqq a<7.5$となればよい。

aは整数だから，$4\leqq a<7.5$を満たすaは$a=4$，５，６，７の４個あり，このうち最大のものは**7**である。

(6)　**【解き方】$y=\frac{1}{2}x^2$のグラフは上に開いた放物線だから，xの絶対値が大きいほどyの値は大きくなる。**

$-2\leqq x\leqq 4$のとき，xの変域に０を含むから，yの最小値は０である。－２と４の絶対値は４の方が大きいから，

$x=4$のとき最大値$\frac{1}{2}\times4^2=8$をとる。よって，yの変域は$\mathbf{0\leqq y\leqq 8}$である。

(7)　**【解き方】おとなの入場料を５x円とすると，こどもの入場料は３x円と表せる。**

おとなとこどもの入場料の合計についての式を立てると，$5x\times62+3x\times80=121000$

これを解いて，$x=220$　　よって，こどもの入場料は$3\times220=$**660**(円)

(8)　**【解き方】△ＯＡＢの辺上または内部にあり，x，y座標がともに整数である点は右図の９個である。**

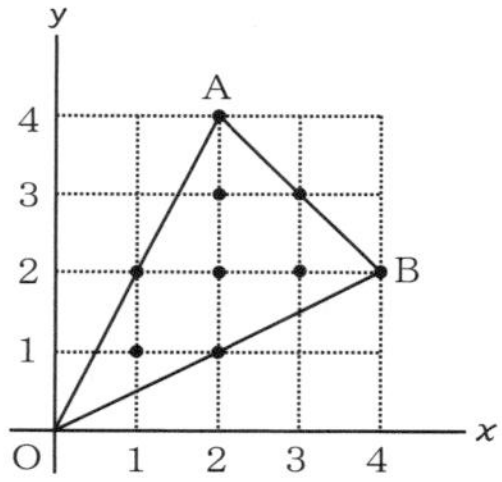

さいころを２個投げたとき，目の出方は全部で$6\times6=36$(通り)あるから，

求める確率は，$\frac{9}{36}=\mathbf{\frac{1}{4}}$である。

(9)　**【解き方】箱ひげ図からは，右図のようなことがわかる。半分にしたデータ(記録)のうち，小さい方のデータの中央値が第１四分位数で，大きい方のデータの中央値が第３四分位数となる(データ数が奇数の場合，中央値を除いて半分にする)。**

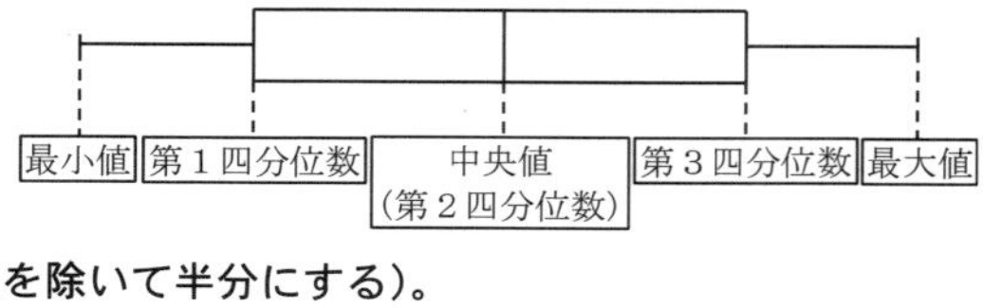

(ⅰ)　数学の点数の最小値は10点より大きいので，正しい。

(ⅱ)　四分位範囲は箱の長さである。よって，数学の方が四分位範囲は広いので，正しくない。

(ⅲ)　クラスの人数は38人だから，第３四分位数は，$38\div2=19$，$19\div2=9.5$より，データを大きさ順に並べたとき，大きい方から10番目の値である。数学は第３四分位数が70点より大きく，英語は70点より小さいから，数学は70点以上の生徒が10人以上，英語は70点以上の生徒が10人未満であることがわかる。よって，正しい。

(ⅳ)　英語の中央値は50点だが，箱ひげ図から平均点は求められない。よって，正しいとは言えない。

(ⅴ)　数学と英語の最高点はともに90点だが，２教科の合計点がクラス１位の生徒がともに90点であるかは判断

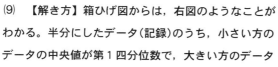

できない。よって，正しいとは言えない。

(10)　**【解き方】円周角の大きさと弧の長さは比例の関係であるから，∠ＢＡＥ：∠ＥＡＣを求めればよい。**

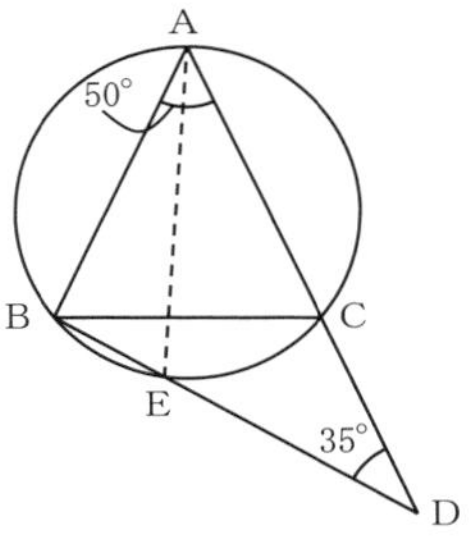

△ＡＢＣは二等辺三角形だから，∠ＡＢＣ＝∠ＡＣＢ＝(180°－50°)÷２＝65°

また，三角形ＡＢＤの内角の大きさの和より，

∠ＡＢＤ＝180°－(50°＋35°)＝95°だから，∠ＥＢＣ＝95°－65°＝30°

円周角の定理より∠ＥＡＣ＝∠ＥＢＣ＝30°だから，∠ＢＡＥ＝50°－30°＝20°

よって，$\overset{\frown}{BE}:\overset{\frown}{EC}$＝∠ＢＡＥ：∠ＥＡＣ＝20°：30°＝**２：３**である。

2　ＥＶを時速$x$kmで走行させたときの走行距離を$y$kmとすると，xとyの関係式は１次関数で表される。この直線の式は座標(30，200)(60，120)を通るから，変化の割合について，$\frac{120-200}{60-30}=-\frac{8}{3}$より，直線の式の傾きは$-\frac{8}{3}$である。

また，xの値が30から－30増加して０になると，yの値は$-30\times\left(-\frac{8}{3}\right)=80$増加するから，200＋80＝280より，この直線は点(０，280)を通る。よって，直線の切片は280である。以上より，直線の式は，$\boldsymbol{y=-\frac{8}{3}x+280}$…㋐

また，(走行距離)＝(速さ)×(走行時間)で求められるので，$\boldsymbol{y=xz}$**が成り立つ。**

走行時間を４時間にするとき，$y=4x$…㋑となり，㋐と㋑を連立してyを消去すると，$-\frac{8}{3}x+280=4x$となる。

これを解いて，$x=42$だから，時速は**42**kmにすればよい。

3　(1)　**【解き方】$y=ax^2$のグラフの上にx座標がｍとｎの２点があるとき，この２点を通る直線の傾きはａ(ｍ＋ｎ)で求められることを利用する。**

直線ＡＢの傾きは，$\frac{1}{4}(-p+3p)=\frac{1}{2}p$と表せる。よって，$\frac{1}{2}p=1$より，ｐ＝**２**

(2)　**【解き方】$y=ax^2$のグラフの上にx座標がｍとｎの２点があるとき，この２点を通る直線の切片は－ａｍｎで求められることを利用する。また，右図のように記号をおくと，$\triangle OAB=\frac{1}{2}\times OF\times$(ＡとＢの$x$座標の差)で求められることを利用する。**

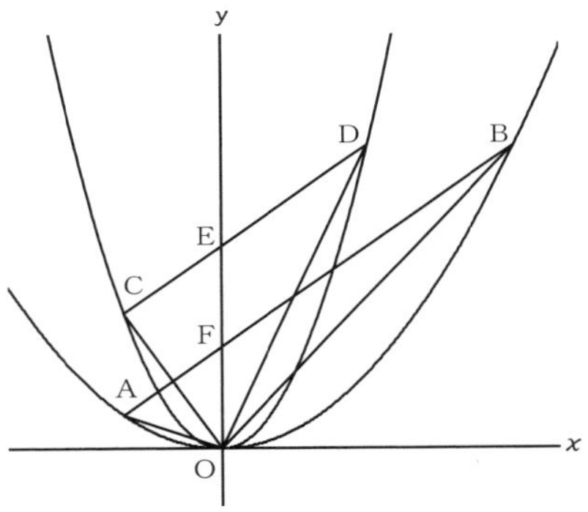

直線ＡＢの切片は，$-\frac{1}{4}\times(-p)\times3p=\frac{3}{4}p^2$

したがって，$OF=\frac{3}{4}p^2$だから，

$\triangle OAB=\frac{1}{2}\times OF\times$(ＡとＢの$x$座標の差)＝

$\frac{1}{2}\times\frac{3}{4}p^2\times\{3p-(-p)\}=\frac{3}{2}p^3$

また，Ｃは放物線$y=x^2$上の点だから，$C(-p,\ p^2)$となる。

$B\left(3p,\ \frac{9}{4}p^2\right)$だから，Ｄの$y$座標は$\frac{9}{4}p^2$なので，$D\left(\frac{3}{2}p,\ \frac{9}{4}p^2\right)$となる。

直線ＣＤの切片は，$-1\times(-p)\times\frac{3}{2}p=\frac{3}{2}p^2$となるから，$OE=\frac{3}{2}p^2$なので，

$\triangle OCD=\frac{1}{2}\times OE\times$(ＣとＤの$x$座標の差)$=\frac{1}{2}\times\frac{3}{2}p^2\times\left\{\frac{3}{2}p-(-p)\right\}=\frac{15}{8}p^3$

以上より，$\triangle OAB:\triangle OCD=\frac{3}{2}p^3:\frac{15}{8}p^3=$**４：５**

4　(1)　**【解き方】ℓは円Ｏの接線だから，ＯＣと垂直に交わることを利用する。**

∠ＡＣＤ＝28°，∠ＯＣＤ＝90°より，∠ＯＣＡ＝90°－28°＝62°

△ＯＣＡはＯＣ＝ＯＡの二等辺三角形だから，∠ＯＡＣ＝∠ＯＣＡ＝62°

三角形の１つの外角は，これととなり合わない２つの内角の和に等しいから，∠ＢＯＣ＝62°＋62°＝**124°**

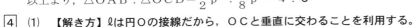

⑵　**【解き方】ＤＥの長さはＤＡ＋ＡＥで求める。複数の相似な直角三角形の相似比を利用する。**

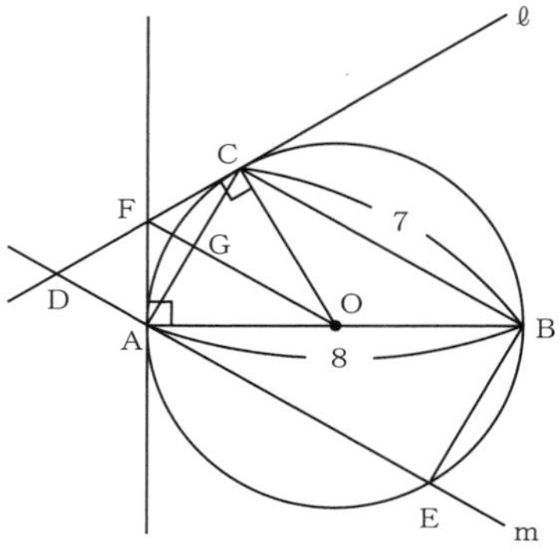

△ＡＢＣと△ＤＣＡについて，ＣＢ//ＤＥより，∠ＢＣＡ＝∠ＣＡＤ＝90°

また，△ＯＢＣは二等辺三角形だから，∠ＯＢＣ＝∠ＯＣＢであり，

∠ＯＣＢ＝∠ＢＣＡ－∠ＯＣＡ＝90°－∠ＯＣＡ，

∠ＤＣＡ＝∠ＯＣＤ－∠ＯＣＡ＝90°－∠ＯＣＡ

となるので，△ＡＢＣ∽△ＤＣＡである。

$AC=\sqrt{8^2-7^2}=\sqrt{15}$だから，ＡＣ：ＤＡ＝ＢＣ：ＣＡより

$\sqrt{15}:DA=7:\sqrt{15}$　　これを解いて，$DA=\frac{15}{7}$

また，四角形ＣＡＥＢは長方形だから，ＡＥ＝ＣＢ＝７より，$DE=\frac{15}{7}+7=\mathbf{\frac{64}{7}}$である。

次に，△ＡＢＣと△ＦＯＣについて，∠ＢＣＡ＝∠ＯＣＦ＝90°

円周角は，同じ弧に対する中心角の半分の大きさだから，$\angle ABC=\frac{1}{2}\angle AOC$

△ＯＣＡはＯＣ＝$OA=\frac{8}{2}=4$の二等辺三角形，△ＦＡＣはＦＡ＝ＦＣの二等辺三角形だから，$\angle FOC=\frac{1}{2}\angle AOC$

よって，∠ＡＢＣ＝∠ＦＯＣだから，△ＡＢＣ∽△ＦＯＣ

したがって，ＢＡ：ＯＦ＝ＢＣ：ＯＣ　　８：ＯＦ＝７：４　　$OF=\frac{8\times4}{7}=\mathbf{\frac{32}{7}}$

―《2023　英語　解説》―

Ⅰ　**【本文の要約】**参照。**１**　「この記事では，『人種』という言葉を何度も目にします。この記事における『人種』の正しい意味は何ですか？」…人種差別が起こっている現実を伝える記事における『人種』だから，第３段落８～９行目などより，ウ「人間が皮膚の色その他の身体的特徴に応じて分類される主要なグループのひとつ」が適切。

２　「(　　)に入る最適な句はどれですか？」…直前の１文「社会生活をする人々が現実的な世界に基づかない考え方を生み出すことです」より，ア「ピンクは女の子用，青は男の子用」が適切。

３　「なぜ筆者は最後の段落で『間違えないでください』と書いたのでしょうか？」…最終段落にアメリカの人種差別がいまだになくならないことが書かれている。ウ「アメリカにはまだ人種差別があるからです」が適切。

４　「記事の内容に合う正しい文を選んでください」…ア「×人種差別はアメリカ人特有の問題でしたが，今では他の国の人々にとっても問題になっています」　イ○「カール・リンネウスは人間には４つのタイプがあると考えていましたが，彼の見解ではほとんど違いはありませんでした」　ウ×「多くの科学者がリンネウスの考えを受け入れ，人間は生物学的に異なると言いました」…記事にない内容。　エ×「科学者によると，黒人しかかからない病気や，ヨーロッパやアメリカの人だけがかかる病気があるそうです」…本文にない内容。

５　「この記事に最適なタイトルはどれですか？」…ア×「黒人に対する差別」　イ○「人種差別の国家」　ウ×「人種の歴史」　エ×「人種差別におけるポジティブな変化」

【本文の要約】

アメリカ人として，私は人種にとても興味があります。アメリカにおける人種差別は国家的な恥であり，国ができたころから大きな被害を与えてきました。「人種差別」とは，「ある人種が他の人種より優れているという考え方」を意味します。奴隷制度の歴史と今日の黒人差別はよく知られています。

しかし，人種差別はアメリカに限ったことではありません。世界中の国々の，そして，あらゆる人種に対する事例が見られます。人種差別は何百万人もの命を奪った戦争，大虐殺，奴隷制度，経済格差をもたらしました。

しかし，今日の人種差別はどのようにして始まったのでしょうか？私たちが人種について話しているようなことを誰が決めたのでしょうか？カール・リンネウスというスウェーデン人男性が 1800 年代に動植物をグループ化したことから始まったと言う歴史家もいます。彼は動物界において人間をホモ・サピエンスの種として分類しました。彼はヨーロッパ，アメリカ，アジア，アフリカの４種類の「分類」があると言いました。それぞれの分類には個性がありました。リンネウスは，ヨーロッパ人は「創造的」であり，アフリカ人は「怠惰」だと言いました。しかし，彼はこれらの違いは環境や習慣によるものであると考えていました。4イ彼の見解では，４種の分類には大きな違いはありませんでした。しかし，1ウ他の人がリンネウスの考えを取り入れ，生物学的な理由でそれらの分類には違いがあると言い始めました。この見解は「生物学的人種差別」と呼ばれることもあります。

今日，ほとんどの科学者は，人種は実際には「社会的構成物」であると言っています。社会的構成物とは何でしょうか？それは，社会生活をする人々が現実的な世界に基づかない考え方を生み出すことです。一例として2ア「ピンクは女の子用，青は男の子用」が挙げられます。

しかし生物学的人種差別主義者たちは，特定の人種だけが罹患する病気はどうなのか？と言います。確かに，黒人の病気として知られているものもありますが，インドやヨーロッパ，アメリカを背景にした人々も同じ病気に罹患する可能性があります。リンネウスの考えを振り返ってみると，それは肌の色ではなく地理に関するものです。ほとんどの科学者は，人間自体に違いはないと言っています。

ここ数年，ポジティブな変化が見られます。混血結婚の割合が増えています。マイノリティがより良い教育を受けています。マイノリティの政治家が増えています。しかし，私は人種的寛容さで知られる多文化都市に住んでいます。間違えないでください。人種差別は強固に残っています。トランプ大統領は人種差別を道具として使い，アメリカの人種差別は小休止しているに過ぎないことを示しました。

Ⅱ　【本文の要約】参照。

1　「以下の文の中で，この記事の内容として正しいものはどれですか。正しい答えを選んでください」…ア「チョコレートには×1000 種類以上の味があり，その食べ方はさまざまです」　イ「カカオの木は最初に×南アフリカの熱帯雨林で生まれました」　ウ〇「世界中でチョコレートを食べる人が増えています」　エ「カカオの木がよく育つためには暑い気候が必要で，×カカオ豆の約 25%はコートジボワール産です」　オ「ドイツ人は年間 11.1 キロのチョコレートを食べており，×他のどの国よりも多いです」

2　「(a)と(b)に入る適切なペアを選んでください」…〈Some ～, others ～.〉「～するものもあれば～するものもある」の文。アが適切。

3　「Theobroma はどんな種類の食べ物ですか？」…第２段落５行目より，ウ「すばらしい食べ物」が適切。ア「ひどい食べ物」，イ「人々のための食べ物」，エ「熱帯の食べ物」，オ「世界的な食べ物」は不適切。

4　「なぜ人々は一年中チョコレートを食べるのでしょうか？」…第５段落３～４行目より，オ「夏にはチョコレートアイスクリームを食べ，冬にはホットチョコレートを飲むといった，いろいろな食べ方があるからです」が適切。ア「チョコレートのすばらしい味が口に残り，私たちに休息を与えてくれるからです」，イ「300 種類以上の味があり，私たちの健康にとても良いからです」，ウ「農家は年間約 400 万トンのカカオ豆を栽培し，それらを私たちに提供しているからです」，エ「日本ではチョコレートを食べる方法があまりないからです」は不適切。

5　「ジョニー・デップとは誰ですか？」…第６段落４～５行目などから，ウ「彼は人気映画に出演している映画スターです」が適切。ア「彼は『チャーリーとチョコレート工場』という有名な本の著者です」，イ「彼はすばらしいチョコレート工場を訪れるチャンスを獲得した貧しい少年です」，エ「彼は常に賢いが危険なウォンカ氏です」，オ「彼は『Like Water for Chocolate』を書いたメキシコの作家です」は不適切。

【本文の要約】

ほとんどの人はチョコレートの味が大好きです。甘いミルクチョコレートを楽しむ人もいれば，濃いダークチョコレートを好む人もいます。しかし，ほとんどのチョコレート好きは，他に同じような食べ物はないという点で意見が一致します。口の中に残るすばらしい濃厚な味わいです。チョコレートには 300 種類以上の味があることをご存知ですか？1ウチョコレートが世界中の国々でますます人気を集めているのは決して驚くことではありません。

では，チョコレートとは何であり，そもそもそれはどこから来たのでしょうか？チョコレートはカカオの木の豆から作られています。最初これらの木は中南米の熱帯雨林に自生しており，大昔に人々がその豆を利用するようになりました。木にはさやと呼ばれる大きな果実ができ，これらの中には豆ができます。3ウカカオの学名である Theobroma cacao が，カカオから生まれる食べ物のすばらしさを物語っています。Theobroma は「神々の食物」という意味なのです。

人々は現在，中南米だけでなく，20 か国以上でカカオの木を栽培しています。木を育てるには暑い気候が必要で，ブラジル，インドネシア，マレーシア，アフリカのコートジボワールでも見られます。農家は年間約 400 万トンのカカオ豆を栽培しており，そのうち３分の１以上がコートジボワール産です。

今，世界で一番チョコレートを食べているのは誰でしょうか？それはスイスの人々です。毎年 12.3kg 食べています！次がドイツ人で１人あたり 11.1 kg，ベルギー人が１人あたり 11 kg，イギリス人が１人あたり 10.2 kgです。

チョコレートはさまざまな方法で食べたり飲んだりできます。さまざまな味のチョコレートが入った大きな箱，バッグやポケットに入る小さなチョコレートバー，おいしいビスケット，大きな誕生日ケーキがあります。4オ夏にはチョコレートアイスクリームを食べ，寒い冬の夜には体を温めてくれるホットチョコレートを飲むことができます。

チョコレートは本や映画においても重要です。おそらく最も有名な本は，ロアルド・ダールの「チャーリーとチョコレート工場」でしょう。それは，すばらしいチョコレート工場を訪れるチャンスを獲得した貧しい少年の物語です。その工場は奇妙でわくわくするお菓子メーカーのウィリー・ウォンカのものです。5ウこの本は２本の映画になり，第２作ではジョニー・デップが賢くて危険なウォンカ氏を演じています。しかし，映画になったチョコレートに関する本はこれだけではありません。メキシコの作家ローラ・エスキベルの「Like Water for Chocolate」と，映画化され，ジョニー・デップが出演したジョアン・ハリスの「チョコレート」があります。チョコレートは今日，私たちの物語や映画，本になっています。ところで，チョコレートの歴史は実際にはいつ始まったのでしょうか？その答えを求めるには何千年もの年月を振り返る必要があります。

Ⅲ　【本文の要約】参照。

1「空欄(A)に入る３つの言葉は何ですか？」…直前の動詞，play，do，go から判断する。エが適切。

2　「1992 年に始まったグループは何ですか？」…vi．外出の２～３行目と，本文１行目の「この記事は 2022 年に書かれました」より，アが適切。

3　ⅰは散歩やスポーツのことが書かれているから exercise「運動」，ⅲは劇団での活動について書かれているから acting「演技」，ⅴはごみ収集イベントなどを通じて人々を助ける活動について書かれているから volunteer work「ボランティア活動」，ⅶはブログを書いて文章で伝える活動について書かれているから writing「執筆」が適切。

4　「この情報は誰のためのもので，どれくらい日本に滞在した人のためのものでしょうか？」…名古屋に住んでいる外国人のためのものだから，ウ「オーストラリア出身の教師－３年間」が適切。ア「中国からの観光客－１週間」，イ「沖縄の小学生－２日間」，エ「エジプト出身の高齢者ホームステイ観光客－秋の間」は不適切。

5　「この記事の正しいタイトルを選んでください」…イ「名古屋へようこそ！人との出会い，友達作り」が適切。ア「日本へようこそ：ここでの勉強は楽しかったですか？」，ウ「名古屋へようこそ！日本への訪問の準備の方法」エ「日本へようこそ：日本の伝統芸術と文化について学びましょう！」は不適切。

【本文の要約】

知り合いがいない場合，新しい国に引っ越すのは怖いことで，友達を作るのは大変です。ここでは，あなたの自由な時間に，大都市名古屋で同じことを楽しむ人たちに出会う方法を紹介します。

ⅰ．ウ運動（＝exercise）：散歩はあなたが住む地域を知るのに良い方法ですが，他の人と一緒にスポーツをするのは楽しいです。名古屋はバレーボール（＝volleyball）をしたり，ヨガ（＝yoga）をしたり，登山（＝mountain climbing）に行ったりするために集まるグループがたくさんあります。お気に入りのスポーツがないなら，新しいスポーツをやってみませんか？

ⅱ．語学学習：あなたは日本語を勉強していて，毎日仕事で使うと思いますが，家でひとりで勉強するのは退屈かもしれません。人々に会い，日本語を話し，楽しく勉強するよい方法は，語学学校のグループクラスに入ることです。いくつかの学校を訪問して，あなたにとって最適なものを見つけてください。

ⅲ．ウ演技（＝acting）：あなたはパフォーマーですか？名古屋にはいくつかの英語劇団があります。50 年近く前に最初に設立されたのが「Nagoya Players」です！彼らは古典ドラマ，現代ミュージカル，コメディを上演してきました。 年に１，２回，観客を前にステージに出てもいいですし，裏方として絵を描いたり，小道具を作ったりしてもいいです。誰でも参加できます。

ⅳ．音楽：名古屋には世界中のミュージシャンがいてバンドがあり，地元のものもあります。音楽を聴きに行く場所や，音楽ファンや歌手，そして他のミュージシャンたちに会える場所がたくさんあります。ぜひギターを持って行ってください！きっとあなたも演奏できます！

ⅴ．その地域の人々を助けたいなら，ウボランティア活動（＝volunteer work）に挑戦してみてください。社会，正義，環境に関心を持っていれば，同じような関心を持つグループを簡単に見つけることができます。「Small World」コミュニティグループは約５年間，第２日曜日に「Sunday Pick Me Up」のごみ収集イベントを開催しています。彼らは常に名古屋，日本，世界をより良い場所にするために協力してくれる新しいメンバーを探しています。

ⅵ．外出：あなたは食事をして，おしゃべりをして，後でダンスもしたいですか？名古屋には「International Friends」グループがたくさんあります。2ア The Metro Club は 30 年前から活動しています！月に１回，すばらしい LGBT のダンスパーティーを開催しています！

ⅶ．執筆（＝writing）はあなたの友人や家族に名古屋での生活や仕事について伝え，自分の考えや気持ち，経験を共有するすばらしい方法です。「Pen to Paper」は 20 年以上前から毎月，お互いの作品を読み合い，他人の物語を聞くために集まり始めました。今日からあなた自身の日本のブログを始めてみませんか？コスプレ，アニメ，テクノロジー，マンガといった現在の日本に興味がある人も，陶芸，生け花，書道，茶道のような昔ながらの日本に興味がある人も，名古屋で友達が見つかるはずです！

Ⅳ　【本文の要約】参照。

【本文の要約】

ヒロ　：すばらしい夕食だったね。君との時間を楽しんだよ。どうもありがとう。

ホノカ：まあ，それは嬉しいわ。家にあなたを(1)エ迎える（＝have）ことができてとても良かったよ。

ヒロ　：うん，紅茶を飲みながら君と話ができてとても良かったよ。

ホノカ：紅茶をもう少しいかが？

ヒロ　：うん，(2)エもう少しもらおうかな（＝I'd love some）。

ホノカ：ええ，あなたのためにもう少しいれるわね。

ヒロ　：ありがとう。じゃあ，(3)イ僕がカップを洗うよ（＝let me wash the cups）。

ホノカ：いえ，いえ。私がやるわ。

ヒロ　：チョコレートクッキーを食べてもいい？

ホノカ：ええ，どうぞ。

ヒロ　：君がこんなに料理が上手だなんて知らなかったよ。

ホノカ：私は数回，夜に料理教室に行ったけど，(4)ア それだけよ(＝that's all)。

ヒロ　：僕は料理が上手じゃないから，料理を勉強しないと。

ホノカ：じゃあ，6時に一緒に行かない？すごくいいと思うよ。

ヒロ　：うーん。(5)ウ 君は親切だね(＝that's kind of you)。でも，今夜は仕事がたくさんあってその教室に行けなそうだ。

Ⅴ　1　All of the children are 16 years old.：「～はみな」＝all of ～

2　The temple built by Mr. Goto in 1900 looks better than that new building.：「1900年に後藤氏が建てた寺」は〈過去分詞(＝built)＋語句(＝by Mr. Goto in 1900)〉で後ろから名詞(＝the temple)を修飾して表す。

3　Could you tell me where to go during my stay in Canada?：「どこに行けばいいか」＝where to go

4　I am always looking for something exciting to do.：always「いつも」のような頻度を表す副詞は，be動詞のうしろ，一般動詞の前に入れるので，現在進行形の文ではam always lookingの語順になる。

5　If I had a time machine, I could solve this problem.：仮定法過去〈If＋主語＋動詞の過去形，主語＋could＋動詞の原形〉「もし～だったら，…できるのに」は現実では起こり得ないことを言うときに使う。

6　I want you to clean the classroom.：「(人)に～してほしい」＝want＋人＋to ～

7　The fireworks can't be seen from my house.：助動詞canを使った受け身の文では，be動詞の原形beを使ってcan't be seenとなる。

Ⅵ　1　ア went to … to ～「～するために…に行った」が適切。〈to＋動詞の原形〉の副詞的用法「～するために」の文。visit「訪問する」は直後に前置詞toが付かないのでイは不適切。

2　〈there is/are＋○○〉「○○がある」の文では，○○が複数のときはareにする。前の文がうしろの文の理由になっているので，so「それだから／それで」でつなぐ。

3　暑い日に飲み物をたくさん飲むように促す文。助動詞を使った表現の意味は次の通りである。can ～「～することができる」，have to ～「～しなければならない」，should ～「～すべきである」，must not ～「～してはいけない」また，water「水」は数えられない名詞で複数形にしないからアは不適切，「たくさんのびん入りの水」ならa lot of bottles of waterになるからウは不適切である。よって，イが適切。

《2023　理科　解説》

1　実験装置を回路図でかくと図ｉのようになる(スイッチ，電流計，電圧計は省略)。

図ｉ

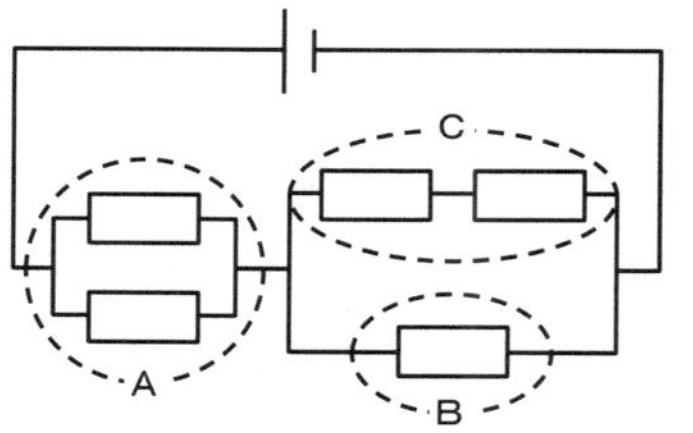

(1)　並列につながれた抵抗にかかる電圧は等しいから$V_B=V_C$である。

(2)(3)　R_1とR_2の抵抗が並列つなぎのとき，R_1とR_2の合成抵抗R_3について，〔$\frac{1}{R_1}+\frac{1}{R_2}=\frac{1}{R_3}$〕が成り立つので，Aの合成抵抗は，$\frac{1}{3.0}+\frac{1}{3.0}=\frac{2}{3.0}=\frac{1}{1.5}$より，1.5Ωである。Bの抵抗の大きさが3.0Ω，Cの抵抗の大きさが3.0＋3.0＝6.0(Ω)だから，BとCの合成抵抗は，$\frac{1}{3.0}+\frac{1}{6.0}=\frac{1}{2.0}$より2.0Ωである。したがって，回路全体の抵抗は，1.5＋2.0＝3.5(Ω)，〔電流(A)＝$\frac{電圧(V)}{抵抗(Ω)}$〕より，電流計Aに流れる電流の大きさは，$\frac{2.1}{3.5}$＝0.6(A)である。また，〔電圧(V)＝抵抗(Ω)×電流(A)〕より，V_A＝1.5×0.6＝0.9(V)だから，$V_B=V_C$＝2.1－0.9＝1.2(V)

である。

⑷　発熱量は電力に比例する。Ａに流れる電流は0.6Ａ，Ｂに流れる電流は$\frac{1.2}{3.0}$＝0.4(Ａ)，Ｃに流れる電流は0.6－0.4＝0.2(Ａ)である。〔電力(Ｗ)＝電圧(Ｖ)×電流(Ａ)〕より，各部分の消費電力は，Ａが0.9×0.6＝0.54(Ｗ)，Ｂが1.2×0.4＝0.48(Ｗ)，Ｃが1.2×0.2＝0.24(Ｗ)である。よって，早かった順にＡ，Ｂ，Ｃである。

⑸　〔発熱量(Ｊ)＝電力(Ｗ)×時間(ｓ)〕より，0.54×100＝54(Ｊ)

⑹　100Ｗで温めたときに50ｇの水の温度を，20.0－11.9＝8.1(℃)上昇させるのにかかる時間は$\frac{8.1}{0.5}$＝16.2(秒)だから，必要な熱量は100×16.2＝1620(Ｊ)である。よって，⑸より，Ａでは水が100秒間に54Ｊの熱量を得るから，かかる時間は，100×$\frac{1620}{54}$＝3000(秒)→50分である。

2　⑶　実験１と２の結果より，粉末ＡとＣは燃えて二酸化炭素が発生する物質だとわかる。よって，ＡとＣは発生して出ていった二酸化炭素に含まれる炭素の分だけ質量が軽くなる。

⑷　スチールウールは金属の鉄が繊維状になったもので，無機物である。

⑸　加熱しても燃えなかったＢは食塩，水に溶けず，ヨウ素液が青紫色になった(デンプンが含まれる)Ａは片栗粉，水によく溶けたＣは砂糖である。

⑹　④×…この実験では銅しか扱っていないので，この実験の考察としては不適切である。

3　⑴　ＢＴＢ溶液は，酸性で黄色，中性で緑色，アルカリ性で青色を示す。ＢＴＢ溶液の色が青色から緑色に変化したことから，水に溶けて酸性を示す二酸化炭素を溶かしたとわかる。酸素，窒素，水素は水に溶けて中性，アンモニアはアルカリ性を示す。

⑵　イ．Ａとオオカナダモの有無だけが異なるＣを比べればよい。　ウ．Ａと光の有無だけが異なるＢを比べればよい。

4　⑴　地球は北極側から見たとき反時計回り(Ａの方向)に自転している。地球の太陽に面している側が昼間，その反対側が夜である。自転方向はＡだからＰ地点が明け方，Ｑ地点が夕方である。

⑵　日食は「太陽―月―地球」の順に一直線に並び，月によって太陽の一部または全体が欠けて見える現象である。このとき，太陽が月に追いついて欠け始めるので，太陽は右(西)側から欠け始める。月食は「太陽―地球―月」の順に一直線に並び，月が地球の影に入ることで月の一部または全体が欠けて見える現象である。このとき，太陽によって作られる地球の影が月に追いついて月が欠け始めるので，月は左(東)側から欠け始める。

⑶　月は∠ＳＥ′Ｍ′だけ東に移動して見える。Ｅ′Ｍ//ＥＳより，平行線の錯角は等しいから，∠ＳＥ′Ｍ＝∠ＥＳＥ′＝x度である。よって，月は，∠ＳＥ′Ｍ′＝$y-x$(度)だけ東に移動して見える。

⑷　Ｅの位置に地球があるときの次に太陽と月が同じ方向にくる(月が360度移動して見える)のは，月の満ち欠けの周期より，29.5日後である。よって，１日では，360÷29.5＝12.20…→12.2度移動して見える。

⑸　⑷より，１日あたりのyの値(公転する角度)は，12.2＋1.0＝13.2(度)だから，月の公転周期は，360÷13.2＝27.27…→27.3日である。

⑹　地球がＥの位置にあるとき，月は正午(太陽の南中時刻)に南中する。Ｍ′にある月は，地球がＥ′の位置にあるときの正午にはまだ南中していない。正午から地球が12.2度自転するとＭ′にある月が南中するので，１日→1440分より，月の南中時刻は１日に，1440×$\frac{12.2}{360}$＝48.8(分)遅れる。

《2023　社会　解説》

1　⑴　③　　大日本帝国憲法に，地方自治の規定はなかった。

⑵　⑤　　葛飾北斎は，『富嶽三十六景』で知られる浮世絵師。東洲斎写楽は，歌舞伎の役者絵などで知られる浮

世絵師。碓氷関は，中山道にある長野県と群馬県の県境の碓氷峠の東すそにあった。

(3)　②　　a．正しい。b．誤り。法人企業は私企業である。

(4)　③　　表Ⅰは名古屋市内の区ごとの住宅地の平均価格，表Ⅱは区ごとの人口を示している。

(5)　⑧，⑫　　熱田区において，企業数が 16 区中最も少ないのは，③，⑧，⑫，⑬，⑭である。この中で歴史的資源と接続可能な観光ビジネス関連の業種は，⑧(卸売・小売業)と⑫(宿泊・飲食サービス業)である。

(6)　⑥　　H．2016 年４月１日から，すべての消費者が電力会社や料金メニューを自由に選択できるようになった。

Ｉ．熱田区と増加２区，減少２区を比較したとき，傾向の差がわかりやすいのは，「生活関連サービス・娯楽業」や「教育・学習支援業」であり，どちらも減少２区と熱田区が同じ傾向にあることが読み取れる。

(7)　①　　出雲大社があるのは島根県であり，鳥取県の次に人口が少ない。②は三重県，③は奈良県，④は広島県。

(8)　④　　⧆□□にあてはまる語句は門前町である。

(9)　③　　□⧆□にあてはまる語句はＮＰＯである。ＮＰＯは非営利組織の略称である。

2　(11)　②　　Ｘ．正しい。Ｙ．誤り。京都議定書では，中国やインドなどの発展途上国には，温室効果ガスの削減が義務付けられなかった。Ｚ．正しい。

(12)　①　　水力，風力，太陽光，地熱，太陽熱，大気中の熱・その他の自然界に存在する熱，バイオマス(動植物に由来する有機物)の７種類が再生可能エネルギーとされている。水力は渇水時，風力は風のない日，太陽光は雨天時や夜間など，天候の変化で発電量が左右されたり，発電できなくなったりする。

(13)　④　　道路・港湾・空港などの施設を社会資本という。

(14)　③　　OECD(経済協力開発機構)は，フランスのパリに本部を置く組織で，国際連合の機関ではない。IBRD は国際復興開発銀行，IMF は国際通貨基金，UNICEF は国連児童基金の略称。

(15)　③　　火力発電(石炭・石油・天然ガス)の割合が 70％近い③を選ぶ。日本は火力発電の割合が高く，火力発電の中での内訳は，天然ガス＞石炭＞石油の順に発電量が多くなっている。

(16)　①，③　　Ｅ国はドイツである。②のワインの輸入量についてはフランス，④はロシアについての説明である。

(17)　③　　ＥＵを離脱したイギリスに色が塗られていることから，色塗りはＥＵ加盟国でないことがわかる。アがフィンランド，イがベラルーシ，ウがウクライナだから，③を選ぶ。

(18)　⑤　　■は石炭，♯は原油，グラフⅠは石炭の輸入先を示したグラフである。

(19)　②　　リアス(式)海岸…沈降した山地の谷の部分に海水が入りこんでできた入り組んだ海岸地形。扇状地…河川が山地から平野に出るところに，れきと砂が扇状に堆積した地形。エスチュアリ…河口部分がラッパ状に広がった海岸地形。

(20)　③　　①は北海，②はバルト海，④は地中海。

(21)　④　　百済の聖明王から仏教が公伝したと言われている。その年代は，538 年説と 552 年説がある。

(22)　②　　百済の復興を支援するために，中大兄皇子は白村江に出兵し，唐と新羅の連合軍に大敗した。

(23)　①　　李氏朝鮮が成立した 1392 年は，足利義満が南北朝を合一させた年である。よって，①を選ぶ。②は北条貞時，③は豊臣秀吉，④は足利義政。

(24)　③　　①は 1904 年の日韓協約，②は 1965 年の日韓基本条約，④は 1876 年の日朝修好条規。

(25)　②　　1950 年に朝鮮戦争が起きると，ＧＨＱの指令により，日本に警察予備隊が新設され，警察予備隊は保安隊を経て，1954 年に自衛隊となった。

愛知工業大学名電高等学校

《国　語》

一 問一. a. 憶測　b. 兆候〔別解〕徴候　c. 掌握　d. たんらく　問二. 共感すること　問三. ウ　問四. 心の理論　問五. エ　問六. 共感力　問七. 長期記憶　問八. エ　問九. D. エ　E. ウ　F. イ　問十. 何かを買わせよう　問十一. あなたの注目　問十二. ア　問十三. のだと。　問十四. エ

二 問一. ウ　問二. 器量～らぬ　問三. 1. ア　2. ウ　問四. エ　問五. ア　問六. この野　問七. オ　問八. ウ, オ

《数　学》

1 (1)③　(2)10　(3)9　(4)505　(5)800　(6)198

2 (1)5　(2)①, ④

3 (1)8　(2)$4\sqrt{5}$　(3)-4

4 (1)(i) $a^2+b^2=c^2$　(ii) $(a-b)^2$〔別解〕$a^2-2ab+b^2$　(iii) 2組の角がそれぞれ等しい　(iv) エ. $c:b:a$　オ. $c^2:b^2:a^2$

《英　語》

I 1. ア　2. イ　3. エ　4. ウ　5. ウ

II 1. ウ　2. エ　3. oldest　4. ア　5. ウ

III 1. イ　2. (a)エ　(b)sustainable　3. ウ　4. ア　5. ①reminds　②of

IV 1. イ　2. ウ　3. ウ　4. ア　5. rubs／out／the／pencil／lines

V 1. エ　2. ウ　3. オ　4. エ

VI It will not be possible to study abroad.／Going abroad to study will not be possible.／I don't think studying abroad will be possible. などから1つ

《理　科》

1 (1)N　(2)エ　(3)a　(4)ウ　(5)エ　(6)ウ

2 (1)①Zn　②Cu　(2)カ　(3)エ　(4)ウ　(5)$Zn+2Ag^{+} \rightarrow Zn^{2+}+2Ag$　(6)オ

3 (1)ア　(2)イ　(3)エ　(4)イ　(5)イ　(6)※学校当局により全員正解　(7)※学校当局により全員正解

4 (1)西　(2)10～15の範囲の値であればよい　(3)凝灰岩　(4)①エ　②イ　③ア　(5)①等粒状組織　②ウ

《社　会》

I 1. イ　2. エ　3. 本能寺　4. イ　5. 寛政　6. ウ　7. ウ　8. ア　9. オ　10. イ　11. エ

II 1. ウ　2. イ　3. ウ　4. ア

III 1. ウ　2. 2(人)　3. エ　4. イ　5. ①C　②×　③B

IV 1. ウ　2. 落選した候補者に投じられた票のこと。

《2022　国語　解説》

一　著作権に関係する弊社の都合により本文を非掲載としておりますので、解説を省略させていただきます。ご不便をおかけし申し訳ございませんが、ご了承ください。

二　**問一**　【古文の内容】を参照。ウは、郎等《ろうどう》(家来)が主語。他は義家が主語。

問二　義家が戦いの話をしているのを聞いて、匡房《まさふさ》(江帥《ごうそつ》)が言った独り言の部分をぬき出す。家来はその独り言の内容を義家に伝えたのである。

問四　雁《がん》が刈田《かりた》に降りようとして、急に驚いて列を乱して飛び去ったことが、以前匡房が「軍が、野にひそんでいるときは、飛んでいる雁が列を乱す」と言っていた状況と同じだった。

問五　傍線部④とアの「手」は、(人の手のように働く)「配下の者・人」という意味で使われている。傍線部④は「配下の兵」、アは「働き手」ということ。

問六　雁が刈田から飛び去ったのを見て、野に敵がひそんでいること(「この野にかならず敵伏したるべし」)を、事前に悟っていた。

問七　両軍は、果てしなく戦いつづけるほど戦力が拮抗していたが、義家は、江帥の教えによって事前に敵兵が隠れていることを悟っていたために、なんとか勝つことができた。よってオが適する。

問八　ア.『竹取物語』…平安時代の作り物語。　イ.『枕草子』…平安時代の随筆。作者は清少納言。
ウ.『方丈記』…鎌倉時代の随筆。作者は鴨長明。　エ.『おくのほそ道』…江戸時代の俳諧紀行文。作者は松尾芭蕉。　オ.『徒然草』…鎌倉時代の随筆。作者は兼好法師。

【古文の内容】

同じ朝臣《あそん》(源義家)は、十二年の合戦の後、宇治殿(藤原頼通)のところへ参上して、戦いの間の物語を申し上げたのを、匡房卿(大江匡房)がじっくりと聞いて、力量は確かな武者であるが、やはり戦《いくさ》の道理を知らないと、独り言でおっしゃったのを、義家の家来が聞いて、妙なことをおっしゃる人だなと思った。

そのうちに、江帥(匡房)がおでかけなさって、つづいて義家も出かけた時に、家来が、(匡房が)このような事をおっしゃったと語ると、(義家は)きっと訳があるのだろうと言って、匡房が車にお乗りになったところへ進み寄って、会って挨拶をなさった。そのまま(義家は匡房の)弟子になって、それから常に(匡房のところへ)参上して軍略に関する講義をお聞きになった。

その後、(義家が)永保の合戦の時、金沢の城を攻めたとき、列をなした雁の群れが飛び去って、稲を刈った田んぼに降りようとしたが、急に驚いて、列を乱して飛び帰ったのを、義家は疑わしく思って、馬のくつわをおさえて馬をとどめて、以前江帥が教えなさったことがあった。そもそも軍が、野にひそんでいるときは、飛んでいる雁が列をみだす。この野に敵がひそんでいるにちがいない。背後をつく一隊を派遣せよという内容を命ぜられたので、兵を分けて三方から取り巻く時、(敵軍は)案の定三百騎あまりを隠して置いていた。敵味方乱れて果てしなく戦いつづけた。けれども、事前に(敵兵が隠れていることは)さとっていたことなので、(義家)将軍の戦いは勝利の勢いに乗って、武衡《たけひら》らは戦いに敗れた。(義家は)江帥の教えである一言がなかったら、わが軍は危なかったであろうとおっしゃった。

《2022　数学　解説》

1 (1)　①左辺は，$-3^2\times\frac{2}{15}+(-\frac{6}{7})\div\frac{10}{21}=-9\times\frac{2}{15}-\frac{6}{7}\times\frac{21}{10}=-\frac{6}{5}-\frac{9}{5}=-\frac{15}{5}=-3$だから，正しくない。

②左辺は，$(\sqrt{2021}+\sqrt{2020})^2\times(\sqrt{2021}-\sqrt{2020})^2=\{(\sqrt{2021}+\sqrt{2020})(\sqrt{2021}-\sqrt{2020})\}^2=$
$\{(\sqrt{2021})^2-(\sqrt{2020})^2\}^2=(2021-2021)^2=1^2=1$だから，正しくない。

③図Ⅰのような平行四辺形ＡＢＣＤについて考えると，対角線ＡＣで折り返した場合，図Ⅱのようになり，平行四辺形の向かい合う角が等しいことから，∠ＢＡＣ＝∠ＢＣＤとなる。よって，円周角の定理の逆から，４点Ａ，Ｂ，Ｃ，Ｄが同一円周上の点だとわかるので，正しい。

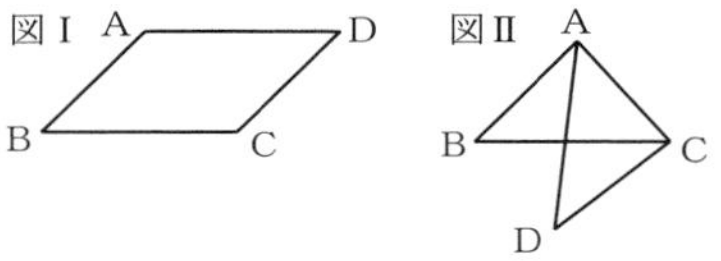

④度数分布表から平均値を求めるときは，１つ１つのデータの値をそのデータが含まれる階級の階級値と考えるので，実際の値と異なることがある。したがって，平均値が必ず一致するとは限らないから，正しくない。

(2)　$x(2x-ay)(x+by)=x(2x^2+2bxy-axy-aby^2)=x\{2x^2+(2b-a)xy-aby^2\}=$
$2x^3+(2b-a)x^2y-abxy^2$

これが$ax^3+8x^2y-cxy^2$となるので，$a=2$…①，$8=2b-a$…②，$c=ab$…③となる。

②に①を代入すると，$8=2b-2$　　$2b=10$　　$b=5$　　③に①と$b=5$を代入すると，$c=2\times5=10$

(3)　表にまとめると，右のようになる。自然数の減法は，$3-5$など，ひかれる数がひく数より小さいときは，計算が自然数の中でできない。自然数，整数の除法は，$3\div5$や$-2\div5$など，割り切れないときは，計算が自然数や整数の中でできない。よって，○の数は９個である。

	加法	減法	乗法	除法
自然数の集合	○	×	○	×
整数の集合	○	○	○	×
数全体の集合	○	○	○	○

(4)　**【解き方】2022＝２×３×337だから（337は素数），$\frac{2022}{2n+1}$が素数となるのは，$\frac{2022}{2n+1}$が２か３か337になるときである。**

nが最大になるものを考えるので，$2n+1$が最大になることから，$\frac{2022}{2n+1}=2$になるときを考えればよい。

このとき，$2022=2(2n+1)$　　$2n+1=1011$　　$2n=1010$　　$n=505$

(5)　**【解き方】ラーメン１杯の定価をx円として，１か月の利益について，方程式をたてる。**

１か月（30日）で，会員ではない友達は$30\div3=10$（回）きてラーメンを１杯ずつ食べる。

よって，会員と会員ではない友達で，１か月に，ラーメン代で$6000+x\times10=10x+6000$（円）支払う。

また，ラーメンは$30+10=40$（杯）作るから，ラーメンを作るのにかかるお金は，$300\times40=12000$（円）である。

利益を2000円出すのだから，$10x+6000-12000=2000$　　$10x=8000$　　$x=800$

よって，求める金額は800円である。

(6)　**【解き方】組み立てると，右図のようになる。**

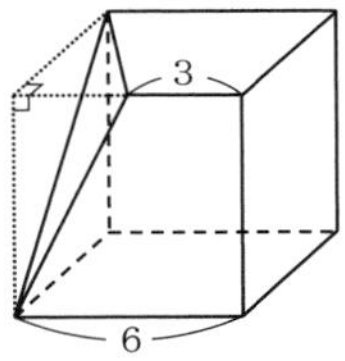

求める体積は，１辺が１の立方体の体積から，直角を挟む２辺が６の直角二等辺三角形が底面で，高さが$6-3=3$の三角すいの体積をひけばよいので，

$6^3-\frac{1}{3}\times(\frac{1}{2}\times6\times6)\times3=216-18=198$

2 (1)　玉の色の組み合わせは，（赤，赤）（赤，青）（赤，白）（青，青）（青，白）の５通りある。

(2)　**【解き方】交換した後は，袋Ａには，赤玉１個，白玉１個，青玉２個が，袋Ｂには，赤玉２個，白玉１個，青玉１個が入っている。取り出した玉について，表にまとめて考える。**

①交換した後の玉の色の組み合わせは，（赤，赤）（赤，白）（赤，青）（青，青）（青，白）（白，白）の６通りで，交換する前よりも多いから，正しい。

同じ袋に２つ同じ色の玉がある場合は，$赤_1$，$赤_2$のように区別して考える。

交換する前と後について，取り出した玉をまとめると，右の表Ⅰ，表Ⅱのようになる。玉の取り出し方は，それぞれ16通りあるから，条件に合う出方が何通りあるかで比べればよい。

交換する前

表Ⅰ		B			
		赤$_1$	赤$_2$	青$_1$	青$_2$
A	赤	○☆	○☆	○	○
	白$_1$	○●	○●	●	●
	白$_2$	○●	○●	●	●
	青	○	○	☆	☆

交換した後

表Ⅱ		B			
		赤$_1$	赤$_2$	白	青
A	赤	○☆	○☆	○●	○
	白	○●	○●	●☆	●
	青$_1$	○	○	●	☆
	青$_2$	○	○	●	☆

②条件に合う出方は，表Ⅰ，Ⅱの○印のようにともに10通りある。よって，確率は同じになるから，正しくない。

③条件に合う出方は，表Ⅰが●印の８通り，表Ⅱが●印の７通りある。よって，確率は交換する前の方が高いから，正しくない。　④条件に合う出方は，表Ⅰが☆印の４通り，表Ⅱが☆印の５通りである。よって，確率は交換した後の方が高いから，正しい。

3　(1)　Aは放物線$y=x^2$上の点で，x座標が$x=2$だから，y座標は$y=2^2=4$

双曲線$y=\dfrac{k}{x}$はA(2，4)を通るので，$4=\dfrac{k}{2}$　　$k=8$

(2)　**【解き方】右の「座標平面上の三角形の面積の求め方」を利用する。OCの長さを考える。**

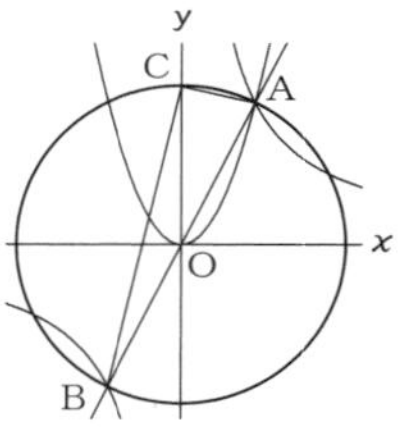

∠ACB＝90°より，３点A，B，CはABを直径とする同一円周上の点だとわかる。AとBはOを中心とする点対称な点だから，B(－2，－4)とわかる。この円の中心はOなので，OA＝OCである。三平方の定理を利用すると，

$OA=\sqrt{(\text{OとAの}x\text{座標の差})^2+(\text{OとAの}y\text{座標の差})^2}=\sqrt{2^2+4^2}=2\sqrt{5}$　　よって，$OC=OA=2\sqrt{5}$だから，

$\triangle ABC=\dfrac{1}{2}\times OC\times(\text{AとBの}x\text{座標の差})=\dfrac{1}{2}\times2\sqrt{5}\times\{2-(-2)\}=4\sqrt{5}$

座標平面上の三角形の面積の求め方

下図において，△OQR＝△OQS＋△ORS＝△OMS＋△ONS＝△MNSだから，△OQRの面積は以下の式で求められる。

$\triangle OQR=\dfrac{1}{2}\times OS\times$（QとRの$x$座標の差）

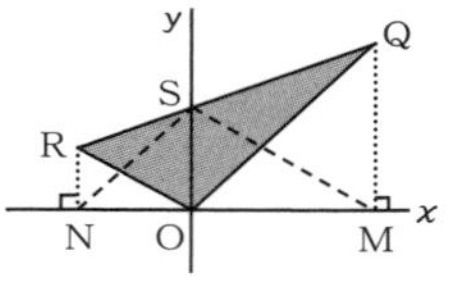

(3)　**【解き方】△OPCの底辺を$OC=2\sqrt{5}$としたときの高さは，（PとOのx座標の差）＝0－p＝－pとなる。**

$\triangle OPC=\triangle ABC=4\sqrt{5}$だから，$\dfrac{1}{2}\times2\sqrt{5}\times(-p)=4\sqrt{5}$

$-\sqrt{5}p=4\sqrt{5}$　　$p=-4$

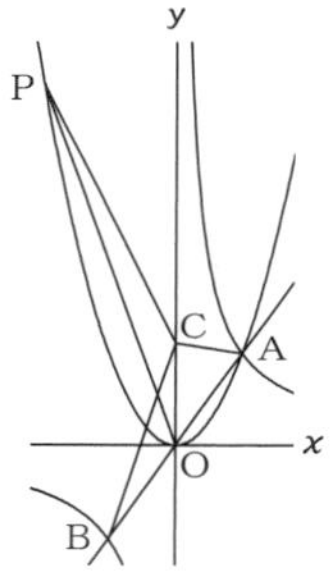

4　(ⅰ)　三平方の定理は，どの高校入試の問題でも必ずといってよいほど出題される最重要な公式の１つなので，確実に覚えること。

(ⅱ)　右図のように，大きな正方形は，１辺の長さがcだから，面積は$c\times c=c^2$と表せる。また，１つの直角三角形の面積は，$\dfrac{1}{2}\times a\times b=\dfrac{1}{2}ab$で，小さい正方形は１辺が$a-b$だから，小さい正方形の面積は，$(a-b)\times(a-b)=(a-b)^2$

よって，大きな正方形の面積について，$c^2=(a-b)^2+\dfrac{1}{2}ab\times4$が成り立つ。

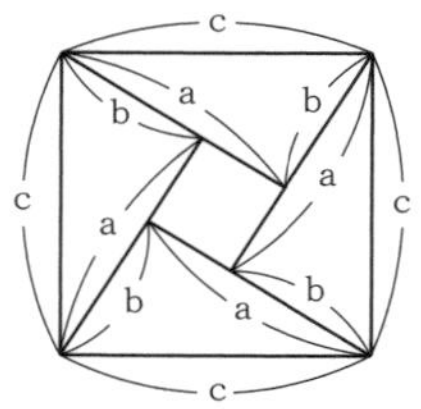

(ⅲ)　∠ACB＝∠AHC＝∠CHB＝90°…①，∠BAC＝∠CAH(共通)…②，∠ABC＝∠CBH(共通)…③

三角形の内角の和と図から，∠ACH＝∠CBH＝90°－∠BCH…④

①，②より，２組の角がそれぞれ等しいから，△ABC∽△ACH

①，③より，２組の角がそれぞれ等しいから，△ABC∽△CBH

①，④より，２組の角がそれぞれ等しいから，△ACH∽△CBH

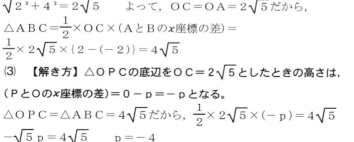

（ⅳ）　**【解き方】相似な三角形の面積比は，相似比の２乗に等しいことを利用する。**

△ＡＢＣ，△ＡＣＨ，△ＣＢＨの相似比は，ＡＢ：ＡＣ：ＣＢ＝エｃ：ｂ：ａだから，

面積比は，オ$c^2 : b^2 : a^2$である。

《2022　英語　解説》

Ⅰ　【本文の要約】参照。１　「この英文はどのマークについての話ですか？」…第４段落１～２行目より，アが適切。

２　「目に見えない障害をもつ人に一番あてはまる例はどれですか？」…イ「心臓が弱い人」が適切。ア「車いすを使う人」，ウ「目が見えない人」，エ「もうすぐ赤ちゃんが生まれる人」は不適切。

３　「ヘルプマークを使う人を助けるためにできることがたくさんあります。どれがよくありませんか？」…第９第段落３～４行目より，エ「彼らに大声で話しかけ，うるさくする」が適切。

４　「目に見えない障害をもつ人の問題のひとつは何ですか？」…第７段落１～３行目より，ウ「彼らが本当に障害者だと思わない人がいること」が適切。

５　「いつ電車からの避難が必要ですか？」…第２段落６～７行目と第９段落５行目より，ウ「もし近くで非常に大きな地震が起こったら」が適切。

【本文の要約】

2012 年，日本政府は目に見えない障害(invisible disability)を持つ人々を支援するためにヘルプマークを作成しました。

それが何を意味するか知っていますか？見えない(invisible)とは「あなたが見ることができない何か」を意味します。障害(disability)のある人は障害者です。ですから，目に見えない障害のある人は障害者ですが，それは見た目ではわかりません。彼らは健常者に見えます。しかし，特に公共交通機関では，もう少しの気遣いと支援が必要になることがあります。ヘルプマークを付けている人は座席に座る必要があるかもしれません。電車やバスに乗り降りするのにもっと時間が必要です。具合が悪いかもしれません。5ウ緊急に避難する際にもサポートが必要です。

駅構内には案内ポスターが見られ，電車やバスにはヘルプマークの意味を説明する案内ステッカーが貼ってあります。愛知県が 2020 年に行った調査では，65%近くの人がヘルプマークを認識し，その意味を理解していることがわかりました。

ヘルプマークがわかりますか？1ア白いハートの上に白い十字が付いた長方形はどうでしょう？地下鉄や電車に乗っている際に，スマホから目線を上に向けたとき，誰かのかばんや上着にあるそれを目にしたことがあると思います。

それが何であるかを知っていて，このマークの意味を理解していたとしても，問題はこのカードを持っている人を見たときにどうしたらよいかわかっているかということです。

目に見えない障害を持つ人々は，ヘルプマークを使い始めてから，以前よりもよくバスや電車で座席を譲ってもらえると言っています。しかし，他の多くの人は座ったままで，下を向いてスマホを見ていたり，目を閉じたりしています。どうしてこうなってしまうのでしょう？

4ウ前に立っているスタイリッシュな女性は元気に見えるので，障害があることが信じられない人もいます。クールな若い男性はかばんにヘルプマークを付けていますが，本当に助けが必要だとは思いません。言い換えれば，杖や車椅子，補助犬を見たときは障害を理解するのは簡単ですが，多くの人が目に見えない障害が何であるかを理解していません。

もう１つの問題は，ヘルプマークの付いた人を見たら，どうすればよいかということです。例えば，私たちは彼らと話し，彼らに助けが必要かどうか尋ねるべきでしょうか？彼らは困っておらず，私たちに腹を立てるかもしれない。たぶん私たちは話しかけたりせずただ静かに見守るべきではないのかもしれません。このように，私たちが何もしないため，何も改善されません。

ヘルプマークを使う人々は，愛知県はもっと明確に目に見えない障害について説明する必要があると思っています。「心配しないでください」と彼らは言います。「私たちに助けが必要かどうか尋ねても大丈夫だということです。もし私たちが立っていたら，どうか立ち上がってあなたの座席を譲ってください。3エ大きな声や混み合った場所は私たちを不安にさせるので，どうか静かに話してください。加えて，私たちの至近距離に立たないでください。5ウ地震のような自然災害が起こったら，どうか私たちを助けてください。そして私たちはあなたたちと同じように人間だということを頭の片隅に置いておいてくれるとありがたいです。誰も私たちを理解してくれないと，障害者は孤独を感じます」

誰かが助けを必要としているかもしれないので，次に電車や地下鉄に座って本やスマホに集中しているときは，ドアが開閉する際に見上げて周りを見回すことを覚えておいてください。その人はあなたの助けを必要としているかもしれませんし，ただ友好的な笑顔を必要としているのかもしれません。

Ⅱ　【本文の要約】参照。

1　「エリックは何を心配していましたか？」…２～３行目や最終行より，ウ「退屈な時間を過ごすこと」が適切。

2　「物語の下線⑵の祖父の行動はどういうことを意味していましたか？」…直後の２行でエリックが考え直していることからエ「彼はエリックに彼の推測が間違っていることを示した」が適切。

3　「物語の（　③　）に１つの言葉を書きなさい」…直前の段落で，エリックは最も古いと考えられる屋根裏部屋を調べている。それが間違っているとわかり，最も古い部屋を考え直す場面だから，oldest「最も古い」が適切。

4　「特別な部屋にはなかったものを選びなさい」…ア「×大きなビリヤード台」　イ○「キュー」　ウ○「階段」　エ○「ダーツボード」

5　「正しい文を選びなさい」…ア「エリックは家の中で最高の部屋を×簡単に見つけることができました」　イ「最初の 10 分はすぐに経過しましたが，×残りの時間はそうではありませんでした」　ウ○「錠前のデザインと部屋の古さは，エリックが最高の部屋を見つけるのに役立ちました」　エ×「エリックの滞在中に，ベサニーはビルに頼み事をしました」…本文にない内容。

【本文の要約】

エリックは祖父母の家のドアベルを鳴らし，ここから４時間がすぐに過ぎることを静かに望みました。1ウ彼は祖父母の家での土曜日の午後をあきらめたくはありませんでしたが，近所に子どもはいませんでした。祖母のベサニーはドアを開けて，「時間通りにここに来たのね」と言いました。「リビングにお茶とケーキがあるわ」

おそらく最初の 10 分はすぐに過ぎるでしょう。エリックは上着を正面玄関のそばに引っ掛けると，奇妙な鍵がフックにぶら下がっているのが見えました。「ビルおじいちゃん。この奇妙な鍵は何に使うの？」「それはスケルトンキーだよ。それはこの家で最高の部屋を開けるためのものなんだ」ビルおじいちゃんは妻に聞かれたくなかったのでとても静かに話しました。「おばあちゃんが私に皿洗いを手伝ってほしいと言ったときに行く部屋だよ」「その部屋は何でそんなに特別なの？」エリックは尋ねました。「それはゲームルームなんだ」とビルおじいちゃんは言いました。「鍵を持って見ておいで。私がお茶を飲み終えるまでに，部屋を見つけることができるかな」

エリックは鍵を受け取って見つめました。「スケルトンキー？古そうだな」エリックは，家の中で最も古い部屋はおそらく階段の上の屋根裏部屋だと思いました。彼は再びリビングに戻りました。「それは屋根裏部屋？」

ビルおじいちゃんはお茶をひとくち飲むと下を向きました。エリックは彼が何を言いたいかわかりました。彼は玄関に戻りました。5ウ彼は家の③最も古い（＝the oldest）部分について考えました。「地下室だ！最初に造られたところだ」彼は地下のドアに駆け寄って錠前を見ました。単純な錠前ではありませんでした。彼は鍵を中に入れて回しました。カチッという音がして，ドアが開きました。

エリックは明かりをつけて4ウ○階段を降りました。地下室は，真ん中に4ア×小さなビリヤード台があり，奥の壁に4エ○ダーツボードがある大きな部屋でした。「いいね！」エリックは言いました。「ビリヤードのやり方を学んだことはある？」ビルおじいちゃんが尋ねながら，階段を降りてきました。「ないよ」とエリックは言いました。「じゃあ，ラックから4イ○キューを取ってくれ，教えてあげよう」

1ウエリックは微笑みました。ここから４時間はあっという間に過ぎました。

Ⅲ　【本文の要約】参照。１「この記事で正しい文は次のうちどれですか？」…ア「100 人以上がキリバスに住んでいて，海面が上昇していて生き延びることができないので，×2018 年までに他の国に移住しなければなりません」

イ○「科学者によると，今日の地球の気温は，250 年前よりも約１℃高くなっていて，あと 30 年くらいで約２℃上昇します」　ウ「地球の 71％は海です。気温が上がると，水の体積が増えるので海面が上昇します。しかし，北極と南極の氷がすべてなくなったあとでも，×海は大きくなりません。」　エ「地球温暖化が続くと，2100 年までに，世界の海面は今日よりも２メートル高くなる可能性があります。ムンバイ，ニューヨーク，上海などの主要都市は×危険度が低くなります」

２　「以下の文はたくさんの人々が未来の世界に抱く希望を示しています」　(a)　「この文を読み，（　①　）と（　②　）に入る言葉を見つけなさい。正しい言葉の組み合わせを選びなさい」…「もし私たちが，①②エ気候変動(＝climate change)に対して迅速かつ強力な行動を取れば，気候が厳しくなるのを遅らせることができるかもしれません」　(b)　「（　③　）に入る英語を書きなさい」…「私たちの地球を救うために，③持続可能な(＝sustainable)開発目標に到達しなければなりません。それらがＳＤＧｓです！」

３　「記事の（　Ａ　）に入る正しい答えを選びなさい」…前後の内容からウが適切。

・形容詞／副詞＋enough for＋人＋to ～「(人)が～するのに十分…」

４　「正しい答えの組み合わせを選びなさい。(a)，(b)の文がこの記事の内容に合っている場合はＴを選びなさい。(a)，(b)の文がこの記事の内容に合わない場合はＦを選びなさい」　(a)　Ｔ「気温が上がるにつれて，北極と南極の氷が水に変化し，海に流れ込むため，海面はさらに上昇します。これらの２つの場所のうちの１つは，１年で約 100 平方キロメートルの氷を失っています」　(b)　Ｔ「温室効果ガスは常に上空の空気の中にありました。動物や人はこれらのガスを排出します。多くの国の人々が機械や工場を使い始めたとき，私たちは大量の二酸化炭素を生成し始めました。そして私たちは今，さらに多く生成しています。一部の国では，人々は農業をするだけでなく家を建てています。このようにして，私たちはより多くの二酸化炭素を生成しています」

５　「次の２つの文は同じ意味です。それぞれの空白に英語を入れなさい」…「世界規模の温暖化のことを聞くと，気候変動を思い浮かべます」＝「世界規模の温暖化は①②私たちに気候変動を思い出させます(＝reminds us of climate change)」　・remind Ａ of Ｂ「ＡにＢを思い出させる」

【本文の要約】

小さな島国キリバスは，太平洋の美しいサンゴ礁に囲まれています。現在，10 万人以上の人々が住んでいますが，キリバスの大統領は，2080 年までに，誰もが島を去ることになると言っています。キリバスの町や村は海抜２メートル未満であり，毎年海面は上昇しています。キリバスの人々は，海面の上昇が止まらなければまもなく永久に家を離れなければならなくなることがわかっています。世界の他の場所に住む人々も将来の自分たちの生活を変える必要があります。今日の地球最大の問題のひとつである環境問題のために，私たちの多くに変化がおとずれるでしょう。

科学者たちは，1イ世界の気温は今日，250 年前よりも約１℃高くなっており，2050 年までに，気温はさらに２℃高くなる可能性があると言っています。私たちはこれを「地球温暖化」と呼んでいます。２℃はそれほど高くないように思われますが，私たちの周りの世界では非常に深刻です。

4(a)地球の 71%は海であり，気温が上がると海面が上昇します。水が暖かくなると体積が膨張，つまり大きくなるためです。気温が上がるにつれて北極と南極をおおう氷が海にとけ出し始めるので，海はさらに上昇します。南極大陸では毎年約 100 平方キロの氷がなくなっています。

地球温暖化が続くと，2100 年までに世界の海面は今日より２メートル高くなるかもしれません。その場合，ムンバイ，ニューヨーク，上海など，海抜が高くない大都市が危険にさらされる可能性があります。

科学者たちは，気候（気温，降水量，降雪量，日光，風力）は以前とちがってきていると言います。これは気候変動と呼ばれます。多くの人が気候変動を非常に心配しており，そのせいですでに世界の気候は以前よりもはるかに乱れていると考えています。気候変動のために，強風が家を破壊し，乾燥で森林が燃え，大雨が農作物に被害を与え，土地を氾濫させているそうです。農家が作物を栽培することが困難になっている地域もあります。気候が変化し続けると，多くの人の生活が困難になります。降雪量が増える地域もあれば，豪雨が増える地域，干ばつの期間が長くなる地域もあります。

嵐も増え，多くの人が住んでいる土地や働いている土地を離れなければならないかもしれません。科学者たちはまた，一部の動植物は絶滅，つまり，生存できなくなると考えています。

では，気候が変動するなら，原因は何でしょうか？これを理解するには，「温室効果」について理解する必要があります。温室効果は地球をAウ私たちが住むのに十分に暖かく保つために，私たちの世界にとって大切です。しかし，温室効果はどのように働くのでしょうか？

太陽の光からのエネルギーが地球に到達すると，そのほとんどは宇宙に戻ります。しかし，地球の周りには，空気をおおうガスの層があります。それらは太陽のエネルギーの一部を吸収し，地球を暖かくします。ガラスの温室が植物を暖かく保つように，これらのガスが地球を暖かく保つのに役立つので，これを「温室効果」と呼びます。

4(b)温室効果ガスは常に上空の空気の中にありました。それらは動物や他の生物によって作られています。しかし，18 世紀から 19 世紀にかけて，多くの国が工業化し始めました。機械や工場を建設することで，人々はますます多くの二酸化炭素を排出し始めました。農業や宅地のためのより広い土地を得るために森林を燃やす国もありますが，これもまた，より多くの二酸化炭素を排出します。

科学者たちは，この余計な二酸化炭素のせいで，地球の温室効果ガスが厚くなったと考えています。このため，太陽のエネルギーのうち宇宙に戻る分がより少なくなり，地球は温暖化し，世界の気温が上昇して気候変動を引き起こしていると科学者たちは言っています。

Ⅳ　【本文の要約】参照。５　「以下の質問に答えなさい。物語から英語を引用しなさい。なぜブランバーガーはマーサの店で古いパンを買うのですか？」…ケルトンの最後から２回目の発言より，「インクで線を描いたあと，古いパンをこすって鉛筆の線を消すため（＝Because he rubs out the pencil lines with it after putting in the ink lines.）」が適切。

【本文の要約】

古いパンを買う男性の話です。

パート１：パン屋のマーサは店のカウンターのうしろに立って友達のアニーグリーンと話しています。

マーサ　：彼は週に２，３回来て，いつも古いパンを２枚買うの。

グリーン：古いパン？

マーサ　：いつも古いパンで，焼きたてのパンではないわ。1イもちろん，焼きたてのパンは１枚で５セントだけど，古いパンは２枚で５セントよ。

グリーン：あなたは彼のことを貧乏だと思っているの？

マーサ　：そうよ。アニー，彼は，きっとそう。ある日，彼の指に赤と茶色のペンキを見たわ。「彼は画家ね」と私は思ったわ。

グリーン：まあ，私たちはみんな，画家はたいていお金がないことをわかっているわ。でも彼が画家なのは確かなの？彼の指にペンキがついていたからといって...

マーサはカウンターの下から絵を取り出します。

マーサ　：2ウ私がこれを壁にかざっていたら，彼はいい絵だってわかったのよ。

グリーン：そして，彼は古いパンしか食べないの？

マーサ　：ええ。彼はとても貧しいに違いないわ。彼はとてもやせ細って見えるもの。彼を助けたいわ。

グリーン：（笑）あなたは彼と結婚したいとでも言うの！

パート２：２日後。マーサは今，とっておきの服を着て，髪型もいつもと違って見えます。

マーサ　　　　：おはようございます。

ブランバーガー：おはようございます。古いスライスを２枚お願いします。

マーサ　　　　：（微笑んで）今日はごきげんいかがですか？

ブランバーガー：私はとても元気です。

マーサはすぐに古いスライスにそれぞれ切り込みを入れ，バターを入れます。彼女はスライスを紙袋に入れます。ブランバーガーはマーサに支払いをします。

ブランバーガー：3ウありがとうございました。さようなら。

マーサ　　　　：さようなら。

パート３：その日遅く，突然ドアが開き，ブランバーガーと若い男が入ってきます。ブランバーガーは怒っていますが，若い男，ケルトンは彼を抑えようとしています。

ブランバーガー：（マーサに叫んで）お前はバカな女性だ！

ケルトン　　　：待てよ！ブランバーガー！

ブランバーガー：お前はバカ，バカな女性だ！お前は自分が何をしたかわかるか？お前は俺の仕事を台無しにしたんだ。

ケルトン　　　：やめろよ！もう十分だ！きっと故意ではなかったはずだ。

ケルトンはブランバーガーを店から引きずり出します。１分後，ケルトンは再び戻ってきます。

マーサ　：彼はどうしたのですか？

ケルトン：彼はブランバーガーといって，建築家です。僕たちは同じオフィスで働いています。

マーサ　：4アそれで，私が何かよくないことをしてしまったのですか？

ケルトン：彼はここ３か月間，ずっと新しい市立病院の計画に取り組んできました。ブランバーガーはきっと競争に勝てると確信していました。

マーサ　：でも…なぜ？

ケルトン：5あなたに伝えておきます，マーサさん。ほら，彼は昨日インクの線を描き終えたんです。それが終わったとき，彼はいつも古いパンをこすって鉛筆の線を消すんです。

マーサ　：だから，彼は古いパンが欲しかったんですね！

ケルトン：でも今日，バターがパンの中に入っていて，彼が鉛筆の線をこすって消そうとしたとき，ブランバーガーの計画は台無しになってしまったんです。マーサさん。

ケルトンは向きを変えて店を出ます。マーサは頭をかかえて泣き始めます。

V　1　You look very happy in this house like a king and a queen.：look は「～のように見える」という意味で使うことができる。see にはこのような用法がない。

2　Why don't we look for the phone book?：「～をさがす」は look for ～で表す。look at ～「～を見る」はここでは不

適切。　・Why don’t we ～?「一緒に～しない？」

3　I went shopping in Shibuya with my friend yesterday.：「(地名)に買い物に行く」は go shopping in＋地名で表す。to は使わない。

4　I have never thought that Japan depens on other countries for energy.：「他の(不特定な)国」は other countries で表す。another country「もう１つの国」は２つの国のうちの一方を指すときに使う。　・depend on ～「～に依存する」

Ⅵ　「夢のまた夢」→「可能ではない」という文にする。possible「可能である」を使った文を作るときは，形式主語の文 it is possible to ～「～することは可能である／～することができる」などを使うとよい。８語の条件を守ること。　「留学する」＝study abroad

《2022　理科　解説》

1　(1)　図１のコイルに流れる電流の向きに，図ｉの右手をあてはめると，ＡがＳ極になることがわかる。よって，Ｓ極と引き合うＭのＰはＮ極である。

図 i

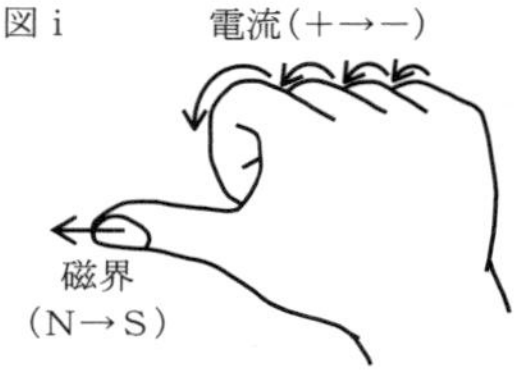

(2)　コイルに流れる電流の向きが逆になると，電磁石の極は入れかわるので，図３ではＡがＮ極になる。よって，Ｎ極であるＰを近づけると，Ｍと電磁石は反発しあう。また，コイルの巻数を増やすと電磁石の磁界は強くなる。

(3)　図６で，電流の向きは紙面の奥から手前，ＭのＱはＳ極だから磁界の向きは下向きである。これらの向きに，図 ii の左手をあてはめると，力の向きが右向き(ａ)になることがわかる。

図 ii

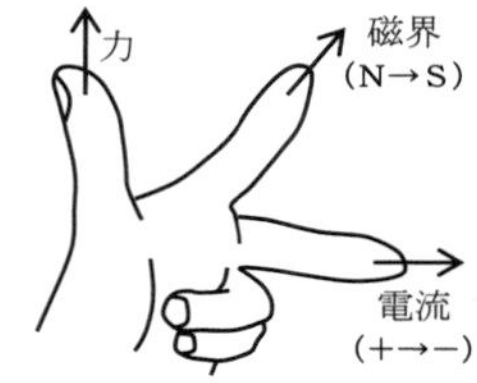

(4)　スイッチを切ると金属棒には力がはたらかなくなるため，力学的エネルギーが増えることはない。また，まさつや空気抵抗がなければ力学的エネルギーが減ることはなく，一定に保たれる(力学的エネルギーの保存)ので，ウが正答である。

(5)　斜面を下り始めると，金属棒にはたらく重力の斜面に平行な分力により，速さがだんだん速くなる。斜面を下り終わると等速直線運動をし，反対側の斜面を上り始めると減速する。

(6)　電流の向きとＭの磁界の向きは変化しないので，斜面を下り始め，水平面内の導体部分にくると，金属棒に電流が流れ，(3)のときと同じａの向きに力を受けるようになる。これは，金属棒の進行方向と逆向きだから減速する。

2　(1)(2)　ある金属のイオンが含まれている水溶液に，その金属よりもイオンになりやすい(イオン化傾向が大きい)金属を入れると，入れた金属は電子を放出して水溶液中にイオンとなって溶け出す(イオンになりにくい金属を入れても変化しない)。放出された電子を水溶液中にあった金属イオンが受け取ると，金属となって析出する。よって，①はZn(亜鉛)，②はCu(銅)であり，イオンになりにくい順にCu，Zn，Mg(マグネシウム)である。

(3)　AgはCuよりもイオンになりにくいから，(1)(2)解説より，Agがイオンになって溶け出すことはない。

(4)　ウ×…電池では，イオンになりやすい金属板が負極，イオンなりにくい金属板が正極になる。MgはZnよりもイオンになりやすいので，Cu板をMg板に，硫酸銅水溶液を硫酸マグネシウム水溶液に変えると，Mg板が負極，Zn板が正極になるので，電流の向きが逆になり，電子オルゴールの音は鳴らなくなる。

(5)　ZnはAgよりもイオンになりやすいので，Zn板では，問題文中と同じ反応が起こる〔$Zn \rightarrow Zn^{2+} + 2e$〕。Ag板では，Cu板のときと同じように電子を受け取る反応が起こるが，AgのイオンはAg^{+}であり，電子を１個受け取ってAg原子になるので，Znが放出した２個の電子を，２個のAg^{+}が１個ずつ受け取って２個のAg原子になる〔$2Ag^{+} + 2e \rightarrow 2Ag$〕。以上をまとめると，$Zn + 2Ag^{+} \rightarrow Zn^{2+} + 2Ag$となる。

(6)　Zn板の質量の減少が電池Ａと電池Ｂで同じであったことから，イオンになったZn原子の数は等しく，Zn原子が放出した電子の数も等しい。２個の電子が放出されたときを考えると，Cu板では１個のCu^{2+}が電子を２個受け取って１個のCu原子になるのに対し，Ag板では２個のAg^{+}が電子を１個ずつ受け取って２個のAg原子になるから，できるAg原子の数はCu原子の数の２倍である。よって，Ag原子の質量がCu原子の1.7倍であれば，Ag板の質量の増加量は，Cu板の質量の増加量の1.7×２＝3.4(倍)になる。

3 ⑴　根の先端付近のＡでは，細胞分裂が盛んに行われ，分裂したばかりの小さい細胞がたくさんある。よって，ＡとＢの質量が同じであれば，小さい細胞がたくさんあるＡの方が含まれる細胞数は多いと考えられる。

⑵　ア×…ｅでは核の中に染色体が現れているから，ここから細胞分裂が始まると考える(ｅ→ａ→ｂ→ｃ→ｄ)。ウ×…ｂでは複製によって，染色体の数が体細胞の２倍になっている。ｂの上下にあるかたまりのそれぞれの染色体の数が，ｄの１つ１つの細胞内の染色体の数と等しい。　エ×…減数分裂は，生殖細胞がつくられるときに，染色体の数が元の細胞の半分になる分裂である。

⑶　ア×…葉をつくっていた細胞からできる個体は体細胞分裂でできた個体である。体細胞分裂によって新しい個体をつくる生殖を無性生殖といい，植物が体細胞分裂によって新しい個体をつくることを特に栄養生殖という。イ×…ゾウリムシは分裂でなかまを増やす。　ウ×…ヒドラは，体の一部から芽が出るようにふくらんで新しい個体になる出芽で，新しい個体をつくる。

⑷　ア，ウ×…被子植物では，柱頭についた花粉から花粉管がのびる。花粉管の中を精細胞が移動し，精細胞の核と胚珠の中の卵細胞の核が合体(受精)して受精卵ができる。　エ×…裸子植物には子房がなく，胚珠はむき出しである。

⑸　ア×…染色体に存在し，形質を表すものになるのは遺伝子である。　ウ×…遺伝子の本体がＤＮＡである。エ×…潜性の両親から顕性の子が生まれることはないが，顕性の両親から潜性の子が生まれることはある。

4 ⑴　Ａ～Ｃのｘの層は同じ時期にたい積したと考えられるから，その上面の海面からの高さを比べればよい。図１と図２より，Ａでは50－10＝40(m)，Ｂでは60－15＝45(m)だから，西に向かって低くなっていると考えられる。

⑵　南北の傾きはないから，Ｄのｘの層の上面の海面からの高さはＢと同じ45mである。Ｄではｘの層の上面が地表から55－45＝10(m)の深さにあり，ｘの層の厚さは５mだから，10m～15mの深さで観察することができる。

⑸①　花こう岩は深成岩であり，マグマが地下深くでゆっくりと冷えて固まることでできる。深成岩のつくりは，同じくらいの大きさの結晶が組み合わさった等粒状組織である。　②　融点は物質が固体から液体になるときの温度であり，ここでは，液体から固体になるときの温度と同じと考える。よって，高温の状態から冷えていくとき，最初に固まる(液体から固体に変化する)鉱物は，最も融点の高い斜長石である。

《2022　社会　解説》

Ⅰ　１　イ　　①正しい。②正しい。③誤り。Ａは織田信長である。織田信長が鉄砲を大量に使用して武田氏を打ち破ったのは長篠の戦い。桶狭間の戦いは今川義元を打ち破った戦い。

２　エ　　ⅰの城は安土城である。①誤り。「白鷺城」は姫路城の呼称である。②誤り。安土城は現存していない。③誤り。西南戦争で争った城は熊本城である。

３　本能寺　　織田信長は，家臣の明智光秀に背かれ，本能寺で自害したと言われている(本能寺の変)。

４　イ　　君臣の主従関係や父子の上下関係を大切にする朱子学は，幕府の身分統制の維持に都合がよかった。

５　寛政　　「昌平坂学問所を設け」から松平定信と判断する。松平定信は，昌平坂学問所を設け，そこで朱子学以外の学問を禁止した(寛政異学の禁)。また，江戸に出稼ぎに出ていた農民を村に返し(旧里帰農令)，飢饉に備えて米の備蓄をさせ(囲い米)，旗本や御家人の借金を帳消しにする(棄捐令)，寛政の改革を行った。

6　ウ　　白河(＝松平定信)の政治は，あまりに清すぎて，魚(民衆)は住みにくい。これだったら，濁っていた田沼の時代が恋しい，という意味の狂歌。アは藤原道長の望月の歌，イは黒船来航時の狂歌，エは菅原道真の和歌。

7　ウ　　『資本論』からマルクスと判断する。フェノロサは，明治時代，岡倉天心とともに日本美術のすばらしさを海外に広めた人物。ハリスは，日米修好通商条約を締結したアメリカの総領事。ラクスマンは，江戸時代，日本との通商を求めて根室に来航したロシア人。

8　ア　　資本主義経済が進むと，資本家と労働者の経済格差が広がり，貧困問題が発生すると考えたマルクスは，貧困をなくすためには，資本家や地主がいない社会をつくり，工場や土地を共有すべきとする社会主義を唱えた。

9　オ　　「奉行所の元役人」から大塩平八郎と判断する。大塩の乱は 1837 年に起きた。

10　イ　　③と④が 19 世紀の出来事である。南北戦争は 1861 年，アヘン戦争は 1840 年，南京条約は 1842 年のことである。名誉革命は 17 世紀の 1688 年，辛亥革命は 20 世紀の 1911 年に起きた。

11　エ　　Eはアメリカ合衆国のワシントンだから，敵国はイギリスである。①～④はすべてイギリスについての説明として正しい。

Ⅱ　1　ウ　　西アジアには，アラビア語が公用語の国が多い。ケチュア語は南米の先住民族の言語である。

2　イ　　南米では，ブラジルを除くほとんどの国がスペインの植民地支配を受けた。そのため，ポルトガル語を公用語としているブラジル以外は，スペイン語を公用語としている国が多い。

3　ウ　　ヨーロッパの国家を形成した民族は白人系だから，南米の民族の出身地ではないのでａは誤り。

4　ア　　インド北部や中部で話される言語がヒンディー語である。

Ⅲ　Ａ県＝三重県，Ｂ県＝富山県，Ｃ県＝福島県，Ｄ県＝宮城県，Ｅ県＝鹿児島県，Ｆ県＝佐賀県

1　ウ　　「県南部の真珠の養殖」＝三重県志摩半島の英虞湾，「県北部の工業地帯」＝中京工業地帯から，Ａ県は三重県と判断して，四日市ぜんそくのウを選ぶ。アは水俣病(熊本県)，新潟水俣病(新潟県)。イはイタイイタイ病(富山県)，エは足尾銅山鉱毒事件(栃木県・群馬県)。

2　2　　Ｅ県は鹿児島県だから，薩摩藩の西郷隆盛と大久保利通があてはまる。木戸孝允は山口県，坂本龍馬と板垣退助は高知県，大隈重信は佐賀県，福沢諭吉は大阪府の出身である。

3　エ　　鹿児島県と宮崎県南部に広がるシラス台地は，水はけがよく稲作に向かないため，畑作や畜産がさかんである。カルストは石灰岩の地形，カルデラは火山活動による陥没，リアスは入り組んだ海岸地形。

4　イ　　豊臣秀吉による朝鮮出兵の際，朝鮮から連れてきた陶工たちによって開かれた窯が有田焼(伊万里焼)である。信楽焼は滋賀県，常滑焼は愛知県，九谷焼は石川県，清水焼は京都府。

5　①＝C　②＝×　③＝B　　①郡山市といわき市は，県庁所在地の福島市より人口が多い都市である。②吉野川は徳島県を流れる。③富山県五箇山の合掌造り集落は，岐阜県白川郷の合掌造り集落とともに，世界文化遺産に登録されている。

Ⅳ　1　ウ　　一選挙区から１名が選出されるのが小選挙区制，２名以上が選出されるのが大選挙区制，政党別の得票数に応じて議席数が配分されるのが比例代表制である。

2　当選しなかった候補者に投じた票は死票と呼ばれる。例えば，Ａ，Ｂ，Ｃの３人が立候補した小選挙区での選挙で，Ａが２万票，Ｂが 1.5 万票，Ｃが１万票を得たとき，Ａが当選するが，Ａ以外に投票された 2.5 万票は，Ａに投票された票数より多い。これが小選挙区で死票が多いと呼ばれる理由である。

2021 解答例 令和３年度　愛知工業大学名電高等学校

《国　語》

一　問一．ａ．比類　ｂ．奇妙　ｃ．洞察　ｄ．把握　問二．従順　問三．ウ　問四．エ
問五．創造的活動　問六．人間の幸福　問七．エ

二　問一．イ　問二．イ　問三．⑴ＡＩに～た議論　⑵ウ　問四．エ　問五．ア

三　問一．むかいいたらん　問二．エ　問三．ウ　問四．ア　問五．係り結び（の法則）
問六．⑴兼好（法師）〔別解〕吉田兼好／卜部兼好　⑵エ

四　問一．オ　問二．ウ

《数　学》

1　⑴①　⑵0.1414　⑶$\frac{9}{2}$，１　⑷$\frac{4}{5}$　⑸２　⑹（$3\pi-6$）

2　⑴３　⑵６　⑶③

3　⑴$y=2x$　⑵12　⑶$\frac{3}{2}a^2$

4　⑴３　⑵（ⅰ）②　（ⅱ）③　（ⅲ）④　（ⅳ）$18\sqrt{2}\pi$　（ⅴ）18π

《英　語》

Ⅰ　１．ウ　２．イ　３．ア　４．ウ　５．ウ

Ⅱ　１．He／could／not／find／his／bike　２．ア　３．thirty／minutes　４．mistake　５．イ，オ

Ⅲ　１．イ　２．エ　３．エ　４．エ　５．ア

Ⅳ　１．イ　２．エ

Ⅴ　１．エ　２．イ

Ⅵ　１．オ　２．エ　３．オ　４．エ　５．ア

Ⅶ　Your story surprised me.

《理　科》

1　⑴５　⑵イ　⑶カ　⑷６　⑸60　⑹イ

2　⑴イ　⑵塩　⑶$HCl+NaOH\rightarrow NaCl+H_2O$　⑷ア　⑸45　⑹ウ

3　⑴Ｂ　⑵エ　⑶相同器官　⑷ア，イ，ウ，エ　⑸①食物連鎖　②イ　③オ

4　⑴マグニチュード　⑵Ｐ波…７　Ｓ波…3.5　⑶105　⑷15　⑸70

《社　会》

1　１．ア　２．御家人　３．イ　４．ア　５．日露戦争　６．ア　７．ア　８．ウ　９．イ
10．和　11．ウ　12．卑弥呼

2　１．エ　２．ア　３．エ

3　１．ウ　２．Ｄ　３．イ

4　１．ウ　２．ア　３．イ　４．ア　５．エ

5　暖流である黒潮と寒流である親潮がぶつかる場所であるから。

《2021　国語　解説》

一　**問一ａ**　比類とは、それと比べられるもの、同じ類《たぐ》いのもの。「比類(が)ない」「比類なき」という形でよく用いる。

ｃ　洞察とは、物事を観察して、その本質や奥底にあるものを見抜くこと。見通すこと。

問二　直前の「それ」が指しているのは、「今まで従順であった子供が反抗をはじめて困るという親のなげき」である。よって、「かえらぬ昔」とは、反抗をはじめた子供が、まだ従順であった時期のこと。

問三　「それから先の変化の仕方」について、「せっかく目ざめた知性をまた眠らせてしまう場合もある」としたあと、「人間世界はどうせ理屈通りにいかないのだと簡単にあきらめてしまうこともあろう」「人間の世界には測り知れない何ものかがある、それを信じそこによりどころを求めるというようになることもあろう」とあり、これがウとエの１つ目と２つ目にあたる。「せっかく目ざめた知性をまた眠らせてしまう場合」というのは、この２つをあわせたものなので、アとイは内容が重複しており、適さない。さらに、「一たん目ざめた知性がいつまで最初の鋭敏性を保っている場合もある」としたあと、これを「そういう場合には、しばしば知性は尖鋭《せんえい》に働くだけで成長がとまってしまうことがある。不合理な点を目ざとく見つけるが、建設的な意見をつくりあげる力にかけていることになる」と、「正当化されると否とにかかわらず、ある事柄がこの世に起こる理由を知ろうとする～そういう働きを通じて知性が成長してゆく」という場合に分類している。これがウの３つ目と４つ目にあたる。エの「建設的な意見をつくりあげられない場合」は、「知性の成長をとめてしまう場合」と同じであり、エは「知性が成長してゆく場合」が抜け落ちている。よって、ウが適する。

問四　鋭敏とは、感覚などが鋭いことや、才知が鋭いという意味。よって、エが適する。

問五　少し前の部分で「理論物理学者の創造的活動の中で一番大切なのは、ある観点から見て不合理と思われる事柄の奥底にある合理性を見つけだすことである」と述べ、傍線部④の直前の文で、「人間世界のできごとに対しても、一見きわめて不合理と思われることがらの奥に、人間の存在の仕方のある必然性を洞察するところに、知性をふくめた人間精神の創造的活動があるであろう」と述べている。これらをふまえて傍線部④のように述べている。

問六　同じ段落で「そこ(＝人間世界の出来事)での一番大きな問題は常に人間の幸福である」と述べ、「そこではしばしば決定的な意味を持ちうる」のが、「知識がまだ気がつかずにいる潜在意識の働き」だと言っている。また、直後の文で、「しかし、こういう事情があるからと言って、人間の幸福の問題に対して知性が無力だということにはならない」としている。よって、傍線部⑤の「そこ」が指すのは「人間の幸福」である。

問七　自然科学・理論物理学について、「はじめから合理性のはっきりしているような対象ばかりあつかっている限り、一番大きな創造力の発揮される機会はないのである」と述べ、続いて「人間世界のできごとに対しても、一見きわめて不合理だと思われることがらの奥に、人間存在の仕方のある必然性を洞察するところに、知性をふくめた人間精神の創造的活動があるであろう」と述べている。よって、エが適する。

二　**問一**　傍線部①は、「意外にみんなそれほど情報を摂取していない」ということを言い表したたとえ。具体例としてあげられているのは、「どうやら、表面だけをサーッと撫《な》でてキーワードだけを拾っており、詳しいところまでは読んでいないようなのです」や、「『まとめサイトしか見ていない』という人もいます。知りたいことが簡単にまとめてあって、それでわかった気になる」である。よって、イが適する。これと反対の状態を表したたとえが、「(深いところに)潜れば、まだ見たことのない深海魚に出会えるかもしれない」である。

問二　Ａ．前の文に書かれている内容から予想されることとは逆の内容が後に続くので、逆接の接続詞「ところが」が入る。　Ｂ．直前の「お手本となる先人の棋譜データすら使わず」より、もっぱらそれだけを行うことを表す

「ひたすら」が入る。　C.「アルファゼロ」が優れている点として、直前までで述べてきたことがらに、後にあることがらを付け加えているので、「しかも」が入る。　D.「ひたすら」は、直後の「人間の手を離れて」とうまくつながらないので、「もはや」が入る。以上より、イが適する。

問三(2)　４行後の、「ＡＩが出てこようが出てこなかろうが、『自分の人生をいかに深く生きるか』が重要なのではないでしょうか」が、筆者の本当に言いたいこと。よって、ウが適する。

問四　本末転倒とは、根本的で重要なことと、ささいでつまらないことを取り違えること。ア～ウは、“学生はまじめに勉強する”“部屋の片付けをする”“入試合格のためにできる限り勉強時間をとる”という本来のあり方を軽視し、それに関連したつまらないことに時間をかけているので「本末転倒」と言える。エについては、兄のほうが弟よりもできるべきだというような決まりや道徳はないので、これが正解。

問五　文章後半の「私たち人類は『ホモ・サピエンス＝知的な人』です。知を多くの人と共有し、後世にも伝えていくことができるのがホモ・サピエンスのすごいところです。書店や図書館に行けば、古今東西の知が所狭しと並んでいます。偉大な人が人生をかけて真理を探求し、あるいは身を削って文学の形に昇華させ、それを本の形にして誰でも読めるようにしている。だから知を進化させていくことができます」「本を読まないのは、ホモ・サピエンスとしての誇りを失った状態」「読書は人間に生まれたからこそ味わえる喜びです。自分で自分の人生を深めていける最高のものです」などから、アが適する。

三　**問一**　古文で言葉の先頭にない「はひふへほ」は、「わいうえお」に直す。また、古文の「わゐうゑを」は、「わいうえお」に直す。

問二　訳にある「そんな人はいるはずもないから、少しも相手の気持ちに食い違わないようにと心がけて対座している」という状態を、筆者はつまらないと感じるはずである。よって、エが適する。

問三　つれづれ(徒然)とは、することがなく退屈であるさま。よって、ウが適する。

問四　訳に「自分と同じ考えの人ではない場合は～真実の心の友というのには、非常な距離があるに違いないのは、何ともやりきれないものであるなあ」とある。このような人とは違って、最初の文にある「風情あることでも～心の隔てなく話し合って慰められる」人が、「まめやかの心の友」だと考えられる。

問五　係助詞「ぞ・なむ・や・か」の場合は連体形、「こそ」の場合は已然形で結ぶ。

問六　平安時代の清少納言の『枕草子』、鎌倉時代の兼好法師の『徒然草』、同じく鎌倉時代の鴨長明の『方丈記』が三大随筆とされる。

四　**問一**　「一斉に」とオの「ただちに」は、活用できないので副詞であり、これらの「に」は副詞の一部。よって、オが適する。アは、「さわやかだ」などと活用できるので、形容動詞「さわやかだ」の連用形の活用語尾。イとウは格助詞。エは接続助詞。

問二　助動詞「た(だ)」には、過去・完了・存続・確認(想起)の四つの意味・用法がある。ウは、動作はすでに終わったが、結果が状態として今も存続していることを表す「存続」の用法。「(今も) かかっている」と言い換えられる。よって、ウが適する。ア・イ・エは、すでに動作がすんだ意味を表す「過去」の用法。

《2021　数学　解説》

1　(1)　①左辺は，$(-4)\times(-16)\div(-8)=-8$だから，正しい。

②左辺は，$x^2+3x+\frac{9}{4}-(x^2-\frac{9}{4})=x^2+3x+\frac{9}{4}-x^2+\frac{9}{4}=3x+\frac{9}{2}$だから，正しくない。

③$y=\frac{1500}{x}$でyはxに反比例するから，正しくない。

④３つの資料０，１，98 の平均値は$\frac{0+1+98}{3}=33$で，中央値は１だから，正しくない。

(2)　与式$=\sqrt{\dfrac{2}{100}}\times\dfrac{\sqrt{100}}{\sqrt{5}}\times\dfrac{1}{\sqrt{20}}=\sqrt{\dfrac{2\times100\times1}{100\times5\times20}}=\sqrt{\dfrac{2}{100}}=\dfrac{\sqrt{2}}{\sqrt{100}}=\dfrac{\sqrt{2}}{10}=\dfrac{1.414}{10}=0.1414$

(3)　$(2x-3):(y+2)=2:1$より，$2x-3=2(y+2)$　　$2x-3=2y+4$　　$2x-2y=7$…①

$\dfrac{x}{3}+\dfrac{y}{2}=2$の両辺に6をかけて，$2x+3y=12$…②

②−①でxを消去すると，$3y+2y=12-7$　　$5y=5$　　$y=1$

②に$y=1$を代入すると，$2x+3=12$　　$2x=9$　　$x=\dfrac{9}{2}$

(4)　**【解き方】1−(2人が選んだ料理が同じになる確率)で求める。**

2人の選び方は全部で，$5\times5=25$(通り)ある。そのうち2人が選んだ料理が同じになる選び方は，料理の数と等しく5通りあるから，2人が選んだ料理が同じになる確率は$\dfrac{5}{25}=\dfrac{1}{5}$である。よって，求める確率は，$1-\dfrac{1}{5}=\dfrac{4}{5}$

(5)　与式$=(3+5)-\|45\|+\dfrac{\|81\|}{3}=8-(4+5)+\dfrac{8+1}{3}=8-9+3=2$

(6)　**【解き方】右のように作図できる。図形①の面積から，おうぎ形ＭＣＯと台形ＡＢＭＯの面積を引けばよい。**

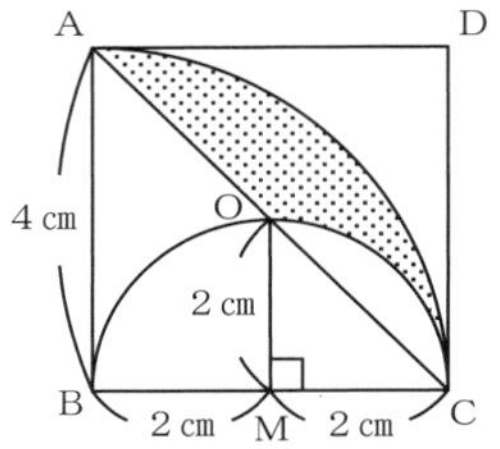

図形①の面積は，$4^2\pi\times\dfrac{1}{4}=4\pi$(㎠)，おうぎ形ＭＣＯの面積は，$2^2\pi\times\dfrac{1}{4}=\pi$(㎠)

台形ＡＢＭＯの面積は，$\dfrac{1}{2}\times(4+2)\times2=6$(㎠)

よって，求める面積は，$4\pi-\pi-6=3\pi-6$(㎠)

2　(1)　積が平方数となる組み合わせは，Ａの２とＢの２，Ａの２とＢの８，Ａの４とＢの４の３通りある。

(2)　ともに素数である組み合わせは，Ａの２とＣの３，Ａの２とＣの５，Ａの２とＣの７，Ａの３とＣの３，Ａの３とＣの５，Ａの３とＣの７の６通りある。

(3)　**【解き方】奇数である確率が$\dfrac{1}{2}$より小さいか，$\dfrac{1}{2}$か，$\dfrac{1}{2}$より大きいかを調べればよい。ただし，例えば，Ａの３を取り出す場合と，Ｃの３を取り出す場合はともに確からしいとは言えない(詳しくは後述)。このようなときは，「あるできごとＰとＱがあり，それが起こるかどうかに互いに影響を与えないとき，ＰとＱが同時に起こる確率は，(Ｐが起きる確率)×(Ｑが起きる確率)で求められる」ことを利用する。**

箱を選ぶ段階でＡの箱が選ばれる確率は$\dfrac{1}{3}$である。Ａの中から３が取り出される確率は$\dfrac{1}{3}$であり，Ａの箱が選ばれたことは，３の玉が取り出される確率に影響を与えないので，Ａの３を取り出す確率は，$\dfrac{1}{3}\times\dfrac{1}{3}=\dfrac{1}{9}$

同様に，Ｃの１を取り出す確率は，$\dfrac{1}{3}\times\dfrac{1}{5}=\dfrac{1}{15}$であり，Ｃの他の玉を取り出す確率もそれぞれ$\dfrac{1}{15}$である。

したがって，奇数を取り出す確率は，$\dfrac{1}{9}+\dfrac{1}{15}+\dfrac{1}{15}+\dfrac{1}{15}+\dfrac{1}{15}+\dfrac{1}{15}=\dfrac{4}{9}$(同時に起こることのないいくつかのできごとのいずれかが起きる確率は，それぞれの確率を足すと求められることを利用している)

よって，偶数を取り出す確率は$1-\dfrac{4}{9}=\dfrac{5}{9}$だから，「③偶数である確率の方が高い」。

下線部について，例えば玉を取り出す試行を180回行ったとして考える。

Ａの箱，Ｂの箱，Ｃの箱が選ばれた回数はそれぞれ$180\times\dfrac{1}{3}=60$(回)に近い回数となる(以下，＿＿部を省略する)。Ａの中の玉が取り出された回数はそれぞれ$60\times\dfrac{1}{3}=20$(回)，Ｂの中の玉が取り出された回数はそれぞれ$60\times\dfrac{1}{4}=15$(回)，Ｃの中の玉が取り出された回数はそれぞれ$60\times\dfrac{1}{5}=12$(回)となる。したがって，下線部のことが言えるのであり，この例からも，奇数を取り出す確率は，$\dfrac{20+12\times5}{180}=\dfrac{4}{9}$となる。

なお，全体の場合の数は$3+4+5=12$(通り)あり，そのうち奇数が取り出されるのは6通りあるが，この12通りは同様に確からしい(同じように起こる可能性がある)とはいえないので，奇数を取り出す確率を$\dfrac{6}{12}=\dfrac{1}{2}$と考えるのは間違いである。

3　(1)　**【解き方】原点を通る直線の式は$y=bx$と表せる(ｂは比例定数)。**

直線$y=bx$はC$(2a, 4a)$を通るから，$y=bx$に$x=2a$，$y=4a$を代入すると，$4a=b\times 2a$
$a\neq 0$だから，両辺を$2a$で割って，$b=2$　　よって，求める直線の式は，$y=2x$

(2)　【解き方１】$a=2$のとき，右のように作図できる。△ABG＋△CBGで求める。BH//OEだから，CG：GA＝CH：HE＝１：１なので，GはCAの中点である。

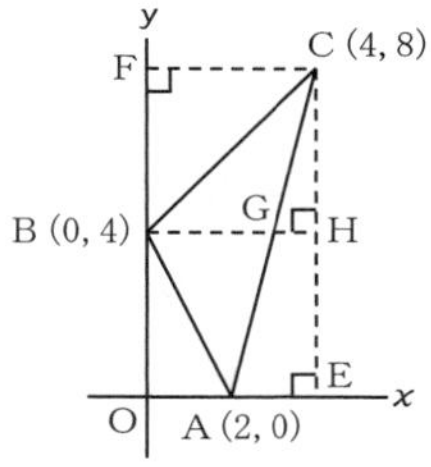

$(\text{G の}x\text{座標})=\dfrac{(\text{C と A の}x\text{座標の和})}{2}=\dfrac{2+4}{2}=3$だから，
$\text{BG}=(\text{B と G の}x\text{座標の和})=3-0=3$　　よって，$\triangle\text{ABC}=\triangle\text{ABG}+\triangle\text{CBG}=$
$\dfrac{1}{2}\times\text{BG}\times\text{HE}+\dfrac{1}{2}\times\text{BG}\times\text{HC}=\dfrac{1}{2}\times\text{BG}\times(\text{HE}+\text{HC})=\dfrac{1}{2}\times 3\times 8=12$

【解き方２】長方形OECFの面積から，３つの直角三角形OAB，EAC，FBCの面積を引いて求める。

$8\times 4-\dfrac{1}{2}\times 2\times 4-\dfrac{1}{2}\times(4-2)\times 8-\dfrac{1}{2}\times 4\times(8-4)=32-4-8-8=12$

(3)　【解き方】$a>0$の場合について，右図Ⅰのように作図する。△BCDと△BOCは，底辺をそれぞれDC，OCとしたときの高さが等しいから，面積比はDC：OCと等しい。したがって，△BOCの面積をaの式で表し，DC：OCをもとに△BCDの面積を求める。

図Ⅰ

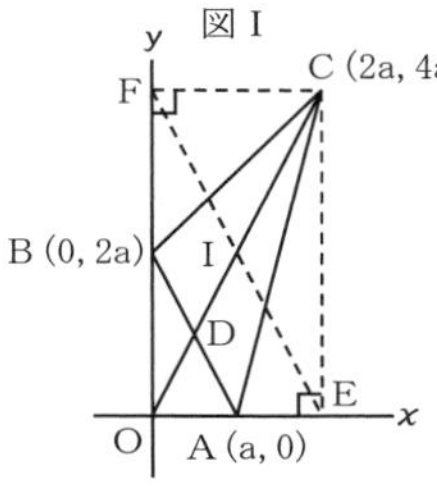

$a>0$のとき，$\triangle\text{BOC}=\dfrac{1}{2}\times\text{OB}\times\text{FC}=\dfrac{1}{2}\times 2a\times 2a=2a^2$
長方形の２本の対角線は互いの中点で交わるから，$\text{OI}=\dfrac{1}{2}\text{OC}$…①
△OEFにおいて，A，BはそれぞれOE，OFの中点だから，中点連結定理より，AB//EF
AB//EFより，OD：DI＝OB：BF＝１：１だから，$\text{OD}=\dfrac{1}{2}\text{OI}$…②
①，②より，$\text{OD}=\dfrac{1}{2}\times\dfrac{1}{2}\text{OC}=\dfrac{1}{4}\text{OC}$だから，$\text{DC}:\text{OC}=(\text{OC}-\dfrac{1}{4}\text{OC}):\text{OC}=3:4$
したがって，△BCD：△BOC＝DC：OC＝３：４だから，
$\triangle\text{BCD}=\dfrac{3}{4}\triangle\text{BOC}=\dfrac{3}{4}\times 2a^2=\dfrac{3}{2}a^2$
$a<0$のとき，図Ⅱのようになるが，

図Ⅱ

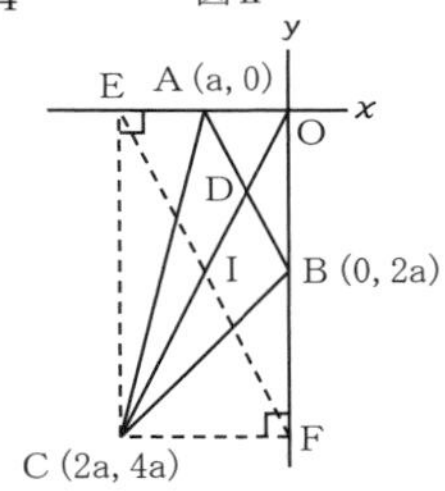

$\triangle\text{BOC}=\dfrac{1}{2}\times\text{OB}\times\text{FC}=\dfrac{1}{2}\times(0-2a)\times(0-2a)=2a^2$と，
△BCD：△BOC＝DC：OC＝３：４が変わらないので，やはり，$\triangle\text{BCD}=\dfrac{3}{2}a^2$
よって，$S=\dfrac{3}{2}a^2$

4　(1)　【解き方】円すいがもとの位置に戻るまでに円すいの底面が地面にえがく線（図の点線）は，半径が18 cmの円である。この長さと円すいの底面の円周を比べる。

図の点線の長さは$2\pi\times 18=36\pi$(cm)である。円すいが１回転したときに円すいの底面が地面にえがく線の長さは，底面の円周に等しく，$2\pi\times 6=12\pi$(cm)である。したがって，円すいは$36\pi\div 12\pi=3$(回転)する。

(2)(ⅰ)　底面と平行に切断することで，切断面は底面と相似な図形，つまり円になる。

(ⅱ)　円すいの母線が通過した部分の面積は半径18 cmの円の面積に等しく，$18^2\pi=$ $_{イ}$ 324π(cm²)
立体Aの母線が通過した部分の面積はこの半分だから，$324\pi\times\dfrac{1}{2}=$ $_{ウ}$ 162π(cm²)

(ⅲ)　切断した立体の立体Aではない方の円すい（立体Bとする）の母線が通過する部分は円になり，この円の面積も162π cm²である。この円の半径は$\sqrt{\dfrac{162\pi}{\pi}}=9\sqrt{2}$(cm)であり，立体Bの母線の長さはこれと等しく，$9\sqrt{2}$ cmである。

(ⅳ)　平面上の円とは，(ⅲ)の立体Bの底面が地面にえがいた円のことである。(ⅲ)より，この円の半径は$9\sqrt{2}$ cmだから，周の長さは，$2\pi\times 9\sqrt{2}=18\sqrt{2}\pi$(cm)

(ⅴ)　【解き方１】問題１で３回転と求めたことからわかるように，(ⅲ)の立体Bも３回転することでもとの位

置に戻る。したがって，{切断面の周の長さ(立体Ｂの底面の円周の長さ)}：(平面上の円の周の長さ)＝１：３である。

切断面の周の長さは，$18\sqrt{2}\pi\times\frac{1}{3}=6\sqrt{2}\pi$ (cm)だから，切断面の円の半径は，$6\sqrt{2}\pi\div2\pi=3\sqrt{2}$ (cm)

よって，切断面の面積は，$(3\sqrt{2})^2\pi=18\pi$ (cm²)

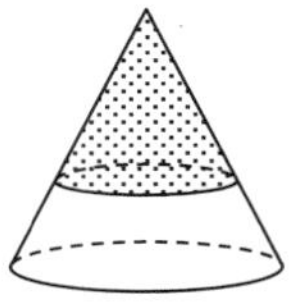

【解き方２】右図はもとの円すいと，切断したあとにできる立体Ｂ(色つき部分)である。

この２つの円すいは相似である。相似比がａ：ｂの立体の対応する面の面積比はa^2：b^2になることを利用する。

もとの立体を平面上に３回転させたときに母線がえがく円と，立体Ｂを平面上に３回転させたときに母線がえがく円の面積比が２：１で，円どうしは相似だから，２つの円の相似比は$\sqrt{2}:\sqrt{1}=\sqrt{2}:1$である。

したがって，もとの円すいと立体Ｂの母線の長さの比が$\sqrt{2}:1$だから，底面積の比は，$(\sqrt{2})^2:1^2=2:1$である。よって，切断面の面積は，もとの円すいの底面積の$\frac{1}{2}$倍だから，$6^2\pi\times\frac{1}{2}=18\pi$ (cm²)

《2021　英語　解説》

Ⅰ　【本文の要約】参照。

１　第１段落 13〜15 行目と一致する，ウが適当。

２　第１段落 16〜23 行目より，イが適当。

３　わら人形は「彼自身」となり，それを大事にすれば彼の身も安全だという老女の言葉から，アが適当。

・protective「保護用の」

４　ア×「その男は老女の夢を見ていて，老女は呪いのわら人形を作っているところだった」…本文にない内容。イ「その男は×金庫を壊そうとしたが，できなかった」　ウ○「その男は外に行こうとする前に，金庫に人形を置いた」…第３段落の「男はわら人形を金庫に入れ」，第４段落の「外に出ようとしても，出られなかった」と一致する。　エ「その男は，地中に金庫を埋めるために，×家の外に出た」

５　押しても，引いても，叩いても何も起こらなかったのだから，ウが適当。

【本文の要約】

ある森に，小さな家が１軒あった。その家には１人の男がいた。数日前，彼はギャング仲間の１人を殺し，多額のお金を奪い去った。彼は，他のギャング仲間が彼を見つけ，お金を取り返そうとするに違いないと思っていた。また，当然だが，警察も彼を探していたので，彼はその家に逃げ込んで，金庫にお金を入れたのだった。突然，ドアをノックする音がした。彼は手に銃を持ち，大声で叫んだ。「誰だ？」

「こんにちは」それは老女の声だった。

「ここで何をしている？」と彼は言って，窓の外を見た。

「あなたに買っていただきたいものがあるんですよ」とその老女は答えた。

「何を売りつけようっていうんだ，婆さん」

老女はちょっと笑うと，「素晴らしいものですよ。人形なんですがね」と言った。

「人形だって？」

老女は「1ウ呪いのわら人形をご存知ですか？これは本物です。今じゃ，この作り方を知っているのは私だけですよ。試してみたくはないですかね？」と言った。

「1ウいいだろう。どれほどの効き目があるか，見ようじゃないか」男は試してみることにした。

「あなたの髪の毛をくださいな」と彼女は言った。

彼は自分の髪を引っ張った。老女はその髪の毛を受け取ると，わらの間に押し込んだ。

すぐに雰囲気が変わった。最初，その人形はただの人形だったが，今では生きているかのようだった。老女は彼に針を渡すと，「人形に刺してみなさい。刺しすぎないよう，気をつけて。やさしく脚に刺してみなさい」彼は老女の言う通りにした。すると彼は跳び上がり，叫び声を上げた。脚に鋭い痛みを感じたのだ。彼は針が（痛みを感じた）同じ場所に刺さっているのを見た。次に，腕に試してみた。同じことが起きた。「すごいじゃないか！」彼はその人形を買うことにした。

老女は立ち去る前，彼に言った。「この人形はあなた自身になることができます。だから，それをアお守りとして使うことができます。人形が安全なら，悪いことが起きることはありません。好きなように使ってもいいですが，使えるのはあと１回だけです」老女はほほ笑んで，音もたてずに立ち去った。

夢のようだったが，わら人形は机の上にあった。「効き目は確かなようだ。それをどう使うべきだろうか？」彼は何度もひとりごとを言った。とうとう，あるアイデアを思いついた。彼は自分の髪の毛を人形に押し込んだ。再び，その人形が生きているかのように見え始めた。4ウ彼は金庫を開け，その中に人形を置いて金庫を閉じた。その金庫は誰も簡単には壊せないものだった。彼は自分が守られていると感じて不安が消えた。彼は金庫に鍵をかけた。誰かがその鍵を見つけ，金庫を開けるかもしれない，と彼は思った。4ウそこで鍵を壊し，金庫を地中に埋めることにした。人形を見つけられないなら，誰も彼を捕まえられないと思ったのだ。

彼はドアを開けようとしたが，何らかの理由でそれは開かなかった。ドアに鍵はかかっていなかったし，ちょっと前には簡単に開けられたのだ…。彼は窓を引っ張ってみたが，やはり開かなかった。窓ガラスを叩き壊そうとしても，壊れることはなかった。彼は壁を押し，屋根を押し，床を叩きさえしても，何も起こらなかった。それはまるで彼がとても5ウ頑丈な（＝strong）金庫の中にいるかのようであった。

Ⅱ　1　英語６語という指定より，直後の He could not find his bike.が適当。

2　ア「ヒロシは自転車に乗るとき，頭にかっこいいライトをつける」…本文にない内容だから，適当でない。イ「ヒロシはちょっとの間，家の前に自転車を置いた」，ウ「ディングさんはヒロシの自転車に乗っていた少年を見た」，エ「その少年はヒロシの自転車で Connor Drive の方へ行った」は本文にある内容。

3　質問「警察官がその自転車を見つけるのにどれくらい時間がかかりましたか？」…第２段落３～４行目より，thirty minutes が適当。

4　彼が recognized「認めた」のは，最後の文にある mistake「過ち」。

5　ア「ヒロシは×長い間，毎日，自分の黒い自転車で通学している」　イ○「ディングさんは，自転車に乗っている少年を見た時，花の世話をしていた」…第１段落 10，12～13 行目と一致。　ウ「ヒロシの父親は×Fort Street で自転車をきれいにしている少年を見た」　エ×「ヒロシの父親はすぐに Fort Street でヒロシの自転車を見つけた」…本文にない内容。　オ○「その少年は，両親が彼に自転車を買うことができなかったので，その自転車を盗んでしまった」…第２段落４～５行目と一致。

【本文の要約】

ヒロシは新しい自転車が自慢だった。それは誕生日にもらったものだった。自転車は黒色で，正面には最高にかっこいいライトがついていた。彼は３日間毎日，それに乗って学校に行った。３日目，彼は自転車で帰宅した後，それを家の玄関前に置くと，本を置くために家に入っていった。彼は母親に友達の家に行くことを告げた。母親が「わかったわ。６時前には帰りなさいよ」と言ったのを聞いて，ヒロシは自転車に乗ろうと外に出た。しかし問題が起きた。ヒロシは「お母さん！僕の新しい自転車がない！」と叫んだ。彼は自転車を見つけられなかった。それで「誰かが僕の自転車を盗んだのだろうか？」と思った。母親が「自転車をどこに置いたの？」と聞いたので，ヒロシは「玄関前だよ」と答えた。彼は自転車を探すために，再び外に走り出た。辺りには誰もいなかった。5イただディングさんだけが庭の花に水を撒いていた。ヒロシはディングさんに駆け寄って聞いた。「ここ数分の間に，黒い自転車に乗った人を見かけませんでしたか？」「5イそうねえ，男の子が通り過ぎていったけど，あなただと思ったのよ。あなたの家から（自転車を）乗り始めていたから」「どっちに行きましたか？」とヒロシが尋ねると，「彼は私の家を通り過ぎて，Connor Drive へ向きを変えたわ」とディングさんは言った。ヒロシは家に戻り，母親に起きたことを伝えた。母親が警察に電話をかけると，彼らはすぐ事情調査に行くと言った。ヒロシの父親は仕事から戻るとヒロシに，Connor Drive で彼と同じ自転車に乗った人がいた，と話した。「どうしてわかったの？」とヒロシは聞いた。「ちょうどお前と同じような自転車をきれいにしている少年を見かけたんだ」ヒロシの母親は夫に何が起きたのかを話した。

警察が到着して，ヒロシと母親は自転車の詳細を告げ，Connor Drive にいた少年のことを話した。ジョンソンという名前の，警察官の１人が「確認します」と言った。30 分後，彼は自転車を引いてヒロシの家に戻ってきた。「僕の自転車だ！」とヒロシは叫んだ。「5オ Fort Street の少年が君の自転車を持って行ったんだ。少年は自転車が欲しかったが，両親はそれを買うことができなかった，と言っていた。しかし，彼はそれが悪いことだとわかっていたので，私たちにそれを持って来たんだ。彼は誤った選択をして，君の自転車を盗むことにしたんだと思う」とジョンソン警察官は言った。「彼は謝ったが，罰せられるだろう」「だめだよ！」とヒロシは言った。「彼は自分の過ち（=mistake）を認めたんだ。彼はもう自分で自分を罰している。僕はこのことを誰にも言うつもりはない」次の日，その少年は謝罪をしにヒロシの家を訪れた。そして彼に感謝した。「(自転車を盗むという）大きな過ちをしてしまったけれど，僕はもう２度とこんなことはしないよ」

Ⅲ 【本文の要約】参照。

1 質問「正しいのはどれですか？」…イ○「カミラとシオリは一緒にランチを食べる」…最後のカミラの発言と一致するから，これが適当。 ア「カミラとシオリは×２人とも仕事がある」 ウ「カミラとシオリは×毎週，お互いに会っている」 エ「カミラとシオリは×高校のクラスメートである」

2 質問「カミラがビーガンになった理由でないのは，下のうちどれですか？」…エ「もっと健康になるため」は本文にない内容だから，これが適当。ア「動物を守るため」，イ「環境を良くするため」，ウ「世界の飢餓を止めるため」は本文中にある内容だから，不適当。

3 質問「シオリとカミラがお互いに最後に会ったのはいつですか？」…エ「約３年前」が適当。カミラはシオリが高校３年の時の英語の教師。その後，２年間，コンピュータの専門学校で教えている。ア「２週間前」，イ「６か月前」，ウ「１年前」は不適当。

4 質問「ベジタリアン（菜食主義者）とビーガンに関して，正しいのはどれですか？」…エ「ビーガンは牛乳を飲まないが，ベジタリアンは飲む」が適当。 ア「ベジタリアンもビーガンも×卵を食べる」 イ「ビーガンもベジタリアンも×バーガー類は絶対に食べない」 ウ「×ベジタリアンは魚を食べるが，ビーガンは食べない」

5 質問「“it”は何を意味しますか？」…その前の２人のやり取りが「肉」に関するものであることより，ア「肉を食べること」が適当。イ「レストランに行くこと」，ウ「動物を殺すこと」，エ「名電高校で教えること」は不適当。

【本文の要約】

シオリ：ハリス…カミラ先生ですか？こんにちは。私です，名電高校出身のシオリです。

カミラ：シオリ！まあ，嬉しい驚きだわ！またあなたに会えるなんて！

シオリ：私もです，カミラ先生！私のことを覚えていらしたなんて，とても嬉しいです。髪型が決まっていますね。とてもかっこいいです。

カミラ：ありがとう！3エ卒業以来ね。どうしているの？

シオリ：大学で薬について勉強しています。朝から晩まで教科書とにらめっこで忙しいです。先生はどうされていますか？まだ名電高校にいらっしゃいますか？

カミラ：3エ２年前，コンピュータの専門学校で教え始めたの。

シオリ：そうなんですか！素晴らしいですね！ええと，私はよく授業中眠くなっていたんですが，先生の授業はいつも楽しんでいました。

カミラ：ハハ！ありがとう！ずい分，英語が上手になったわね。

シオリ：ありがとうございます。食べるところを探していたんですが，一緒にランチはどうですか？

カミラ：ぜひそうしたいわ，でも…。

シオリ：あら。もう（昼食を）済まされましたか？

カミラ：いいえ，お腹はとても空いているわ！でも，私は vegan（ビーガン）なのよ。

シオリ：vegan？その言葉を聞いたことがあります。vegetarian（ベジタリアン，菜食主義者）と同じですか？

カミラ：似ているわね。4エビーガンも，ベジタリアンも肉や魚を食べないけど，ベジタリアンは，乳製品は食べるわ。乳製品は，牛乳や卵で作られた食品のことね。ビーガンは動物由来のものを一切食べないのよ。顔のあるもの（＝動物）は食べないのよ！

シオリ：なるほど。お寿司は食べられますか？私，お寿司が大好きなんです！

カミラ：お寿司は魚を使っているじゃない。魚は動物よ。

シオリ：じゃあ，麺類にしましょう。お気に入りの麺類の店が近くにあります。

カミラ：ごめんなさい，ラーメンはたいてい豚肉のような肉を使って作られているわ。

シオリ：ピザはどうですか？

カミラ：うーん，チーズや肉のないピザを作るレストランを見つけるのは簡単ではないわ。

シオリ：じゃあ，何なら食べることができますか？米なら食べられますか？豆は？サラダはどうですか？

カミラ：もちろん，食べられるわ。それに土で育った，もっとおいしい食材も！日本のレストランの多くは，メニューにビーガンオプション（ビーガンが選べるもの）があるのよ。

シオリ：Options？どういう意味ですか？

カミラ：「選択」って意味よ。それに大きなスーパーマーケットでは，様々な乳製品でない食材も売っているわ。

シオリ：Non-dairy？牛乳が使われていないってことですか？

カミラ：その通り！豆や木の実から作られたヨーグルトやバター，チーズが買えるわ。ココナッツアイスクリームは絶品よ！豆腐から作られたツナも買えるし，植物性由来の肉さえも見つけられるわよ！

シオリ：Plant-based？どういう意味ですか？

カミラ：つまり豆や小麦，マッシュルーム，グリーンピースのような植物から作られているってことなの。でも見た目や味は，動物の肉のようなのよ。

シオリ：不思議な感じです。どうして肉を食べるのをやめたんですか？

カミラ：まあ，いくつか理由があるんだけどね。ビーガンになることは，思いやりのある健全な世界のための最高の選択なの。もし肉食を減らす（＝cut down）なら，それは環境にとても良いことなのよ。

シオリ：“Cut down?” どういう意味ですか？もっと木を切り倒さなければならないってことですか？

カミラ：あら，“cut down” は，以前ほど肉を食べないという意味よ。またビーガンの世界はあらゆる人々のために十分な食べ物を作ることができるわ。世界的な飢餓が終わるのよ。それに食べるために動物を殺すなんて冷酷だわ。実はこれがもっとも重要な理由なの。毎日，何百万もの動物が傷ついたり，死んだりしているわ。私はそんなことをやめさせたいのよ。

シオリ：理由がわかりました。“それ” がなくて（肉が食べられなくて）物足りなくないですか？

カミラ：まさか！私はまだバーガーを食べるわ！1イそうだわ！Max Burger に行って，新製品のビーガンネイチャーバーガーを食べましょう！おいしいのよ！

Ⅳ 【本文の要約】参照。

1 直後にスタッフがトムに謝罪していることから，何か都合が悪いことが起きていると判断する。

2 直前のジェームズの発言より，彼はレストランが遠いことを気にしている。ケイコの「そのことなら心配ない」に続く発言だから，そこへ行く交通手段があると判断する。

【本文の要約】

1　スタッフ：ＡＢＣネットブックストアです。ご要件を承ります。

トム　　：こんにちは，僕はトム・シモンズといいます。先週，インターネットでそちらから本を１冊買いましたが，まだ届きません。

スタッフ：申し訳ございません。ご注文番号をお伺いしたいのですが？

トム　　：はい，ＺＥＲ３１Ｋです。

スタッフ：ありがとうございます…。本は明日，お手元に届きます。

トム　　：明日の朝ですか？ィでも僕は今日，それが必要なんです！

スタッフ：申し訳ございません…ですが，本は明日の朝，お手元に届きます。

トム　　：わかりました…ともあれ，ありがとう。

2　ケイコ　　：今度の土曜日，ランチに行かない？

ジェームズ：いいね。どこに行こうか？

ケイコ　　：いいイタリアンレストランを知っているの。サムパークの近くにあるんだけど。

ジェームズ：聞いたことがあるよ。有名だよね？

ケイコ　　：ええ，とても人気があるのよ。料理が本当においしいのよ。

ジェームズ：でもここからじゃちょっと遠いね。

ケイコ　　：そのことなら心配ないわ。ェサムパーク行きのバスがあるわ。

ジェームズ：うん，わかった。じゃあ，何時に待ち合わせする？

ケイコ　　：バス停に，11 時でどう？

ジェームズ：いいよ。楽しみだね。

Ⅴ　1　上の文 Yuki has ①no interest in soccer.：　・have/has no interest in ～「～に全く興味がない」

下の文 Yuki isn't ②interested in soccer at all.：　・be interested in ～「～に興味がある」　・not ～ at all「少しも～ない」

2　上の文 ①There are many pictures in this book.：　・There is/are … in ～「～に…がある」

下の文 This is a book ②with a lot of pictures.：　・with ～「～がある／～を持っている」

Ⅵ　1　Do you know what it is like to live alone in a foreign country?：間接疑問の文は，〈疑問詞＋主語＋動詞〉の語順になる。この文では〈what《疑問詞》 it《＋主語》 is《＋動詞》 like to ～〉で「～することがどんなものか」を表す。「一人暮らし」＝live alone

2　Who came into my room when I was out?：Who はこの疑問文の主語だから，後にcame《動詞》が続く。when は接続詞だから，後に〈主語＋動詞〉が続く。「～に入る」＝come into ～　「外出する」＝be out

3　The pictures taken by him were beautiful.：「彼が撮影した写真」は，taken《過去分詞》 by《＋語句》 himが後ろから前にあるpictures《名詞》を修飾して表す。

4　Nobody knows who is taking care of the children.：「だれも～でない」＝nobody　nobody は単数扱いの代名詞。「～の世話をする」＝take care of ～

5　In this country, the number of children studying at school is becoming smaller.：「～の数」＝the number of ～「学校で勉強している生徒」は，studying《現在分詞》 at《＋語句》 schoolが後ろから前にあるchildren《名詞》を修飾して表す。

Ⅶ　「～に驚く」＝be surprised at ～を使った文（＝I was surprised at your story.）は４語以上の英文になるから不可。また「A を B（の状態）にする」＝make A B を使った文（＝Your story made me surprised.）も同様に不可。surprise は他動詞で「～を驚かす」という意味があるから，Your story surprised me.が適切。

《2021　理科　解説》

1　(1)　鏡に映る像は，図Ⅰのように鏡に対して対称の位置にある。像とPを直線で結んだとき，その直線が鏡を通れば，その像を見ることができる。このように考えると，Pからはすべての像を見ることができるとわかる。

図Ⅰ

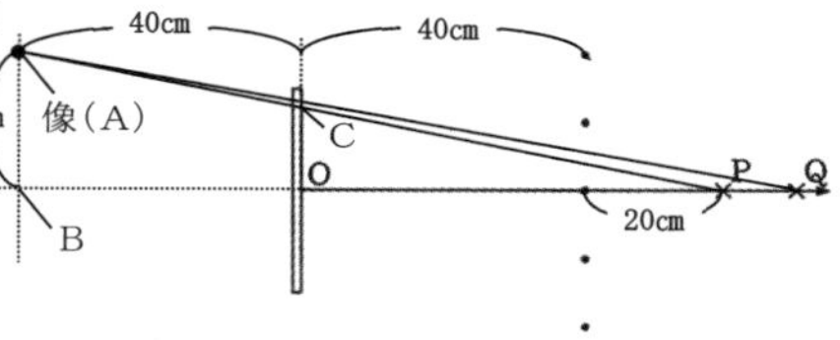

(2)　イ○…図Ⅰで，像とQを結んだ直線が鏡と交わる点は，PのときよりもOから離れていることがわかる。よって，Qから観察したときのほうが像の間隔は広くなる。

(3)　カ○…図Ⅱのように，棒の像の上端に着目して像とP，像とRを直線で結べば，Rから観察したときのほうが鏡のより低い位置に交点ができる(y座標が減少する)ことがわかる。また，観察する場所のx座標が変わらなければ，図Ⅰのように像と観察した点を結んだ直線は，それぞれの像において同じ直線になるので，像の間隔は変わらない。

図Ⅱ

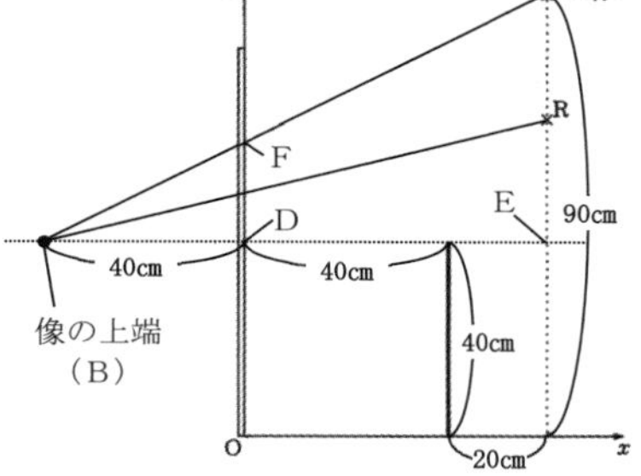

(4)　図Ⅰのように記号をおく。△POCと△PBAは相似な図形であり，PO＝20＋40＝60(cm)，PB＝60＋40＝100(cm)，AB＝20cmだから，CO＝$20\times\frac{60}{100}$＝12(cm)となる。1つ1つの○の間隔は12÷2＝6(cm)である。

(5)　図Ⅱで，OFの長さを求めればよい。△BEPと△BDFは相似な図形であり，BE＝40＋40＋20＝100(cm)，EP＝90－40＝50(cm)，BD＝40(cm)だから，DF＝$40\times\frac{50}{100}$＝20(cm)となる。よって，OF＝40＋20＝60(cm)である。

図Ⅲ

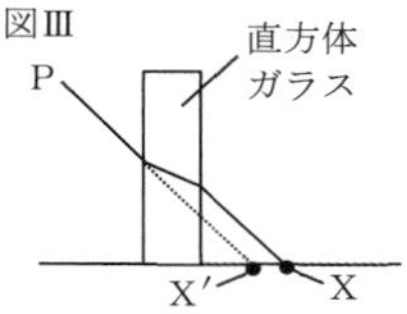

(6)　イ○…空気とガラスのように異なる種類の物質の境界面に斜めに入射するとき，光は屈折する。このときできる入射角と屈折角の大きさの関係については，空気側にできる角のほうが大きくなると覚えておけばよい。図Ⅲは状態Aを真横から見た図であり，Pから見ると，Xから出ている光はX′にあるように見える。つまり，実際よりも手前にあるように見える。図Ⅳは状態Bを真横から見た図であり，同様に考えると，実際よりも奥にあるように見える。

図Ⅳ

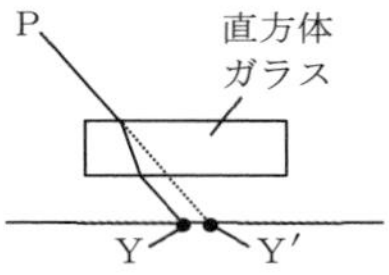

2　(1)～(3)　酸の水溶液とアルカリの水溶液を混ぜ合わせると互いの性質を打ち消し合う中和が起こる。このとき，酸性を示す水素イオンとアルカリ性を示す水酸化物イオンが結び付いて水ができる〔$H^+ + OH^- \rightarrow H_2O$〕。また，酸の陰イオンとアルカリの陽イオンが結び付いてできる物質を塩という。例えば，塩酸と水酸化ナトリウム水溶液の中和では，Cl^-とNa^+が結びついて塩化ナトリウム〔NaCl〕ができる。ただし，塩化ナトリウムは水に溶けて電離するので，水溶液中ではそれぞれがイオンの状態で存在している。

(4)　ア○…フェノールフタレイン溶液を酸性や中性の水溶液に入れても色は変化しないが(無色だが)，アルカリ性の水溶液に入れると赤色になる。アルカリ性が弱ければ薄い赤色(ピンク色)で，アルカリ性が強くなると濃い赤色になる。

(5)　実験の結果より，濃度１％の塩酸５㎤は，ある濃度の水酸化ナトリウム水溶液３㎤と過不足なく反応するから，濃度１％の塩酸25㎤と過不足なく反応する水酸化ナトリウム水溶液は$3\times\frac{25}{5}$＝15(㎤)である。ここでは塩酸の濃度が１％の３倍の３％になっているので，必要な水酸化ナトリウム水溶液の体積は15㎤の３倍の45㎤である。

(6)　ウ○…中和によって発生した熱量は中和した塩酸の体積に比例している。ただし，中和後の水溶液の体積も塩酸の体積に比例しているので，水溶液１ｇあたりが受けとる熱量は塩酸の体積に関わらず等しく，水溶液の温度も等しい。

3　(1)　B○…イチョウは裸子植物なので，子房がなく，胚珠がむき出しになっている。サクラは被子植物なので，胚珠が子房に包まれている。受粉後，胚珠は種子に，子房は果実になる。

⑵　エ○…サクラとアブラナは双子葉類，イネとトウモロコシは単子葉類である。双子葉類は，茎の維管束が輪状で，子葉は２枚，葉脈は網状脈で，主根と側根を持つ。これに対し，単子葉類は，茎の維管束が散らばっていて，子葉は１枚，葉脈は平行脈で，ひげ根を持つ。

⑶　相同器官は進化の証拠だと考えられている。

⑸①　食物連鎖の関係が網の目のように複雑にからみ合ったつながりを食物網という。　②　イ○…Ｃの数が急激に減少するとＣのエサであるＢは増加し，Ｂが増加することでＢのエサであるＡは減少する。　③　オ○…二酸化炭素の吸収と排出の両方を行うＡは，光合成を行う植物(生産者)である。ＢはＡを食べる草食動物(消費者)，ＣはＢを食べる肉食動物(消費者)である。また，Ｄは生物の死骸や排出物などの有機物から栄養分を得ている分解者である。

4　⑴　マグニチュードに対し，観測地点でのゆれの程度を表すものを震度という。震度は０，１，２，３，４，５弱，５強，６弱，６強，７の10段階に分けられている。

⑵　Ｐ波は最初に来る小さなゆれ(初期微動)を起こす波，Ｓ波は後からくる大きなゆれ(主要動)を起こす波である。グラフより，Ｐ波はＡ地点から42kmを６秒で伝わるから$\frac{42}{6}$＝７(km/ｓ)，Ｓ波はＡ地点から42kmを22－10＝12(秒)で伝わるから$\frac{42}{12}$＝3.5(km/ｓ)である。

⑶　Ｓ波はＡ地点からの$x$kmを40－10＝30(秒)で伝わるから，x＝3.5×30＝105(km)である。

⑷　ｔはＰ波が105km伝わるのにかかる時間だから，ｔ＝$\frac{105}{7}$＝15(秒)である。

⑸　Ｐ波とＳ波の到達時刻の差を初期微動継続時間といい，初期微動継続時間は震源からの距離に比例する。Ａ地点での初期微動継続時間は10秒，Ａ地点から42kmの地点での初期微動継続時間は22－６＝16(秒)だから，Ａ地点の震源からの距離をａkmとすると　ａ：(ａ＋42)＝10：16が成り立ち，これをａについて解くと，ａ＝70(km)となる。

《2021　社会　解説》

1　Ａは御成敗式目(鎌倉時代)，Ｂは刀狩令(安土桃山時代)，Ｃは日露戦争に対する反戦詩(明治時代)，Ｄは二十一か条の要求(大正時代)，Ｅは十七条の憲法(飛鳥時代)，Ｆは『三国志』・「魏志」倭人伝(弥生時代)。

１　④の元寇(蒙古襲来)のみ鎌倉時代だから，アを選ぶ。①は白村江の戦い(飛鳥時代)，②は奥州藤原氏全盛期(平安時代)，③は加賀の一向一揆(室町時代)。

２　御成敗式目は，御家人に対して裁判の基準を示すために北条泰時によって1232年に制定された。

３　豊臣秀吉が刀狩令を発令した。よって，①と②のみ正しいから，イを選ぶ。秀吉は，キリスト教宣教師の追放を命じるバテレン追放令を出したが，南蛮貿易を奨励していたため徹底されなかった。③は織田信長，④は徳川家康。

４　愛知県の④のみ正しいから，アを選ぶ。中京工業地帯は自動車産業が盛んで，工業生産額日本一である。①は関東地方，②は東北地方の太平洋側，③は静岡県や鹿児島県。

５　与謝野晶子は，出征した弟を思って詩を発表し，日露戦争に反対した。

６　アが正しい。イは平塚らいてう，ウは『蟹工船』を書いた小林多喜二，エは柳田国男。

７　ドイツの④のみ正しいから，アを選ぶ。第二次世界大戦終了後のドイツは，アメリカなどが統治する西ドイツと，旧ソ連が統治する東ドイツに分裂されていた。1989年にベルリンの壁が崩壊されて統一された。①はロシア，②はイギリス，③はノルウェー。

８　第一次世界大戦の①と②と③のみ正しいから，ウを選ぶ。④は第二次世界大戦中のナチス政権の記述である。

９　②と④のみ飛鳥時代だから，イを選ぶ。①と③は奈良時代。

10　十七条の憲法は聖徳太子によって制定された。

11　ウ.『三国志』には，倭人についての記述(「魏志」倭人伝)があり，邪馬台国の女王卑弥呼が魏に使いを送り，「親魏倭王」の称号と金印，銅鏡などを授けられたと記されている。

2　1　エが正しい。中国文明では甲骨文字が使用された。エジプト文明はナイル川流域で発生した。

2　①のみ正しいから，アを選ぶ。インダス文明の都市遺跡としてモヘンジョ＝ダロが有名である。②はメソポタミア文明，③は古代ギリシャ，④はイスラエルやパレスチナなど。

3　北半球の乾燥帯砂漠気候に位置するから，降水量が少ないエと判断する。

3　1　ウを選ぶ。内閣総理大臣の指名のほか，予算案の議決や条約の締結の承認について両院が異なる議決をしたときも両院協議会が必ず開かれ，意見が一致しないときは，衆議院の優越によって衆議院の議決が国会の議決となる。公聴会は，有識者や利害関係のある人を招いて意見を聴く場である。閣議は，内閣総理大臣と国務大臣で構成される。常任委員会は，法律案や予算案などを審議するために常に国会に置かれている。

2　衆議院の優越により，衆議院議員の投票数が最も多いＤと判断する。

3　③と④のみ正しいから，イを選ぶ。　①内閣総理大臣は国会議員の中から選ばれ，「衆議院議員」に限定されていない。　②憲法改正の発議は各議院の総議員の３分の２以上の賛成を得て行われ，両議院の立場は対等である。

4　1　ウを選ぶ。周恩来は 1949 年の中華人民共和国成立から 1976 年まで首相を務めた。田中角栄首相と日中共同声明を締結し，日中の国交が正常化したのは 1972 年。習近平は現職の中国国家主席，蒋介石は中華民国総督，溥儀は清朝最後の皇帝・満洲国の元首。

2　③のみ正しいから，アを選ぶ。湾岸戦争開始は 1990 年，東京オリンピック開催は 1964 年，日韓基本条約締結は 1965 年。

3　①と③のみ正しいから，イを選ぶ。②は韓国についての記述である。

4　②のみ正しいから，アを選ぶ。アメリカは，ＮＡＦＴＡ(北米自由貿易協定)を結んでいるメキシコ・カナダとの貿易が盛んである。　①メスチソは中南アメリカのスペイン語圏の国における白人と先住民の混血を意味する。③1776 年のアメリカ独立宣言で，アメリカはイギリスから独立した。

5　エを選ぶ。日中平和友好条約は 1978 年に結ばれた。アの日米安全保障条約(1951 年)は日本とアメリカ，イの安政の五か国条約(1858 年)は日本とアメリカ・オランダ・ロシア・イギリス・フランスとの間で結ばれた。ウの核拡散防止条約(1968 年)は，アメリカ，ロシア，イギリス，フランス，中国の５か国以外の核兵器の保有を禁止している。

5　親潮(千島海流)と黒潮(日本海流)がぶつかる潮目(潮境)は，プランクトンが豊富な好漁場となっている(右図参照)。

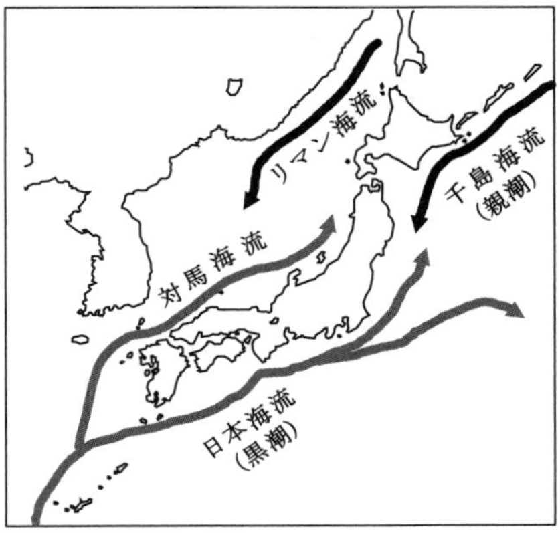

2020 解答例 令和2年度 愛知工業大学名電高等学校

《国　語》

一　問一．a．浸透　b．とら　c．奏　d．蓄積　問二．ア
問三．まるでレンブラントが描いたような作品　問四．Ⅰ．人工知能　Ⅱ．人間　Ⅲ．影響　問五．エ
問六．将棋ソフトの手　問七．ウ　問八．エ

二　問一．翻訳された文学作品　問二．A．言語　B．文化　問三．ゼスチ～な動き　問四．ア，ウ
問五．イ　問六．イ，カ

三　問一．つたなきもの　問二．イ　問三．過　問四．ア　問五．ウ

四　問一．イ　問二．1．ウ　2．ア

《数　学》

1　(1)③　(2)20000　(3)29　(4)75　(5) $\frac{1}{6}$　※(6)120

2　(1)－1　(2)(－4，0)

3　(1) $\frac{\sqrt{3}}{2}$　(2) $\sqrt{3}+3\sqrt{2}$

4　(1) $\frac{8}{3}$　(2) $\frac{1}{6}$　(3) $\frac{16}{9}$

※の途中の説明は解説を参照してください。

《英　語》

Ⅰ　1．イ　2．エ　3．ウ　4．イ　5．248

Ⅱ　1．ウ　2．エ　3．イ　4．イ　5．ア

Ⅲ　1．ア　2．イ　3．エ　4．イ　5．Eric el Kraken did

Ⅳ　1．イ　2．エ

Ⅴ　1．イ　2．イ　3．エ

Ⅵ　1．ウ　2．エ　3．イ　4．ア

Ⅶ　I want someone to wake me up every morning

《理　科》

1 問1．ア　問2．20　問3．400　問4．960　問5．200　問6．6

2 問1．イ　問2．ア　問3．イ

3 問1．④　問2．ア，エ　問3．水が蒸発するのを防ぐため。　問4．③　問5．②　問6．③

4 問1．$H_2SO_4 + Ba(OH)_2 \rightarrow BaSO_4 + 2H_2O$　問2．ウ　問3．エ　問4．5

5 問1．①記号…D　名称…金星　②記号…B　名称…木星　問2．ウ

6 問1．O-A…ア　O-B…イ　問2．②　問3．カ

《社　会》

1 ヨーロッパの植民地であった国が多いため，人為的国境が多い。

2 図Ⅰ…ア　図Ⅱ…イ

3 1．①原子力　②北海　2．ⅰ．C　ⅱ．A　ⅲ．×

4 1．エ　2．オ　3．ウ　4．エ　5．イ　6．ア　7．エ　8．オ　9．ウ　10．ウ　11．イ　12．大正

5 1．オ　2．イ　3．エ　4．ア

←解答例は前ページにありますので，そちらをご覧ください。

《2020　国語　解説》

一　**問二**　傍線部①の直前の「人工知能が描いた」に着目する。アが適する。

問三　傍線部②の「作品」は、人工知能がレンブラントの画風の特徴を分析し、図案化した結果、できた作品のこと。だから「まるでレンブラントが描いたような作品」になったのである。

問四　傍線部③の１～２行前に着目する。人工知能（＝Ⅰ）は、「人間（＝Ⅱ）にはできない方法」で絵画の膨大な特徴を抽出できるのである。傍線部③の「新しい美術」とは、その「抽出された特徴をもとに描かれた人工知能の絵画に影響（＝Ⅲ）」を受けた作品ということである。

問五　傍線部④の後に続く「無縁で生きるのは難しくて」にも着目すると、前の、「ビッグデータやマーケティング、行動経済学」によって、インターネット上で「レコメンドされる」情報を指していることがわかる。よってエが適する。ウについて、インターネットなどの「間接的な影響」はあるものの、「手に入れた商品」のことを言っているわけではないので、適さない。

問八　傍線部⑦の前までで、筆者は「『美意識』には、『時間』が大きく関わっている」「『美意識』は、『時間』の流れのなかでの文脈をつかむ能力と密接に関わっている」と述べている。また、傍線部⑦の直前の「まさに詩は、人間が生きる『時間』、そしてその文脈から生まれる芸術だと思える」もふまえると、人間は、「時間」によって育まれた芸術家の個性をふくめて、芸術を楽しんでいるということになる。一方、人工知能は「『時間』の要素を取り入れることが課題」とあるように、「時間の要素」の獲得は、まだできていない。だから、筆者は「人工知能では面白くならない」と感じているのである。よってエが適する。ウに、「人工知能はそもそも『時間』の概念を理解できず～一貫性や継続性というものをもつことができない」とあるが、本文では「できない」と断定しておらず、「人工知能が『時間』の概念を獲得できるかという問いは、これから大きなテーマになっていく」と、今後獲得する可能性も含めて書いているので、適さない。

二　**問二**　直後に、「言語だけで異文化が理解できるとか、言語が理解できれば異文化が理解できるかというと、そういうものでもありません」と述べられているので、「言語と文化」の一致についてのことと判断できる。

問三　「非言語的な部分」は、言語以外のコミュニケーションを成り立たせる要素。傍線部②の２行前にも「その非言語的な部分」とあり、３～４行前で「ゼスチュアとか～身体的な動き」と具体的に説明している。

問四　傍線部③の「絶対的な人間の条件」とは、1～２行前に述べられている「物が飛んでくれば本能的によけるし～おなかがすけばご飯を食べる」といった「自然とよばれる状態」のこと。いわば、危険を避ける人間の本能に近いものということである。これに合う、アとウが適する。

問五　傍線部④は、前の段落に出てくる、異文化理解の「『社会的』レベル」を説明するための具体例。「社会的な習慣とか取り決めを知らないと文化を異にする相手も異社会も理解できない」ことを表している。よってイが適する。

問六　本文の前半で、私たちは「言語的なコミュニケーションと同時に、非言語的なコミュニケーションを行って」おり、コミュニケーションを成り立たせている要素には「非言語的な部分」が非常に大きいと述べている。外国で戸惑うのも言語ができないからというだけでなく、「こうした（非言語的な）コミュニケーションのもつ社会とその文化全体になじみがないから」なので、「非言語的なコミュニケーション」の重要性に焦点を当てた、イが適する。ア・ウは、文章の後半が本文の内容と一致しない。また、「文化におけるコミュニケーション」については、本文後半で、３つのレベルに分けた考え方が述べられている。１つ目が、人間なら理解できる「信号的なレベル」、２つ目が、その社会の常識や習慣、規則を学習すれば理解できる「『社会的』レベル」、３つ目が、その社会特有の価値や行動様式、信仰などの結びつきを理解することが必要になる「『象徴』というレベル」である。エ～カのそれぞれのレベルについての説明を見ていくと、エ・オは、文章の後半が適さない。「『象徴』のレベル」について正確に説明している、カが適する。

三 問一　波線部は、人の上に立つ者が嫌ってはいけない人物のことである。

問二　A の後に、「刑をも加へずして」とあることから考える。イが適する。ウの「わるければ」は、「下手なので」「感心できないので」という意味である。

問四　傍線部②の「その」は、前の一文「騏《き》驥《き》といふ～なきにあらず」を指す。【古文の内容】を参照。アが適する。

問五　本文の前半では、人の上に立つものは、劣っている者も嫌ってはならないこと、君主が人を捨てないことを、職人が、どんな木材でも残さず使うことにたとえている。これらの内容から、ウが適する。

【古文の内容】

ある人が言うには、人の上に立つ者は、劣っている者であっても嫌ってはいけない。書物では、

山は小さい土の塊でも手放さない、ゆえに高くなることができる

海は細い流れを嫌がらない、ゆえに深くなることができる

といっている。

また賢明な君王が人をお捨てにならないことは、車を造る職人が、木材を余らせないことにたとえられる。曲がっているものも、短いものも使いきるのである。また人が食べ物を嫌っていれば、体は必ず痩《や》せるともいわれている。

総じて、立派な人はいやしい人を嫌ってはいけないのである。およそ、かわいいからといって、過度に報償を与えず、憎いからといって、むやみに刑罰を加えたりせず、すべて公平に恩恵を施すべきなのである。また人に一度過失があったからといって、重い罪に処すのは、よくよく考えてからでなければいけない。よく走るすぐれた名馬でさえ、まれにはひとつまづきの失敗がないわけではない。人間であっても、どうしてその道理からはなれられようか。

だから書物でいっているように、

小さな過失は許し、賢才を見るべし

ということだ。

四 問一　①「ない」を「ぬ」に置き換えることができるので、助動詞。　②終止形に直すと「真剣だ」となる。物事の性質や状態を表す語で、終止形が「～だ」となるのは、形容動詞。　③終止形に直すと「楽しい」となる。物事の性質や状態を表す語で、終止形が「～い」となるのは形容詞。　④「ない」の直前に「は」を入れられるので（「ない」の前で文節が切れる）、形容詞の「ない」。　⑤断定の助動詞の「だ」。形容動詞の場合は「とても真剣だ」のように、直前に「とても」を補うことができる。　以上からイが適する。

問二(1)　高くそびえるという状態が続いていることを表すので、ウの「存続」が適する。「～ている」と言いかえることができる。　(2)　既に終わったことを表すので、アの「過去」が適する。

《2020　数学　解説》

1 (1)　①の左辺は，$9-2\times 9\div 3=9-6=3$ となるから，正しくない。

②の左辺は，$\frac{4}{5}x-\frac{2}{3}x-2=\frac{12}{15}x-\frac{10}{15}x-2=\frac{2}{15}x-2$ となるから，正しくない。

③の左辺は，$(4x^2-\frac{1}{2}x+\frac{3}{2}x-\frac{3}{16})\times 16=(4x^2+x-\frac{3}{16})\times 16=64x^2+16x-3$ となるから，正しい。

④の左辺は，$a^2-2ab+b^2-c^2$ となるから，正しくない。

よって，正しいのは③である。

(2)　与式$=2(x^2-4x+4)=2(x-2)^2$　　$x=102$ を代入すると，$2(102-2)^2=2\times 100^2=20000$

(3)　真ん中の奇数を n とすると，連続する５つの奇数は，$n-4$，$n-2$，n，$n+2$，$n+4$ と表せる。ただ

し，n≧5である。これらの和が125だから，(n－4)＋(n－2)＋n＋(n＋2)＋(n＋4)＝125
これを解くとn＝25となり，n≧5を満たす奇数となるから，条件に合う。よって，最大の奇数は，25＋4＝29

(4) 弟の速さをxm/分とすると，兄の速さは$(x+15)$m/分である。弟は20分，兄は20－10＝10(分)進み，2人が進んだ道のりの和が，1周の長さの2.4km＝2400mだから，$20x+(x+15)10=2400$が成り立つ。
これを解くと$x=75$となるから，弟の速さは，75m/分である。

(5) さいころを2回投げたときの目の出方は全部で6×6＝36(通り)ある。そのうち2回の目の和が5の倍数になるのは，右表の○印の7通りである。しかし，1回目に5が出た場合は1回目で終了しているので，2回目に終わるのは7－1＝6(通り)である。よって，求める確率は，$\frac{6}{36}=\frac{1}{6}$

		2回目					
		1	2	3	4	5	6
1回目	1				○		
	2			○			
	3		○				
	4	○					○
	5					○	
	6				○		

なお，1回目に5が出た場合は2回目を投げないので，全部の場合の数が36通りではないと思えるかもしれない。しかし，1回目に5が出た場合と，2回目まで投げた場合(30通りある)のそれぞれは，同様に確からしいとは言えないので，同様に確からしいものとするためには，1回目に5が出た場合でも2回目を投げるものと仮定して，全体の場合の数を36通りとしなければならない。このように考えると，2回投げたときに実は1回目で終了していた確率は，(1回目，2回目)＝(5，1)(5，2)(5，3)(5，4)(5，5)(5，6)の6通りが条件に合うので，$\frac{6}{36}=\frac{1}{6}$となり，1回だけ投げて終了する確率と等しくなる。

(6) ∠DGA′＋∠EHA′＝(180°－∠AGA′)＋(180°－∠AHA′)＝360°－(∠AGA′＋∠AHA′)だから，∠AGA′＋∠AHA′がわかればよい。

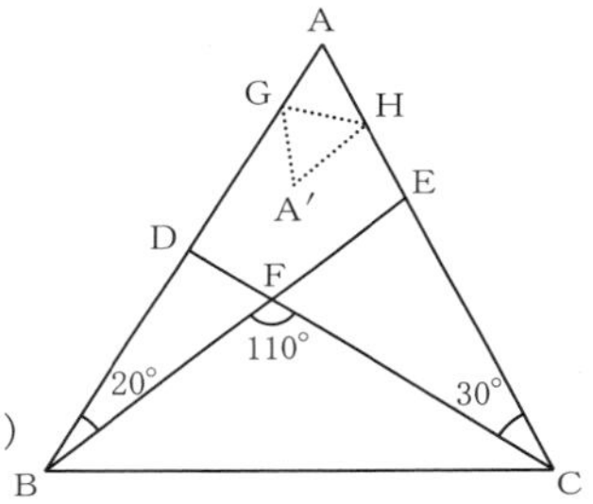

三角形の1つの外角は，これととなり合わない2つの内角の和に等しいから，
△BDFにおいて，∠ADC＝110－20＝90(°)，
△ADCにおいて，∠DAC＝90－30＝60(°)
△AGHの内角の和より，∠AGH＋∠AHG＝180－∠GAH＝180－60＝120(°)
折り返したとき重なるから，∠AGH＝∠A′GH，∠AHG＝∠A′HGなので，
∠AGA′＋∠AHA′＝2(∠AGH＋∠AHG)＝2×120＝240(°)
よって，∠DGA′＋∠EHA′＝360－240＝120(°)

2 **(1)** $y=x-2$にAのx座標の$x=-2$を代入すると，$y=-2-2=-4$となるから，A(－2，－4)である。
$y=ax^2$のグラフはAを通るから，$y=ax^2$に$x=-2$，$y=-4$を代入すると，$-4=a\times(-2)^2$より，a＝－1

(2) 直線$y=x-2$とy軸の交点をDとする。
右の「座標平面上の三角形の面積の求め方」より，
△OAB＝$\frac{1}{2}$×OD×(AとBのx座標の差)で求められる。
したがって，y軸上にED＝3ODとなるように点Eをとると，
△EAB＝$\frac{1}{2}$×ED×(AとBのx座標の差)＝
$\frac{1}{2}$×3OD×(AとBのx座標の差)となるので，
△OAB：△EAB＝1：3となる。このようなEの座標を求めてから，△EABの面積が変わらないようにEを移動させて，x軸上に持っていけばよい。

座標平面上の三角形の面積の求め方
下図において，△OPQ＝△OPR＋△OQR＝
△OMR＋△ONR＝△MNRだから，
△OPQの面積は以下の式で求められる。

△OPQ＝$\frac{1}{2}$×OR×(PとQのx座標の差)

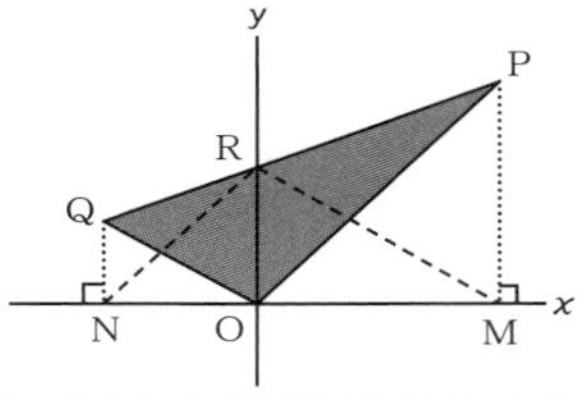

Dは直線$y=x-2$の切片だから，D（0，－2），OD＝2
したがって，ED＝2×3＝6としたいので，Eのy座標を－2＋6＝4にすればよい。Eを通り直線ABに平行な直線ℓを引けば，直線ℓ上のどの位置にEを移動させても，△EABの面積は変わらないので，Cは直線ℓとx軸との交点である。直線ℓの傾きは直線ABと同じく1，切片はEのy座標の4だから，直線ℓの式は，$y=x+4$である。これに$y=0$を代入すると，$x=-4$となるので，C（－4，0）である。

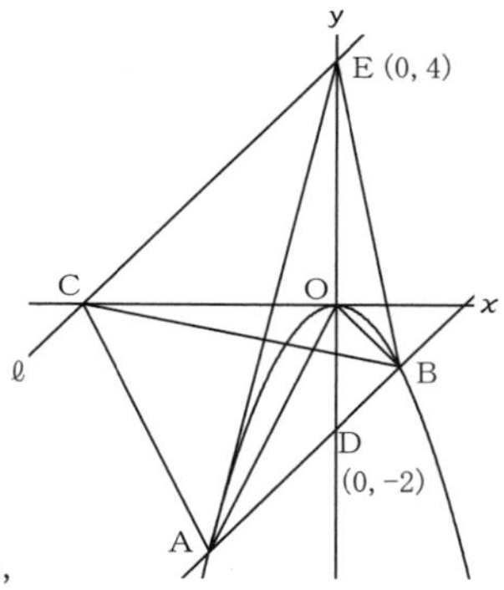

3 (1) 右のように作図する。正六角形の1つの内角は，$\frac{180\times(6-2)}{6}=120$（°）だから，
△ABCは∠ABC＝120°，BA＝BCの二等辺三角形なので，
∠BCA＝∠BAC＝（180－120）÷2＝30（°）　これより，∠ACG＝120－30＝90（°）
したがって，ACとGCの長さがわかれば△AGCの面積を求められる。
2点A，Cは直線BEについて対称だから∠AIB＝90°なので，
△ABIは3辺の比が$1:2:\sqrt{3}$の直角三角形とわかり，
$\mathrm{AI}=\frac{\sqrt{3}}{2}\mathrm{AB}=\frac{\sqrt{3}}{2}\times 2=\sqrt{3}$（cm），$\mathrm{AC}=2\mathrm{AI}=2\sqrt{3}$（cm）

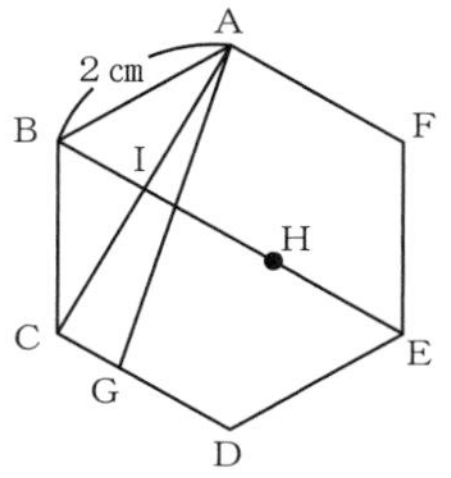

Pが動いた長さは1×4＝4（cm）だから，AG＋GC＝4（cm）である。GC＝$x$cmとするとAG＝（$4-x$）cmだから，三平方の定理より，$\mathrm{AC}^2+\mathrm{GC}^2=\mathrm{AG}^2$　$(2\sqrt{3})^2+x^2=(4-x)^2$　これを解くと，$x=\frac{1}{2}$
よって，$\triangle\mathrm{AGC}=\frac{1}{2}\times 2\sqrt{3}\times\frac{1}{2}=\frac{\sqrt{3}}{2}$（cm²）
(2) (1)の解説をふまえ，右のように作図する。△ABCと△AHCの面積の和を求めればよい。
$\mathrm{BI}=\frac{1}{2}\mathrm{AB}=1$（cm）だから，$\triangle\mathrm{ABC}=\frac{1}{2}\times\mathrm{AC}\times\mathrm{BI}=\frac{1}{2}\times 2\sqrt{3}\times 1=\sqrt{3}$（cm²）
Pが動いた長さは1×6＝6（cm）だから，AH＋HC＝6（cm）である。
2点A，Cは直線BEについて対称だから，AH＝CH＝6÷2＝3（cm）
三平方の定理より，$\mathrm{IH}=\sqrt{\mathrm{AH}^2-\mathrm{AI}^2}=\sqrt{3^2-(\sqrt{3})^2}=\sqrt{6}$（cm）
$\triangle\mathrm{AHC}=\frac{1}{2}\times\mathrm{AC}\times\mathrm{IH}=\frac{1}{2}\times 2\sqrt{3}\times\sqrt{6}=3\sqrt{2}$（cm²）
よって，四角形ABCHの面積は，$(\sqrt{3}+3\sqrt{2})$cm²

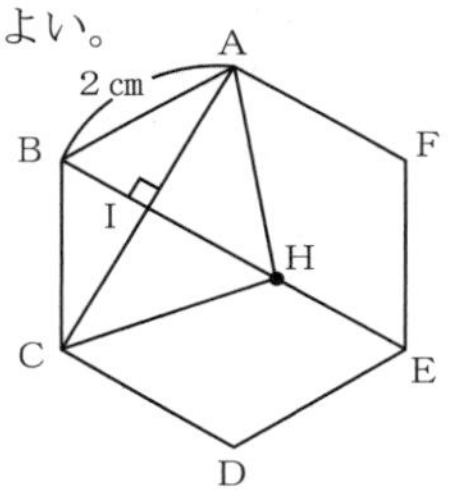

4 (1) バケツに入っている水と体積が等しい正四角すいは右のように作図できる。
△ABCは直角二等辺三角形だから，$\mathrm{AC}=\sqrt{2}\mathrm{AB}=\sqrt{2}\times\sqrt{2}=2$（cm）
$\mathrm{AH}=\frac{1}{2}\mathrm{AC}=\frac{1}{2}\times 2=1$（cm）だから，三平方の定理より，
$\mathrm{OH}=\sqrt{\mathrm{OA}^2-\mathrm{AH}^2}=\sqrt{(\sqrt{17})^2-1^2}=4$（cm）
よって，この正四角すいの体積は，$\frac{1}{3}\times(\sqrt{2}\times\sqrt{2})\times 4=\frac{8}{3}$（cm³）だから，
水の体積も$\frac{8}{3}$cm³である。

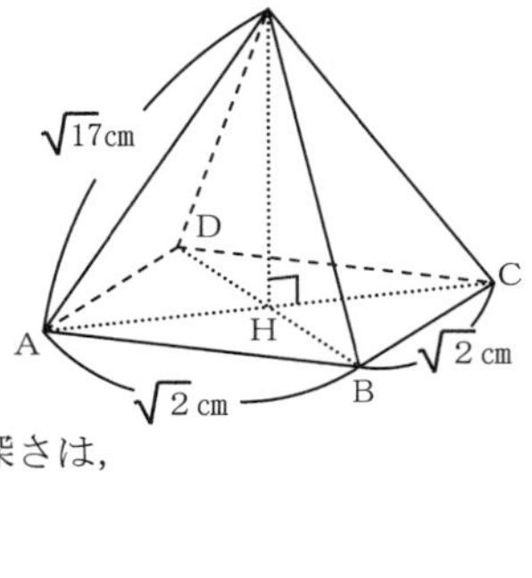

(2) 立方体の容器の底面積は4×4＝16（cm²）だから，$\frac{8}{3}$cm³の水を注いだときの水の深さは，
$\frac{8}{3}\div 16=\frac{1}{6}$（cm）になる。
(3) 立方体の容器におもりを入れると，水が入る部分の底面積はおもりの底面積の分だけ減って，16－2×2＝12（cm²）になるから，水の深さは$\frac{8}{3}\div 12=\frac{2}{9}$（cm）になる。よって，水面とおもりの上面との距離は，$2-\frac{2}{9}=\frac{16}{9}$（cm）

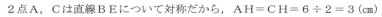

《2020　英語　解説》

Ⅰ　【本文の要約】参照。

1　第２段落１～２行目と一致する，イ「リリアンはジーンズを脱ぎ，洗濯機に入れた」が適当。

2　「リリアンは濡れたお金を台所のテーブルに置いた後，エ電子レンジを使ったが，それはまずい考えだったことに気づいた」…第４段落より，電子レンジを使い，目を離した間にお金が燃えてしまったので，エが適当。

3　「リリアンが銀行からいくらかのお金を受け取った後，ウある新聞記者が彼女にもっと多くのお金を取り戻す方法を伝えた」…第６段落の最後の文と一致する，ウが適当。The reporter heard this and did so.の this は，記事を読んで新聞社に連絡をくれた人々が教えてくれたアイデア（＝燃えたお金を財務省に送ること）を，did so は，それをリリアンに伝えたことを指す。

4　イ「財務省は毎年約３万人の人々に傷ついたお金を与える」…本文にない内容。「約３万人」は，１年間で傷ついたお金を財務省に送る人の数である。ア「銀行員はすべての燃えたお札の番号を読み取ることはできなかった」，ウ「財務省の専門家は銀行員よりも多くの燃えたお札の番号を読み取ることができた」，エ「リリアンは財務省から受け取った 231 ドルで，自分のために何も買わなかった」は本文にある内容。

5　「リリアンのお金は傷ついたが，彼女は合計 248 ドル取り戻した」…（銀行で受け取った分）17　＋　（財務省から受け取った分）231　＝248（ドル）

【本文の要約】

リリアン・ビアードは，働いている間にこにこしていました。彼女はポケットに 462 ドル持っていました。彼女はこのお金のことを考えていました。

仕事が終わると，リリアンは家に帰り，洗濯を始めました。1イ自分がはいていたジーンズを見ました。汚れていたので，それも洗濯機に入れました。10 分後，彼女は思い出しました。「お金！ジーンズのポケットに入ったままだわ！」リリアンは洗濯機に走っていって，ジーンズを取り出しました。お金はポケットにありましたが，濡れてしまいました。リリアンはお金を乾かすために台所のテーブルに置きました。

数時間後，お金はまだ濡れていました。「うーん」リリアンは考えました。「どうやったらこのお金を乾かすことができるかしら？」そこでリリアンは思いつきました。「電子レンジで乾かせるかもしれないわ！」リリアンはお金を電子レンジに入れ，タイマーを５分にセットし，台所を離れました。

リリアンが数分後に戻ると，電子レンジから火が出ていました。電子レンジのドアを開け，火を吹き消し，お金を見ました。お金は燃えてしまっていました。

翌日，リリアンは燃えたお金を銀行に持っていきました。銀行員が彼女にこう言いました。「燃えたお札の番号を読み取ることができれば新しいものに交換できるのですが」4ア残念ながら，番号が確認できたのはほんの数枚の紙幣だけでした。銀行員はそれらのお札を受け取り，リリアンに 17 ドル渡しました。

ある新聞記者が，燃えたお金のことを聞きつけました。彼はリリアンの話を新聞に書きました。複数の人がその話を読み，新聞社に電話をかけてきました。その人たちは「ビアードさんに，燃えたお金を財務省に送るように伝えてください」と言いました。「おそらく彼女はお金を取り戻せます」と言いました。3ウ新聞記者はこれを聞き実行しました。

毎年約３万人の人が傷ついたお金を財務省に送ります。そこで，専門家が注意深く，損傷したお金を調べます。損傷したお金と引き換えに新しいお金を渡すこともあります。

リリアンは財務省に自分のお金を送りました。4ウ専門家はリリアンの燃えたお金を調べ，彼女に 231 ドル送りました。

4エリリアンはそのお金で何を買ったのでしょう？彼女は何も買いませんでした。彼女は 231 ドルを，お金を必要としている人に寄付したのでした。

Ⅱ　1　質問「２月 14 日に Akita Green Park Zoo に行くとしたら，何時に閉園しますか？」…パンフレットの★Opening Hours（開園時間）★より，11 月から３月の開園時間は午前９時から午後４時だから，ウが適切。

2　質問「あなたが 15 歳で，17 歳の姉と Akita Green Park Zoo に行くとしたら，２人でいくらかかりますか？」…パンフレットの★Entrance Fee（入園料）★より，500《自分》＋700《姉》＝1200（円）だから，エが適切。

3　質問「ペンギンの行進を見たい場合，いつそれを見ることができますか？」…Special Events（特別なイベント）の Watch penguins walking!「ペンギンさんの行進を見よう！」参照。11:30 a.m. & 2:00 p.m. (Sundays only)「午前 11 時 30 分と午後２時（日曜日のみ）」と一致する，イ「日曜日の午前 11 時 30 分」が適当。

4　質問「特別なイベントについて，どれが正しいですか？」…Special Events（特別なイベント）の Feed the friendly bears!「人懐こいクマさんにエサをあげよう！」参照。200 yen for three apples「リンゴ３個で 200 円」と一致する，イ「200 円払えばクマにあげるためのリンゴが３個もらえます」が適当。

5　質問「Akita Green Park Zoo について，どれが正しいですか？」…パンフレットの Special Events の下の２行「当動物園について質問がありましたら 01-234-5678 に電話で連絡してください。開園時間内でしたらオペレーターと話すことができます」と★Opening Hours（開園時間）★と一致する，ア「６月の午後４時 30 分に電話でオペレーターと話すことができる」が適切。イ「子ども 17 人の団体のチケットは，子ども 20 人の団体のチケットよりも×安い」…割引となるのは 20 人以上の団体である。　ウ×「水曜日には特別なイベントがない」…「赤ちゃんライオンと写真を撮ろう！」と「人懐こいクマさんにエサをあげよう！」は毎日開催される。　エ「この動物園は，12 月は午前９時から×午後５時まで開園する」…正しくは午後４時までである。

Ⅲ【本文の要約】参照。

4　ア×「カールはスーザンに腕時計を貸したが，スーザンはそれを返したくなかった」…本文にない内容。　イ○「カールとスーザンが話していたことは，海賊の腕時計についてだ」　ウ「×カールは，その腕時計には時間旅行を手助けする不思議な力があると言った」　エ「１人の男が腕時計を探すためにカールの作業場に押し入ったが，×見つけられなかった」

5　質問「過去からやって来たのは誰か？」…最後の１行にある発言や容姿から，過去から来たのはエリック・エル・クラーケンである。主語を尋ねる，一般動詞を使った時制が過去の文には〈○○＋did.〉で答える。

【本文の要約】

「聞いて」とスーザンが言いました。「4イ本によると，有名な海賊がいたそうよ。彼の名前はエリック・エル・クラーケン。彼はとても特別なタイプの腕時計をつけていたの。それには不思議な力があったそうよ」「不思議な力？どんな不思議な力なの？」カールが聞きました。

「エル・クラーケンは時間旅行ができたんですって」スーザンはページをめくって続けました。「その時計が時間旅行を手助けしたらしいわ！」

カールは笑って言いました。「そんなの単なる伝説だよ。時間旅行をした海賊だって？腕時計をつけて？ありえないよ！」カールは笑いました。

1アちょうどその時，作業場で音がしました。「何だろう？」カールが尋ねました。

「わからないわ」スーザンが答えました。「見に行きましょう！」

２人は作業場に戻って，あたりを見回しました。時計がなくなっていたのです！「だれかが時計を盗んだんだ！」カールが叫びました。

「ほらね？あの腕時計は特別なものなのよ。ふつうの時計じゃないの！」スーザンが言いました。

するとカールが何か他のものに気づきました。作業場のドアは開いていました。突然，外で足音が聞こえました。２人は通りに走っていきました。

カールはスーザンの顔を見ると走り始めました。「行こう！」彼は振り向いて言いました。

カールとスーザンは作業場から走って出ました。彼らは浜辺に向かいました。浜辺に着いた時，カールは下を見ました。砂に足跡がありました。非常にかっぷくのよい男のもののような，深く大きな足跡でした。

2イ突然スーザンが止まりました。彼女は黒い服を着た大柄な男を指さしました。男は浜辺を走っていました。「見て，カール！あそこよ！」彼女は叫びました。

カールは走って男の後を追いかけ，「おい！止まれ！すぐに止まれ！」と叫びました。男はカールを無視し，走り続けました。再びカールが要求しました。「止まれ！今すぐ止まれったら！」

男はカールを無視し続けました。そこでカールはもっと速く走りました。ついにカールは男を捕まえました。カールが男を押すと２人とも砂の上に倒れてしまいました。男は大声で叫びました。「離してくれ！お前たちに何もしていないじゃないか！これは俺の時計だ！」

カールは立ち上がりました。カールはじっくりその男を見ました。男は相当な変わり者でした。3エ，5洋服は現代のものではなく，とても古風でした。何百年も前に着られていたようなスタイルでした。髪型も変わっていました。大昔の髪型みたいでした。

カールとスーザンは男を観察していました。男はゆっくりと立ち上がりました。男は洋服の砂を払いました。男は右手に時計をつけていました。そしてうさんくさそうに２人を見ました。「何が欲しい？なぜそんな風に見てるんだ？」と言いました。そのかっぷくのよい男はとても珍しいアクセントで話しました。男の英語はとても変でした。

カールは男を見て言いました。「お前が俺の時計を盗んだんだ。俺の作業場に入って取っただろ」「違う！」かっぷくのよい男は言いました。「お前の方が俺から取ったんだ！俺は取り戻しただけだ！それは俺のものだ！」カールとスーザンは顔を見合わせました。ついにスーザンはかっぷくのよい男に尋ねました。「あなたは，誰ですか？」

「5俺はエリック・エル・クラーケンだ。さあ，行かせてくれ。俺は17世紀に戻らなくてはならんのだ」

Ⅳ 【本文の要約】参照。

1 知らない街で道を尋ねられたため，警察官に尋ねるよう提案したと判断する。 ・Why don't you ～?「～してはどうですか？」

2 直前の発言から，すすめられたセーターの値段が高かったことがわかるので，他に手ごろなものがあるか質問したと判断する。cheap「(値段が)安い」はexpensive「(値段が)高い」の反意語である。

【本文の要約】

1 エリナ：すみません。栄までの行き方を教えてくれませんか？

ナオキ：サカエ？それはお店か何かですか？

エリナ：いいえ。街の名前です。名古屋市の中心部です。

ナオキ：そうなんですか？僕は名古屋のことは全然わかりません。ほら，あそこに警察官がいます。イあの人に聞いてみてはどうですか？道を探すにはその方が簡単だと思います。

エリナ：わかりました。ありがとうございます。

ナオキ：どういたしまして。栄を楽しんでくださいね。

エリナ：はい，ありがとう。さようなら。

2 店員　：いらっしゃいませ。何かお探しですか？

ヒメナ：はい。セーターを買いたいのですが。

店員　：セーターはたくさんございます。どのような種類をお探しですか？

ヒメナ：明るい色のものがいいのですが。

店員　：わかりました。こちらはどうですか？

ヒメナ：素敵ですね。でも私にはお値段が高すぎます。エもう少し安いものはありますか？

店員　：はい。こちらへどうぞ。こちらはどうですか？

ヒメナ：まあ，いいですね。私のサイズはあるかしら？

店員　：どのサイズをお求めですか？

Ⅴ　1　上の文 I'm scared of《～が怖い》 high places.：　・be scared of～「～を恐れる／～が怖い」

下の文 High places are scary《怖い》 for me.：　・scary「恐ろしい／怖い」

2　上の文 Please tell me the number of students in your class《クラスの生徒の数》.：　・the number of～「～の数」

下の文 Please tell me how many students there are in your class《クラスに何人の生徒がいるか》.：文中に疑問詞を含む間接疑問文。

3　上の文 Run fast, or《速く走りなさい，そうしないと～》 you can't catch the bus.：〈命令文＋or～〉「…しなさい，そうしないと～」

下の文 You can't catch the bus if you don't run fast《もし速く走らなければ～》.：　・if～「もし～」

Ⅵ　1　We have to find ways to get renewable energy by using solar power.：「～を探さなければならない」＝have to find～
「再生可能エネルギーを得るための方法」＝ways to get renewable energy

2　It is necessary to prepare for disasters such as earthquakes.：「～することが必要だ」＝It is necessary to～
「～のような」＝such as～

3　Thousands of students visited not only Kyoto but also Nara on their school trip.：「ＡだけでなくＢも」＝not only A but also B　「修学旅行で」＝on one's school trip

4　He is worried about losing his future job.：「～を心配する」＝be worried about～　「～が無くなること」＝losing～

Ⅶ　「(人)に～してほしい」は〈want＋(人)＋to～〉で表す。　「だれか」＝someone
「(人)を起こす」＝wake＋(人)＋up

《2020　理科　解説》

1　問1　グラフより，電流を同じ時間流した場合，水そう1の水の上昇温度：水そう2の水の上昇温度＝2：3なので，電熱線Aで発生した熱は$\frac{2}{3}$＝0.666…→0.67倍である。

問2　問1解説より，水の上昇温度の比がA：B＝2：3であることから，電力の比はA：B＝2：3だとわかる。直列回路では，AとBの電流は等しく，電圧の比はA：B＝2：3だから，抵抗の比もA：B＝2：3である。したがって，Bの抵抗が30Ωだから，Aの抵抗は$30\times\frac{2}{3}=20$(Ω)となる。

問3　〔電流(A)＝$\frac{電圧(V)}{抵抗(Ω)}$〕より，$\frac{8}{20}$＝0.4(A)→400mAである。

問4　〔電力量(J)＝電力(W)×時間(秒)〕，〔電力(W)＝電圧(V)×電流(A)〕より，8(V)×0.4(A)×300(秒)＝960(J)である。

問5　〔電圧(V)＝電流(A)×抵抗(Ω)〕より，電源電圧の値は0.4×(20＋30)＝20(V)である。ここで30ΩのBを80ΩのCに変えると，電流計の値は，$\frac{20}{(20+80)}$＝0.2(A)→200mAとなる。

問6　BをCに変えると全体の抵抗が2倍になり，電流が半分になるので，Aの電圧も半分になり，消費電力は$\frac{1}{2}\times\frac{1}{2}=\frac{1}{4}$(倍)になる。したがって，1℃上昇させるのにかかる時間は1.5×4＝6(分)である。

2　問1　イ○…〔質量パーセント濃度(%)＝$\frac{溶質の質量(g)}{溶媒の質量(g)+溶質の質量(g)}\times100$〕なので，$\frac{M}{W+M}\times100=\frac{100M}{W+M}$(%)である。

問2　ア○…溶解度とは，ある温度で物質が100gの水に溶けることができる質量の最大値なので，T_1℃においてWgの水に溶けることのできる硝酸カリウムの質量の最大値がMgである場合，T_1℃における溶解度は$M\times\frac{100}{W}=\frac{100M}{W}$(g)である。

問3　イ○…mgの硝酸カリウムが再結晶したことから，温度T_2℃において，Wgの水に溶けることのできる硝酸カリウムの質量の最大値は(M－m)gである，したがって，T_2℃における溶解度は$(M-m)\times\frac{100}{W}=\frac{100(M-m)}{W}$(g)である。

3 **問1**　④○…ホウセンカと同じ被子植物の双子葉類のなかまはサクラである。なお，チューリップとユリは被子植物の単子葉類のなかま，イチョウは裸子植物のなかまである。

問2　ホウセンカは双子葉類なので，茎の断面での維管束は輪状に配置され，道管は内側，師管は外側にある。また，葉脈では，道管は表側，師管は裏側にある。

問4　Aは茎，Bは葉の裏と茎から水蒸気が放出される。

問5　②○…A～Dについて，葉の表，葉の裏，茎からの，蒸散量をまとめたものが次表である。葉の裏からの蒸散量は，Aの減少量－Bの減少量＝3.8－0.4＝3.4(mL)，葉の表からの蒸散量は，Cの減少量－Aの減少量＝1.6－0.4＝1.2(mL)，茎からの蒸散量はAの減少量の 0.4mL である。したがって，葉の裏からの蒸散量は，葉の表からの蒸散量の$\frac{3.4}{1.2}$＝2.8…→3倍である。

メスシリンダー	枝をさした直後	5時間後	減少量	葉の表	葉の裏	茎
A	25.0mL	24.6mL	0.4mL	×	×	○
B	25.0mL	21.2mL	3.8mL	×	○	○
C	25.0mL	23.4mL	1.6mL	○	×	○
D	25.0mL	20.0mL	5.0mL	○	○	○
				1.2mL	3.4mL	0.4mL

問6　③○…Dの減少量は 1.2＋3.4＋0.4＝5.0(mL)である。したがって，Dの5時間後の水の量は，25.0－5.0＝20.0(mL)である。

4 **問2**　ア×…中和反応は発熱反応なので温度が上がる。　イ×…中和が起きていれば，過不足なく中和していなくても(中性になっていなくても)塩は生じる。　エ×…水素イオンの割合が小さいほど pH の値は大きくなる。

問3　エ○…水溶液中のイオンがすべてなくなると，電流が流れなくなる。水素イオンと水酸化物イオンが過不足なく反応してすべて水になった場合，硫酸イオンとバリウムイオンも過不足なく反応して硫酸バリウムの白い沈殿となり，水溶液中にイオンが全く存在しなくなるため，電流が流れなくなる。

問4　硫酸 10mL とちょうど中和する水酸化バリウム水溶液が 20mL で，水酸化バリウム水溶液がそれ以上になれば硫酸バリウムの量が 1.0g で最大になっている。したがって，水酸化バリウム水溶液が 30mL の場合であれば，ちょうど中和する硫酸が 10(mL)×$\frac{30(\mathrm{mL})}{20(\mathrm{mL})}$＝15(mL)のとき，白い物質が 1.0(g)×$\frac{30}{20}$＝1.5(g)で最大になり，硫酸をあと 15－10＝5(mL)加える必要がある。

5 **問1**　太陽からの距離から，Aは地球，Bは木星，Cは海王星，Dは金星，Eは土星，Fは火星，Gは水星，Hは天王星であることがわかる。①はDの金星，②はBの木星である。

問2　ウ○…惑星が太陽のまわりを公転する距離は太陽からの距離に比例するので，BはEの$\frac{5.2}{9.6}$倍である。これと公転周期から，Bが太陽を公転する速さはEの$\frac{5.2}{9.6}$÷$\frac{12}{30}$＝1.35…→1.4倍である。

6 **問1**　O－Aは寒冷前線，O－Bは温暖前線である。前線の進行方向は西から東なので，中心Oが左側にあるア～エでは，記号は上側にくる。したがって，O－Aはア，O－Bはイである。

問2　②○…最初に温暖前線O－Bが通過した後に気温が上がり，後に寒冷前線O－Aが通過して気温が下がり，強い雨が降る。

問3　カ○…温暖前線では，暖気が寒気の上をゆるやかにはい上がるように進むので，雲は広範囲に広がり，おだやかな雨が長時間降りやすい。寒冷前線では，寒気が暖気にもぐりこむようにして急激に暖気を押し上げるので，激しい上昇気流が発生し，せまい範囲に雲が発生するため，短時間に激しい雨が降りやすい。

《2020 社会 解説》

1 かつてはエチオピアや南アフリカ共和国を除くアフリカのほぼ全域がヨーロッパの国々の植民地であったが，第二次世界大戦後に民族運動が高まり，1960 年前後につぎつぎと独立国が誕生した。独立後も緯線や経線で分けられた国境がそのまま使用されている。

2 **図Ⅰ** ア．高山地域では昼には日差しが強く，夜には冷え込むといった一日の寒暖差が大きいという特徴があるため，アンデス地方ではアルパカの毛をポンチョなどの材料に使用し，放牧を行っている。

図Ⅱ イ．「チマ」は巻きスカート，「チョゴリ」は男女共通の上着を意味する。ウはアラスカ・グリーンランド・カナダなどの北極海沿岸を中心に分布するイヌイット，エはイスラム教徒の女性が着る伝統的な衣服である。

3 Aはドイツ，Bはベルギー，Cはオランダ，Dはフランス，Eはイギリスについての記述である。

1① 1973 年の石油危機をきっかけに，フランスは世界一原子力発電の割合が高い国となった。

2 i C．海面下の干拓地から水をくみ上げるために風車が使われ，その一部が観光用として保存されている。

ii A．ルール工業地帯では，ルール地方の石炭やライン川の水運などを利用して重工業が発達した。

iii ×．イタリアについての記述である。

4 1 Aは飛鳥時代の出来事だからエを選ぶ。①は古墳時代，②(607 年)と③(604 年)と④(607 年)は飛鳥時代の出来事である。

2 Bは 701 年以降だからオを選ぶ。①は 667 年(また，天智天皇への即位は大津宮遷都後である。)，③(改新の詔)は 646 年，④は 673 年でB以前の出来事である。②の蘇我入鹿は中大兄皇子や中臣鎌足らによって 645 年に殺害された。

3 ③のみ誤りだからウを選ぶ。墾田永年私財法の発布は 743 年でC以前の出来事である。

4 エが正しい。1221 年，源氏の将軍が３代で途絶えたのをきっかけに，後鳥羽上皇は鎌倉幕府打倒をかかげて挙兵した。鎌倉幕府方は，北条政子の呼びかけのもと，これを打ち破った(承久の乱)。アとイは平安時代の出来事であり，ウは「永仁」の徳政令(1297 年)についての記述である。

5 F～Gは 14 世紀～17 世紀にあたるからイを選ぶ。①は 15 世紀，②は 16 世紀，③は 13 世紀，④は 7 世紀の出来事である。

6 アが正しい。正長の土一揆についての記述である。イは「文明」の山城国一揆，ウは「嘉吉」の徳政一揆，エは「寛正」の加賀の一向一揆についての記述である。

7 Ｉ～Ｊは江戸時代にあたるからエを選ぶ。①は「富嶽三十六景―神奈川沖浪裏」(葛飾北斎)，②は「見返り美人図」(菱川師宣)，③は『解体新書』(杉田玄白・前野良沢)，④は日光東照宮である。

8 全て誤りだからオを選ぶ。①は江戸時代，②は大正時代，④は昭和時代の出来事である。③は甲午農民戦争であれば正しい。

9 ②のみ誤りだからウを選ぶ。アラブの春は平成時代の出来事である。

10 ④のみ誤りだからウを選ぶ。韓国併合は明治時代の出来事である。

11 ③と④が誤りだからイを選ぶ。③は「崩壊」ではなく「構築」であることに注意する。③と④は昭和時代の出来事である。

12 大正時代は 1912 年～1926 年である。

5 1 全て誤りだからオを選ぶ。イチロー選手は愛知県出身だが，①は和歌山県，②は静岡県，④は北海道についての記述である。③の「掘り込み式の人工港」は茨城県の鹿島臨海工業地域が有名であり，「出版業」は東京都で盛んである。

2 ③と④が誤りだからイを選ぶ。日本銀行が行う公開市場操作では，不景気時，国債や手形を金融市場で買うことで，市場に流通する資金量を増やして景気を刺激する。

3 エを選ぶ。アとウは大日本帝国憲法，イは日本国憲法第６条に該当する。

4 ア．Ｇ20 大阪サミットでは，海洋プラスチックごみ問題などについての話し合いが行われた。

2019 解答例 平成31年度　愛知工業大学名電高等学校

《国　語》

一　問一．端正　問二．A．オ　B．エ　問三．簡潔・質素をたたえる美　問四．水盤に　問五．ウ
問六．イ

二　問一．嘘も方便（下線部はうそ／ウソでもよい）　問二．事の本質が　問三．イ　問四．自分の
問五．A．建前　B．本質　問六．エ　問七．ア，オ

三　問一．a　問二．エ　問三．此処元 ～ ける。　問四．この男の正直なところ　問五．ア
問六．物事正　問七．イ，エ

四　問一．1．歓心　2．のりと　3．陥れる　問二．イ　問三．オ，キ

《数　学》

1　(1) 8　(2) $32+8\sqrt{3}$　(3) 18　(4) 4　(5) 310°　※(6) 2年生…24　1年生…18

2　(1) $y=-x+6$　(2) 9

3　(1) $\frac{16\sqrt{2}}{3}\pi$　(2) $6\sqrt{3}$　(3) $(16\pi-9\sqrt{3})$

4　(1) 5　(2) $\frac{1}{4}$　(3) $4\sqrt{23}$

※の途中の説明は解説を参照してください。

《英　語》

Ⅰ　1．発電機　2．ウ　3．ア　4．エ　5．イ

Ⅱ　1．ウ　2．エ　3．エ　4．ア　5．ウ

Ⅲ　1．ウ　2．ア　3．エ　4．イ　5．イ

Ⅳ　1．ア　2．850

Ⅴ　1．イ　2．イ　3．ア

Ⅵ　1．ウ　2．エ　3．ア　4．イ

Ⅶ　Music may be able to heal us.

《理　科》

1　問1．40　問2．エ　問3．27.4　問4．ア　問5．オ　問6．カ

2　問1．ウ　問2．エ　問3．ウ　問4．エ　問5．$2H_2+O_2\rightarrow 2H_2O$　問6．ウ

3　問1．①エ　②ウ　③イ　問2．反射　問3．Y　問4．イ

4　問1．A，C，G層…エ　F層…ウ　問2．ア　問3．D　問4．かぎ層　問5．イ　問6．ウ

《社　会》

1　1．オランダ　2．関税自主　3．エ　4．エ　5．オ　6．ウ　7．オ

2　日清戦争

3　小作農が減って，自作農が増えた。

4　1．ア　2．エ

5　ア

6　1．給与所得　2．ア　3．175,000

7　4

8　イ

9　1．ウ　2．ア

10　1．イ　2．エ　3．イ　4．イ

11　オ

←解答例は前ページにありますので，そちらをご覧ください。

《2019 国語 解説》

一 問一　足利義政が築いた東山御殿の美しさは、傍線部①の２行前から直前に具体的に述べられている。その中で、「数学の定理」に例えられるような美しい様子を表している漢字二字の言葉を探す。「数学の定理」にたとえるということは、無駄のないすっきりとまとまった美しさと捉えてよいだろう。「端正」とは、乱れたところがなく、きちんとしていること。

問二Ａ　直前で「どのようなイメージが渦巻き、どのような達観が生成したかは今日知るよしもない」と述べているが、直後で「おそらくは～全く新しい美意識の高まりがそこに生まれてきたのではないか～これまでにない感覚の高揚を得ることができたのではないか」と「想像」している。「知るよしもない」が、「想像することができる」というつながりなので逆接。よってオの「しかし」が適する。　Ｂ「華美な装飾のディテイルをなぞり直し復元するのではなく」どちらかと言えば「究極のプレーン、零度の極まりをもって絢爛《けんらん》さに拮抗《きっこう》する全く新しい美意識の高まりがそこに生まれてきた」というつながり。よってエの「むしろ」が適する。

問三　直後に「新しい美意識」について、「渡来の豪華さの対極に、冷え枯れた素の極点を拮抗させてみることで、これまでにない感覚の高揚を得ることができたのではないか」とある。第２段落にも類似した表現があることに着目する。東山御殿の美について述べた部分で「決して豪奢《ごうしゃ》なものではなく、簡潔・質素をたたえる美」とある。

問四　傍線部③の４行後に、傍線部③に含まれる「イマジネーション（＝想像力）の交感」と類似する「イメージ（＝頭の中に浮かぶものの姿やありさま）の交感」という表現があることに着目する。同段落の後半にある「水盤に水を張り～涼を分かち合うイメージの交感」の部分が傍線部③を具体的に述べた部分である。

問五　傍線部④の直前の「不在性によって受け手に積極的なイメージの補完をうながす」ことが「『裸の王様』の寓話《ぐうわ》」の「逆の意味」なので、ウの「裸であるからこそ（＝不在性）、イマジネーションがふくらむ（＝積極的なイメージの補完）ということ」が適する。

問六　ア．「自分の行為を反省して」は、本文の内容に合致しない。　イ．「義政が練りに練った美意識の集大成」「決して豪奢なものではなく、簡潔・質素をたたえる美」「それまでの日本の美術・調度は決して簡素なものではなかった」などと合致する。　ウ．「絢爛豪華な文化を吸収し復元することを目的とした」は、本文の内容に合致しない。　エ．「それまでの戦乱の世から逃れるための」は、本文の内容に合致しない。　よってイが適する。

二 問一「嘘《うそ》も方便」とは、方便（＝目的のために利用する便宜のための手段）のためには、時に嘘をつかなければならないこともあるという意味。

問二　２つ前の文で、「大人になるということは～機微が分かるということだ」と述べているが、字数が合わない。その次の文で下線部を「つまり～事の本質が見えてくるということ」と、十五字で言い換えている。

問三　直前に述べられている。「『若さに価値がある』という言説がウソだと気づけば、年寄りは若者に嫉妬したり、若ぶったり、年老いた自分を嘆いたりせずに、自分らしく、年相応に生きることができる」ようになる。そうすれば若者も、年寄りが自分らしく年相応に生き生きと生きている姿を見て、自分の将来に「希望が持てるようになる」ということ。よってイが適する。

問四　傍線部④のあとに「オヤジたち」が分かっている「自分の本質を見極めたうえでの欲望」の例が述べられ、「自分のことを言えば」という書き出しで筆者のやりたいことが述べられている。「物事の本質をあぶり出したいという欲求に対して、忠実に生きている」ということは、下線部が筆者の「やりたいこと」である。

問五　最後の空白行のあとで筆者が言いたいことは、その部分の最初の２行(＝「オヤジは大人なので、本音と建前を使い分けることができるし、建前に準じて生きていこうとする人もいる。それはそれで本人の自由である。問題は、建前に準じた生き方をしていたとしても、自分のやっていることの正体が分かっているか、ということ」)に集約されている。それを述べたあとで、具体的に「自分の信念を若者に伝えるための道具として、片方(の教師)は建前を、片方(の教師)は本質を使った」という例を挙げて、次に映画製作者の宮崎駿《はやお》監督と筆者の例を挙げている。よってAとBには「建前」「本質」のいずれかが入る。「宮さんは青春を賛歌する作品～僕は青春の苦味を描こうとしている」「宮さんは［A］に準じた映画を作り、僕は本質に準じて映画を作ろうとしている」「宮さんだって、事の［B］は見えているはずで、あえて本質を語っていないだけ」より、Aは「建前」が適する。Bは「本質」が適する。

問六　ア.「ウソとデマの違いを見抜けず」は適さない。　イ.「自分の明確な目的を持っておらず、単に口当たりのいい言葉を子供たちに伝えている」は適さない。　ウ.「建前はウソであると信じ込み、常に子供たちには本音で話をするのが正しいことだと思い込ませようとしている」は適さない。　エ.「心底『若い君たちがうらやましい』などと思っているとしたら」「『若さは価値』という言葉がデマであることが未だに見抜け」ないことになるので、「子供たちに物事の本質を伝える能力を持っていないということ」になる。　よってエが適する。

問七　ア.「子供にはウソを見抜ける大人になってほしいと願い、あえて『うそはいけない』ということを教えようとする」とは、本文中に述べられていない。　オ.「本音の方がはるかに重要」「本音を出してしまうと本来の目的を果たせられないので、仕方なく建前を使うこともある」とは、本文中に述べられていない。　よってアとオが正解。

三　**問一**　aは、江戸で財産を作って大坂に帰り、楽々と暮らしている人物。ｂ・ｃ・ｄは、江戸に行って稼ぎたいと言ってきた近所の男。

問二　本当は「東の里山から(贈ってきた)、紅茸《べにたけ》の色の美しいの」である。のちに「また大坂のあの男が、この男をいじめからかったのだ、と思い」とあることから、この人は他人をからかうところがあると想像できる。よってエが適する。

問三　亭主に「さて、日に日に出られて、拾はるるか」と尋ねられて答えた部分を抜き出す。

問四　題目(＝主題)は「正直」。男の滑稽なまでの真正直さが「をかしく」もあるが、後にこの男を成功させる話。

問五　古文の「これもためしもなき事なり。はるばる正直にくだる心ざし、咄《はな》しの種に拾はせよ」よりアが適する。

問六　冒頭に作者の感想が述べられて、そのあと筆者の見聞したことが巧みに語られている。

問七　イの「正直は最善の策」は、何事を行うにも正直であることが一番であるということ意味のことわざ。エの「正直の頭に神宿る」は、正直な人には、必ず神のご加護があるという意味のことわざ。よってイとエが適する。

四　**問一１**　関心・感心・寒心などの同音異義語に注意する。それぞれの意味の違いを理解しておこう。　２．熟字訓の問題。熟字訓とは、単字単位ではなく熟字単位で訓読みを当てたもの。他に梅雨《つゆ》・五月雨《さみだれ》・果物《くだもの》・眼鏡《めがね》・浴衣《ゆかた》・田舎《いなか》・土産《みやげ》などがある。　３．「陥《おとしい》れる」と「陥《おちい》る」は、送り仮名が違うので注意する。

問二　アは「の」が格助詞。イは形容動詞「無鉄砲だ」の連用形「無鉄砲で」で、助詞を含まない文節である。ウは「の」が格助詞。エは「から」が格助詞。オは「ばかり」が副助詞。　よってイが適する。

問三　助動詞は、付属語で活用がある単語。アは例示の助動詞「ようだ」の連用形。イは打ち消しの助動詞「ない」の連体形。ウは推定の助動詞「らしい」の終止形。エは断定の助動詞「だ」の連用形。オの「で」は手段を表す格助詞。カは過去の助動詞「た」の連体形。キの「ない」は(補助)形容詞。よってオとキが適する。

《2019　数学　解説》

1　(1)　与式$=\{(-2)^3-4\}\div(\frac{2}{2}-\frac{5}{2})=(-8-4)\div(-\frac{3}{2})=(-12)\times(-\frac{2}{3})=8$

(2)　与式$=2a^2-2b^2+a^2+2ab+b^2=3a^2-b^2+2ab=3\times(2\sqrt{3})^2-2^2+2\times2\sqrt{3}\times2=36-4+8\sqrt{3}=32+8\sqrt{3}$

(3)　元の2けたの整数の十の位の数をaとすると，一の位の数は$a+7$，元の数は$10a+(a+7)=11a+7$と表せる。それぞれの位の数に2を足した数の積は$(a+2)(a+7+2)$で，これが$11a+7$より12だけ大きいのだから，$(a+2)(a+7+2)=(11a+7)+12$　$a^2+11a+18=11a+19$　$a^2=1$　$a=\pm1$
$1\leqq a\leqq9$より，$a=1$だから，元の数は，$11\times1+7=18$

(4)　どちらのさいころも出方は6通りあるから，2つのさいころの目の出方は全部で$6\times6=36$(通り)ある。したがって，出る確率が$\frac{1}{2}$となるのは，出方が$36\times\frac{1}{2}=18$(通り)あることがらである。出る目の和が7以上となるのは，右表より，ア Aで5か6が出た場合か，イ Aが2か3か4でBが5の場合である。

目の和

		B	
		2	5
A	1	3	6
	2	4	⑦
	3	5	⑧
	4	6	⑨
	5	⑦	⑩
	6	⑧	⑪

アとなる2つのさいころの目の出方は，$6\times2=12$(通り)あるから，イとなる出方は$18-12=6$(通り)ある。したがって，Aで2が出た場合も，3が出た場合も，4が出た場合も$6\div3=2$(通り)ずつの出方があればよいので，Bの6つの面のうち2面が5とわかる。よって，2は4面ある。

(5)　右のように作図する。$\angle a+\angle b$を求めればよい。
平行線の錯角は等しいから，$\angle c=\angle a$
三角形の外角の性質より，$\angle c=\angle d+\angle e=(180°-50°)+\angle e=130°+\angle e$
よって，$\angle a+\angle b=\angle c+\angle b=130°+\angle e+\angle b=130°+180°=310°$

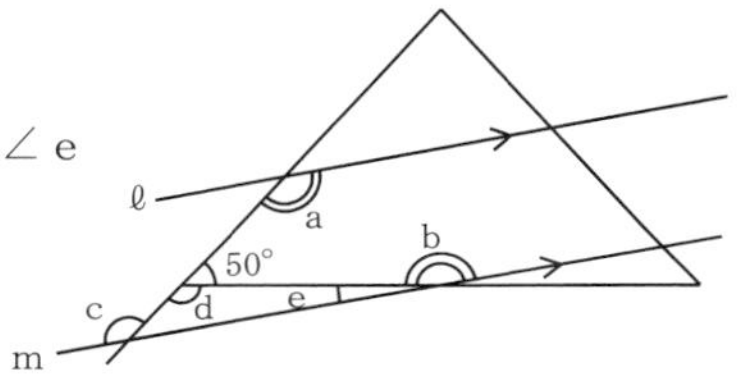

(6)　2年生の部員数を$4x$人，1年生の部員数を$3x$人とする。
6人の班2つに入った部員数は$6\times2=12$(人)だから，5人の班に入った部員数は，$4x+3x-12=7x-12$(人)であり，5人の班の数は，$\frac{7x-12}{5}$である。したがって，全部で班の数は，$\frac{7x-12}{5}+2$となり，これが2年生の$\frac{1}{3}$と等しいのだから，$\frac{7x-12}{5}+2=4x\times\frac{1}{3}$
これを解くと$x=6$となるから，2年生の部員数は$4\times6=24$(人)，1年生の部員数は$3\times6=18$(人)である。

2　(1)　Aは放物線$y=x^2$上の点だから，$x=-3$を代入すると$y=(-3)^2=9$となるので，A$(-3,\ 9)$である。同様にして，B$(2,\ 4)$とわかる。直線ABの式を$y=ax+b$とすると，Aの座標から$9=-3a+b$，Bの座標から$4=2a+b$が成り立つ。これらを連立方程式として解くと，$a=-1$，$b=6$となるから，直線ABの式は，$y=-x+6$である。

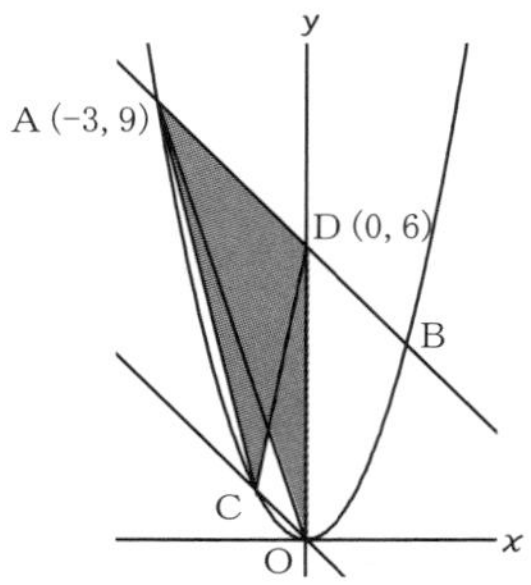

(2)　AB//COだから，△ACD＝△AODである。
直線ABの切片が6だから，D$(0,\ 6)$なので，
△AOD$=\frac{1}{2}\times$OD$\times$(AとDのx座標の差)$=\frac{1}{2}\times6\times\{0-(-3)\}=9$
よって，△ACDの面積も9である。

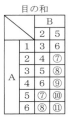

3 (1) 円すいの頂点をB，底面の円の中心をOとすると，右図のようになるから，

三平方の定理より，$OB=\sqrt{BA^2-AO^2}=\sqrt{6^2-2^2}=4\sqrt{2}$ (cm)

よって，円すいの体積は，$\frac{1}{3}\times2^2\pi\times4\sqrt{2}=\frac{16\sqrt{2}}{3}\pi$ (cm³)

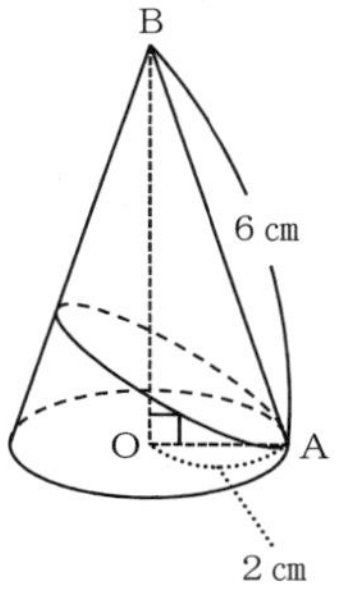

(2) 立体の表面に長さが最短になるようにかけられたひもは，展開図上で線分となる。

右図は円すいの展開図であり，線分AA′がひもにあたる(A′は組み立てたときAと重なる点)。

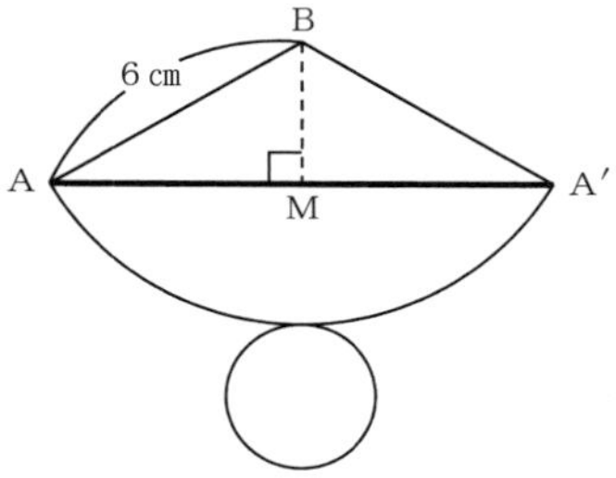

おうぎ形BAA′の弧の長さは底面の円周と等しく，

$2\pi\times2=4\pi$ (cm)だから，$\angle ABA'=x°$ とすると，

おうぎ形BAA′の弧の長さについて，

$2\pi\times6\times\frac{x}{360}=4\pi$ より，$x=120$

BからAA′に垂線BMを引くと，△BAA′は二等辺三角形だから△ABM≡△A′BMとなるので，

$\angle ABM=\angle A'BM=120\div2=60$(°)となる。したがって，△ABMと△A′BMは3辺の比が$1:2:\sqrt{3}$の直角三角形だから，$AM=\frac{\sqrt{3}}{2}AB=\frac{\sqrt{3}}{2}\times6=3\sqrt{3}$ (cm)となるので，$AA'=3\sqrt{3}\times2=6\sqrt{3}$ (cm)であり，これが求める長さである。

(3) (2)の解説をふまえる。おうぎ形BAA′から△BAA′を除いた部分の面積と底面積の和が求める面積である。

$BM=\frac{1}{2}BA=\frac{1}{2}\times6=3$ (cm)だから，おうぎ形BAA′から△BAA′を除いた部分の面積は，

$6^2\pi\times\frac{120}{360}-\frac{1}{2}\times6\sqrt{3}\times3=12\pi-9\sqrt{3}$ (cm²)

底面積は$2^2\pi=4\pi$ (cm²)だから，求める面積は，$(12\pi-9\sqrt{3})+4\pi=16\pi-9\sqrt{3}$ (cm²)

4 PがDに着くのは$16\div2=8$(秒後)，Eに着くのはさらに$12\div4=3$(秒後)だから，Pは，0～8秒後には辺AD上にあり，8～11秒後には辺DE上にある。

(1) 求める時間をx秒後とすると，Pが辺AD上にあるので，$0\leqq x\leqq8$である。

$AP=2x$ cmだから，台形APEBの面積は，$\frac{1}{2}\times(AP+BE)\times AB=\frac{1}{2}\times(2x+16)\times12=12x+96$ (cm²)と表せる。したがって，$12x+96=156$を解くと$x=5$となり，これは$0\leqq x\leqq8$を満たす。よって，求める時間は5秒後である。

(2) 2秒後の三角すいPDEFの体積は，$(\frac{1}{3}\times\triangle DEF\times PD)$ cm³，三角柱ABC－DEFの体積は，$(\triangle DEF\times AD)$ cm³で求められるから，体積比は，$(\frac{1}{3}\times\triangle DEF\times PD):(\triangle DEF\times AD)=\frac{PD}{3}:AD=\frac{(16-2\times2)}{3}:16=1:4$である。よって，三角すいPDEFの体積は三角柱ABC－DEFの体積の$\frac{1}{4}$倍である。

(3) 10秒後のPは，Dから$4\times(10-8)=8$ (cm)進んでいるので，右図の位置にある(MはDEの中点)。面DEFとCFが垂直だから，$\angle CFP=90°$なので，三平方の定理より，$CP=\sqrt{CF^2+PF^2}$である。したがって，まずPF^2を求める。

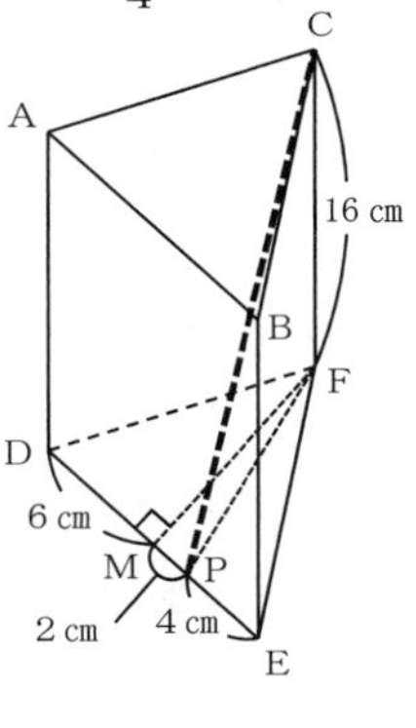

△DEFは正三角形だから，△DMFは3辺の比が$1:2:\sqrt{3}$の直角三角形なので，

$MF=\sqrt{3}DM=6\sqrt{3}$ (cm)

三平方の定理より，$PF^2=MF^2+MP^2=(6\sqrt{3})^2+2^2=112$

よって，$CP=\sqrt{CF^2+PF^2}=\sqrt{16^2+112}=\sqrt{368}=4\sqrt{23}$ (cm)

《2019　英語　解説》

I　【I　本文の要約】参照。

1　最終段落の最後の１文より，generator（あるいは同段落４行目の the machine which makes electricity より）「発電機」が適切。

2　ミシン→最初の掃除機→冷蔵庫→新しい掃除機→電子レンジの順。

3　本文にはミキサーについての記述はない。電子レンジは第５段落，掃除機は第３段落，冷蔵庫は第２段落に書かれている。

4　ア「掃除機が発明される前，人々は×夏に氷室に住んでいた」　イ×「最初の掃除機はあまりに大きかったので，多くのほこりを集めることができた」…本文にない内容。　ウ×「ダニエル・ヘスとジェームズ・スパングラーは一緒に新しいタイプの掃除機を作った」…本文にない内容。　エ○「ミシンが発明される前，人々は手作業で服を作らなければならなかった」　オ「パーシー・スペンサーが発明した最初の機械の名前は×Radar Wave だった」

5　最終段落５～６行目より，イ「人々は電気で動く物の発明をしている」が適切。ア「発明はだんだん縮小している」，ウ「科学者ではない人が何か有用な物を発明しようとしている」，エ「企業は発明をするために大学と協力している」はいずれも不適切。

【I　本文の要約】

私たちの生活の中にはたくさんの役立つ物があります。人々，会社，そして大学さえもたくさんの物を作っています。これらの物は生活をより楽にします。発明のストーリーを知っていますか？それらがどのように発明されたか知っていますか？私たちの生活で最も偉大な発明は何でしょう？以下に私たちの生活を楽にした偉大な発明の例を挙げます。

冷蔵庫は 1876 年にカール・フォン・リンデによって発明されました。彼はドイツの科学者でした。彼がそれを発明する前に，多くの人々が氷室を持っていました。それらは食べ物を保管するための小さな建物でした。人々は氷を買って氷室の中に入れておき，食べ物や飲み物を冷たく保管するためにその中に入れました。しかし，氷室は長い間，物を冷たく保管できませんでした。冷蔵庫はより長く，簡単に食べ物と飲み物を新鮮に保管します。それで，冷蔵庫は氷室よりも人気になりました。

掃除機が発明される前，人々は家を掃除するためにほうきを使いました。2B最初の掃除機は冷蔵庫より前にダニエル・ヘスによって発明され，彼はそれをカーペットスイーパーと呼びました。それはあまりに大きかったので，１人が機械本体を動かし，もう１人がほこりを吸い取る部分を動かさなければなりませんでした。多くの人々がヘスのデザインを改良しましたが，掃除機はまだ大きくて高価でした。2C48 年後，ジェームズ・スパングラーはより効率が良くて小さい掃除機を作りました。これは電気で動く最初の掃除機でした。彼のおかげで，人々は家庭用に掃除機を買い始めました。

店で服を買うことができないとしたらどうしますか？4エミシンが発明される前，人々はみな家で手作業で服を作っていました。多くの人々は 1800 年代にミシンを発明しようとし，エリアス・ハウが最初に有用なミシンを作りました。2Aそれは，最初の掃除機よりも早く発明されました。他の人々も同じ種類の機械を作り始めました。その後，企業がたくさんの服を作り，店で売ることができるようになりました。ミシンのおかげで，今私たちは服を買うことができます。

電子レンジは偶然発明されました。パーシー・スペンサーはレーダー波を扱う仕事をしていました。2D第二次世界大戦の最後の１年のある日，レーダー波のために彼のポケットの中のチョコレートがとけました。このことで，彼はアイデアを思いつき，電子レンジを作りました。この最初の電子レンジは Radarange と呼ばれました。それは当時レストランで使われました。

これらは今でも私たちが使う偉大な発明の例です。今日の私たちの生活を楽にする，他の役立つ発明品を思いつきますか？そして，何が最も偉大な発明ですか？テレビですか？飛行機ですか？スマートフォンですか？私は電気を作る機械だと思います。冷蔵庫，掃除機，ミシンが発明された時，電気は必要ありませんでしたが，5イ今では，電気は私たちが使うほとんどすべての機械で使われています。これは最も大きな変化です。1それで私は，最も偉大な発明は，私たちの世界を永久に変えた発電機だと主張します。

Ⅱ　【Ⅱ 本文の要約】参照。

1　質問「日本語を学ぶ効率のよい方法は何ですか？」…段落Aの２～３行目より，ウ「言語をたくさん聞いたり読んだりすること」が適切。

2　下線部①の２文後に，この理由が書かれている。エ「あなたが思うよりもっと多くの種類の日本食がある」が適切。

3　（　②　）の文の後半で，and can try many kinds of special dishes with each season, too.「それぞれの季節にちなんだ様々な種類の特別な食事も食べることができる」とあるので，エ seasons が適切。

4　A～Fの表題はA言語，B学校，C価格，D食べ物，Eスポーツ，F国土だから，アが適切。

5　ア×「住むことにかかる費用がアメリカよりも高いので，日本に留学することは難しい」…本文にない内容。イ「日本は×とてもせまいので，日本国内で×１人旅をすることは簡単だ」　ウ○「日本の学校に留学すると，日本の有名な場所を訪れる機会がある」　エ×「日本の人々の多くは野球をしたことがないので，テレビで試合を見る」…本文にない内容。

【Ⅱ 本文の要約】

日出ずる国での生活を夢見たことはありますか？日本の交換留学生になるのも考えです。今，この，人気がある東アジアの国へ行くことは以前よりも簡単になっています。日本についていくつか興味深いことを見ていきましょう。

A日本に住むとき，日本語をすぐに学ぶことができるでしょう。もしあなたが基本を学んだなら，日本語を使うことは難しいけれどとても面白いでしょう。1ウ短時間でたくさん聞いて読むことは外国語を学ぶための最もよい方法の１つです。

Bあなたの国のように，日本の生徒は一生懸命勉強します。生徒はよく，学校へ行くために遠くから自転車に乗ってきて，学校に着いてから一生懸命勉強します。もし日本の学校へ行くなら，あなたには言語を学ぶ大きなチャンスがあります。なぜならすべての授業は日本語で行われるからです。5ウ遠足は１年で最も大きなイベントで，生徒に日本の人気の場所を訪れる機会を与えています。

C日本，特に東京に住むと，お金がかかります。日本に住む費用はアメリカよりも高いそうです。しかし，アパートに住むことに関しては，日本のほうがアメリカよりも安いです。

D日本の食べ物はよく知られていますが，すべて寿司ではありません。いくつかの家庭料理を実際に食べてみた後に，とても驚くことでしょう。カレーライスとラーメンは学食で見つかるかもしれないわずかなものにすぎないのです。2エ以前に見たことがないたくさんの日本食があります。

E日本では，たくさんの人気のスポーツが行われています。しかし，以前にやったことがないスポーツも少しはあるかもしれません。留学先の学校のすもう部や剣道部をチェックしてみるのはいかがですか？多くの日本人の高校生もスポーツをします。例えば，高校野球のトーナメントである甲子園はとても人気があり，多くの日本人がテレビで見て，ラジオで聴きます。

F日本で旅行するのは簡単です。九州から北海道まで，国中に新幹線の路線が広がっています。住む場所次第ですが，いろいろな種類の天気も経験できるでしょう。４つの3②エ季節（＝seasons）の変化を楽しむことができ，それぞれの季節にちなんだ様々な種類の特別な食事も食べることができます。

わくわくする生活が待っています。日本に行って住んでみるのはいかがですか？

Ⅲ　【Ⅲ 本文の要約】参照。

1　代名詞などの指示語が指す内容は直前にあることが多い。ここでは，that は直前の文全体を指すので，ウが適切。

2　雅斗の２つの夢については５月２日の４～６行目と５月４日の４～５行目に書かれている。２つの夢は「初ホームランを打つこと」と「甲子園に行くこと」であり，これらのうち，「初ホームランを打つこと」ができたと考えられるので，ア「雅斗は人生で最初のホームランを打った」が適切。

3　５月５日の１～２行目に書かれている内容から，movie「映画」とエ shopping「買い物」に行く予定だった。

4　ア○「4月 30 日の時点で，雅斗は初めてアリサと映画を見るのを楽しみにしていた」　イ「×5月２日の時点で，雅斗は山田君が野球をしているとき，次のプレーを考えていることを知っていた」…５月３日の３行目より，雅斗がそれを知ったのは５月３日。　ウ○「雅斗は，野球をするときに，次に起こることを考えることが必要だと思った」　エ「雅人は山田君と一緒に１軍でプレーし，試合に勝った」

5　ア「雅斗は×5月５日にレストランでアリサと昼食を食べた」　イ○「コーチは野球での雅斗の努力を認めた」　ウ「コーチは雅斗が良い選手になってきていたので，雅斗に×甲子園でプレーするように言った」　エ×「雅斗は山田君のようなキャプテンになりたかった」…本文にない内容。

【Ⅲ 本文の要約】

4月30日，月曜日

練習後にレストランでアリサと昼食を食べた。週末の計画について話した。僕らは今週の土曜日に町に行く予定だ。

5月2日，水曜日

今日はすばらしい１日だった！コーチが１軍でプレーするように言った。ついに１軍のメンバーになった。彼は「5イ君はずっとチームで最も一生懸命野球を練習している。今では君はすばらしい選手になったね」と言った。とても一生懸命練習していたので，それを聞いてとてもうれしかった！長い間この日のことを考えていた。2ア夢は初ホームランを打つことと，甲子園でプレーすることだ。チームを甲子園へ導く選手になりたい。夜にアリサに電話し，２時間話した。

5月3日，木曜日

今日の練習を楽しんだ。１軍でプレーするのは大変だがわくわくする。コーチはいつも「もし考えずにただ野球をしているだけだと，偉大な野球選手にはならないよ」と言う。4イ今は，これらの言葉の意味を理解している。１軍のすべての選手は次にどのように動くべきか考えている。彼らはよく練習中にお互いに声をかけ合う。練習後には，考えたことを書き留めてもいる。僕はよりよい選手たちと野球をして楽しかった。

5月4日，金曜日

今日の練習はバッティングだった。キャプテンの山田君はボールの打ち方を説明してくれた。彼のアドバイスはとても役に立ち，すぐにバッティング技術を改善することができた。彼は僕が知る限りで１番のキャプテンだ。野球をすることがますます楽しくなっている。2アできるだけ早くホームランを打ちたいし，偉大なキャプテンと甲子園でプレーしたい。

5月5日，土曜日

3エ午後に，アリサと僕は映画館に映画を見に行き，町に買い物に行く予定だったが，行かなかった。1ウ練習後，家で休みたかったし，明日の試合の準備のためにリラックスしたかった。アリサはそのことを理解してくれた。僕らは一緒に映画を見たことがなかったので，彼女が映画を見たがっていることを僕は知っていた。だから，来週行くことにした。楽しみだ。

5月6日，日曜日

最もわくわくする試合だった！今までの高校生活の中で１番の思い出になった。山田君のアドバイスのおかげで，夢の１つがかなった。僕らのチームは勝った！アリサは僕らが勝って本当にうれしそうだった。甲子園でプレーするまで試合に勝ち続けるつもりだ。

Ⅳ　【Ⅳ 本文の要約】参照。

1　問「その男性が最初の角を曲がると，何が見えますか？」…女性の２回目の発言と男性の３回目の発言より，男性はバスに乗ろうとしていることがわかるので，ア「バス停」が適切。イ「タクシー乗り場」，ウ「栄」，エ「地下鉄の駅」はいずれも不適切。

2　問「マミはいくら支払いますか？」…200《ハンバーガー》＋250《チーズバーガー》＋150《コーラ》＋100《ホットコーヒー》＋150《Lサイズのフライドポテト》＝850(円)

【Ⅳ 本文の要約】

1　男性：すみませんが，栄への行き方を教えていただけませんか？

女性：いいですよ。どうやってそこへ行きますか？

男性：わかりません。歩いて栄に行くことができますか？

女性：はい，でも時間がかかります。1バスか地下鉄に乗るべきです。

男性：わかりました。1それじゃあ，僕は向かう途中に街の景色を見たいので…。

女性：わかりました。あの道をまっすぐ進み，最初の角を右に曲がってください。そうすれば…。

2　店員：次の方どうぞ。いらっしゃいませ。

ナミ：2ハンバーガー，チーズバーガー，コーラ，ホットコーヒーをお願いします。

店員：わかりました。他には何かいかがですか？

ナミ：はい。2フライドポテトもほしいです。

店員：Ｌサイズとｓサイズのどちらにいたしますか？

ナミ：2Ｌサイズでお願いします。

Ⅴ　1　上の文は「エリナはマサキよりも後に学校に来て，サキはエリナよりも後に学校に来た」という意味だから，下の文は「マサキは３人のうちで最も早く学校に来た」とすればよい。「最も～」は〈the＋～《最上級》〉を用い，学校に早く到着するときには fast ではなく early を使う。また，「３人のうちで」は of the three と表現する。

2　上の文は「公園はあまりに広いので，そこで野球をすることができる」という意味。〈… enough to ～〉「～するほど十分に…」を使う。なお，〈too … to ～〉「あまりに…なので～できない」という意味である。

3　上の文は(　①　)の後ろに〈主語＋動詞〉が続くので，関係代名詞の which/that，下の文は(　②　)の後ろに〈by＋人〉が続くので，過去分詞を用いる。ともに後ろから名詞(ここでは pictures)を修飾する。

Ⅵ　1　I have been interested in the rain forests since I was a child.：現在完了〈have/has＋過去分詞〉の“継続”「ずっと～している」の文。文末に〈since ～《過去を表す言葉》〉「～以来(～はここでは I was a child)」が付く。

2　Visiting Nagoya Castle is one of the purposes of their trip.：主語は動名詞 Visiting を使った Visiting Nagoya Castle「名古屋城を訪れること」，動詞は is の文。　・one of ～「～のうちの１つ」

3　Robots living with people make our lives better.：「人々と共に生活しているロボット」は〈Robots《名詞》 living《現在分詞》 with people〉の形で現在分詞と語句が後ろから名詞(ここでは living)を修飾して表す。「(もの)を(状態)にする」＝make＋もの＋状態

4　I want this movie to keep attracting people’s attention.：〈want＋〇〇＋to ～〉「〇〇に～してほしい」の文。

・keep ～ing「～し続ける」

Ⅶ　助動詞 may ～「～かもしれない」と can ～「～することができる」は連続して使うことができないので，〈may《助動詞》 be《動詞の原形》 able to ～〉「～することができるかもしれない」の形にする。

《2019　理科　解説》

1　問１　〔$体積(cm^3)=\dfrac{質量(g)}{密度(g/cm^3)}$〕より，$\dfrac{316}{7.9}=40(cm^3)$である。

問２　６打点ごとの記録テープの長さは，台車が$\dfrac{6}{60}=0.1$(秒間)で進んだ距離である。記録テープの長さを 0.1 で割れば 0.1 秒ごとの平均の速さになるから，記録テープの長さの変化は台車の速さの変化を表しているといえる。よって，台車の速さはしだいに増加し，やがてほぼ一定になったことがわかる。

問３　$\dfrac{0.8+2.2+3.0+3.7+4.0(cm)}{0.5(秒)}=27.4(cm/秒)$

問４　ア．○…地球上にあるおもりにはたらく重力は常に一定である。浮力はおもりの水中にある部分の体積に比例するので，図のように，はじめからおもり全体が水中にあれば，さらに水中を落下しても浮力の大きさは変化しない。水の抵抗力は，動いているおもりに対してはたらく力であり，おもりの速さが速くなるほど大きくなる。

問５　問２解説の通り，記録テープの長さの変化が台車(＝おもり)の速さの変化を表している。おもりにはたらく合力の向きとおもりが動く向きが同じときにはおもりの速さが速くなり，おもりにはたらく合力が０になるとおもりの速さは変化しなくなる。よって，おもりの速さはイのように変化しているから，おもりにはたらく合力の大きさはイと上下が反転したような形のオのように変化する。

問６　おもりが空気中を落下するときには，(空気抵抗などを考えなければ)運動エネルギーと位置エネルギーの和である力学的エネルギーは保存されるが，ここでは水中を落下することにより，水の抵抗力によっておもりがもつ力学的エネルギーが熱エネルギーなどに移り変わっていく。問４より，水の抵抗力はだんだん大きくなっていくから，力学的エネルギーが減少する割合がだんだん大きくなるカのようなグラフになる。

2　問１　ウ．×…発生した気体の体積がわかるように，Ｈ型試験管は水で満たしておく。

問２　水の電気分解では，－極から水素，＋極から酸素が体積比２：１で発生する。よって，図で，気体が多く発生しているＡが－極とつながっていることがわかる。

問３　問２解説より，Ｂから発生した気体は酸素だから，ウが正答である。アは二酸化炭素，イは水素，エは塩素について述べたものである。

問４　質量保存の法則より，装置全体の質量は変化しないから，エが正答である。

問５　水素が燃焼して水ができる〔$2H_2+O_2\rightarrow 2H_2O$〕。燃焼は激しい酸化である。

問６　塩化銅は水溶液中で銅イオンと塩化物イオンに電離している〔$CuCl_2\rightarrow Cu^{2+}+2Cl^-$〕。ここに電流を流すと，陰極では，陽イオンである銅イオンが引きつけられて，電子を２個受け取って銅原子(Cu)になって付着する。なお，陽極では，陰イオンである塩化物イオンが引きつけられて，電子を１個渡して塩素原子(Cl)になり，それが２個結びついて塩素分子(Cl_2)となる。

3　問１　①寒さを感じて意識して上着を着たので，信号は感覚器官→Ｅ→せきずい→Ｂ→脳→Ｃ→せきずい→Ｆ→運動器官の順に伝わって反応が起こる。　②窓の汚れを見て意識してきれいにしたので，信号は感覚器官→Ａ→脳→Ｃ→せきずい→Ｆ→運動器官の順に伝わって反応が起こる。　③無意識に起こる反応(反射)だから，信号は感覚器官→Ｅ→せきずい→Ｆ→運動器官の順に伝わって反応が起こる。

問３　腕立てふせで自分の体を持ち上げるときは，腕を曲げた状態から伸ばした状態になる。よって，Ｘは伸び，Ｙは収縮する。

問４　目のつくりは図Ｉ参照。虹彩が大きくなったり小さくなったりすることで，ひとみが小さくなったり大きくなったりする。

図Ｉ

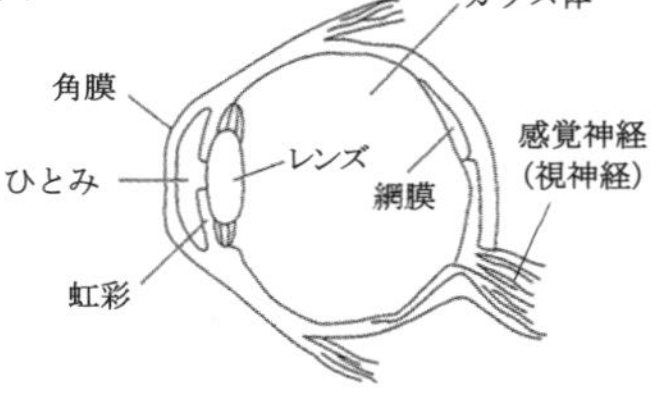

4 **問１**　Ａ，Ｃ，Ｇ層…石灰岩は，サンゴや貝殻などの炭酸カルシウムを主成分とする生物の死がいが堆積してできたものだから，うすい塩酸をかけると二酸化炭素が発生する。　Ｆ層…泥岩，砂岩，れき岩は流水のはたらきでできた堆積岩で，岩石をつくる粒の大きさで分けられる。粒が小さい順に，泥(直径 0.06 mm以下)，砂(0.06 mm～２mm)，れき(２mm以上)だから，５mmくらいの粒をたくさんふくむ岩石はれき岩である。

図Ⅱ

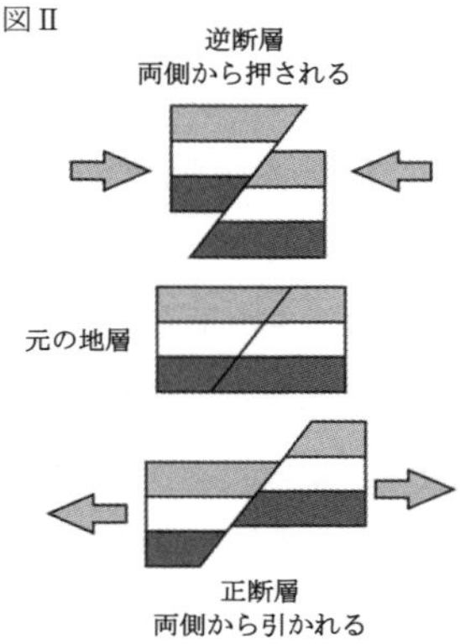

問２　川を流れてきた粒は，大きいものほどはやく沈むから，河口に近い方から，れき岩，砂岩，泥岩の順に堆積する。よって，れき岩でできているＦ層が堆積した場所は河口付近である。

問３，５　地層はふつう下にあるものほど古い時代に堆積したものである。Ｂ層とＨ層はアンモナイトの化石をふくむことから，同じ時代(アンモナイトが栄えた中生代)に堆積したと考えられる。よって，Ｂ層から最も下に離れた位置にあるＤ層が最も古い地層だと考えられる。なお，アンモナイトの化石のように，地層が堆積した地質時代を推定する手がかりとなる化石を示準化石という。

問６　正断層と逆断層のでき方については図Ⅱ参照。図２は，上に乗っている西側の地層が上にずれているので，東西から押される力がはたらいてできた逆断層である。

《2019　社会　解説》

1 **１**　出島には，オランダ商館が移されて貿易が許可された。江戸幕府は，キリスト教の布教を行うスペインやポルトガルの船の来航を禁止したが，キリスト教の布教を行わないオランダや，キリスト教と関係のない中国とは長崎で貿易を行い，ヨーロッパやアジアの情勢を報告することを義務づけた(風説書)。

２　関税自主権とは，国家が輸入品に対して自由に関税をかけることができる権利のことをいう。幕末に日本が欧米諸国と結んだ修好通商条約は，日本に関税自主権がなく，相手国に領事裁判権(治外法権)を認めた不平等条約であった。条約改正については，1894 年に陸奥宗光がイギリスとの間で領事裁判権(治外法権)の撤廃に成功したことも覚えておこう。

３　エを選ぶ。志賀島で発見された「漢委奴国王」と刻まれている金印は，『後漢書』に記述のある，１世紀に後漢の皇帝から奴国の王に授けられたものと考えられている。「親魏倭王」は魏に使いを送った邪馬台国の卑弥呼が授かった称号，「日本国大君」は江戸時代に用いられた征夷大将軍の外交称号である。「臣源道義」は日明貿易に関連し，明の皇帝は足利義満に「日本国王源道義」の称号を授け，義満は「日本国王臣源」と自称した。

４　小野妹子を遣隋使として派遣したのは聖徳太子なので，エを選ぶ。エは十七条の憲法(飛鳥時代)，アは御成敗式目(鎌倉時代)，イは惣掟(室町時代)，ウは朝倉孝景条々(戦国時代)。

５　オを選ぶ。平安時代，唐風の文化を踏まえた，日本の風土や日本人の感情に合った独自の文化(国風文化)が栄える中でかな文字が作られた。アは室町時代，イは奈良時代，ウは飛鳥時代。なお，室町時代に観阿弥・世阿弥親子によって大成されたのは能であり，狂言とあわせて能楽と呼ばれるようになったのは明治時代以降である。

６　①と③と④の３つが正しいので，ウを選ぶ。東大寺の再建は 1206 年，壬申の乱(672 年)後の天武天皇即位は673 年，朝鮮建国は 1392 年，元の滅亡と明建国は 1368 年。

７　全て誤っているので，オを選ぶ。①は五・一五事件(1932 年)，②は柳条湖事件(1931 年)，③は世界恐慌(1929年)，④は第一次世界大戦開始(1914 年)で，Ｅの間以降の出来事である。

2 風刺画には，朝鮮(魚)をめぐって対立する日本(左)と清(右)，漁夫の利を狙うロシア(中央)が描かれている。

3 政策は農地改革である。戦後の日本の民主化を進めたＧＨＱは，地主に納める高額の小作料などのために農民が困窮していたことが，日本の侵略政策につながったと判断し，農民が自分の土地を持てるよう農地改革を実施した

4 **1** ①の１つだけ正しいので，アを選ぶ。核拡散防止条約が結ばれた翌年～マルタ会談(1969 年～1989 年)の期間に行った平和維持活動の合計は８回で，３つの期間の内で最も少ない。 ②国際連合発足(1945 年)後にアフリカ州で行った平和維持活動は 28 回で，全体の 64 回の半数以下である。 ③東西ドイツの統一(1990 年)以降の平和維持活動は 46 回で，以前の期間の８回より増加した。 ④自衛隊が平和維持活動に初めて参加したのは 1992 年であり，その期間に一番多い派遣回数だったのはアフリカ州である。

2 エが正しい。国際連合は，第二次世界大戦の戦勝国のアメリカ・ロシア・イギリス・フランス・中国を安全保障理事会の常任理事国として 1945 年に発足した。2018 年時点の国連分担金は，アメリカ＞日本＞中国であった。

5 アを選ぶ。「世界第一位の二酸化炭素排出国」から中国と判断する。中国の人口は 13 億人以上なので，国民一人当たりの排出量は少なくなる。Ａは南太平洋の島の国々，Ｃはアジア，アフリカなどにある石油輸出国の意見である。

6 **2** 貯蓄は消費されなかったものを指すので，アがあてはまらない。国民年金保険料は，高齢者の医療費や介護保険料などに消費される。

3 「食料費」「住居費」「被服・履物費」「交通通信費」「医療費」「娯楽費」「その他の支出」の合計金額である。

7 ドント方式では，各党による得票数を整数で１，２，３，４…と割っていき，商の大きい順に議席を配分する。各党の獲得議席数については右表参照。

	A党	B党	C党
÷１	①5000	②2500	④2000
÷２	②2500	⑥1250	1000
÷３	⑤1666.6…	833.3…	666.6…
÷４	⑥1250	625	500
議席数	4	2	1

丸番号は当選順位

8 ①と④の２つが正しいので，イを選ぶ。 ②条例制定の請求では有権者の 50 分の１以上の署名数が必要である。 ③憲法改正の手続きでは，国民投票で有効投票の過半数の賛成を得られた場合，天皇がただちに国民の名で改正された憲法を公布する。

9 **1** ①と②と③の３つが正しいので，ウを選ぶ。 ①ヨーロッパ州での開催はイタリア・フランス・スイス・スウェーデン・イングランド・ドイツ(西ドイツ)・スペイン・ロシアの８国で全体の過半数を占めている。 ②アフリカ州での開催は 2010 年の南アフリカのみである。 ③アジア州での開催は 2002 年の日本・韓国のみである。 ④南アメリカ州での開催はウルグアイ・ブラジル・チリ・アルゼンチンであった。

2 (Ａ)にはフランスが当てはまり，①の１つだけ正しいので，アを選ぶ。②はオランダ，③はスペイン。

10 **1** ①と④の２つが正しいので，イを選ぶ。 ②人口が最も多いのは東京都，最も少ないのは鳥取県である。 ③面積が一番小さいのは香川県である。

3 ②と④の２つが正しいので，イを選ぶ。 ①「川上盆地」でなく「上川盆地」であれば正しい。 ②十勝平野では，大豆・じゃがいも・小麦・てんさいなどが栽培されている。 ③白神山地は青森県と秋田県にまたがる。 ④「札幌《さっぽろ》」「室蘭《むろらん》」など，北海道の地名の約８割がアイヌ語に由来する。

4 ①と②の２つが正しいので，イを選ぶ。信楽焼は滋賀県の伝統工芸品である。

11 オが正しい。Ａは製造品出荷額が高いから自動車や自動車部品の生産がさかんな愛知県，Ｂは漁獲量が多いから八戸港のある青森県，Ｃは人口密度が高く農業生産額が低いから大阪府と判断する。Ｂについては，内陸県の長野県であれば漁獲量が多すぎであり，福島県であれば製造品出荷額が低すぎるため，当てはまらない。

■ ご使用にあたってのお願い・ご注意

（１）問題文等の非掲載

著作権上の都合により，問題文や図表などの一部を掲載できない場合があります。

誠に申し訳ございませんが，ご了承くださいますようお願いいたします。

（２）過去問における時事性

過去問題集は，学習指導要領の改訂や社会状況の変化，新たな発見などにより，現在とは異なる表記や解説になっている場合があります。過去問の特性上，出題当時のままで出版していますので，あらかじめご了承ください。

（３）配点

学校等から配点が公表されている場合は，記載しています。公表されていない場合は，記載していません。

独自の予想配点は，出題者の意図と異なる場合があり，お客様が学習するうえで誤った判断をしてしまう恐れがあるため記載していません。

（４）無断複製等の禁止

購入された個人のお客様が，ご家庭でご自身またはご家族の学習のためにコピーをすることは可能ですが，それ以外の目的でコピー，スキャン，転載（ブログ，ＳＮＳなどでの公開を含みます）などをすることは法律により禁止されています。学校や学習塾などで，児童生徒のためにコピーをして使用することも法律により禁止されています。

ご不明な点や，違法な疑いのある行為を確認された場合は，弊社までご連絡ください。

（５）けがに注意

この問題集は針を外して使用します。針を外すときは，けがをしないように注意してください。また，表紙カバーや問題用紙の端で手指を傷つけないように十分注意してください。

（６）正誤

制作には万全を期しておりますが，万が一誤りなどがございましたら，弊社までご連絡ください。

なお，誤りが判明した場合は，弊社ウェブサイトの「ご購入者様のページ」に掲載しておりますので，そちらもご確認ください。

■ お問い合わせ

解答例，解説，印刷，製本など，問題集発行におけるすべての責任は弊社にあります。

ご不明な点がございましたら，弊社ウェブサイトの「お問い合わせ」フォームよりご連絡ください。迅速に対応いたしますが，営業日の都合で回答に数日を要する場合があります。

ご入力いただいたメールアドレス宛に自動返信メールをお送りしています。自動返信メールが届かない場合は，「よくある質問」の「メールの問い合わせに対し返信がありません。」の項目をご確認ください。

また弊社営業日（平日）は，午前９時から午後５時まで，電話でのお問い合わせも受け付けています。

2025春

株式会社教英出版
〒422-8054　静岡県静岡市駿河区南安倍３丁目 12-28
TEL　054-288-2131　　FAX　054-288-2133
URL　https://kyoei-syuppan.net/
MAIL　siteform@kyoei-syuppan.net

教英出版　2025年春受験用　高校入試問題集

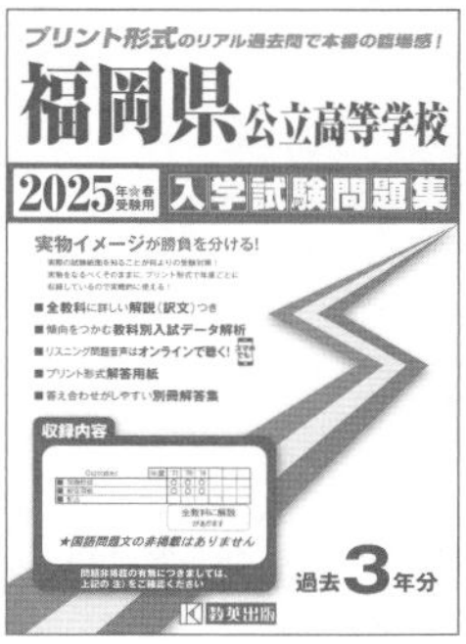

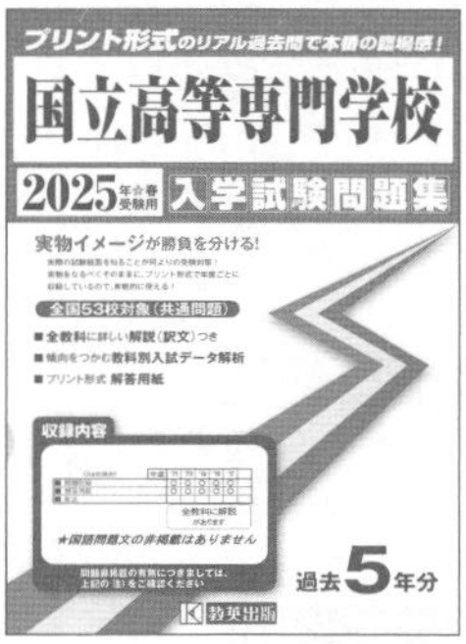

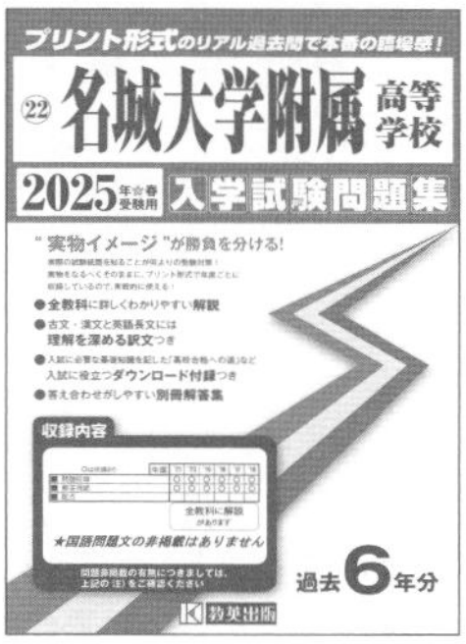

公立高等学校問題集

北海道公立高等学校
青森県公立高等学校
宮城県公立高等学校
秋田県公立高等学校
山形県公立高等学校
福島県公立高等学校
茨城県公立高等学校
埼玉県公立高等学校
千葉県公立高等学校
東京都立高等学校
神奈川県公立高等学校
新潟県公立高等学校
富山県公立高等学校
石川県公立高等学校
長野県公立高等学校
岐阜県公立高等学校
静岡県公立高等学校
愛知県公立高等学校
三重県公立高等学校(前期選抜)
三重県公立高等学校(後期選抜)
京都府公立高等学校(前期選抜)
京都府公立高等学校(中期選抜)
大阪府公立高等学校
兵庫県公立高等学校
島根県公立高等学校
岡山県公立高等学校
広島県公立高等学校
山口県公立高等学校
香川県公立高等学校
愛媛県公立高等学校
福岡県公立高等学校
佐賀県公立高等学校
長崎県公立高等学校
熊本県公立高等学校
大分県公立高等学校
宮崎県公立高等学校
鹿児島県公立高等学校
沖縄県公立高等学校

公立高 教科別8年分問題集

(2024年～2017年)

北海道(国·社·数·理·英)
宮城県(国·社·数·理·英)
山形県(国·社·数·理·英)
新潟県(国·社·数·理·英)
富山県(国·社·数·理·英)
長野県(国·社·数·理·英)
岐阜県(国·社·数·理·英)
静岡県(国·社·数·理·英)
愛知県(国·社·数·理·英)
兵庫県(国·社·数·理·英)
岡山県(国·社·数·理·英)
広島県(国·社·数·理·英)
山口県(国·社·数·理·英)
福岡県(国·社·数·理·英)

国立高等専門学校 最新5年分問題集

(2024年～2020年·全国共通)

対象の高等専門学校

釧路工業・旭川工業・苫小牧工業・函館工業・八戸工業・一関工業・仙台・秋田工業・鶴岡工業・福島工業・茨城工業・小山工業・群馬工業・木更津工業・東京工業・長岡工業・富山・石川工業・福井工業・長野工業・岐阜工業・沼津工業・豊田工業・鈴鹿工業・鳥羽商船・舞鶴工業・大阪府立大学工業・明石工業・神戸市立工業・奈良工業・和歌山工業・米子工業・松江工業・津山工業・呉工業・広島商船・徳山工業・宇部工業・大島商船・阿南工業・香川・新居浜工業・弓削商船・高知工業・北九州工業・久留米工業・有明工業・佐世保工業・熊本・大分工業・都城工業・鹿児島工業・沖縄工業

高専 教科別10年分問題集

もっと過去問シリーズ

教科別

数学・理科・英語

(2019年～2010年)

学校別問題集

北海道

①札幌北斗高等学校
②北星学園大学附属高等学校
③東海大学付属札幌高等学校
④立命館慶祥高等学校
⑤北海高等学校
⑥北見藤高等学校
⑦札幌光星高等学校
⑧函館ラ・サール高等学校
⑨札幌大谷高等学校
⑩北海道科学大学高等学校
⑪遺愛女子高等学校
⑫札幌龍谷学園高等学校
⑬札幌日本大学高等学校
⑭札幌第一高等学校
⑮旭川実業高等学校
⑯北海学園札幌高等学校

青森県

①八戸工業大学第二高等学校

宮城県

①聖和学園高等学校(A日程)
②聖和学園高等学校(B日程)
③東北学院高等学校(A日程)
④東北学院高等学校(B日程)
⑤仙台大学附属明成高等学校
⑥仙台城南高等学校
⑦東北学院榴ケ岡高等学校
⑧古川学園高等学校
⑨仙台育英学園高等学校(A日程)
⑩仙台育英学園高等学校(B日程)
⑪聖ウルスラ学院英智高等学校
⑫宮城学院高等学校
⑬東北生活文化大学高等学校
⑭東北高等学校
⑮常盤木学園高等学校
⑯仙台白百合学園高等学校
⑰尚絅学院高等学校(A日程)
⑱尚絅学院高等学校(B日程)

山形県

①日本大学山形高等学校
②惺山高等学校
③東北文教大学山形城北高等学校
④東海大学山形高等学校
⑤山形学院高等学校

福島県

①日本大学東北高等学校

新潟県

①中越高等学校
②新潟第一高等学校
③東京学館新潟高等学校
④日本文理高等学校
⑤新潟青陵高等学校
⑥帝京長岡高等学校
⑦北越高等学校
⑧新潟明訓高等学校

富山県

①高岡第一高等学校
②富山第一高等学校

石川県

①金沢高等学校
②金沢学院大学附属高等学校
③遊学館高等学校
④星稜高等学校
⑤鵬学園高等学校

山梨県

①駿台甲府高等学校
②山梨学院高等学校(特進)
③山梨学院高等学校(進学)
④山梨英和高等学校

岐阜県

①鶯谷高等学校
②富田高等学校
③岐阜東高等学校
④岐阜聖徳学園高等学校
⑤大垣日本大学高等学校
⑥美濃加茂高等学校
⑦済美高等学校

静岡県

①御殿場西高等学校
②知徳高等学校
③日本大学三島高等学校
④沼津中央高等学校
⑤飛龍高等学校
⑥桐陽高等学校
⑦加藤学園高等学校
⑧加藤学園暁秀高等学校
⑨誠恵高等学校
⑩星陵高等学校
⑪静岡県富士見高等学校
⑫清水国際高等学校
⑬静岡サレジオ高等学校
⑭東海大学付属静岡翔洋高等学校
⑮静岡大成高等学校
⑯静岡英和女学院高等学校
⑰城南静岡高等学校
⑱静岡女子高等学校
⑲常葉大学附属常葉高等学校
　常葉大学附属橘高等学校
　常葉大学附属菊川高等学校
⑳静岡北高等学校
㉑静岡学園高等学校
㉒焼津高等学校
㉓藤枝明誠高等学校
㉔静清高等学校
㉕磐田東高等学校
㉖浜松学院高等学校
㉗浜松修学舎高等学校
㉘浜松開誠館高等学校
㉙浜松学芸高等学校
㉚浜松聖星高等学校
㉛浜松日体高等学校
㉜聖隷クリストファー高等学校
㉝浜松啓陽高等学校
㉞オイスカ浜松国際高等学校

愛知県

①[国立]愛知教育大学附属高等学校
②愛知高等学校
③名古屋経済大学市邨高等学校
④名古屋経済大学高蔵高等学校
⑤名古屋大谷高等学校
⑥享栄高等学校
⑦椙山女学園高等学校
⑧大同大学大同高等学校
⑨日本福祉大学付属高等学校
⑩中京大学附属中京高等学校
⑪至学館高等学校
⑫東海高等学校
⑬名古屋たちばな高等学校
⑭東邦高等学校
⑮名古屋高等学校
⑯名古屋工業高等学校
⑰名古屋葵大学高等学校
(名古屋女子大学高等学校)
⑱中部大学第一高等学校
⑲桜花学園高等学校
⑳愛知工業大学名電高等学校
㉑愛知みずほ大学瑞穂高等学校
㉒名城大学附属高等学校
㉓修文学院高等学校
㉔愛知啓成高等学校
㉕聖カピタニオ女子高等学校
㉖滝高等学校
㉗中部大学春日丘高等学校
㉘清林館高等学校
㉙愛知黎明高等学校
㉚岡崎城西高等学校
㉛人間環境大学附属岡崎高等学校
㉜桜丘高等学校

㉝光ヶ丘女子高等学校
㉞藤ノ花女子高等学校
㉟栄徳高等学校
㊱同朋高等学校
㊲星城高等学校
㊳安城学園高等学校
㊴愛知産業大学三河高等学校
㊵大成高等学校
㊶豊田大谷高等学校
㊷東海学園高等学校
㊸名古屋国際高等学校
㊹啓明学館高等学校
㊺聖霊高等学校
㊻誠信高等学校
㊼誉高等学校
㊽杜若高等学校
㊾菊華高等学校
㊿豊川高等学校

三重県

①暁高等学校(3年制)
②暁高等学校(6年制)
③海星高等学校
④四日市メリノール学院高等学校
⑤鈴鹿高等学校
⑥高田高等学校
⑦三重高等学校
⑧皇學館高等学校
⑨伊勢学園高等学校
⑩津田学園高等学校

滋賀県

①近江高等学校

大阪府

①上宮高等学校
②大阪高等学校
③興國高等学校
④清風高等学校
⑤早稲田大阪高等学校
(早稲田摂陵高等学校)
⑥大商学園高等学校
⑦浪速高等学校
⑧大阪夕陽丘学園高等学校
⑨大阪成蹊女子高等学校
⑩四天王寺高等学校
⑪梅花高等学校
⑫追手門学院高等学校
⑬大阪学院大学高等学校
⑭大阪学芸高等学校
⑮常翔学園高等学校
⑯大阪桐蔭高等学校
⑰関西大倉高等学校
⑱近畿大学附属高等学校
⑲金光大阪高等学校
⑳星翔高等学校
㉑阪南大学高等学校
㉒箕面自由学園高等学校
㉓桃山学院高等学校
㉔関西大学北陽高等学校

兵庫県

①雲雀丘学園高等学校
②園田学園高等学校
③関西学院高等部
④灘高等学校
⑤神戸龍谷高等学校
⑥神戸第一高等学校
⑦神港学園高等学校
⑧神戸学院大学附属高等学校
⑨神戸弘陵学園高等学校
⑩彩星工科高等学校
⑪神戸野田高等学校
⑫滝川高等学校
⑬須磨学園高等学校
⑭神戸星城高等学校
⑮啓明学院高等学校
⑯神戸国際大学附属高等学校
⑰滝川第二高等学校
⑱三田松聖高等学校
⑲姫路女学院高等学校
⑳東洋大学附属姫路高等学校
㉑日ノ本学園高等学校
㉒市川高等学校
㉓近畿大学附属豊岡高等学校
㉔夙川高等学校
㉕仁川学院高等学校
㉖育英高等学校

奈良県

①西大和学園高等学校

岡山県

①[県立]岡山朝日高等学校
②清心女子高等学校
③就実高等学校
(特別進学コース〈ハイグレード·アドバンス〉)
④就実高等学校
(特別進学チャレンジコース·総合進学コース)
⑤岡山白陵高等学校
⑥山陽学園高等学校
⑦関西高等学校
⑧おかやま山陽高等学校
⑨岡山商科大学附属高等学校
⑩倉敷高等学校
⑪岡山学芸館高等学校(1期1日目)
⑫岡山学芸館高等学校(1期2日目)
⑬倉敷翠松高等学校
⑭岡山理科大学附属高等学校
⑮創志学園高等学校
⑯明誠学院高等学校
⑰岡山龍谷高等学校

広島県

①[国立]広島大学附属高等学校
②[国立]広島大学附属福山高等学校
③修道高等学校
④崇徳高等学校
⑤広島修道大学ひろしま協創高等学校
⑥比治山女子高等学校
⑦呉港高等学校
⑧清水ヶ丘高等学校
⑨盈進高等学校
⑩尾道高等学校
⑪如水館高等学校
⑫広島新庄高等学校
⑬広島文教大学附属高等学校
⑭銀河学院高等学校
⑮安田女子高等学校
⑯山陽高等学校
⑰広島工業大学高等学校
⑱広陵高等学校
⑲近畿大学附属広島高等学校福山校
⑳武田高等学校
㉑広島県瀬戸内高等学校(特別進学)
㉒広島県瀬戸内高等学校(一般)
㉓広島国際学院高等学校
㉔近畿大学附属広島高等学校東広島校
㉕広島桜が丘高等学校

山口県

①高水高等学校
②野田学園高等学校
③宇部フロンティア大学付属香川高等学校
(普通科〈特進·進学コース〉)
④宇部フロンティア大学付属香川高等学校
(生活デザイン·食物調理·保育科)
⑤宇部鴻城高等学校

徳島県

①徳島文理高等学校

香川県

①香川誠陵高等学校
②大手前高松高等学校

愛媛県

①愛光高等学校
②済美高等学校
③FC今治高等学校
④新田高等学校
⑤聖カタリナ学園高等学校

福岡県

①福岡大学附属若葉高等学校
②精華女子高等学校(専願試験)
③精華女子高等学校(前期試験)
④西南学院高等学校
⑤筑紫女学園高等学校
⑥中村学園女子高等学校(専願入試)
⑦中村学園女子高等学校(前期入試)
⑧博多女子高等学校
⑨博多高等学校
⑩東福岡高等学校
⑪福岡大学附属大濠高等学校
⑫自由ケ丘高等学校
⑬常磐高等学校
⑭東筑紫学園高等学校
⑮敬愛高等学校
⑯久留米大学附設高等学校
⑰久留米信愛高等学校
⑱福岡海星女子学院高等学校
⑲誠修高等学校
⑳筑陽学園高等学校(専願入試)
㉑筑陽学園高等学校(前期入試)
㉒真颯館高等学校
㉓筑紫台高等学校
㉔純真高等学校
㉕福岡舞鶴高等学校
㉖折尾愛真高等学校
㉗九州国際大学付属高等学校
㉘祐誠高等学校
㉙西日本短期大学附属高等学校
㉚東海大学付属福岡高等学校
㉛慶成高等学校
㉜高稜高等学校
㉝中村学園三陽高等学校
㉞柳川高等学校
㉟沖学園高等学校
㊱福岡常葉高等学校
㊲九州産業大学付属九州高等学校
㊳近畿大学附属福岡高等学校
㊴大牟田高等学校
㊵久留米学園高等学校
㊶福岡工業大学附属城東高等学校
(専願入試)
㊷福岡工業大学附属城東高等学校
(前期入試)
㊸八女学院高等学校
㊹星琳高等学校
㊺九州産業大学付属九州産業高等学校
㊻福岡雙葉高等学校

佐賀県

①龍谷高等学校
②佐賀学園高等学校
③佐賀女子短期大学付属佐賀女子高等学校
④弘学館高等学校
⑤東明館高等学校
⑥佐賀清和高等学校
⑦早稲田佐賀高等学校

長崎県

①海星高等学校(奨学生試験)
②海星高等学校(一般入試)
③活水高等学校
④純心女子高等学校
⑤長崎南山高等学校
⑥長崎日本大学高等学校(特別入試)
⑦長崎日本大学高等学校(一次入試)
⑧青雲高等学校
⑨向陽高等学校
⑩創成館高等学校
⑪鎮西学院高等学校

熊本県

①真和高等学校
②九州学院高等学校
(奨学生・専願生)
③九州学院高等学校
(一般生)
④ルーテル学院高等学校
(専願入試・奨学入試)
⑤ルーテル学院高等学校
(一般入試)
⑥熊本信愛女学院高等学校
⑦熊本学園大学付属高等学校
(奨学生試験・専願生試験)
⑧熊本学園大学付属高等学校
(一般生試験)
⑨熊本中央高等学校
⑩尚絅高等学校
⑪文徳高等学校
⑫熊本マリスト学園高等学校
⑬慶誠高等学校

大分県

①大分高等学校

宮崎県

①鵬翔高等学校
②宮崎日本大学高等学校
③宮崎学園高等学校
④日向学院高等学校
⑤宮崎第一高等学校
(文理科)
⑥宮崎第一高等学校
(普通科・国際マルチメディア科・電気科)

鹿児島県

①鹿児島高等学校
②鹿児島実業高等学校
③樟南高等学校
④れいめい高等学校
⑤ラ・サール高等学校

新刊
もっと過去問シリーズ

愛知県

愛知高等学校
7年分(数学・英語)
中京大学附属中京高等学校
7年分(数学・英語)
東海高等学校
7年分(数学・英語)
名古屋高等学校
7年分(数学・英語)
愛知工業大学名電高等学校
7年分(数学・英語)
名城大学附属高等学校
7年分(数学・英語)
滝高等学校
7年分(数学・英語)

※もっと過去問シリーズは入学試験の実施教科に関わらず、数学と英語のみの収録となります。

教英出版
〒422-8054
静岡県静岡市駿河区南安倍3丁目12−28
TEL 054-288-2131
FAX 054-288-2133
詳しくは教英出版で検索
教英出版 検索
URL https://kyoei-syuppan.net/

令和六年度　一般入学試験

国　語

※百点満点　マークシート解答用紙・配点非公表

【注意事項】

（1）「始め」という指示があってから、開いて始めなさい。

（2）マークシートに受験番号・氏名を記入しなさい。

（3）試験時間は40分です。

（4）この問題は15ページまであります。ページが抜けていたり、印刷の文字がはっきりしていない場合は、静かに手をあげて先生に知らせなさい。

（5）解答はすべてマークシートに記入しなさい。

（6）字数制限がある問題においては、句読点や記号も字数に数えることとします。

（7）質問のある時は静かに手をあげて、先生の指示を受けなさい。

（8）「やめ」という指示で書くことをやめなさい。

（9）問題は持ち帰ってください。

愛知工業大学名電高等学校

一 次の文章を読んで、後の設問に答えなさい。（設問の都合上、本文を一部改変しています。）

昆虫の生存戦略の基本となるのが、「本能」である。

「本能」を高度に発達させたのが昆虫で、親から何も教わらなくても生きていくことができる。

たとえば、卵から生まれたばかりのカマキリの赤ちゃんは、誰に教わらなくても鎌を振り上げて小さな虫を捕らえて食べる。ミツバチは、誰に教わらなくても六角形の巣を作ることができる。そして、教わったわけでもないのにダンスをして仲間に花の蜜のありかを伝えるのだ。

虫たちは、「本能」という仕組みだけで、誰に教わらなくても生きていくために必要な行動を取ることができるのである。

①それに比べると、私たち哺乳《ほにゅう》動物はずいぶん面倒である。

何しろ、生まれたばかりの赤ちゃんは、一人では生きていくことができない。かろうじておっぱいを飲むことくらいは教わらなくてもできるが、人間が本能でできるのはこれくらいである。

ライオンやオオカミなどの肉食動物の子どもは、親から獲物の捕り方を教わらなければ、狩りをすることさえできない。シマウマなどの草食動物も同じである。親が逃げれば、いっしょに逃げるが、そうでなければ、何が危険なのかさえわからない。

私たち哺乳動物にも本能はあるが、昆虫ほど完璧にプログラムされた本能は持ち合わせていない。教わらなければ何もできないのである。

どうして、私たち哺乳類は、昆虫のように本能で生きるような仕組みを発達させてこなかったのだろう。哺乳類は昆虫よりも、aオトった存在なのだろうか？

②高度に発達した本能は、優れてはいるが欠点もある。

たとえば、今にも干上がりそうな道路の水たまりに、トンボが卵を産みつけていることがある。そんなところに卵を産めば、幼虫や卵が干上がってしまうのではないかと心配してしまうが、トンボは何食わぬ顔で平気で卵を産んでいく。

それどころか、地面に敷かれたブルーシートの上に卵を産むことさえある。水面と間違えてしまっているのだろうか。

トンボは、遠くから小さな虫を獲物として捕らえるほどの視力を持っている。その目でよく見れば、そこが卵を産むべき場所でないことは、容易にわかりそうなものである。

おそらくは、「③」とでもプログラムされているのだろう。その本能に従って卵を産んでしまうのである。

アスファルトの道路やブルーシートがない時代には、そのプログラムで問題はなかったはずだ。しかし残念ながら、人工物の多い現代では、そのプログラムにbテキゴウしない場所も多い。それでもトンボたちは、生まれながらに持つ本能のプログラムに従って、正しくない場所に卵を産んでしまうのである。

あるいは、狩人《かりゅうど》バチは、他の昆虫などを獲物として捕らえると、巣に持ち帰って幼虫のエサにする。だが巣に持ち帰る途中でエサを落としても、捜そうともせずに、そのまま巣に飛んで帰る。

あるいは、太陽の光で自分の位置を判断する昆虫たちは、暗闇に輝く電灯のまわりに集まってくる。

昆虫は、本能のプログラムに従って機械的に行動するために、誤った行動をしてしまうことがあるのである。

これが、本能の欠点である。

決まった環境であれば、プログラムに従って、正しく行動することができる。ところが、想定外のことが起こると、対応できないのである。

それでは、環境の変化に対応するためには、どのようにすれば良いのだろうか。

昆虫が高度な「本能」を発達させたのに対して、生きるための手段として④高度な「知能」を発達させたのが、私たち人間を含む哺乳類である。

「知能」を進化させた哺乳類は、自分の頭で考え、どんな環境に対しても（　g　）に行動することができる。どんなに環境が変化したとしても、情報を処理して、状況を分析し、最適な行動を導き出す。これこそが、「知能」のなせる業である。

知能を持つ哺乳動物は、ブルーシートに卵を産んでいるトンボの行動が正しくないことをすぐに判断できるし、狩人バチのようにエサを落としてしまったら、すぐに捜して拾い上げる。太陽と電灯を間違えることもない。

このように、知能は極めて優れた能力を持つのである。

ところが、「知能」にも欠点がある。

長い進化のcカテイで磨かれてきた「本能」は、多くの場合、正しい行動を導くマニュアルである。本能には、解答が示されているのだ。

たとえば、地球の歴史を考えれば、長い間、ブルーシートなどというものはこの地球に存在していなかった。ブルーシートさえなければ、トンボの行動がエラーを起こすことはありえないのだ。また狩人バチがエサを落とすというアクシデントが、いったいどれほどのdヒンドで起こるだろう。滅多《めった》に起こらないリスクのために、複雑なプログラムを書き換えるほうが別のエラーを起こす原因となる。稀《まれ》にエサを落とした狩人バチがいたとしても、巣に帰ってから、もう一度、新たなエサを探しに行けばいいだけの話である。

一方の知能は、自分の頭で解答を導かなければならない。

たとえば、水面とブルーシートを識別するためには、水面とはどういうものなのか、ブルーシートとはどういうものなのかを認識し、水面とブルーシートの違いを自分の頭で理解しなければならない。

しかも、自分の頭で考えて導き出した解答が、正しいとは限らない。さんざん考え抜いた挙句《あげく》、誤った行動を選んでしまうということは、私たち人間でもよくあることだ。

それでは、知能が正しい判断をするためには、どのようにすれば良いのだろうか。

⑤状況を正しく分析するためには、データが必要である。

たとえば、トンボにとっては同じに見えても、私たちにとって水面とブルーシートはまったく違う。

それでは、水面とブルーシートはどこが違うのだろう。

「表面がキラキラと輝いている」というだけの情報では、トンボと同じように、水面とブルーシートを区別することはできない。

「ブルーシートは青い」と定義してみても、水面が青空を映していれば区別できない。もちろん、触ったり、めくったりすれば、簡単に区別することができる。それは私たちが、「水面はそこに手を入れることができるが、めくることはできない」という情報を持っているからである。

もっとも、触らなくても水面とブルーシートは見た目がまったく違う。しかし、簡単に区別はつくが、どこが違うかと改めて問われてみると、説明することは意外と難しい。

説明することはできないが、違うものは違うのだ。

最近では、⑥人工知能（ＡＩ）の発達がめざましい。ついには、人間に勝つことはありえないと言われた囲碁《いご》や将棋《しょうぎ》の世界でも、人間を打ち負かすほどになってしまった。

それを可能にしたのが、ＡＩの「ディープラーニング」である。

それまでは、人間がＡＩに将棋を教えていた。たとえば、人間が作り出した最高の囲碁や将棋の（　ｈ　）をコンピューターにインプットしていくのである。

（　ｈ　）というのは、それまでの研究によって、「こういう場面では、これが最善手である」と定められた法則のようなものである。しかし、これでは、コンピューターが人間よりも強くなることはない。

現在では、コンピューターは、自分を相手に対局を繰り返していく。コンピューターの計算速度であれば、これまで人類が経験したことのないような数の膨大な対局が可能となる。そして、その経験の中から、その場面の最善手を導くのである。これが「ディープラーニング」である。

膨大な情報量と経験によって、ＡＩは力をｅハッキするようになったのだ。

哺乳動物の知能も同じである。

正しい答えを導くためには、膨大な「情報」が必要となる。そして、その情報を元に成功と失敗を繰り返す「経験」が必要である。

何もインプットされていないコンピューターが、ただの箱であるのと同じように、何の情報も持たない知能は、まったく機能しない。もし、知識も経験もない赤ん坊であれば、ブルーシートの区別ができずに、池に落ちてしまうかもしれない。

私たちが「水面とブルーシートはまったく違う」「説明できないが、違うものは違う」と正しく判断できるのは、じつはこれまでの人生の膨大なデータと経験から導かれている。

知能を正しく使うには、知識と経験が必要である。

そして、その知識と経験を誰よりも持っているのが、私たち哺乳類の年長者なのである。

「知能」は優れた能力だが、それを使いこなすには、それなりの手間を掛けなければならない。

一年に満たないうちに生涯を終えてしまうような昆虫は、知能を使いこなすことができない。そのため、昆虫は生まれてすぐに決められた行動をすることができる「本能」を高度に発達させるほうを選択したのである。

知能を利用するためには「経験」が必要である。

そして、経験とは「成功」と「失敗」を繰り返すことである。

囲碁や将棋のＡＩは、「こうしたから勝った」「こうしたから負けた」という経験を蓄積していく。

⑦

成功と失敗を繰り返して、経験を積み重ねるためには、「失敗しても命に別状はない」という安全がfホショウされなければならないのである。

それでは、哺乳類はどうしているのだろう。

哺乳類は、「親が子どもを育てる」という特徴がある。

そのため、生存に必要な情報は親が教えてくれるのである。

たとえば、何も教わっていないシマウマの赤ちゃんは、どの生き物が危険で、どの生き物が安全かの区別ができない。何も知らない赤ちゃんは、ライオンを恐れるどころか、ライオンに近づいていってしまうこともある。

一方、ライオンの赤ちゃんも、どの生き物が獲物なのかを知らない。そこで、ライオンの親は、子どもに狩りの仕方を教える。ところがライオンの子どもは、親ライオンが練習用に取ってきた小動物と、仲良く遊んでしまうことさえある。教わらなければ何もわからないのだ。

シマウマの赤ちゃんも何も知らない。そのため、ライオンが来れば、シマウマの親は「逃げろ」と促して、走り出す。シマウマの子は訳もわからずに、親の後をついて走るだけだ。しかし、この経験を繰り返すことによって、シマウマの子どもはライオンが危険なものであり、ライオンに追いかけられたら逃げなければならないということを認識するのである。

親の保護があるから、哺乳類の子どもたちはたくさんの経験を積むことができる。

たとえば、哺乳類の子どもたちは、iよく遊ぶ。

キツネやライオンなど肉食動物の子どもたちは、小動物を追いかけ回して遊ぶ。あるいは、兄弟姉妹でjじゃれあったり、けんかしたりする。

こうした遊びは、「狩り」や「戦い」、「交尾」などの練習になっていると言われている。

そして、遊びを通して模擬的な成功と失敗を繰り返し、獲物を捕る方法や、仲間との接し方など、生きるために必要な知恵を学んでいくのである。

夏の間、あんなにうるさく鳴いていたセミたちも、卵を産むと次々に死んでしまう。

あんなに力強く川を遡《さかのぼ》っていたサケたちも、卵を産み、子孫を残すと力尽きて死んでしまう。

多くの生物は、卵を産み落とすと、その生涯を閉じる。新しい世代を残したら、古い世代は去っていくというのが、生物の世界の掟《おきて》なのである。

しかし、哺乳類は違う。

哺乳類は次の世代を産んでも、「子どもを育てる」という大切な仕事が残されている。そのため、哺乳類は子どもを産んでも死ぬことはなく、生き続ける。

そして、子どもを保護しながら、子どもにたくさんの経験と知識を与えなければならないのだ。それが「知能」を選択した哺乳類の戦略である。

こうして、哺乳類は、「子育て」という、少しだけ長い寿命を手に入れたのである。

そういえば、鳥類も子育てをする。卵を産んでも「ひなを育てる」という大切な仕事が残されている。

鳥類や哺乳類が「老いること」ができるのは、子育てをすることと無関係ではないのだ。

（稲垣栄洋『生き物が老いるということ　死と長寿の進化論』）

【問一】 二重傍線部**a**～**f**の漢字と傍線部が同じ漢字のものを、次の各群の**ア**～**エ**のうちからそれぞれ一つずつ選び、その記号をマークしなさい。

a　オトった

ア　タイヤがハレツする。　**イ**　キョウレツな印象を与える。

ウ　日本レットウを横断する。　**エ**　レツアクな環境に育つ。

b　テキゴウ

ア　世界一位にヒッテキする性能。　**イ**　治療のためテンテキを打つ。

ウ　カイテキな暮らしがしたい。　**エ**　問題点をいくつかシテキする。

c　カテイ

ア　旅行のコウテイ表。　**イ**　カイテイに沈んだ船。

ウ　ケッテイ的な証拠。　**エ**　日本テイエン。

d　ヒンド

ア　ヒンプの差が激しい国。　イ　地震がヒンパンに起こる。
ウ　ジョウヒンな仕草。　エ　カイヒンの環境を保全する。

e　ハッキ

ア　楽団のシキをする。　イ　シンキ一転する。
ウ　イッキイチユウする。　エ　一念ホッキする。

f　ホショウ

ア　在学ショウメイ書。　イ　ガラスのベンショウをする。
ウ　ショウガイを乗り越える。　エ　ヒョウショウシキを行う。

【問二】　本文中の（　g　）（　h　）にあてはまる語句を次の各群のア～エのうちからそれぞれ一つずつ選び、その記号をマークしなさい。

（　g　）　ア　単刀直入　イ　用意周到　ウ　臨機応変　エ　縦横無尽
（　h　）　ア　定理　イ　定番　ウ　定説　エ　定石

【問三】　波線部i、jと同じ品詞の単語を次の各群のア～エのうちからそれぞれ一つずつ選び、その記号をマークしなさい。

i　よく遊ぶ

ア　家でおとなしく過ごしなさい。　イ　しばらくおとなしくしよう。
ウ　いますぐ母に会いたくなった。　エ　ここはとても落ち着く場所だ。

j　じゃれあったり

ア　誰に見られても気にしない。　イ　雨が降るどころか雷さえ聞こえてきた。
ウ　しっかり準備していこう。　エ　彼の考えは理解しているつもりだ。

【問四】 傍線部①「それに比べると、私たち哺乳動物はずいぶん面倒である」とはどういうことか。最も適当なものを次の中から選び、その記号をマークしなさい。

ア 昆虫が生存のために必要不可欠な能力を生まれながらにして持ち合わせているのに対して、哺乳動物はその能力を親の能力に依存しなくてはならないということ。

イ 昆虫が生存のために必要不可欠な行動を生まれながらにして取ることができるのに対して、哺乳動物はその能力を身につけるためにはある程度成長する必要があるということ。

ウ 昆虫が生存のために必要不可欠な能力を生まれながらにして持ち合わせているのに対して、哺乳動物は親からの保護がなければ生きていけないということ。

エ 昆虫が生存のために必要不可欠な行動を生まれながらにして取ることができるのに対して、哺乳動物はそれを親から学ぶことで身につけなくてはならないということ。

【問五】 傍線部②「高度に発達した本能は、優れてはいるが欠点もある」とあるが、「高度に発達した本能」の「欠点」について説明したものとして最も適当なものを次の中から選び、その記号をマークしなさい。

ア 生きていくために直接的に必要なことについては正しく行動できるが、生存に関わる間接的なことについてまではプログラムされていないため、生き残る確率が下がる点。

イ 生きていくために直接的に必要な行動については正しく行動できるが、生存に関連しないことについてはプログラムされていないため、高度な知性を持つことには期待ができない点。

ウ あらかじめ植え付けられた行動規範に従って行動するため、適応できるのは限定された環境においてのみであり、不測の事態に対応して行動を修正することができない点。

エ あらかじめ植え付けられた行動規範に従って行動するため、適応できるのは冷静な判断が働く場面においてのみであり、切迫した事態においては対応ができなくなる点。

4 右の図のように，AB＝6，BC＝8，CA＝9 の△ABC がある。
∠B の二等分線と辺 AC の交点を D とする。また，頂点 A から線分 BD と垂直になるようにひいた線分と辺 BC の交点を E，線分 BD との交点を F とする。さらに，辺 AC の中点を P，線分 AE と線分 BP の交点を Q とする。このとき，［ア］～［ケ］にあてはまる適切な数字をマークしなさい。

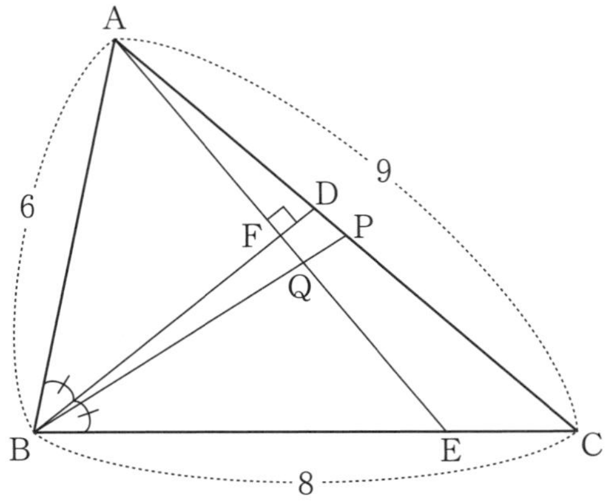

(1) 線分 FP の長さは［ア］である。

(2) 線分 DP の長さは $\frac{\boxed{イ}}{\boxed{ウエ}}$ である。

(3) PQ：PB の比は［オ］：［カ］である。

(4) △DPQ と△ABC の面積比は［キ］：［クケ］である。

[3] 右の図のように，関数 $y=\frac{1}{4}x^2$ のグラフ上に x 座標が4である点Aがあり，点Aと y 座標が同じで x 座標が -2 である点Bがある。
このとき，[ア]～[カ]にあてはまる適切な数字または符号をマークしなさい。

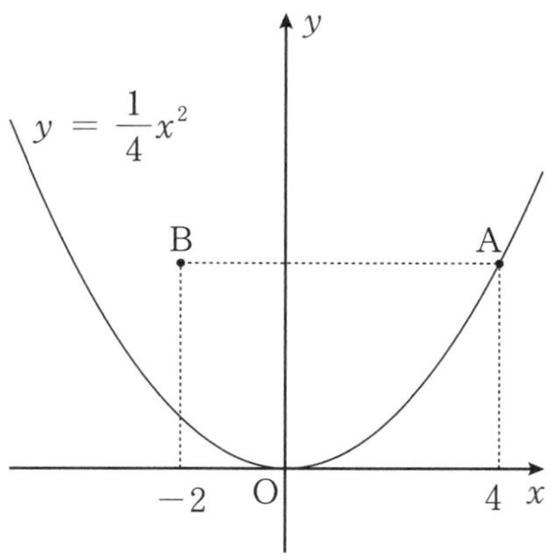

(1) 点Pを，関数 $y=\frac{1}{4}x^2$ のグラフ上を動く点とする。
△PABの面積が15となる点Pは[ア]個あり，そのときの x 座標のうち，もっとも小さいものは[イウ]である。

(2) 点Qを，x 軸上を動く点とする。
△QABが二等辺三角形となる点Qは[エ]個あり，そのときの△QABの面積は[オカ]である。

2 右の図のように，AD＝6，BC＝15 で AD∥BC の台形 ABCD がある。
AD の中点を M とし，辺 BC 上に MC∥AE となる点 E と，MB∥DF となる点 F をそれぞれとる。AE と MB，DF との交点をそれぞれ G，H とするとき，[ア]～[キ]にあてはまる適切な数字をマークしなさい。

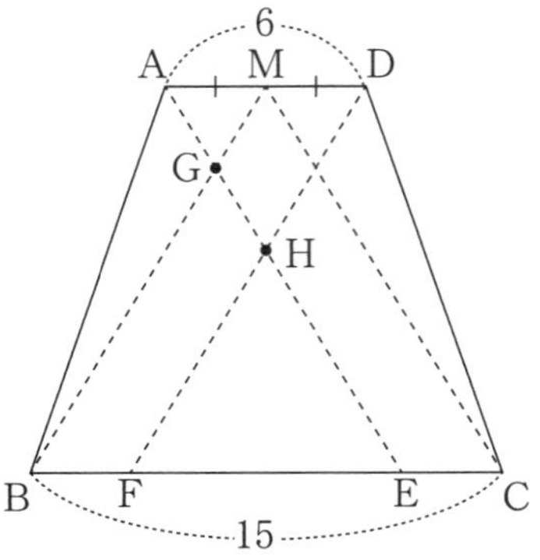

(1) △ABG と△AHD の面積比は[ア]：[イ]である。

(2) △ABG と四角形 DHEC の面積比は[ウ]：[エオ]である。

(3) 台形 ABCD の面積は△AGM の面積の[カキ]倍である。

7．(　　) do you think of today's movie?　I think this is the best movie (　　).

ア．What,　I have ever seen

イ．What,　that I never see

ウ．How,　I saw ever

エ．How,　which I have ever seen

8．(　　).　Could you call the police (　　)?

ア．I was stolen my wallet,　for me

イ．I was stolen my wallet,　to me

ウ．My wallet was stolen,　for me

エ．My wallet was stolen,　to me

9．I want to show Emily (　　) to use the new computer, but I don't know (　　) tomorrow.

ア．when,　when will Emily come

イ．when,　when Emily comes

ウ．how,　when Emily will come

エ．how,　when does Emily come

10. Let's start early in the morning, (　　)?　It's (　　) start in the afternoon.

ア．should I,　so hot that we can't

イ．should we,　so hot that we can

ウ．shall we,　too hot to

エ．shall I,　too hot to

VI. Choose the best answer.

1．(　　) almost fifty years (　　) the end of the war.
ア．There is,　in
イ．It has been,　since
ウ．There have been,　for
エ．It passed,　when

2．You are tired, (　　)? (　　) I help carry your bag?
ア．are you,　Will
イ．don't you,　Do
ウ．will you,　May
エ．aren't you,　Shall

3．Have you finished (　　) the book? I (　　) help me with my homework.
ア．reading,　want you to
イ．reading,　am looking forward to
ウ．to read,　will be able to
エ．read,　want

4．You (　　) sad, what (　　) you?
ア．see,　is wrong with
イ．look,　happened to
ウ．hear,　is the matter
エ．sound,　is the problem of

5．Where (　　)? I (　　) you.
ア．are you,　am looking at
イ．have you been,　have been looking for
ウ．was you,　looked for
エ．did you went,　miss

6．Yesterday, I asked my father (　　) some roses for my mother's birthday. The gift (　　) her happy.
ア．buy,　let
イ．to buy,　will make
ウ．to buy,　have
エ．buying,　makes

V．次の１～５の日本語の意味に合うよう（　　）内の語（句）を並びかえたとき，（　　）内で５番目に来る語（句）をア～エから１つ選び，記号で答えなさい。ただし，文頭に来る語も小文字で示してあり，不要な語も１語含まれています。

１．彼はなんてかわいい赤ちゃんなんだ。
(baby / a / he / what / how / is / cute)!
ア．cute　　イ．a　　ウ．he　　エ．is

２．マイクは私に誕生日プレゼントとして指輪を送りました。
(a ring / a birthday present / gave / Mike / as / me / for).
ア．me　　イ．as　　ウ．for　　エ．a ring

３．彼女の料理は母と同じくらい美味しい。
(my mother / as good / is / as / her cooking / my mother's).
ア．as good　　イ．my mother　　ウ．my mother's　　エ．her cooking

４．武田先生にかわっていただけますか。
(I / to / change / speak / Mr. Takeda / can) please?
ア．Mr. Takeda　　イ．to　　ウ．speak　　エ．change

５．これらの本はポルトガル語で書かれています。
(Portuguese / by / these / written / in / are / books).
ア．by　　イ．written　　ウ．in　　エ．Portuguese

1．What does the underlined part① mean?

ア．You must not eat food after the date on the box.

イ．People should store food for a long time before they eat it.

ウ．We can only guess if something is safe to drink when we use it.

エ．We will see that a food is good to eat if we look at it and touch it.

2．What do we use a refrigerator, or fridge, for?

ア．To keep food and drinks cold or cool.

イ．To make cold food hot or warm.

ウ．To make fruit like bananas fresh.

エ．To store vegetables like tomatoes.

3．What words go in the blank (　　　)?

ア．nice to drink

イ．safe to eat

ウ．easy to sell

エ．hard to throw away

4．How much of the food that people buy do they actually eat?

ア．About 18%.

イ．Around 30%.

ウ．More than 50%.

エ．Over 80%.

5．How does Nami feel about Sanji?

ア．She is happy that he is cleaning the trash can in the kitchen.

イ．She is worried that he doesn't have enough food to eat every day.

ウ．She feels annoyed with him because he is careless about money and food.

エ．She thinks his cooking skills are impressive.

Ⅳ. Read the passage below and answer the questions.

NAMI: Stop! Don't throw that away!

SANJI: What do you mean, Nami? Look at the date on the top, it says 'Best Before January 11th'.

NAMI: Sure, but you don't need to look at that. Give it to me, I'll drink it.

SANJI: Really? OK, here you are.

NAMI: You know, most food is fine for longer than the 'Best Before' date, if you store it the right way. Use your common sense, and ①use your senses — your eyes, hands, nose, and mouth — to check that something is still fine to eat or drink.

SANJI: Yes, but look at these bananas, they're dark brown, and soft.

NAMI: Well, you like cake, don't you? We can make some cake or pancakes.

SANJI: I do like banana bread.

NAMI: Show me the trash can. What else have you thrown out?

SANJI: These mushrooms. Look how wet they are.

NAMI: I'm not surprised. Did you keep them in this plastic bag? You should keep mushrooms in a paper bag. The paper takes in water and keeps mushrooms and other vegetables fresh for longer.

SANJI: Oh, I didn't know that.

NAMI: And these tomatoes... You just went to the supermarket! Why are they so soft?

SANJI: I don't know. I put them in the refrigerator to keep them cool as soon as I got home.

NAMI: That was a mistake. You shouldn't store tomatoes in the fridge.

SANJI: But I thought it's better to store fresh fruit and vegetables in a cold place like the fridge?

NAMI: Usually, sure. The fridge will keep carrots, cabbage, beans, and other hard vegetables cool and fresh, but don't put vegetables with a lot of water content in the refrigerator.

SANJI: Oh, I see...

NAMI: Never mind, I can make a pasta sauce with the tomatoes and mushrooms. Hey! Why did you leave the pasta box open? Keep opened food closed, or put the food into a glass jar. If you don't, insects and dust will get into it.

SANJI: Oh, I didn't think-

NAMI: Well, start thinking! The world has a terrible food waste problem. 18% of the food we buy is wasted, even though over 50% is still edible — that means it's still fine and (　　　　). About 30% of an average family's trash is food waste. It's bad for your pocket, too.

SANJI: What do you mean?

NAMI: Don't throw away expensive food. You have to start being more careful with your money, with your food, and with the world.

1．According to the passage, why did the drivers show ①the “thumbs down” sign?

ア．Because they really wanted to see tofu.

イ．Because they really did not want to miss tofu.

ウ．Because they really loved tofu very much.

エ．Because they really did not like tofu.

2．What is ②this fresh new idea?

ア．Running in the L.A. Marathon wearing a costume of a block of tofu.

イ．Seeing a woman who was buying tofu at stores in the United States.

ウ．Mixing tofu and fruit together to make a drink that is good for your health.

エ．Sending some of the new products to the White House.

3．What does ③“And tofu takes 10!” mean?

ア．Kumoda has been making tofu in the United States for more than 10 years.

イ．Tofu became popular in the United States 10 years after it started to be sold there.

ウ．10 people must work in the factory to make a piece of tofu.

エ．Kumoda needed 10 years to succeed in making a piece of tofu.

4．Choose the true sentence according to the passage.

ア．When Kumoda tried to sell tofu in the United States, most people did not like it for several reasons.

イ．Rocky Aoki liked Kumoda’s idea very much and served tofu dishes at his restaurant.

ウ．Hillary Clinton talked about tofu as a healthy food for people in the United States.

エ．Finally, Kumoda succeeded in his business because of the long support of his company.

5．Which is the best title for this article?

ア．Mr. Tofu

イ．Rocky Aoki

ウ．TOFU NO1

エ．Morinaga Tofu

(18) 下線部Wの遺物と下線部Xの時期の天皇の組み合わせとして正しいものを、次の①〜④のうちから１つ選んで、その記号をマークしなさい。

遺物１

遺物２

①W－遺物１　X－推古天皇　②W－遺物１　X－天武天皇
③W－遺物２　X－推古天皇　④W－遺物２　X－天武天皇

(17) 下線部Ｖを含む次の【地図】の説明Ⅰ・Ⅱを読み、正誤の組み合わせとして正しいものを、あとの①～④のうちから１つ選んで、その記号をマークしなさい。

【地図】

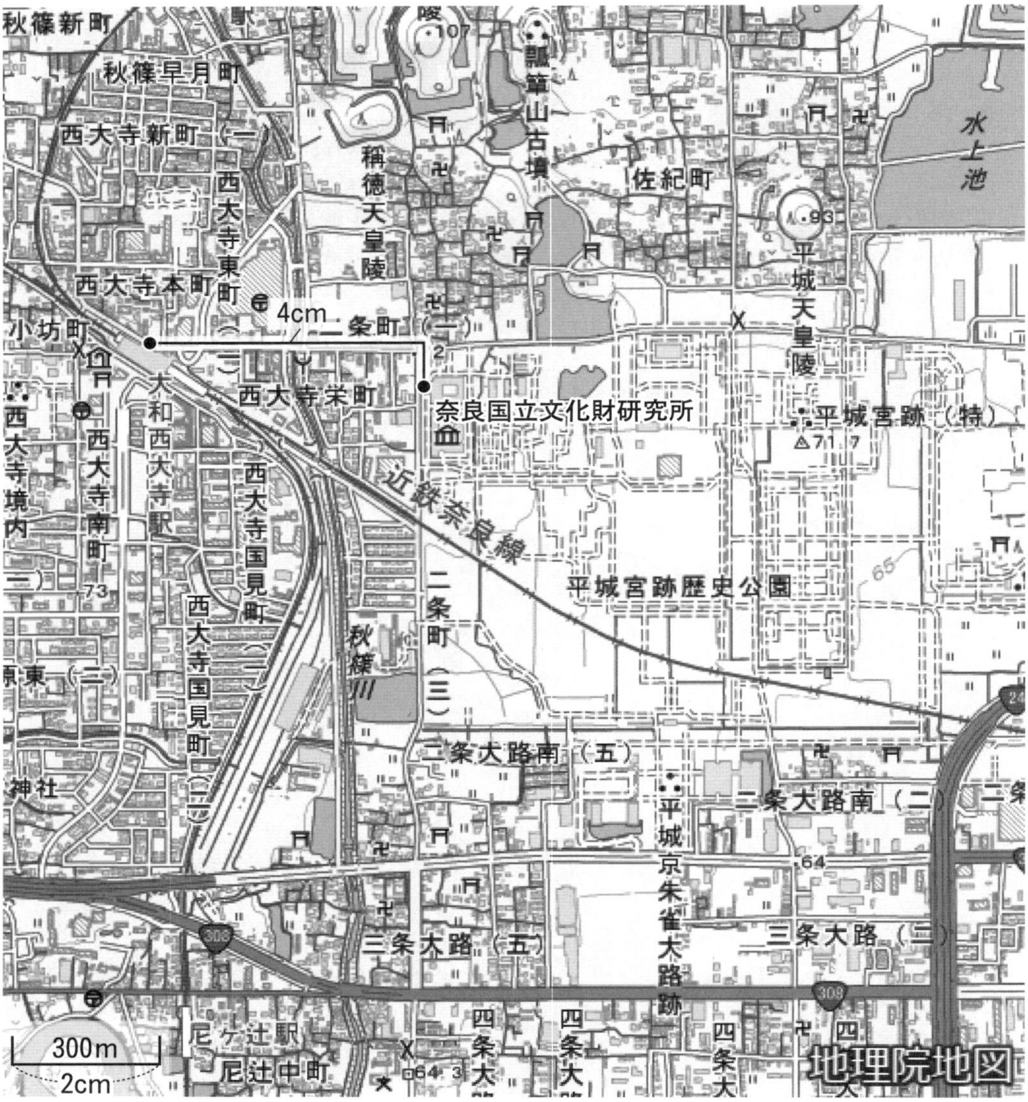

Ⅰ．この地図は、大和西大寺駅から600m の奈良国立文化財研究所までを 4cm であらわしているので、縮尺は１万５千分の１である。その研究所のある平城宮跡の一部は田地として利用されている。

Ⅱ．南から北に向かって流れている秋篠川はあるが、大きな河川や湖がないため、ため池が多い。地図中にみえる古墳もため池としての機能をもっている。

①Ⅰ－正　Ⅱ－正　　②Ⅰ－正　Ⅱ－誤　　③Ⅰ－誤　Ⅱ－正　　④Ⅰ－誤　Ⅱ－誤

D先生：その崩壊がはっきり目の前に突き付けられたのはコロナ禍によってでした。山田昌弘（『新型格差社会』朝日新書、2021年）は、コロナ禍によって、①これまで隠され、人々が見ようとしなかった格差の現実がはっきり見えるようになった、②コロナ禍以前の社会には戻れないという予感が広がっている、と言います。

司会者：コロナで就職難に陥った世代を、第2の就職氷河期世代と言う人もいます。世代間格差は、どこまでが生年世代の影響かはっきりしないため、対策が難しい問題です。

今回は、新型コロナを入り口にグローバリゼーションから格差社会についてみなさんと議論してきましたが、格差の要因ともなっている少子高齢化や地方の問題など、論じなければならない問題は他にもあります。次回までの課題にしたいと思います。みなさん、本日はありがとうございました。（拍手）

（15）空欄S□＊と空欄T□＊にあてはまる漢字を、次の①～⑥のうちから2つ選んで、その記号をマークしなさい。

〔解答例〕空欄の□には漢字1字が入ります。空欄M□□＊□□に愛工大名電が入る場合は、＊にあてはまる「大」の字を選択肢から選んでください。

①産　②等　③政　④結　⑤願　⑥存

（16）下線部Uの経済（Economy）・教育（Education）・政治（Politics）・健康（Health）4分野の男女格差指数をレーダーチャート（世界経済フォーラム2023年レポートより）であらわした次の①～④のうちから、日本のものを1つ選んで、その記号をマークしなさい。なお、0が完全不平等、1が完全平等を示しています。

①

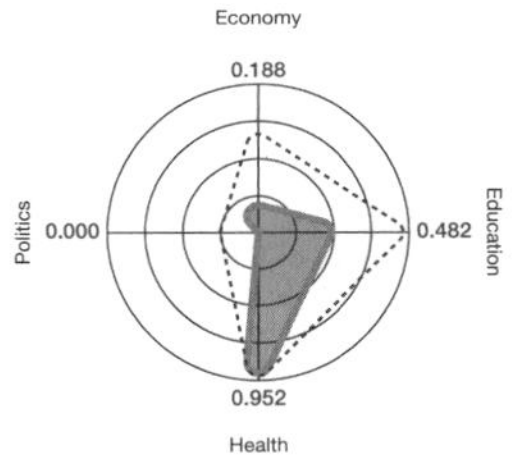

②

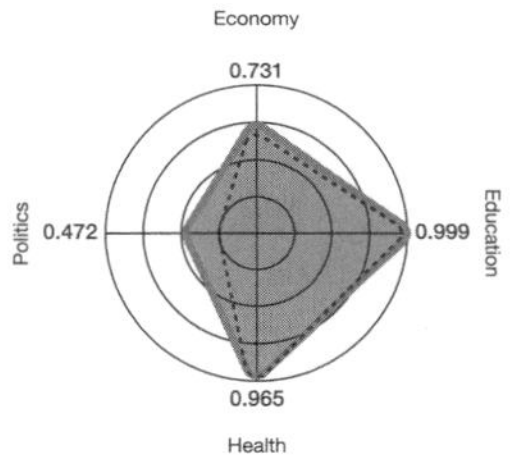

③

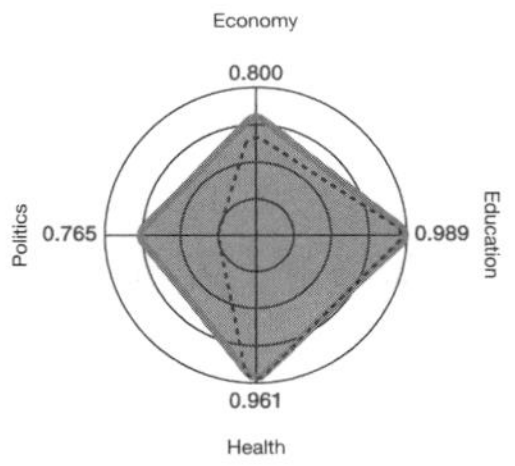

④

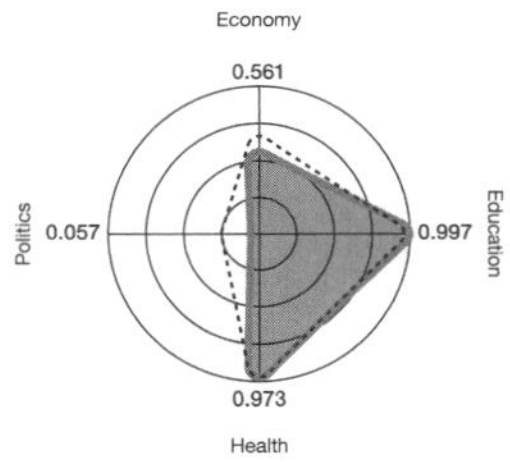

格差は広がっている

司会者：今「自己責任論」というワードが出ました。各種データを見ると、各層で自己責任論の割合が高くなっています。ですが、貧困などは本当に当事者だけの責任、努力不足と言い切れるのでしょうか。

A先生：コロナ禍は「自己責任論」の限界を明らかに越えており、貧困や格差が自己責任ではどうにもならないことを示しました。構造的な問題を個人で解決するのは無理があります。

また、格差拡大は、日本国憲法の第14条**S**□[*]権、第25条**T**□[*]権、第26条教育を受ける権利を脅かすものです。

司会者：たしかに経済をはじめ各格差が無くなることはないでしょう。しかし、その要因が固定化した本人の意思では変えようのない、学歴・性別・生年世代によるものだとしたら、A先生がおっしゃるように、国家レベルでその格差が緩和するような対応が必要だと思います。現時点では、お金の格差が政策に結び付きやすく扱いやすいため、そちらに格差問題が偏っているようにみえます。

C先生：学歴で言えば、学歴格差が不平等の主な元凶だと吉川徹『日本の分断』(光文社新書、2018年)が主張しています。格差現象の正体はすべて「大卒学歴の所有／非所有」の差で、さらには学歴の世代間の継承が繰り返され、不平等が固定した社会(分断社会)になっていると言っています。

A先生：**U**男女の格差も、ジェンダー指数を見てわかるように、日本では解消されているとは言い難い状況です。私自身も女性というだけで嫌な思いをした経験がたくさんあります。

生年世代での格差は30代の私にはあまりピンとこないんですが、先生方いかがですか？

司会者：B先生とC先生、私たちの世代(1970～84年生まれ)を就職氷河期世代、もしくはロスジェネ世代と呼んでいます。この世代は正規社員として就職ができず、いまだに非正規雇用のまま過ごしている人も多いそうです。私の大学時代には、30社以上採用試験に落ちた人もいました。新卒採用が主な日本では再スタートすることが困難で、社会から取り残された世代とも言われ、政府も国家公務員に積極的に採用するなど、対策をしています。2008年に秋葉原で通り魔事件をおこした犯人(1982年生)、2019年京都アニメーション放火事件の犯人(1978年生)、この世代の鬱屈した精神状態を表現したかのような事件もおきています。事件の背景は異なるかもしれませんが、2022年に大和**V**西大寺駅前で起きた安倍晋三元首相銃撃事件の犯人(1980年生)も同じ世代です。

生　徒：そもそも格差っていつからあるんですか？日本史探究の授業では貧富の差が稲作が伝わって富の蓄積が可能になった**W**弥生時代からと習ったのですが、そのあたりでしょうか？

C先生：難しい質問ですね。私もクニとクニの間の富の差があったと教えました。富の格差という意味でしたらその理解でもいいと思います。所得・資産面での富裕層と貧困層の両極化と、世代を超えた階層の固定化された格差社会という意味でしたら、やはり中国化する**X**律令制導入あたりからでしょうか。

ですが、時々流動化しますよね？室町時代末期の戦乱期なんかは、かなり階層が流動的です。江戸期になると再び固定化されてしまいますが。幕末もガラガラポンが起きた時期で、明治に入って近代化し、大正・昭和になるにつれて財閥・地主と労働者・小作人などの格差がより顕著になってきます。それも、太平洋戦争の敗戦、そしてGHQの統治によって財閥・農地解体がすすみ、格差は縮小していきました。いわゆる「一億総中流社会」のはじまりです。

(13) 空欄Ｐにあてはまる文章を、次の【データ 6】【データ 7】(大竹文雄「所得格差は拡大したのか」『学術の動向』11－9、2006 年より引用）をみて、あとの①～④のうちから１つ選んで、その記号をマークしなさい。

【データ 6】
世帯主年齢階級別所得不平等度

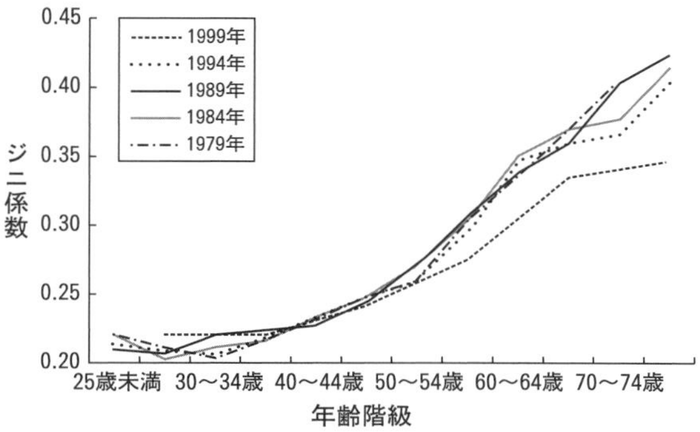

【データ 7】
世帯主の年齢階級分布

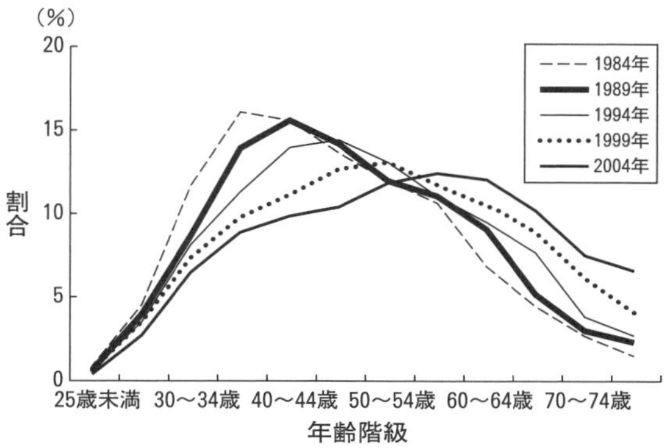

①【データ 6】をみると、競争の結果が出てくる 40 歳以上で、全年を通して年齢階級内の所得格差が小さくなっている。また、その 40 歳以上人口の比率が【データ 7】をみると年が経つにつれて増加している。これらのことから、所得格差の拡大は高齢化で説明ができる、と指摘しています。

②【データ 6】をみると、競争の結果が出てくる 40 歳以上で、全年を通して年齢階級内の所得格差が小さくなっている。また、その 40 歳以上人口の比率が【データ 7】をみると年が経つにつれて減少している。これらのことから、所得格差の拡大は少子化で説明ができる、と指摘しています。

③【データ 6】をみると、競争の結果が出てくる 40 歳以上で、全年を通して年齢階級内の所得格差が大きくなっている。また、その 40 歳以上人口の比率が【データ 7】をみると年が経つにつれて増加している。これらのことから、所得格差の拡大は高齢化で説明ができる、と指摘しています。

④【データ 6】をみると、競争の結果が出てくる 40 歳以上で、全年を通して年齢階級内の所得格差が大きくなっている。また、その 40 歳以上人口の比率が【データ 7】をみると年が経つにつれて減少している。これらのことから、所得格差の拡大は少子化で説明ができる、と指摘しています。

(14) 空欄Ｑ・Ｒにあてはまる語句の組み合わせとして正しいものを、次の①～④のうちから１つ選んで、その記号をマークしなさい。

①Ｑ－織田信長の楽市令　　Ｒ－官営工場を民間に払い下げたこと
②Ｑ－織田信長の楽市令　　Ｒ－官営工場を設立したこと
③Ｑ－豊臣秀吉の刀狩令　　Ｒ－官営工場を民間に払い下げたこと
④Ｑ－豊臣秀吉の刀狩令　　Ｒ－官営工場を設立したこと

生　徒：そもそも、本当に格差は悪いものなんでしょうか？だって、なんでも平等っておかしいですよね？資本主義である以上、ある程度の格差は仕方ないと思うんですが。（拍手）。先生方はどう思われますか？

C先生：今の生徒はリアリストですね・・・（笑）。識者のなかには、もともと日本は格差社会だったと言う人もいます。小泉政権で規制改革などの旗振り役をした竹中平蔵です。もともと日本はものすごく競争をしてきたと。市場経済の原点のような戦国期の Q 、明治期の R などにあらわれていて、大正期の第一次世界大戦ごろなんかは列強のなかで最も所得格差が大きかったと指摘しています（「格差批判に答える」『文芸春秋』、2006年5月号。内容は若干改変）。

D先生：先ほどの生徒の質問に私なりに答えると、程度の問題だと思います。性別や世代などのどうしようもできない差による不平等はできるだけ解消した方がいいでしょう。そもそも、「格差」という言葉が何でも放り込めるマジックワードなんですね・・・。所得格差・地域格差・世代間格差・教育格差・女女格差・老老格差、だけなく、子供格差、格差世襲、格差婚などなど。格差バブルとも言える状況にあります。

司会者：たしかに、「格差」ってなんかぼんやりしてますね・・・。国語科のB先生どうですか？

B先生：（笑）。そうですね・・・。D先生がおっしゃった通り、差・差異・異質という方がふさわしいものも「格差」と言ってしまうところに問題があると思います。そこでのポイントは「格」という言葉です。「格」とは、容易に越えることができない目に見えない境界による上下関係をあらわします。なかでも日本人は「格式」を潜在的に大切にしており、段級制度、家族制度（2世・3世への関心）にあらわれています。今後は「格差」という言葉をもう少し限定して使う必要があるでしょうね。

A先生：「何もかも平等にするのはおかしい」という点に関してコメントすれば、私もなにもかも無差別に平等にする「悪平等論」はダメだと思います。ですが、自分の行動がもたらした結果はすべて自分の責任という「自己責任論」も極端すぎです。やはり程度ですね。

(10) 【データ 1】・【データ 2】・【データ 3】の説明として正しいものを、次の①～④のうちから1つ選んで、その記号をマークしなさい。

①当初所得ジニ係数と相対的貧困率はともに一度も下がることなく上昇し続けている。

②当初所得ジニ係数は 2000 年代に入って以降、急激に上昇し続けている。

③相対的貧困率と子どもの貧困率の推移にはまったく関連性はない。

④日本の場合、格差社会は GDP 成長率に影響を与えていない。

(11) 下線部Ｌ・Ｍの時期の出来事の組み合わせとして正しいものを、次の①～④のうちから１つ選んで、その記号をマークしなさい。

①Ｌ－日本国憲法を施行　　Ｍ－第 18 回オリンピック競技会(東京オリンピック)を開催

②Ｌ－日本国憲法を施行　　Ｍ－日本万国博覧会(大阪万博)を開催

③Ｌ－日中共同声明に調印　　Ｍ－第 18 回オリンピック競技会(東京オリンピック)を開催

④Ｌ－日中共同声明に調印　　Ｍ－日本万国博覧会(大阪万博)を開催

(12) 空欄Ｎにあてはまる語句を【データ 4】から選び、空欄Ｏにあてはまる語句を【データ 5】から読み取り、その組み合わせとして正しいものを、あとの①～④のうちから１つ選んで、その記号をマークしなさい。

【データ 4】

正規・非正規の職員・従業員の割合の変化

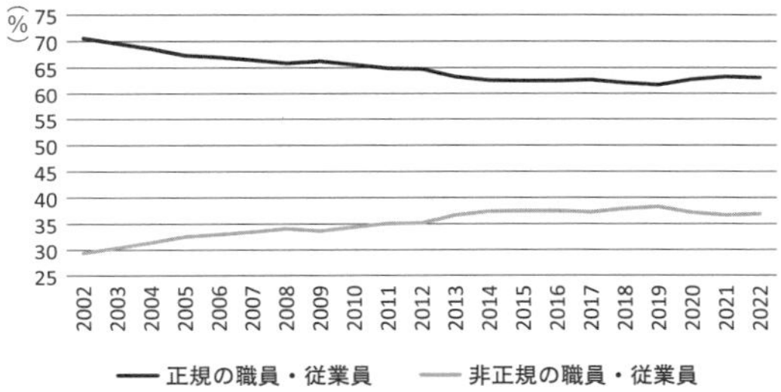

(総務省「労働力調査 2022 年」のデータを参照)

【データ 5】

格差拡大を肯定・容認する人の比率

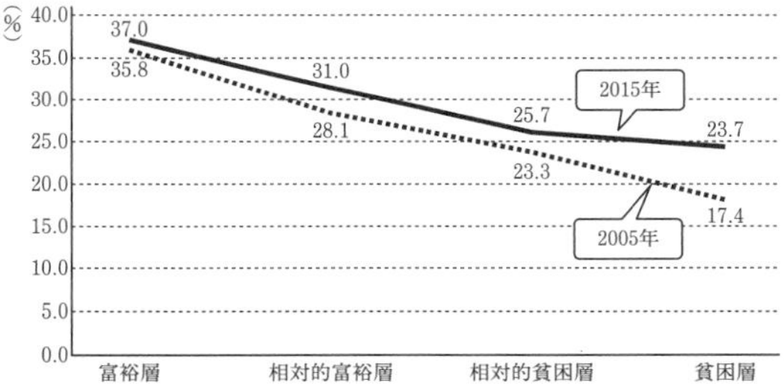

(橋本健二『新・日本の階級社会』より引用)

①Ｎ－正規の職員・従業員　　Ｏ－増えて

②Ｎ－正規の職員・従業員　　Ｏ－減って

③Ｎ－非正規の職員・従業員　　Ｏ－増えて

④Ｎ－非正規の職員・従業員　　Ｏ－減って

格差社会は本当にあるのか

司会者：これまでの話を振り返ると、格差社会の存在はおおむね認められていそうですね。反対の意見はないのでしょうか。

Ｄ先生：大竹文雄(『学術の動向』11－9、2006 年)は、［ Ｐ ］。

Ａ先生：最近ユーチューブなどでよく目にするイエール大学の成田悠輔は、2・30 年新たな産業が勃興していない日本では富が生まれておらず、分配するパイがないのに格差が拡大しようがないと言っていて、格差社会というよりは「一億総貧困社会」になっているとみています。アメリカのように、GAFA などが富を生み、その富が資本家・投資家に集中している社会が格差社会だと言うのです。

C先生：これらのデータを見ると、経済的な格差の拡大がはっきりとみてとれます。1980年半頃は一億総「中流」として隠すことができたものが隠しきれなくなっているようです。さらに、「パラサイトシングル」「婚活」を広めた山田昌弘は『希望格差』（筑摩書房、2004年）で、社会が「希望をもてる人（努力が報われる人）」と「希望をもてない人（報われない人）」に分断されているとみています。

今では、希望のもてない社会な上に、さらに「夢を持て」「夢はかなう」と夢を強制されていて、状況はさらに悪化しているように思います。それを「ドリームハラスメント」と言ったりします。

B先生：希望格差ですか・・・。学生の頃に読んだ村上龍『希望の国のエクソダス』（文芸春秋、2000年）が中学生ポンちゃんに国会の予算委員会の演説で語らせた、「この国には何でもある。本当にいろいろなものがあります。だが、希望だけがない」「でも歴史的に考えてみると、それは当たり前だし、戦争のあとの廃墟の時代のように、**L希望だけがあるという時代**よりはましだと思います。・・・（中略）・・・生きていくために必要なものがとりあえずすべてそろっていて、それで希望だけがない、という国で、希望だけしかなかった頃とほとんど変わらない教育を受けているという事実をどう考えればいいのだろうか、よほどのバカでない限り、中学生でそういうことを考えない人間はいなかったと思います。」を思い出します。今思えば極めて示唆的な小説でしたね。

D先生：それで言えば、村上の『希望の国のエクソダス』の**M30年も前**に、三島由紀夫が「私はこれからの日本に大して希望をつなぐことができない。（中略）日本はなくなって、その代わりに、無機的な、からっぽな、ニュートラルな、中間色の、富裕な、抜目がない、或る経済的大国が極東の一角に残るのであろう。」（「果たし得ていない約束」サンケイ新聞夕刊、1970年7月7日付）とその後の日本を予見しています。どちらがエライというわけではないですが。

C先生：努力が報われないと、人生への意欲が低い人（コミュ力・生活力・働く意欲・学ぶ意欲・消費意欲が低い＝下流）が増えて、社会を停滞させます。それを三浦展は『下流社会』（光文社新書、2005年）と表現しました。

B先生：少し前に大学受験の現代文にもよく取り上げられた内田樹『下流志向』（講談社、2007年）も下流化を嘆いてベストセラーになりました。

A先生：内田さんの場合は、「今の若いやつは」的なオジサンをターゲットにしていて商売上手ですよね。

C先生：下流の中心は［ N ］です。この下流化が進んだのは、ここ15年の成果主義＝「結果不平等」型の成果配分によるもので、さらに問題なのは、その格差の拡大はしかたがないと考える人が［ O ］いることです。頑張っても頑張らなくても同じ「結果悪平等」社会ではなく、頑張らない人が報われることがない自己責任社会を選択しはじめているのです。

司会者：ここで生徒のみなさんに聞いてみたいんですが、頑張る人が報われ、頑張らない人は報われない社会に賛成の人は挙手してください。（大半が挙手）。

これが今の人たちの意識ということですね。

生　徒：サボってる人が得をすることに腹が立ちます。例えば、ニートの人と家庭を犠牲にして一生懸命働いている人の差があんまり無いっておかしいですよね？

（9）空欄Ｋにあてはまる国を、次のグラフ中の①～⑥のうちから１つ選んで、その記号をマークしなさい。

グレート・ギャッビー・カーブ（2013年）

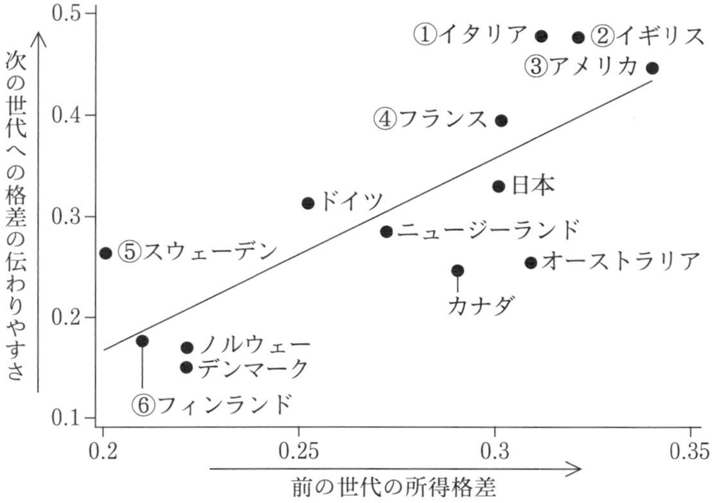

※横軸はジニ係数、縦軸はβ（親の所得が高いと子どもの所得も高くなり、親の所得が低いと子どもの所得も低くなるという相関の強さ）。

（橘木俊詔・参鍋篤司『世襲格差社会』中公新書、2016年より引用）

希望のない日常

司会者：ここで、格差を示すデータを見ておきましょう。

【データ１】

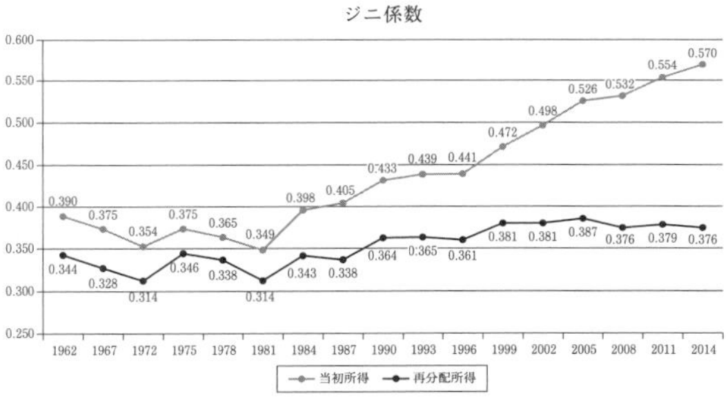

（厚生労働省「所得再分配調査」より）

【データ２】

（厚生労働省「2019年国民生活基礎調査」より）

【データ３】

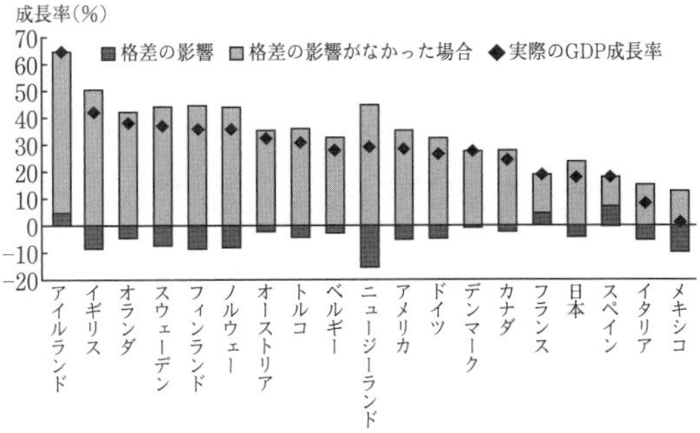

（橘木俊詔『新しい幸福論』岩波新書、2016年、より）

化、大きな物語の喪失が進んだ時期です。

A先生：その状況は2000年代に入ってさらに悪化します。小泉政権の新自由主義による構造改革路線－いわゆる「聖域なき構造改革」－によって、官から民へ、中央から地方への動きが加速し、なによりも非正規雇用が常態化していきます。私の友人にも派遣社員として働く人がいますが、気楽に働けても将来的には不安だ、と話していました。

司会者：「格差社会」が本格的に論じられるようになったのは、所得分析から格差を指摘した橘木俊詔の『日本の経済格差』（岩波新書、1998年）が出版されてからです。くわえて、佐藤俊樹『不平等社会日本』（中公新書、2000年）、苅谷剛彦『階層化日本と教育危機』（有信堂、2001年）が火付け役となり、「一億総中流」とみられてきた日本の中流崩壊をめぐる「中流崩壊論争」、2004年ごろからは本格的に格差社会をめぐる論争がはじまりました。

　また、橘木は格差が世代間で継承される世襲格差が悪循環を生むと指摘しました（『世襲格差社会』中公新書、2016年）。その世襲格差は［ K ］がもっとも高くなっています。

D先生：よく言われた「［ K ］の夢」は過去の話だったんですね。

（8）空欄Jにあてはまるデータとしてふさわしくないものを、次の①～④のうちから１つ選んで、その記号をマークしなさい。

①自殺者数の推移

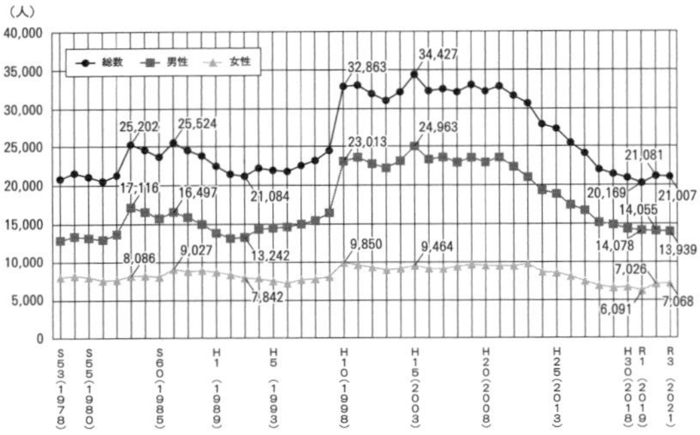

（厚生労働省「令和４年版自殺対策白書」より）

②交通事故死者数の推移

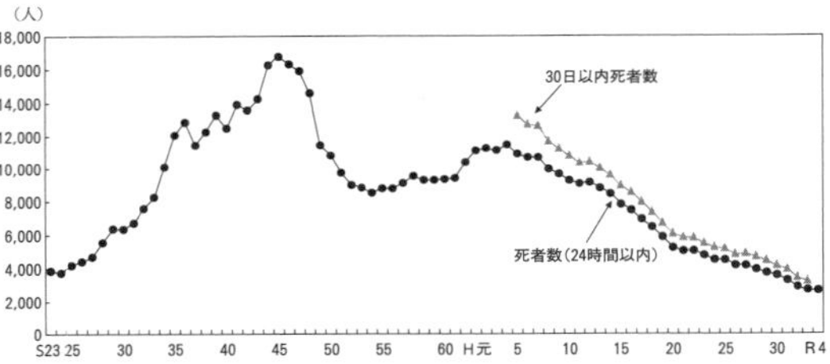

（警察庁「令和４年中の交通事故死者数について」より）

③少年による刑法犯 検挙人員・人口比の推移

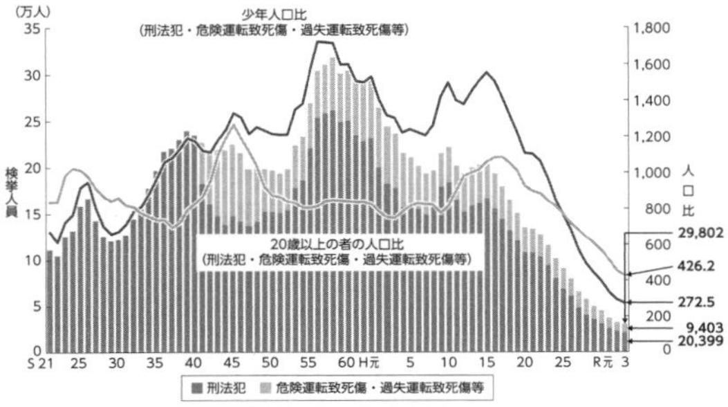

（法務省「令和４年犯罪白書」より）

④不登校児童生徒数の推移

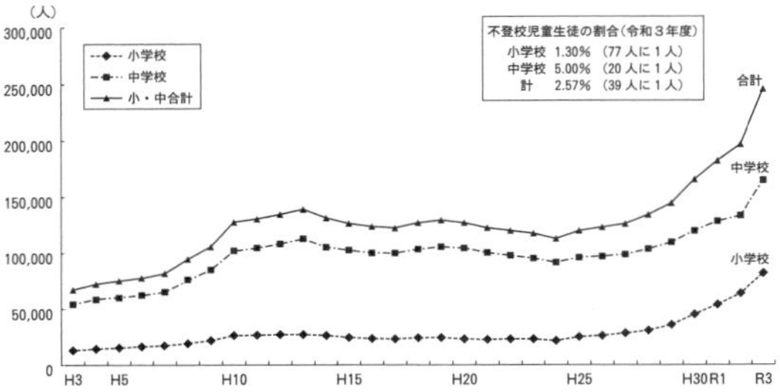

（文部科学省「令和３年度児童生徒の問題行動・不登校等生徒指導上の諸課題に関する調査」より）

と宇野は指摘しています。

D先生：今の先生方の話に今一つ重要な視点を付け加えると、グローバリゼーションは世界的な格差を拡大させる要因になっている、という点です。

『21 世紀の資本』で有名なフランスの経済学者トマ・ピケティの世界不平等研究所がまとめた「世界不平等レポート 2022」によると、トップ 1%の富裕層が世界の富の約 38%、上位 10%だと約 76%の富を所有していて、下位 50%は全体の約 2%の富を所有するにすぎません。コロナ禍で富裕層にさらに富が集中しています。

（2）下線部B・Cの国と同じ政治形態（大統領制・議院内閣制など）の国との組み合わせとして正しいものを、次の①～④のうちから1つ選んで、その記号をマークしなさい。

①［イギリス］－スペイン　［アメリカ］－ブラジル
②［イギリス］－スペイン　［アメリカ］－スウェーデン
③［イギリス］－韓　国　［アメリカ］－ブラジル
④［イギリス］－韓　国　［アメリカ］－スウェーデン

（3）下線部DとEの時期に日本でおきた出来事の組み合わせとして正しいものを、次の①～④のうちから1つ選んで、その記号をマークしなさい。

①D－紫式部が『源氏物語』をあらわした　E－後醍醐天皇による天皇親政が行われた
②D－紫式部が『源氏物語』をあらわした　E－豊臣秀吉が2度の朝鮮出兵を行った
③D－日蓮が法華宗（日蓮宗）を開いた　E－後醍醐天皇による天皇親政が行われた
④D－日蓮が法華宗（日蓮宗）を開いた　E－豊臣秀吉が2度の朝鮮出兵を行った

（4）括弧Fにあてはまる語句を、括弧内の①～④のうちから1つ選んで、その記号をマークしなさい。

（5）下線部Gに関連して、ロンドン・ヒースロー空港を 14：10 に出発し、西経 120°のバンクーバー国際空港に 15：45 に到着した場合の所要時間を、次の①～④のうちから1つ選んで、その記号をマークしなさい。

①1時間 35 分　②6時間 25 分　③8時間　④9時間 35 分

（6）括弧Hにあてはまる語句を、括弧内の①～④のうちから1つ選んで、その記号をマークしなさい。

（7）空欄Ｉにあてはまる語句を、次の①～④のうちから1つ選んで、その記号をマークしなさい。

①共産主義　②資本主義　③専制主義　④民主主義

【格差社会】

格差社会論争のはじまり

司会者：今D先生から、グローバリゼーションによって「格差」が拡大した、という話がでました。日本では、いつ頃からはっきり「格差」が意識されたのでしょうか。

B先生：「格差社会」という造語が新しい階層社会を表現して意図的に使われ出したのは、1988 年 11 月 19 日付『朝日新聞』社説「『格差社会』でいいのか」で、このあたりからだと思います。

C先生：私が教員になったばかりの 1998 年（平成 10 年）を境として、日本が別の国になったと言われていて（山田・玄田）、そのあたりから格差を要因とする現象が急増しだします。具体的には［ J ］などです。構造的には、日本社会の不安定化、未来の不確定化＝ライフコースの不確実したが、その反面経済は停滞し、「英国病」と呼ばれた勤労意欲の低下に悩まされていました。その批判から、1980年代にイギリス首相サッチャーは新自由主義による自由貿易を推し進めました。彼女の有名な「社会などというものは存在しない、存在するのは、男・女という個人と家族だけだ」の言葉に言いあらわされています。同時にレーガンも「レーガノミクス」と呼ばれる新自由主義的な経済政策を実行し、これらの動きがグローバリゼーションへとつながったと考えられています。

B先生：今、C先生は直近のグローバリゼーションの説明をされたわけですが、もう少しさかのぼって考えると、パクスモンゴリカと大航海時代に起源がありそうです。

　D13世紀、モンゴルがユーラシア大陸を支配（「モンゴルの平和」）し、中国からヨーロッパまで商人が移動しました。**E15～16世紀には、ヨーロッパの宣教師や商人が南米アメリカ大陸やアジアにわたり**、宗教と商業の世界的ネットワークを成立させました。と同時に、パクスモンゴリアンがペストをヨーロッパに広め、大航海時代によって南米の風土病の梅毒が世界に広まるなど、広範囲にわたる接続には良い面と悪い面があります。

　大航海時代の、1492年：コロンブスがアメリカ大陸を発見、1498年：ヴァスコ・ダ・ガマがインドに到達、1522年：マゼラン一行が世界一周、1569年：正角図法を使った〔**F　①モルワイデ　②メルカトル　③サンソン　④グード**〕図法を発表（海図・航路図として使用)、などによって地球全体を見ることができるようになりました。

　その後、19世紀になってから、1875年：メートル条約でメートルが長さの世界単位に、1884年：**G国際子午線会議でイギリスのグリニッジ天文台の地方時を基準とする世界時間に設定**され、時間や空間に関する単位や基準が世界的に統一されました。

C先生：グローバリゼーションを広義の意味でとらえた場合の起源はB先生のおっしゃる通りだと思います。ですが、私たちが生きる現代社会に広がる「グローバリゼーション」の起源としては、やはり1980年代以降の新自由主義とみるべきです。近年の歴史学では、この時期のグローバリゼーションを「第二次グローバリゼーション」と呼んでいます。「第一次グローバリゼーション」はというと、1820年代から1914年の第一次世界大戦までの時期を言います。その後、世界の保護主義化が進み、くわえて大恐慌がおこり、第二次世界大戦で完全に「第一次グローバリゼーション」は終焉を迎えます。皆さんご存じの〔**H　①ダグラス・マッカーサー　②マシュー・ペリー　③アダム・ラクスマン　④コーデル・ハル**〕が日本に自由貿易を求めたのも「第一次グローバリゼーション」の時期です。

司会者：「第一次グローバリゼーション」の要因は何だったんでしょうか。

C先生：1つに、大国が全面的にぶつかり合う戦争がなかったこと、2つ目にイギリス主導の推進だったこと、次に金本位制、最後に技術革新と輸送革命が要因だと考えられています。

司会者：歴史を振り返ると、何度も繰り返してきたグローバリゼーションと反グローバリゼーションですが、近年は反グローバリゼーションの動きが目立ちます。世界がアメリカ型社会にまとめあげられるとみられていたのに、何がおきているんでしょうか。

A先生：評論家の宇野常寛（『遅いインターネット』幻冬舎、2020年）は［ I ］に原因があると言っています。イギリス人ジャーナリストのディヴィッド・グッドハートが、グローバルな「境界のない世界」を生きる人々を「Anywhere」な人々、国民国家という枠組み「境界のある世界」に取り残されている人々を「Somewhere」な人々と名付けていますが、その「Somewhere」な人々が圧倒的多数を占める国民国家では、［ I ］によって反グローバリゼーションを選択しやすい、以下の文章は、5名の本校教諭が高校3年生の前で行ったシンポジウム「名電からコロナ後の日本社会を考える　－グローバリゼーションと格差社会を中心に－」の総合討論の記録です。あとの（1）～(18)の問いに答えなさい。

参加者：司会者1名（40代男性／社会科）、教諭4名（A先生〔30代女性／数学科〕・B先生〔40代男性／国語科〕・C先生〔50代女性／社会科〕・D先生〔60代男性／理科〕）、生徒452名

※本シンポジウムは創作です。　　※討論中にあげる人物の敬称は省略してあります。

※討論中に出てくる書籍・論文には出版社・発行年を補足してあります。

司会者：2023年5月5日に、WHOのテドロス事務局長が、新型コロナウイルスの感染拡大を受けて出していた「国際的に懸念される公衆衛生上の緊急事態」の宣言を終了すると発表しました。日本でも、5月8日に新型コロナウイルスの分類が2類から5類に移行され、季節性インフルエンザと同等に位置づけなおされました。2020年4月7日に**A東京、神奈川、埼玉、千葉、大阪、兵庫、福岡**の7都府県に緊急事態宣言を出して以来、約3年を経てようやく終息に向かいつつあります。

しかし、この3年で経済は疲弊し、以前から言われてきた経済格差がより広がったようにみえます。それによって、少子化はさらに進み、同時に高齢化も待ったなしで進行中です。また、真っ先にこれらの煽りを受ける地方は様々な困難に直面しています。

今日の討論では、新型コロナパンデミックを引き起こす要因となったグローバリゼーションから話をはじめ、格差社会が抱える問題について考えていきたいと思います。ところどころで、生徒のみなさんにも振りますので、頭のなかで議論に参加していてください。(笑声)

（1）下線部Aの7都府県のいずれかの説明として正しくないものを、次の①～④のうちから1つ選んで、その記号をマークしなさい。

①工業は自動車とIC（集積回路）が中心で、都府県庁所在地は古くから大陸との貿易を行う港町として発展してきた。

②中心部には堀川と呼ばれる運河が張りめぐらされ、東部には数多くの中小企業の町工場がある。

③農業生産額が全国で3番目に多く（2022年）、南部には計画的につくられた国立の研究機関・大学を中心とする研究学園都市がある。

④漁獲量が全国で最も多い港があり（2022年）、近郊農業もさかんで、ほうれんそう（2022年）・日本なし（2021年）・らっかせい（2021年）の生産量は全国で最も多い。

【グローバリゼーション】

司会者：モノやカネや情報とともに人の国境を越える移動と、それによる貿易や投資の拡大を促進する「グローバリゼーション」の接続性がコロナウイルスを蔓延させました。まず、グローバリゼーションから話をはじめてみようと思います。C先生、簡単に成り立ちの説明をお願いします。

C先生：はい。最近の現象としてのグローバリゼーションのはじまりは、**Bイギリス**首相サッチャーや**Cアメリカ**大統領レーガンが掲げた新自由主義です。19世紀に「世界の工場」として栄えたイギリスは、第二次世界大戦後、「ゆりかごから墓場まで」を理念とした福祉国家を築き上げま

社　　会

4 植物の体のつくりについて以下の問いに答えなさい。

次の図はホウセンカについてのものであり，**図1**は根の様子，**図2**は茎の断面，**図3**は葉の断面を表している。

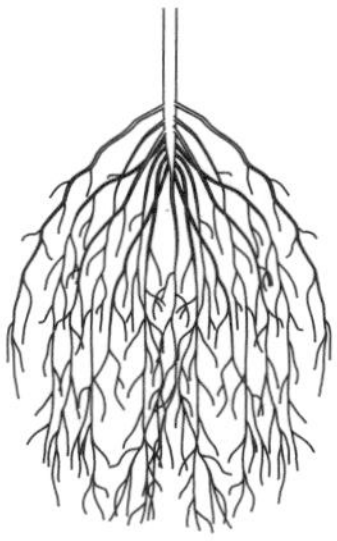

図1

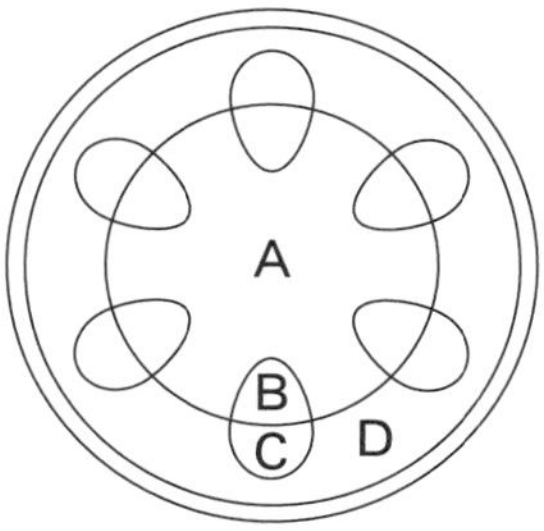

図2

葉の断面

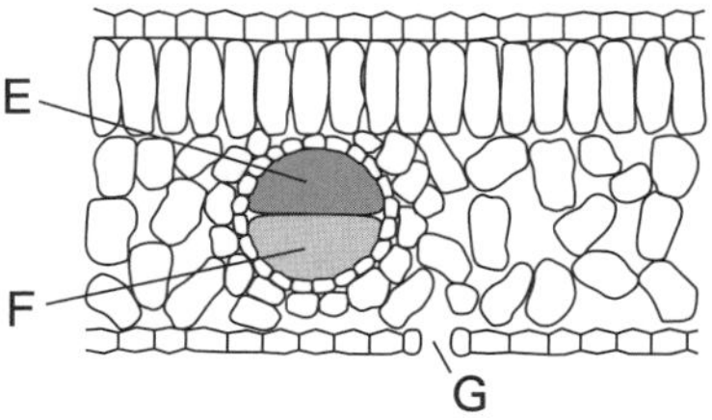

図3

(1) **図1**のように，ホウセンカの根は太い根から細い根がのびている。この細い根を何というか。正しいものを次の①～④から1つ選び，番号をマークしなさい。 ア

① 主根　② 側根　③ ひげ根　④ 根毛

(2) ホウセンカはどの植物のなかまか。正しいものを次の①～④から1つ選び，番号をマークしなさい。 イ

① シダ植物　② 裸子植物　③ 単子葉類　④ 双子葉類

(3) ホウセンカの根を赤い色水につけたとき，赤い色水でよく染まる部分を次の①～⑥から**すべて選び**，番号をマークしなさい。 ウ

① A　② B　③ C　④ D　⑤ E　⑥ F

(4) **図3**の下部にあるGの名称と，Gがある側の葉の表裏の組み合わせとして正しいものを次の①～④から1つ選び，番号をマークしなさい。 エ

① 気孔・表　② 気孔・裏　③ 孔辺・表　④ 孔辺・裏

(5) **図3**のGでは，生きていくために必要な気体を取り入れる。この気体を次の①～④から**すべて選び**，番号をマークしなさい。 オ

① 水蒸気　② 酸素　③ 二酸化炭素　④ ①～③にGを通る気体はない

(6) 次の絵の中から，ホウセンカの葉と花の絵を次の①～⑥から1つずつ選び，番号をマークしなさい。
葉 カ　花 キ

①

②
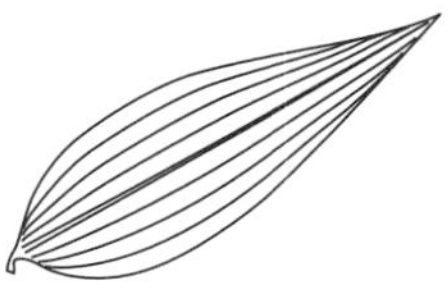

③
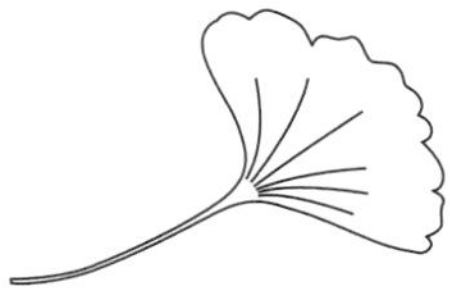

④

⑤

⑥

(3) 表1はA～Dのうちどの地点の天気を記録したものか。次の①～④から最も適切なものを選び，番号をマークしなさい。 ウ

① A　② B　③ C　④ D

(4) 表1の地点において，4月30日の時刻15時の露点温度はおよそいくらか。最も近い値を，次の①～⑧から1つ選び，番号をマークしなさい。 エ

① 8℃　② 9℃　③ 10℃　④ 11℃　⑤ 12℃　⑥ 13℃
⑦ 14℃　⑧ 15℃

(5) (4) の露点温度は，15時以降，どのような変化をしたと考えられるか。原因と結果について正しく述べている文を，次の①～④から1つ選び，番号をマークしなさい。 オ

① 気温と湿度がともに少しずつ低下したことから，空気 $1m^3$ 当たりに含まれる水蒸気量が変化しなかったと考えられ，露点温度も変化しなかった。
② 気温の低下に対して湿度の変化が小さかったことから，空気 $1m^3$ 当たりに含まれる水蒸気量は変化しなかったと考えられ，露点温度も変化しなかった。
③ 気温の低下に対して湿度の変化が小さかったことから，空気 $1m^3$ 当たりに含まれる水蒸気量が増加したと考えられ，露点温度は上がった。
④ 気温の低下に対して湿度の変化が小さかったことから，空気 $1m^3$ 当たりに含まれる水蒸気量が減少したと考えられ，露点温度は下がった。

(6) 図2のような等圧線をもつ台風が，日本周辺のある地点を勢力を保ったまま一定方向に通過した。図3は，台風の通過にともない，その地点の気圧，風向，風速がどのように変化したかを記録したものである。地形による風向きの変化が無視できるものとすると，この台風は，この地点に対して，どのようなコースを進んだと考えられるか。正しいものを，次の①～⑥から1つ選び，番号をマークしなさい。 カ

① 西側を北東に進んだ。
② 東側を北東に進んだ。
③ 西側を北西に進んだ。
④ 東側を北西に進んだ。
⑤ 西側を北に進んだ。
⑥ 東側を北に進んだ。

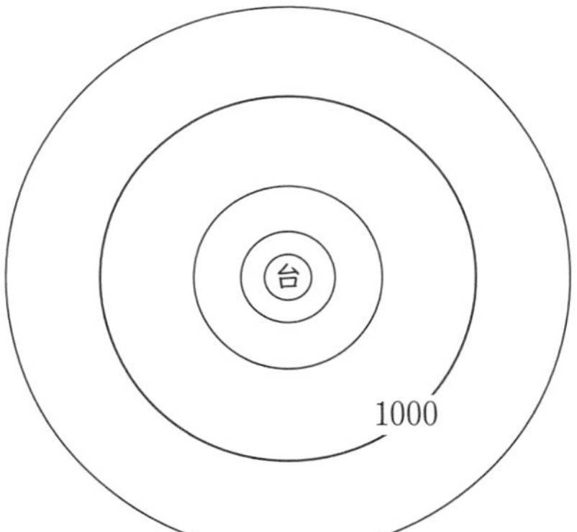

図2 台風の等圧線のようす

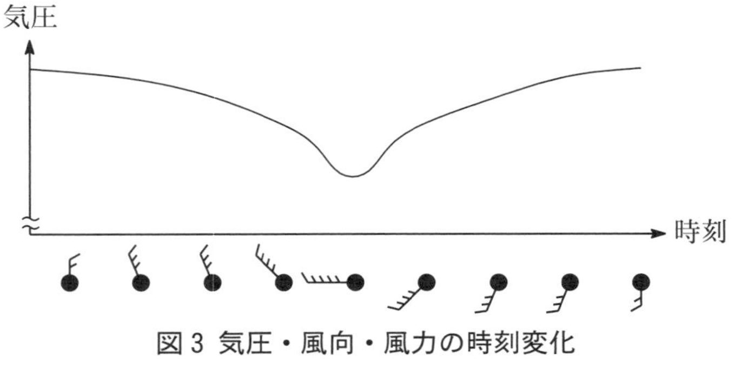

図3 気圧・風向・風力の時刻変化

3 図1は4月30日の日本周辺の天気図である。表1は図1のA～Dのいずれかの地点の天気の記録で，表2は温度と飽和水蒸気量との関係を表している。以下の問いに答えなさい。

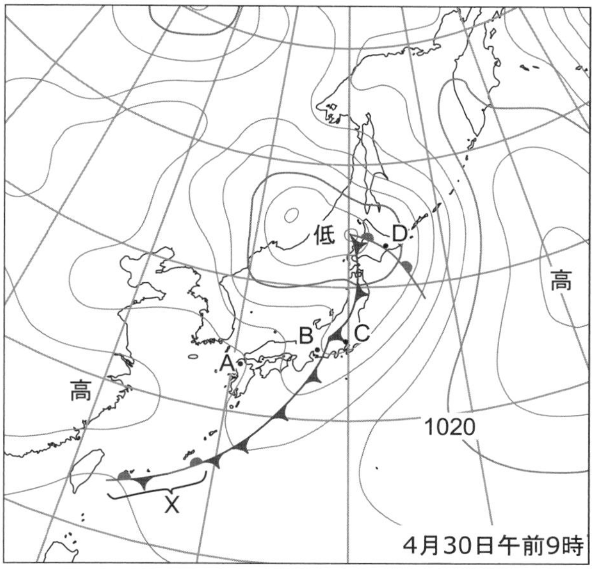

図1 日本周辺の天気図

表1　ある地点での4月30日の天気の記録

時刻〔時〕	3	6	9	12	15	18	21
気温〔℃〕	19.3	20.0	17.4	18.4	19.0	17.2	15.1
湿度〔%〕	99	100	93	78	57	56	54
天気・風向・風力							

表2 温度と飽和水蒸気量の関係

温度〔℃〕	8.0	9.0	10.0	11.0	12.0	13.0	14.0	15.0	16.0	17.0	18.0	19.0	20.0
飽和水蒸気量〔g/m^3〕	8.3	8.8	9.4	10.0	10.7	11.4	12.1	12.8	13.6	14.5	15.4	16.3	17.3

(1) 図1地点Aのおよその気圧として正しいものを，次の①～⑧から1つ選び，番号をマークしなさい。 ア

① 1002 hPa　② 1004 hPa　③ 1006 hPa　④ 1008 hPa
⑤ 1010 hPa　⑥ 1012 hPa　⑦ 1014 hPa　⑧ 1016 hPa

(2) 図1のXの前線について正しく述べた文を，次の①～④から1つ選び，番号をマークしなさい。 イ

① 北からの暖気と南からの寒気とがぶつかってできる停滞前線である。
② 北からの寒気と南からの暖気とがぶつかってできる停滞前線である。
③ 暖気が寒気に追いついてできる閉そく前線である。
④ 寒気が暖気に追いついてできる閉そく前線である。

(7) 滴下した水溶液Bの体積とビーカー内に存在する H^+，OH^-，Na^+，Cl^- の4つのイオンの数の変化を，それぞれグラフa～dに表した。イオンの種類とグラフの組み合わせとして最も適切なものを次の①～⑧から1つ選び，番号をマークしなさい。 [コ]

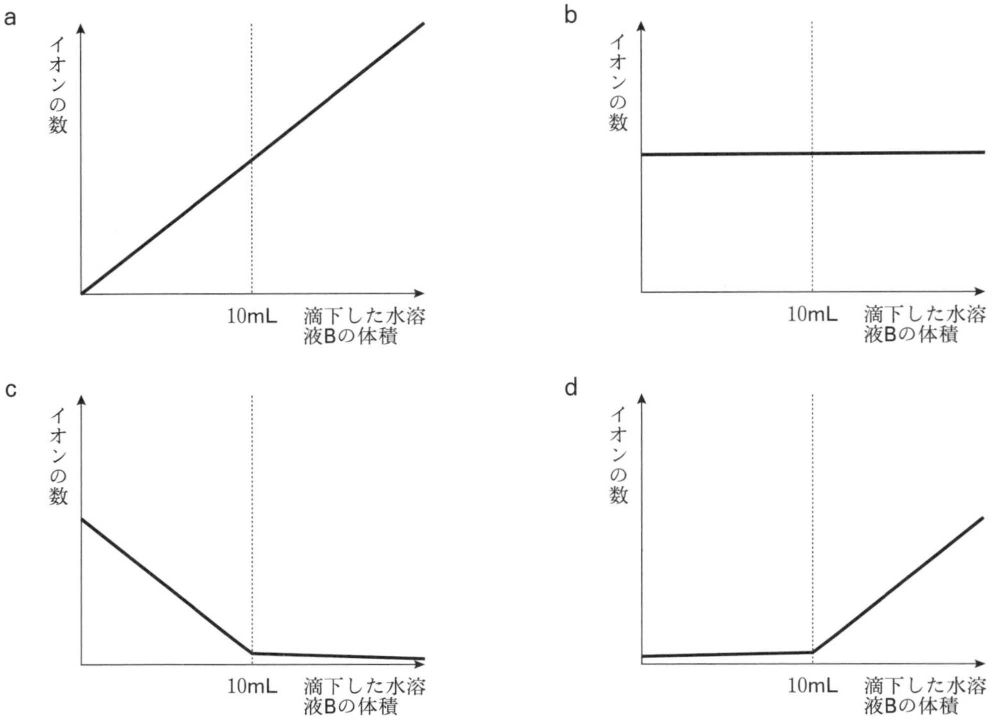

	a	b	c	d
①	H^+	OH^-	Na^+	Cl^-
②	H^+	OH^-	Cl^-	Na^+
③	OH^-	H^+	Na^+	Cl^-
④	OH^-	H^+	Cl^-	Na^+
⑤	Na^+	Cl^-	H^+	OH^-
⑥	Na^+	Cl^-	OH^-	H^+
⑦	Cl^-	Na^+	H^+	OH^-
⑧	Cl^-	Na^+	OH^-	H^+

【Ⅱ】図のように，スライドガラスに食塩水をしみこませたろ紙を置き，金属クリップではさみ，電源装置につないだ。中央にpH試験紙を置き，その中央に水溶液Aで直径5mm程度の点をつけたのち，15V程度の電圧を加え，変化を観察した。また，水溶液Aの代わりに水溶液Bをつけ，同様に実験を行い，変化を観察した。

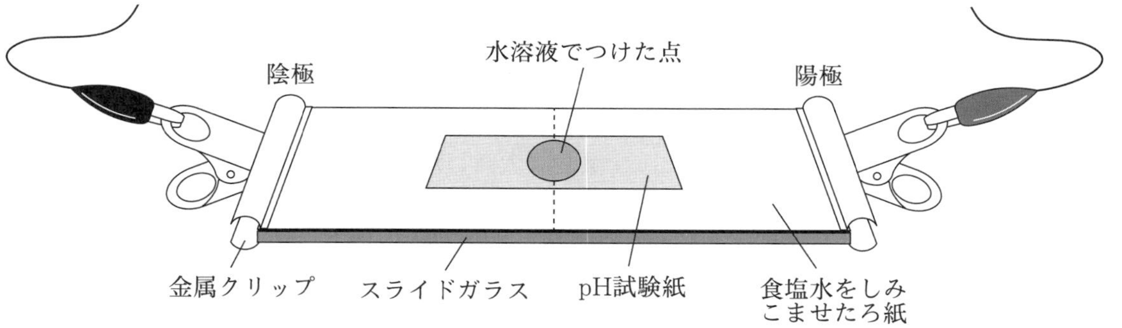

図

(5) それぞれの水溶液での結果を示した下の文章の空欄に当てはまる，もっとも適切な語句を次の①～⑤から1つずつ選び，番号をマークしなさい。同じ選択肢を複数回用いてもよい。

水溶液Aの結果：［オ］色の点が［カ］側に広がった。

水溶液Bの結果：［キ］色の点が［ク］側に広がった。

選択肢　① 赤　② 青　③ 黄　④ 陽極　⑤ 陰極

【Ⅲ】水溶液Aをビーカーに10mL入れ，BTB液を数滴加えたのち，水溶液Bを少しずつ加えていったところ，水溶液Bをちょうど10mL加えたところでビーカー内の溶液が緑色になった。

(6) 緑色になった溶液を蒸発皿に入れ，水を蒸発させたところ，ある固体が現れた。この物質の性質として正しいものを次の①～④から1つ選び，番号をマークしなさい。［ケ］

① 白くて四角い結晶である。

② 加熱すると炭酸ナトリウム，水，二酸化炭素に熱分解する。

③ なめると甘い味がする。

④ 水に溶かしてヨウ素液を加えると，青紫色に変化する。

2 次の【Ⅰ】～【Ⅲ】の文章を読み，以下の問いに答えなさい。

【Ⅰ】水溶液Aと水溶液Bはそれぞれうすい塩酸，水酸化ナトリウム水溶液のいずれかである。両水溶液にBTB液，フェノールフタレイン液，pH試験紙，マグネシウムリボンを入れて変化を観察したところ，下の表のようになった。

入れたもの	水溶液A	水溶液B
BTB液	青色に変化した	黄色に変化した
フェノールフタレイン液	Cに変化した	変化なし
pH試験紙（中性で黄色）	青色に変化した	赤色に変化した
マグネシウムリボン	変化なし	気体Dが発生した

(1) 私たちの身の回りには，酸性のものやアルカリ性のものがたくさん存在している。次の①～⑤からアルカリ性であるものを1つ選び，番号をマークしなさい。 ア

① 胃液　② 食酢　③ せっけん水　④ 炭酸飲料　⑤ レモン汁

(2) Cに当てはまるものを次の①～⑨から1つ選び，番号をマークしなさい。 イ

① 赤色　② 橙色　③ 黄色　④ 緑色　⑤ 青色　⑥ 紫色
⑦ 黒色　⑧ 白色　⑨ 透明

(3) 気体Dの性質について正しく述べたものを次の①～④から1つ選び，番号をマークしなさい。
ウ

① 火のついた線香を入れると炎が上がる。　② 独特な刺激臭を持つ。
③ 火を近づけると音を立てて燃える。　④ 生物の呼吸により生成する。

(4) 水溶液Aに多く含まれるイオンを次の①～④から2つ選び，番号をマークしなさい。 エ

① H^+　② OH^-　③ Na^+　④ Cl^-

(5) 下記の式は，**図3**でロープを引く力がした仕事 W〔J〕を，つなぐ動滑車の数 n を用いて表した式である。空欄にあてはまる数値をマークしなさい。

W＝ カ . キ （n＋ ク ）〔J〕

(6) **図3**で，手がロープを引く長さ L〔m〕と，手がロープを引く力 F〔N〕を，つなぐ動滑車の数 n を用いて表す。正しい組み合わせを次の①～⑧から１つ選び，番号をマークしなさい。 ケ

	L	F
①	$0.2n$	$\frac{2}{n}$
②	$0.2n$	$\frac{2}{(n+1)}$
③	$0.2n$	$\frac{2(n+1)}{n}$
④	$0.2n$	$\frac{2n}{(n+1)}$
⑤	$0.4n$	$\frac{2}{n}$
⑥	$0.4n$	$\frac{2}{(n+1)}$
⑦	$0.4n$	$\frac{2(n+1)}{n}$
⑧	$0.4n$	$\frac{2n}{(n+1)}$

(3) **図 2** でロープを引く力がした仕事は何 J か。また，おもりがされた仕事は何 J か。正しい組み合わせを次の①～⑧から１つ選び，番号をマークしなさい。 エ

選択	ロープを引く手がした仕事	おもりがされた仕事
①	0.6 J	0.4 J
②	0.6 J	0.8 J
③	0.8 J	0.4 J
④	0.8 J	0.8 J
⑤	1.2 J	0.4 J
⑥	1.2 J	0.8 J
⑦	2.4 J	0.4 J
⑧	2.4 J	0.8 J

(4) **図 2** で，定滑車，動滑車の重さを変え，ロープを引く力がした仕事の大きさについてグラフを描く。以下の（ｉ），（ii）はどのようなグラフになるか。正しい組み合わせを次の①～⑨から１つ選び，番号をマークしなさい。 オ

（ｉ）ロープを引く力がした仕事の大きさを縦軸に，定滑車の重さを横軸にとったグラフ

（ii）ロープを引く力がした仕事の大きさを縦軸に，動滑車の重さを横軸にとったグラフ

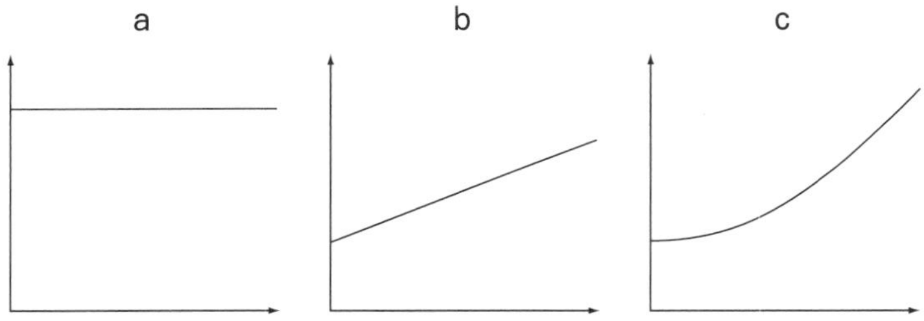

選択	（ｉ）	（ii）
①	a	a
②	a	b
③	a	c
④	b	a
⑤	b	b
⑥	b	c
⑦	c	a
⑧	c	b
⑨	c	c

【Ⅲ】**図 3** のように【Ｉ】と同じ滑車とロープを用いて，重さ 4N のおもりをゆっくりと 0.2m 持ち上げる。ただし，ロープのたるみ，空気の抵抗は考えず，用いる木の棒は軽く，回転しないものとする。

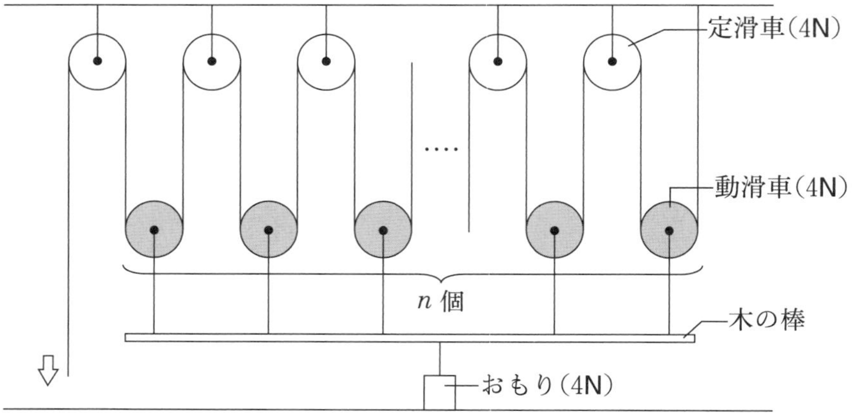

図 3

1 次の【Ⅰ】～【Ⅲ】の文章を読み，以下の問いに答えなさい。

【Ⅰ】図1のように滑車とロープを用いて，重さ4Nのおもりをゆっくりと0.2m持ち上げる。ただし，滑車はすべて4Nの重さでなめらかに動き，ロープはすべて軽く伸びないものを使用し，ロープのたるみ，空気の抵抗は考えないものとする。

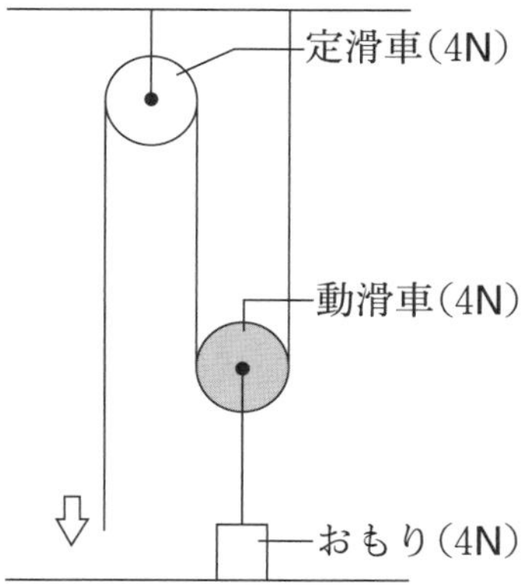

図1

(1) 図1でロープを引く力がした仕事は何Jか。また，おもりがされた仕事は何Jか。正しい組み合わせを次の①～⑨から1つ選び，番号をマークしなさい。 ア

選択	ロープを引く手がした仕事	おもりがされた仕事
①	0.4 J	0.4 J
②	0.4 J	0.8 J
③	0.4 J	1.2 J
④	0.8 J	0.4 J
⑤	0.8 J	0.8 J
⑥	0.8 J	1.2 J
⑦	1.6 J	0.4 J
⑧	1.6 J	0.8 J
⑨	1.6 J	1.2 J

(2) 図1で，1秒間に60cmの速さでロープを引いておもりを持ち上げたとき，ロープを引く力の仕事率Pは何Wか。空欄に数値をマークしなさい。 P ＝ イ . ウ 〔W〕

【Ⅱ】次に，図2のように【Ⅰ】と同じ滑車とロープを用いて，重さ4Nのおもりをゆっくりと0.2m持ち上げる。ただし，ロープのたるみ，空気の抵抗は考えず，用いる木の棒は軽く，回転しないものとする。

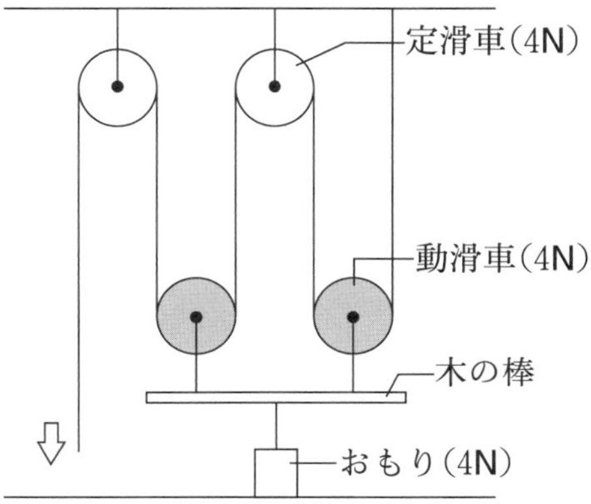

図2

理　　科

令和６年度　一般入学試験

理科・社会

【理科・社会共通注意事項】

（１）「始め」という指示があってから，開いて始めなさい。

（２）理科マークシート，社会マークシートに受験番号・氏名を記入しなさい。

（３）試験は理科と社会の両方に解答しなさい。試験時間は理科と社会をあわせて60分です。

（４）問題は理科が１～10ページまで，社会が11～24ページまであります。ページが抜けていたり，印刷の文字がはっきりしていない場合は，静かに手をあげて先生に知らせなさい。

（５）解答はすべてそれぞれのマークシートに記入しなさい。

（６）質問のある時は静かに手をあげて，先生の指示を受けなさい。

（７）「やめ」という指示で書くことをやめなさい。

（８）問題は持ち帰ってください。

【理科注意事項】

（１）問題の文中の［ア］，［イ］［ウ］などの［　］には，数値が入ります。マークシートの指定された欄にマークしなさい。

（２）計算は問題の余白を利用しなさい。

（３）定規・分度器・計算機等の使用はできません。

※各75点満点　マークシート解答用紙・配点非公表

愛知工業大学名電高等学校

Ⅲ. Read the passage below and answer the questions.

If anyone should be called "Mr. Tofu" in the United States, it's Yasuo Kumoda, the man who made tofu popular there. Although he succeeded in the end, Kumoda's career was filled with bad luck that would have broken the spirits of most people. Again and again, his great ideas came close to success, but they were ruined by unexpected events.

At age 40, in the early 1980s, Kumoda was sent to the United States to try to sell Morinaga tofu there. Surely Japanese experts and health-conscious Americans would eat tofu. Some Americans did like it, but not many. Some didn't like the feel and taste of it. The word "tofu" reminded others of the toes on their feet. Many also thought soy was only for pet food. In 1988, a newspaper survey found that tofu was the one food Americans disliked most.

Year after year, Mr. Tofu kept trying. He visited Rocky Aoki, the owner of the Benihana restaurant chain. But Aoki refused to let Kumoda use the Benihana name as a tofu brand, or to offer tofu in his restaurants. Kumoda's next idea was to put "TOFU NO1" on his car license plate. But a consultant told him that Americans might take it to mean "TOFU NO!" Instead, he used "TOFU-A." Still, other drivers on the road sometimes gave him ①the "thumbs down" sign.

He ran in the L.A. Marathon dressed as a block of tofu. He got some attention on TV when he tripped and fell. But bad luck and barriers to success kept his tofu sales from taking off.

Then one day, when he was close to giving up, he saw a woman buying tofu. Kumoda spoke to her and found that she mixed it with fruit to make a healthy shake. He began developing new tofu products based on ②this fresh new idea. Later, he heard that first lady Hillary Clinton talked about tofu as a healthy food for President Bill Clinton. Kumoda sent some of his new product to the White House and received a kind reply.

This renewed Kumoda's enthusiasm. But just then, Morinaga's patience ran out. The company told him he could build a factory for his new products, but he would have to pay for it himself. This was a big personal risk, and many people would have given up. But not Mr. Tofu. He borrowed money to build a factory in Oregon. After 10 more years of struggle, this brave move finally paid off — Mr. Tofu's reward for never giving up. Today, Morinaga tofu is selling well in the United States.

There's a common Japanese saying: "Peach and chestnut trees take three years to bear fruit, persimmons take eight," to which Kumoda adds, "③And tofu takes 10!"

Word List

career 経歴　spirit 心　ruin 破壊させる　health-conscious 健康意識の高い
refuse 断る　consultant 顧問　barrier 障壁　enthusiasm 熱狂
patience 忍耐　struggle 苦闘　pay off 報われる　reward ほうび
saying ことわざ

1. The old lady throws seeds out of the bus window every day. What are seeds?
   ア. They are colorful glass balls that make the road easy to drive on.
   イ. They are small insects that eat flowers and carry them to new places.
   ウ. They are soft fruit that grow on trees and bushes, and people like to pick them.
   エ. They are the small, hard part of a plant, and new plants grow from them.

2. What does the underlined sentence① mean?
   ア. People smile more when it rains.
   イ. Rain will help the flowers grow.
   ウ. The water will clean the dusty streets.
   エ. The birds drink rainwater to survive.

3. Which sentence is correct?
   ア. The little boy got on the bus alone, because the driver was his father.
   イ. The old lady got on the bus after the man did, and she got off with him.
   ウ. The man got on the bus before the old lady, and he got off before her too.
   エ. The old lady got on the bus with a little boy, and she left him with his mother.

4. Look at the underlined sentence②. How is the man feeling?
   ア. He is feeling angry, because a little boy by the window is laughing.
   イ. He is feeling happy, because he can see many flowers.
   ウ. He is feeling sad, because the old lady can't see the flowers grow.
   エ. He is feeling tired, because he is standing on the bus.

5. What is the message at the end of this story?
   ア. Do what you can to make the world a better place for everyone.
   イ. Global warming is a big problem, leading to fewer trees and flowers in cities.
   ウ. Don't throw trash in the streets, take it with you and throw it away at home.
   エ. Find a job that you can do well, and everyone can enjoy watching your work.

Ⅱ. Read the passage below and answer the questions.

A man took a bus to work every day. The stop after his, an old lady got on and sat by the window. The ride was long, and the view was boring - the roads and buildings were dusty and grey, so the man was bored. The old lady was holding a bag, and every few minutes during the whole journey, she put her hand into the bag and threw something out the window. The man tried to see what she was throwing, but what she threw was so small that he couldn't.

She did the same thing every day and one day the man asked her:

- Excuse me for being curious, but what are you throwing out of the window?

- These are seeds! said the old lady.

- Seeds? Seeds of what?

- Flowers, that's what. You see, when I look outside, everything seems sad to me, missing colors, life... I wish I could make this trip looking at flowers along the way. It would be much nicer, don't you think?

- But ma'am, the seeds fall on the hard ground, and all the heavy traffic on the roads, like cars and buses, breaks them into very small pieces, and birds eat them. Do you really think your seeds will survive on this road?

- I'm sure of it. Even if some get lost or are broken, over time they will grow.

- But they need water.

- I'm doing my part. ①Rainy days will do their thing.

The man looked again at the smiling lady as he got off the bus at his stop, surprised that she was so happy to waste her time and money.

A few months later, the man, looking through the window, noticed that the roadside was filled with flowers, and he remembered the old lady. He asked the driver for news about her.

- Well, it's been over a month since she died.

②The man sat down again and kept looking at the bright, beautiful colors, thinking that the flowers did grow after all, but what good was that, since the old lady couldn't see her work?

Suddenly he heard the laughter of a little boy. His nose was touching the window and he was pointing at the flowers.

- Look, mommy! Look at all those pretty flowers!

The old lady did her job, and as a result everyone could see and enjoy what she wished for.

Since that day, the man has been making the trip from home to work with a bag of seeds that he throws out of the window.

Don't get tired of doing good things. You may not see the fruit or flowers, but someone somewhere is going to love what you helped to create.

出典 Various sources, original author unattributed

1. What does filly mean?

It is (①) and not a (②) horse.

ア. ① over one year old ② female

イ. ① over one year old ② male

ウ. ① one year old or less ② female

エ. ① one year old or less ② male

2. Which is the best phrase to put in ( )?

ア. where a horse was born

イ. how old a horse is

ウ. if a horse is sick

エ. when a horse gets sleep

3. Why are horses popular?

ア. Because people are very similar to horses.

イ. Because they have a lot of power.

ウ. Because people think they are cool.

エ. Because they are the same species as humans.

4. Choose the true sentence according to the passage.

ア. A pony is the name for young horses, not for adult ones.

イ. Horses have long legs because they are mammals.

ウ. Horses eat many kinds of grains because they are herbivores.

エ. Horses have few roles in our lives.

5. Which is the best title for this passage?

ア. The history of friendship between the writer and horses

イ. A wonderful animal and its relationship with people

ウ. How to keep horses as pets

エ. One of the most colorful animals in the world

I. Read the passage below and answer the questions.

Horses are beautiful creatures. They are different colors, and can run quickly. People like to watch horses because they are strong and powerful. Horses are mammals. Mammals are animals that have hair or fur and are warm-blooded. The mother horse generally has one baby in the spring, and feeds the baby milk.
Horses have long legs, and big eyes that can see almost all the way around them. They can walk, trot, gallop and jump.
Very young horses that are one year old or younger are called foals. A young female horse is called a filly, and a young male horse is called a colt. After 4 years, a horse is considered an adult.
Many people think that a pony is a young horse, but that is not true. A pony is a type of horse that does not grow very large.
Horses can live up to 20 or 25 years. Sometimes people can tell (　　) by looking at its teeth.
Horses generally sleep standing up, so that if a predator appears, they can run away quickly. Horses only need about three hours of sleep per day!
Their hooves need to be taken care of. Horse hooves are like our fingernails, which need to be cut. If a horse is doing a lot of walking on hard ground, people put horseshoes on them, then take off the horseshoes when the hooves need cutting. New horseshoes are then put on.
For food, horses eat food such as grass, hay, oats, corn, apples, and carrots. They are herbivores, meaning they do not eat other animals. Their stomachs are small, so they need small, frequent feedings.
There are wild horses, but many people have horses as pets, too. They ride the horses and may teach the horses tricks. When people first started to use horses, they were just used for work. The horses would pull carriages so people could ride to other places, or plows so the farmers could more easily care for their fields. Horses were also used to move things from place to place by carrying them on their backs.
Some horses now work as therapy horses. These horses help people with disabilities become calmer and more comfortable, or work muscles they are not able to work.
When these strong creatures are taken good care of, they make wonderful friends. What else do you know about horses?

trot 速足で駆ける　gallop 全速力で走る　predator 捕食者　hoof (hooves) ひずめ
oat オート麦　frequent 頻繁な　trick 芸　carriage 馬車　plow すき
therapy 治療　muscle 筋肉

令和６年度　一般入学試験

英　　語

【注意事項】

（１）「始め」という指示があってから，開いて始めなさい。

（２）マークシートに受験番号・氏名を記入しなさい。

（３）試験時間は40分です。

（４）この問題は11ページまであります。ページが抜けていたり，印刷の文字がはっきりしていない場合は，静かに手をあげて先生に知らせなさい。

（５）解答はすべてマークシートに記入しなさい。

（６）質問のある時は静かに手をあげて，先生の指示を受けなさい。

（７）「やめ」という指示で書くことをやめなさい。

（８）問題は持ち帰ってください。

※100点満点　マークシート解答用紙・配点非公表

愛知工業大学名電高等学校

(5) 右の図において，$\angle x$ の大きさは セソ °である。

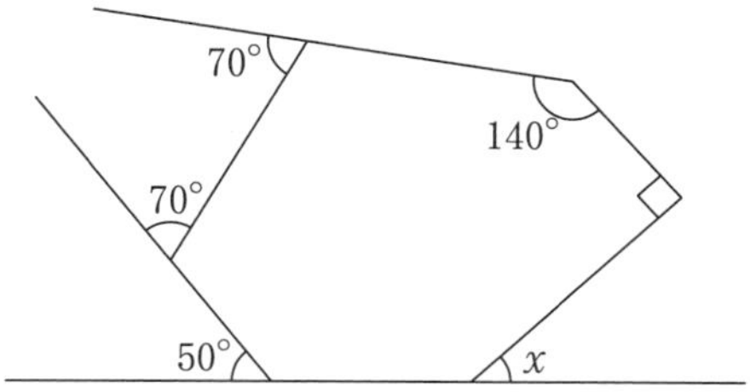

(6) 右の図のように，1 辺の長さが 8cm の正方形 ABCD の外側に，辺 AB を直径とする半円がある。半円の弧の中点を M とするとき，直線 BD，DM および弧 MB で囲まれた部分の面積は タチ + ツ π (cm^2) となる。ただし，円周率を π とする。

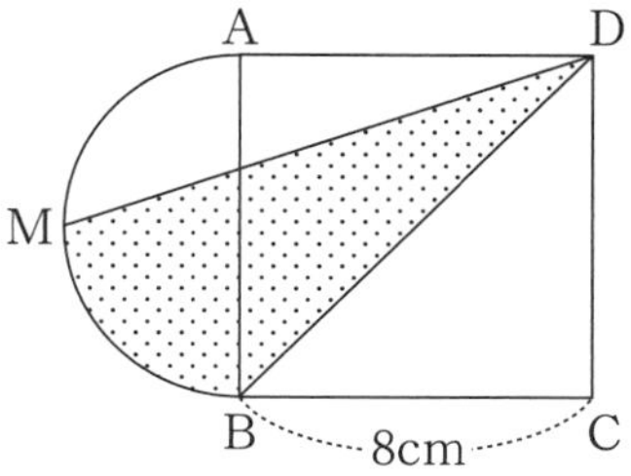

(7) 4 人の子どもが異なるプレゼントを外見が同じ袋に入れ，それを持ち寄ってプレゼント交換会をする。プレゼント交換会では，プレゼントは一度集められて，誰が持ってきたかわからないようにして一人に 1 つずつ配られる。このとき，プレゼントの受け取り方は全部で テト 通りある。また，全員が自分以外のプレゼントを受け取る確率は $\frac{\text{ナ}}{\text{ニ}}$ である。

1 次の ア ～ ニ に当てはまる適切な数字または符号をマークしなさい。

(1) $\dfrac{(\sqrt{3}+1)(2-\sqrt{3})(3+\sqrt{3})}{\sqrt{3}}$ を計算すると ア となる。

(2) 連立方程式 $\begin{cases} 3x-2y=1 \\ \dfrac{1}{2}x-\dfrac{3y+2}{4}=3 \end{cases}$ の解は $x=$ イウ ，$y=$ エオ である。

(3) 2 次方程式 $x^2-8x+3=0$ の 2 つの解の和を a，積を b とすると，$a=$ カ ，$b=$ キ である。
また，$a^3+6a^2b+5ab^2$ を計算すると クケコサ である。

(4) 2 つの関数 $y=-x^2$，$y=2x+3$ において，x の値が シス から 3 まで変化したときの変化の割合は等しい。

令和6年度　一般入学試験

数　学

【注意事項】

(1)「始め」という指示があってから，開いて始めなさい。

(2) マークシートに受験番号・氏名を記入しなさい。

(3) 試験時間は40分です。

(4) この問題は5ページまであります。ページが抜けていたり，印刷の文字がはっきりしていない場合は，静かに手を挙げて先生に知らせなさい。

(5) 問題の文中の $\boxed{\text{ア}}$，$\boxed{\text{イウ}}$ などの $\boxed{}$ には，数または符号（－）が入ります。マークシートの指定された欄にマークしなさい。

① $\boxed{\text{アイ}}$ のように2つの解答がまとめて求められているときは，2桁の数または－3のような符号のついた数が入ります。

例 $\boxed{\text{アイ}}$ に－3と答えたいとき

ア	①	②	③	④	⑤	⑥	⑦	⑧	⑨	⓪	●
イ	①	②	●	④	⑤	⑥	⑦	⑧	⑨	⓪	㊀

② 分数の形で解答するときは，これ以上約分できない形で答えなさい。－の符号は分子につけ，分母にはつけません。

例 $\dfrac{\boxed{\text{ウエ}}}{\boxed{\text{オ}}}$ に $-\dfrac{1}{2}$ と答えたいとき

ウ	①	②	③	④	⑤	⑥	⑦	⑧	⑨	⓪	●
エ	●	②	③	④	⑤	⑥	⑦	⑧	⑨	⓪	㊀
オ	①	●	③	④	⑤	⑥	⑦	⑧	⑨	⓪	㊀

③ $\boxed{\text{ア}}$ ： $\boxed{\text{イ}}$ のように比で解答するときは，もっとも簡単な整数の比で答えなさい。

④ 根号を含む形で解答するときは，$\sqrt{}$ の中に現れる自然数が最小となる形で答えなさい。

(6) 計算は問題の余白を利用しなさい。

(7) 定規・分度器・計算機等の使用はできません。

(8) 質問のあるときは静かに手を挙げて，先生の指示を受けなさい。

(9)「やめ」という指示で書くことをやめなさい。

(10) 問題は持ち帰ってください。

※100点満点　マークシート解答用紙・配点非公表

愛知工業大学名電高等学校

【問六】空欄 ③ に当てはまる文として、最も適当なものを次の中から選び、その記号をマークしなさい。

ア　地上の水面に卵を産む

イ　地上の水たまりに卵を産む

ウ　地上の青色に染まっているところに卵を産む

エ　地上で陽《ひ》の光を反射させているところに卵を産む

【問七】傍線部④「高度な『知能』」についての説明として最も適当なものを次の中から選び、その記号をマークしなさい。

ア　哺乳類は「高度な『知能』」によって、正確に情報を処理し、得られた情報から速やかに状況を分析することができるが、それが生存に有利に働くのは環境の変化が起きた場合に限るため、基本的には生存戦略として「高度な『本能』」に及ばない。

イ　哺乳類は「高度な『知能』」によって、情報を処理し、得られた情報から状況を分析して、環境の変化に応じた行動をとるが、その判断が生存に有利に働いた行動の蓄積からくるものではない場合、その行動が生きていくための正しいものになるとは限らない。

ウ　哺乳類は「高度な『知能』」によって、複雑な情報を処理し、状況を分析することで、環境の変化に応じた判断をすることができるが、成功体験に裏付けられていない行動については失敗を恐れて実行をすることができなくなる場合がある。

エ　哺乳類は「高度な『知能』」によって、情報を処理し、状況を分析することで、環境の変化に最適な行動を導き出すことができるが、「知能」には個体差があるため、複雑な環境下では優秀でない個体は生存に適した行動を選ぶことができず、生存できなくなる。

【問八】 傍線部⑤「状況を正しく分析するためには、データが必要である」とあるが、本文中の「データ」の例として**ふさわしくないもの**を次の中から一つ選び、その記号をマークしなさい。

ア 表面がキラキラと輝いている

イ ブルーシートは青い

ウ 水面はそこに手を入れることができるが、めくることはできない

エ 水面とブルーシートはまったく違う

【問九】 傍線部⑥「人工知能（ＡＩ）」は、この文章の中でどのようなことを裏付けるものとして用いられているか。最も適当なものを次の中から選び、その記号をマークしなさい。

ア 成功と失敗を繰り返すためには、膨大な情報が必要であることを裏付けるもの。

イ 何の情報も経験も持たない知能は、まったく機能しないことを裏付けるもの。

ウ 計算速度で勝るコンピューターは、人間よりも早い判断ができることを裏付けるもの。

エ 正しい判断をするためには、膨大な知識と経験が必要であることを裏付けるもの。

【問十】　空欄 ⑦ にあてはまるように、あとのA～Dを並べた場合、最も適当なものはどれか。次の中から選び、その記号をマークしなさい。

ア　B→A→C→D　　イ　B→D→C→A

ウ　C→D→B→A　　エ　C→A→D→B

A　たとえば、シマウマにとって、「ライオンに襲われたら死んでしまうから、ライオンに追われたら逃げなければならない」ということは、生存に必要な極めて重要な情報である。しかし、だからといって、その情報を得るために「ライオンに襲われる」という経験をすれば、そのシマウマは死んでしまう。

B　知能を発達させた哺乳動物もまったく同じだ。

C　しかし、問題がある。

D　成功と失敗を繰り返すことで、どうすれば成功するのか、どうしたら失敗するのかを学んでいく。そして、判断に必要な経験を積み重ねていくのである。

【問十一】　次の会話文は、本文を読んだ後、生徒が内容について話し合ったものである。本文の内容を**正しく読み取れていないもの**を次の中から一つ選び、その記号をマークしなさい。

ア　A君…筆者は、生き物の生存戦略を大きく二つに分けて、それぞれその長所と短所を具体的な例をあげて丁寧に説明しているね。身近な例だからわかりやすかったよ。

イ　B君…二つの生存戦略の長所と短所をそれぞれ比べることで、現代社会においてどちらがより優れた生存戦略なのかをはっきりさせようとしているんだね。

ウ　C君…具体的な例を挙げているのは前半部分だけではないよ。後半では、哺乳類は親が子どもを育てることで命を危険にさらすことなく、成功体験を積み重ねられると説明しているよ。

エ　D君…哺乳類や鳥類が老いることができて、昆虫や魚類が老いることができないのは、選択した生存戦略の違いにあると筆者は主張しているんだよ。

二　次のA・Bの文章は、どちらも『枕草子』の章段である。Aの文章は、作者が仕える中宮定子の部屋に中納言隆家が訪れた場面である。A・Bそれぞれの文章を読んで、後の問いに答えなさい。（設問の都合上、本文を一部改変しています。）

A

中納言（隆家）参りたまひて《参上なさって、》、御扇たてまつらせたまふに《扇を差し上げなさった時に》、ⅰ「隆家こそいみじき骨は得てはべれ《素晴らしい骨を手に入れました》。それを張らせて参らせむとするに《それに（紙）を張らせて献上しよう》、おぼろげの紙え張るまじければ《並大抵の紙では（不釣り合いで）張れませんから、》、求めはべるなり《（ふさわしい紙を）探しています。》。」と申したまふ。ⅱ「いかやうにかある《どんな（骨）ですか》。」と問ひ聞こえさせたまへば《とお尋ねなさると》、「すべていみじうはべり《全く素晴らしいものです。》。『さらにまだ見ぬ骨のさまなり。』《『全くまだ見たことのない様子の骨です』》となむ人々申す。まことにかばかりのは見えざりつ《これほどの（骨）は見たことがなかった》。」と言高くのたまへば《声を大きくしておっしゃるので》、ⅲ「①さては《それならば、》、扇のにはあらで、くらげのなり《扇の（骨）ではなく、くらげの（骨）なのでしょう。》。」と聞こゆれば《と申し上げると、》、ⅳ「これ、隆家が言にしてむ《「これは、隆家の言ったことにしよう。」》。」と②笑ひたまふ《といって笑いなさる。》。かやうのことこそは《このようなことは、》、かたはらいたきことのうちに入れつべけれど《入れるべきだけれど》、「ひとつな落としそ《「ひとつも（書き）落とすな。」》。」といへば《というので、》、いかがはせむ《どうにも仕方ない。》。

B

かたはらいたきもの。よくも音弾きとどめぬ琴を、よくも調べで《よく調律もしないで》、心の限り弾きたてる。まらうど《客人》などにあひてもの言ふに、奥の方にうちとけごとなど言ふを、えは制せで《制することができないで》聞く心地。思ふ人の、いたく酔ひて、同じことしたる。聞きゐたりけるを知らで《知らないで、》、人の上言ひたる《人の噂話を言っている。》。

それは何ばかりの人ならねど、使ふ人などだに《使用人などでさえも》、かたはらいたし。

旅立ちたる所にて、下衆どもざれゐたる《身分の低い者がふざけているもの》。にくげなるちごを《子どもを》、おのが心地のかなしきままに《愛おしい》、うつくしみ《かわいがり》、かなしがり《かわいがり》、③これが声のままに、言ひたることなど語りたる。才ある人の前にて、才なき人の、ものおぼえ声に、人の名など言ひたる。よしともおぼえぬわが歌を、人に語りて、人のほめなどしたるよし言ふも、かたはらいたし。

【問一】 i～ivの話し手はそれぞれ誰か。その組み合わせとして最も適当なものを次の中から選び、その記号をマークしなさい。

ア i 中宮定子 ii 隆家 iii 筆者（清少納言） iv 中宮定子
イ i 隆家 ii 中宮定子 iii 筆者（清少納言） iv 隆家
ウ i 筆者（清少納言） ii 隆家 iii 筆者（清少納言） iv 隆家
エ i 中宮定子 ii 隆家 iii 筆者（清少納言） iv 隆家

【問二】 傍線部①「さては」とあるが、この解釈として最も適当なものを次の中から選び、その記号をマークしなさい。

ア いみじき骨ならば イ おぼろげの紙ならば ウ まだ見ぬ骨ならば
エ 隆家の扇ならば オ くらげの骨ならば

【問三】 傍線部②「笑ひたまふ」とあるが、笑った理由は何か。最も適当なものを次の中から選び、その記号をマークしなさい。

ア 見たこともないすばらしい骨を「くらげの骨」と表現した機知に面白みを感じたから。
イ 見たこともないすばらしい骨を「くらげの骨」と勘違いしたことに思わず吹き出したから。
ウ 「くらげの骨」が大変素晴らしいものであることを知っていたことに感動したから。
エ 存在するはずのない「くらげの骨」にたとえた理由がよくわからず、その場をごまかしたかったから。

【問四】 傍線部③「これ」がさすものとして、最も適当なものを次の中から選び、その記号をマークしなさい。

ア 思ふ人 イ 下衆ども ウ にくげなるちご エ 才ある人 オ 才なき人

【問五】 Bの文章に取り上げられている「かたはらいたきもの」はいくつあるか。最も適当なものを次の中から選び、その記号をマークしなさい。

ア 6 イ 7 ウ 8 エ 10

【問六】　波線部「かたはらいたきこと」「かたはらいたきもの」とあるが、その現代語訳として最も適当なものを次の中から選び、その記号をマークしなさい。

ア　人に語るほどでもないこと（もの）。
イ　真似してはならないこと（もの）。
ウ　具合がわるくなりそうなこと（もの）。
エ　いたたまれなく、恥ずかしいこと（もの）。

三　次の設問に答えなさい。

（1）次の**ア**～**エ**のうち漢文が正しく書き下し文にされているものを一つ選び、その記号をマークしなさい。

		書き下し文
ア	良薬ハ苦シ二於口ニ一。	良薬は於口に苦し。
イ	王好ミレ戦ヒヲ自ラ曰ハク	王戦いを好み自ら曰わく
ウ	不二亦説バシカラ一乎。	亦説ばしから不や。
エ	人ノ有リ二恐ルルレ之ヲ者一。	人の之を恐るる者有り。

（2）次の書き下し文に合うように正しく返り点がついている文を**ア**～**エ**のうちから一つ選び、その記号をマークしなさい。

［書き下し文］　五十歩を以つて百歩を笑はば則ち何如《いかん》。

ア　以二五十歩一笑二百歩一則何如。

イ　以二五十歩一笑レ百歩レ則何如。

ウ　以二五十歩一笑四百歩三則何如。

エ　以一五十歩二笑一百歩二則何如。

令和五年度　一般入学試験

国　語

※百点満点　マークシート解答用紙・配点非公表

【注意事項】

(1) 「始め」という指示があってから、開いて始めなさい。
(2) マークシートに受験番号・氏名を記入しなさい。
(3) 試験時間は40分です。
(4) この問題は15ページまであります。ページが抜けていたり、印刷の文字がはっきりしていない場合は、静かに手をあげて先生に知らせなさい。
(5) 解答はすべてマークシートに記入しなさい。
(6) 字数制限がある問題においては、句読点や記号も字数に数えることとします。
(7) 質問のある時は静かに手をあげて、先生の指示を受けなさい。
(8) 「やめ」という指示で書くことをやめなさい。
(9) 問題は持ち帰ってください。

愛知工業大学名電高等学校

一　次の文章を読んで、後の問いに答えなさい。（＊のことばには文末に注があります。）

そもそも「空気」とは何か。哲学者の串田孫一がこんなことをいっている（『雑木林のモーツァルト』）。授業が終わる少し前に、教師が何か質問がないかとたずねた時に、はいといって手をあげる者は皆からaイヤがられた。教師が質問に答えているうちに、質問されなければ早く終わったかもしれないのに、終業のベルが鳴っても解放されないことになりかねないからだ。こんな時、質問する人がいれば、今なら「空気を読めない」と見なされるだろう。

しかし、実際には空気という実体があるわけではない。誰かがもう授業が終わるのだから質問するのはよせというようなことを実際にいうわけではない。それなのに、空気を読める（と思っている）人は、今は質問をしないことが皆から期待されていると判断し、教師にたずねたいことやたずねるべきことがあっても質問するのを思いとどまるわけである。

辺見庸は、この国はア「私」が希薄で「私」のない空気ばかりが蔓延《まんえん》しているという（『愛と痛み』）。イ協調主義的で、意味のないハーモニー、理由のない階調が日常を形作る。全体的なムードをbビンカンに察知できない人を「空気が読めない」という言葉で揶揄《やゆ》＊1するが、これは予《あらかじ》めしつらえられたファシズム＊2であり、それを辺見は「鵺《ぬえ》＊3」と呼ぶ。

このように①空気は、多くの場合、何かを「する」というよりは「しない」方向に作用するので、空気に抗《あらが》うことは容易ではない。

なぜ空気に抵抗することが容易ではないのか。実際に誰かがそういうことをしてはいけないというわけではないのに空気を感じるのである。それは個人を超えた全体の意志とでもいうべきものであり、ただ感じるばかりか実在し、その全体の意志が個人を規制するように思える。なぜそう思えるのか。

②対話について考えることで明らかにしたい。

対話は次の二つから構成される。

（1）私（語る主体）

（2）あなた（語りかけられる者、「私」ではない他の主体）

「私」だけなら対話は成立しない。対話が成立するためには、語る「私」（1）と語りかけられる「あなた」（2）が必須である。対話においてはこの役割は交代する。

二人がどちらも黙っていれば対話は成立しない。私とあなたが「何か」を語らなければならない。そこで対話の構成要素として、

（３）それ（語られること）

を追加しなければならない。

問題はここからだ。以上の三つの他に、さらに四つ目の構成要素が加えられることがある。それが、

（４）場

である。

中岡成文は次のようにいう。

「対話の生命は、有機的な脈絡における出来事（生起）性であるから、この性格およびそれを可能にする磁場のようなものを考慮に入れずして、対話の哲学的解明—しかも『実践』を指向した—は期待できない」（「対話と実践」『新・岩波講座　哲学　10』）

二人が面と向かって話し始める時、さて、何を話そうか、こんな話をしてもいいだろうかというようなことばかり考え、言葉を選んでいるうちは二人のやり取りはぎこちないものになる。

しかし、そのように意識して話題を選ぼうなどと思わなくても、二人のやり取りの中から自然と次から次へと話題が「生起」してくると、対話が成立する。どんな話も巧《たく》まずとも、この話からあの話への転換は密接に行われる。

しかし、このようなことが可能になるためには、「磁場」のようなもの、「場」を想定しなければならないのだろうか。反対に、そのようなものがなければ、対話は成立しないのだろうか。

（中略）

③ソクラテスは空気を読めない人ではなかった。

ソクラテスは、国家の信じる神を信じず、若者に害悪を与えたという理由で告訴され、裁判の結果、死刑になった。死刑が[c]シッコウされる日の朝早くから、友人たちは獄中のソクラテスのもとを訪れた。

ソクラテスは処刑を前に魂の不死について親しい人たちと議論をした。ソクラテスが話を終えた時、長い沈黙がその場を支配した。なおもソクラテスの話に納得できない人がいたのだ。

「これまでいわれたことで、何か困難を感じることがあれば遠慮しないでほしい。何とかよりよく話せるように思えるのなら、君たち自身で発言し、意見を論じてくれ。それとももしも私が加われればうまくいくと思うのであれば、私も道連れにするがいい」（プラトン「パイドン」）

これに対して、こんな不幸の中で困難を感じることを持ち出すのは不愉快なことではないか、迷惑をかけることになるかもしれないとためらうシミアスをソクラテスは励ましたので、疑問をｄソッチョクに表明した。

「二人がこのように語るのを聴き終えた時、私たちの気持ちは一様にすっかり暗く沈み込んでしまった」

この時の話を伝えるパイドンは、次のようにいっている。ソクラテスが答えに窮しなかったのはいうまでもないが、「私が特にあの方にｅカンタンしたのは、まず若い人たちの議論を楽しそうに優しく満足気な態度で受け取ったこと、それから、彼らの議論を聞いて、私たちがどんな気持ちになっていたかをすぐに鋭く見て取り、さらにそういう私たちを巧みに癒したそのやり方だった」（プラトン、前掲書）。

普通、魂は不死ではないのではないかという話をほどなく死刑に処されることになっている人にはしないだろう。たとえソクラテスの議論が間違っていると思ったとしても、言葉に出さないだろう。もしもソクラテスに議論を挑むような人がいれば、空気が読めないといわれるだろうが、むしろ「私たちがどんな気持ちになっていたかをすぐに鋭く見て取っ」たソクラテスこそ、誰よりもその場の空気を読めたといっていいだろう。

重要なことは、このように空気を読めることが、その後の対話を封じていないということである。若い人たちの気持ちを読み取った上で、ソクラテスは納得できないことをたずねるようにと促した。

厳密に言えば、ソクラテスはその場の空気を感じたが、抗えないものとして実在する空気を読んだのではない。ソクラテスはその場にいる人たちが魂の不死について話題にすることを難しいと感じていることを知ったが、彼らがどう感じているかに注意を向け、彼らの気持ちに共感したけれども、それでもなお議論をする方へと若い人を促したのである。

しかし、多くの人はソクラテスとは違って、言動を控えるようにという空気を感じる。その場の空気に圧倒されてしまうと、おかしいと思っても反論できなくなる。冷静であれば当然おかしいと判断できることなのに、その場の空気に呑まれて反論できずに同意してしまったという。説得された人は空気を説得されたことの理由に持ち出す。［　Ⅰ　］

（中略）

ところで、この国に空気が蔓延しているのは、先に見たように、「私」がないからなのか。つまり、ウ同調意識が強いのでいうべきこと、いいたいことがあってもまわりの人に気を遣い黙ってしまうということである。「私」は隠れ、全体の意志が跋扈《ばっこ》[*4]する。

しかし、エ空気に抗う勇気を持てない人はむしろ人からどう思われるかということばかり考えてしまうのであり、そのことは言い換えれば「私」がないのではなく、むしろ「私」がありすぎるのだといえる。本当に「私」がないのなら、他の人からどう思われようと気にするはずはないのだ。

そのような人はいわなければならないと思っているけれども、空気の抵抗が大きいのでいうべきことがいえないのではなく、人からよく思われたいので、いうべきこと、いいたいことをいわない、するべきことをしないのである。

その際必要な Ⅱ は、空気を読み、和を乱さないことが大切だと考えることである。黙っていることこそ自分にとってメリットがあると判断し、そうすることを選んでいるのである。

（中略）

他方、裁判に臨んだソクラテスのように、あえてその場の空気に抗う行動を取ることもある。

ソクラテスは真実を語ることだけを考え、説得するために Ⅲ で飾られたような言葉を使わなかった。ソクラテスは青年を害し、国家が信じる神を信じないという廉《かど》[*5]で告発されたが、裁判所での弁明演説において、彼を告発した人の演説を聞いたソクラテスは、「私自身さえ、彼らの話によってもう少しで自分を忘れるところだった。それほど彼らの話には説得力があったのだ」といっている（プラトン『ソクラテスの弁明』）。

説得しようとする人は、理性ではなく情に訴えようとする。そのためには、聴衆の顔色を窺《うかが》い、その場の空気を読まなければならない。

ソクラテスが弁明演説を終えた後、有罪か無罪かが陪審員の投票で決められた。有罪という判決が下されたので、次は、どんな刑罰を科すかが決められることになった。その際、ソクラテスは刑が軽くなるように、陪審員の感情に訴えて説得することができたはずである。

ソクラテスには三人の子どもがいた。一人は既に青年だったが、二人はまだ幼かった。ソクラテスがもしもこの子どものどちらかでも裁判の場にfトウダンさせていたら死刑を免れたかもしれない。私が死ねばこの子たちが路頭に（　g　）というようなことを涙交じりで訴えればよかったのだ。

④それなのに、ソクラテスはそのようなことをしなかった。自分が正しいことを主張し、裁判官の神経を（　h　）としか思えないことiばかりを語ったのである。そのため、有罪か無罪かという投票がされたときには僅差《きんさ》だったのに、量刑の評決時には罰金よりも死刑に票を投じた人はかなり多かった。

人は自分にとって得にならないことはしない。しかし実際には、結果的には自分にとって得にならないことをすることがある。

ソクラテスのパラドクス[*6]として知られている「誰一人として悪を欲する人はいない」という命題がある。この言葉を聞くと、jたちまち反論したくなる人がいるだろう。悪を欲する人だっているはずではないか、現に不正を行う人がいるではないか、と。

Ⅳ、正義についていえば、正義を行っている人は、それを心ならずも行っているのであり、本心からの正義の人ではないかもしれない。

Ⅴ、もしも誰にも知られることがなく不正を行う機会が与えられれば、不正を犯すかもしれない。そう考えるのだ。

心ならずも不正を行っているという人もいるだろう。上司に嘘《うそ》をいうことを強いられているだけで、本当はそんなことはしたくないのだ、と。官僚が政治家の言いなりになって、誰がどう見ても明らかな嘘を庇《かば》うことを余儀なくされる。現代の問題は不正であることが明々白々であるにもかかわらず、それでも嘘をつくなどの不正を犯す人がいるということである。

このようなことを考えると、「誰一人として悪を欲する人はいない」という命題はパラドクス、逆説であるように見える。

Ⅵ、ギリシア語ではこの命題で使われている「善」と「悪」には道徳的な意味はない。善は「得になる」「ためになる」、悪は「得にならない」「ためにならない」という意味である。

「誰一人として悪を欲する人はいない」のであれば、「誰もが善を欲している」ということだが、「善」「悪」それぞれに「ためになる」「ためにならない」という意味を当てはめて「誰一人として悪を欲する人はいない」「誰もが善を欲している」という命題を読み直すと、それは「誰も自分のためにならないことは望まない」「自分の得（ため）になることを欲している」という意味になる。

そのように読めば、「誰一人として悪を欲する人はいない」という命題は当たり前の事実をいっているだけであり、パラドクスではなくなる。

そうすると、不正を行う人は悪を欲しているのではなく、「不正は善である」、つまり、不正を行うことが自分のためになると考えているということになる。

［　Ⅶ　］

人は誰でも「善」であること、つまり、自分の得になることしかしない。ある行為を選択する時でも、それが「自分の得になるか、ならないか」で決める。空気を読む人、空気に抗えなかったという人は、そうすることが自分に得になると判断したのであり、空気のせいにすれば、責任を免れることができると考えるのである。皆に従っておけば、対人関係の軋轢《あつれき》[*7]や摩擦を避けられると考える人もいるだろう。⑤問題は、そのようにすることが本当に「善」なのかということである。

（岸見一郎『怒る勇気』）

（注）

＊1　**揶揄**…からかうこと。

＊2　**ファシズム**…集団主義。全体主義。結束主義。

＊3　**鵺**…異なる動物の顔、胴体、手足、尾を併せ持った妖怪。得体の知れない人物・集団のたとえとして用いられる。

＊4　**跋扈**…おもうままに勝手な振る舞いをすること。

＊5　**廉**…理由とする事項。

＊6　**パラドクス**…常識に反するように見えて、実は一面の真理を突いた表現。

＊7　**軋轢**…仲が悪く、相争うこと。不和。

【問一】 二重傍線部a～fの漢字と同じ漢字のものを、次の各群のア～エのうちからそれぞれ一つずつ選び、その記号をマークしなさい。

a イヤがられた。

ア インケンな意地悪をする。
イ 違反のケンギがかけられる。
ウ 質実ゴウケンな人物。
エ 環境大臣と復興大臣をケンムする。

b ビンカン

ア 友人の車にビンジョウする。
イ 誤ってカビンを割ってしまう。
ウ お客の要求にキビンに対応する。
エ ヒンコンにあえぐ難民。

c シッコウ

ア クラスの人気者にシットする。
イ 模試の結果にシツボウする。
ウ 高速道路をシッソウする車。
エ 昔の栄光にコシツする。

d ソッチョク

ア 試合のため生徒をインソツする。
イ 驚きのあまりソットウする。
ウ ソッコウが持ち味のサッカーチーム。
エ ソッコウ性の毒を持つ蛇。

e カンタン

ア 七夕飾りのタンザク。
イ 試合への出場をタンガンする。
ウ 組織のマッタンまで指令が届く。
エ タンサイボウ生物。

f トウダン

ア 悩み事をソウダンする。
イ 計画が一ダンカイ進む。
ウ 勝利のために一致ダンケツする。
エ カダンに水をやる係。

【問二】本文中の（　g　）（　h　）にあてはまる語句を次の各群のア～エのうちからそれぞれ一つずつ選び、その記号をマークしなさい。

（　g　）

ア　群がる　　イ　はびこる　　ウ　あふれる　　エ　迷う

（　h　）

ア　すり減らす　　イ　とがらせる　　ウ　逆なでする　　エ　使う

【問三】波線部ｉ、ｊと同じ品詞の単語を次の各群のア～エのうちからそれぞれ一つずつ選び、その記号をマークしなさい。

ｉ　～としか思えないことばかりを語ったのである。

ア　彼こそリーダーにふさわしい人だ。　　イ　明日の朝には雨もやんでいるだろう。

ウ　彼女のことが忘れられない。　　エ　父が言っていたことの意味がわかりました。

ｊ　たちまち反論したくなる人がいるだろう。

ア　きれいに整えられた髪。　　イ　上品で落ち着きのある大人になりたい。

ウ　夕日がゆっくりと落ちていく。　　エ　ずいぶん遠いところまで来たものだ。

【問四】傍線部①「空気は、多くの場合、何かを『する』というよりは『しない』方向に作用する」とはどういうことか。最も適当なものを次の中から選び、その記号をマークしなさい。

ア　空気は実体として存在するものではないため、人々の現実の行動や判断への影響力も当然ない、ということ。

イ　空気の正体は他者からの期待であるため、それに応えねばならないという重圧から、かえって意に添った行動や発言ができなくなるということ。

ウ　空気には強制力がないため、たとえ空気を読める人だとしてもその場に適した行動や判断をする責任は生じないということ。

エ　空気を読む人は他者の意向をくんでそれにあわせようとするため、私的な行動や発言を慎みがちになるということ。

4 右の図のように，点 O を中心とし，線分 AB を直径とする円 O がある。円周上に点 C をとり，点 C を通る円 O の接線を l とする。
また，点 A を通り直線 BC に平行な直線 m をひき，直線 m と直線 l の交点を D，直線 m と円 O との交点のうち点 A ではない方を点 E とする。
さらに，点 A における円の接線を n とし，直線 l と直線 n の交点を F とする。
このとき，［ア］～［ケ］に当てはまる適切な数字をマークしなさい。

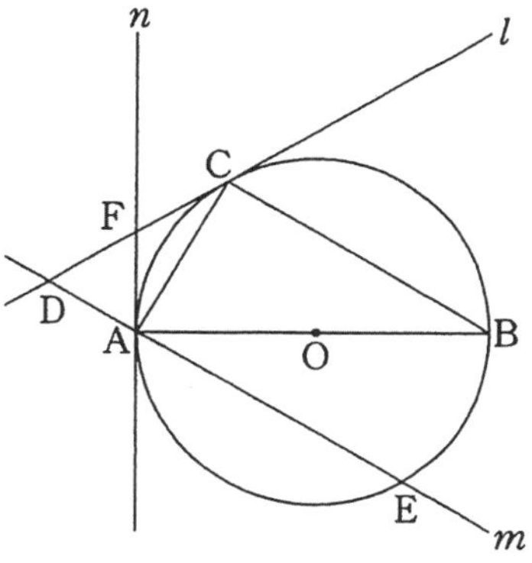

(1) $\angle$ACD＝28° のとき，$\angle$BOC＝［アイウ］° である。

(2) AB＝8，BC＝7 であるとき，DE＝$\frac{［エオ］}{［カ］}$，OF＝$\frac{［キク］}{［ケ］}$ である。

3 右の図のように，関数 $y=\frac{1}{4}x^2$ のグラフ上に，x 座標がそれぞれ $-p$，$3p$ である点 A，B がある。また，点 C，D は，関数 $y=x^2$ のグラフ上の点で，点 C は点 A と x 座標が，点 D は点 B と y 座標がそれぞれ等しい。原点を O，点 D の x 座標は正，$p>0$ であるとするとき，[ア] ～ [ウ] に当てはまる適切な数字をマークしなさい。

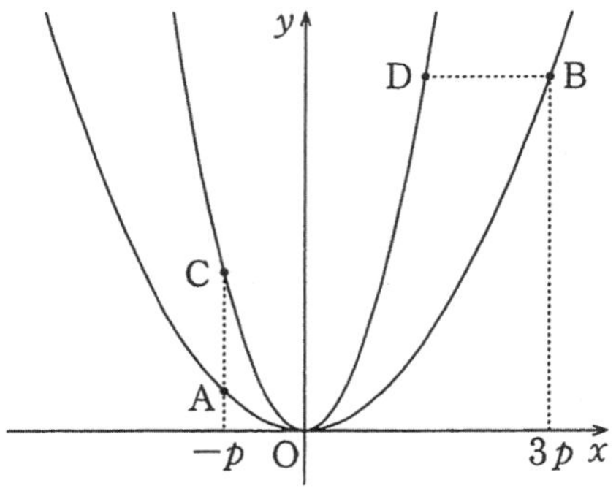

(1) 直線 AB の傾きが 1 のとき，p の値は $p=$ [ア] である。

(2) △OAB と△OCD の面積比は [イ] : [ウ] である。

2 名電高校科学技術科3年生には，興味のあるテーマを選び，1年かけて研究する「課題研究」という授業がある。豊田さんと本田さんはこの授業の中で電気自動車（以降EVという）について研究をしている。次の会話は，EVの走行距離に対する消費電力に関して調べるために走行実験を行ったあとの2人の会話である。会話文を読んで，［ア］～［カ］および［ク］，［ケ］にあてはまる適切な数字をマークしなさい。また，［キ］にあてはまる式を選択肢から1つ選び，番号をマークしなさい。
ただし，時速30kmから時速60kmの間は，速度の増加に応じて走行距離が一定の割合で減少するものとする。

豊田さん：完成したEVの充電を満タンにして，一定の速度で走らせたときの走行距離を下の表にまとめたよ。

時速	走行距離
30 km	200 km
60 km	120 km

本田さん：ふむふむ。つまり，EVを時速x kmで走行させたとき，走行距離をy kmだとすると，時速30kmから時速60kmの間は速度の増加に応じて走行距離が一定の割合で減少するから，xとyの関係式は

$$y=\frac{\boxed{アイ}}{\boxed{ウ}}x+\boxed{エオカ}\cdots\text{(A)}$$

になるね。

豊田さん：そうだね！
それに加えて，EVを時速x kmで走行させたとき，走行距離をy km，走行時間をz時間だとすると，

［キ］…（B）

が一般的に成り立つことが知られているよ。

本田さん：(A)と(B)の関係式を用いれば，走行時間に対して時速を設定することもできそうだね。
たとえば，走行時間を4時間にしたいとき，時速30km以上，60km以下という条件のもとで，時速は［クケ］kmとすればいいね。

［キ］の選択肢

① $y=\frac{x}{z}$　② $y=xz$　③ $y=\frac{z}{x}$　④ $y=x+z$　⑤ $y=-x+z$

(9) 下の箱ひげ図は，あるクラスの 38 人の数学と英語の 100 点満点のテストの点数を表したものである。(i) ～ (v) について，この箱ひげ図から読み取れることとして，正しいものには①を，正しいとはいえないものには②をマークしなさい。

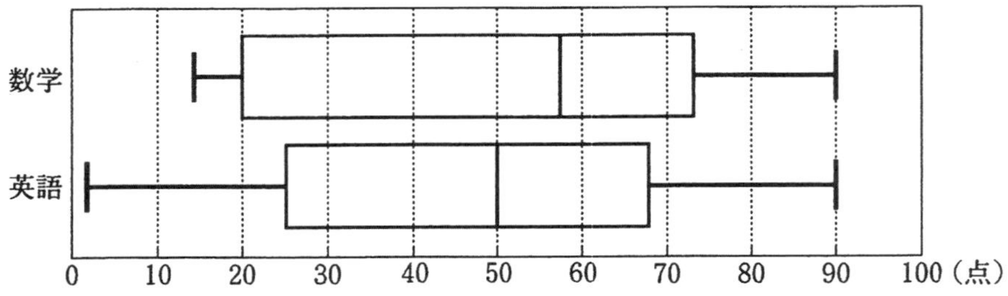

(i) 数学で 10 点以下をとった生徒はいない。[テ]

(ii) 英語の方が数学より四分位範囲が広い。[ト]

(iii) 70 点以上をとった生徒は英語よりも数学の方が多い。[ナ]

(iv) 英語の平均点は 50 点である。[ニ]

(v) 2 教科を合わせた合計点がクラスで 1 位であった生徒の，数学と英語の合計点は 180 点である。[ヌ]

(10) 右の図のように，AB＝AC，$\angle BAC=50^\circ$ であるような $\triangle ABC$ がある。辺 AC を C 側に延長した延長線上に，$\angle ADB=35^\circ$ となるような点 D をとり，線分 BD と 3 点 A，B，C を通る円との交点を E とする。このとき，$\overset{\frown}{BE}:\overset{\frown}{EC}=$ [ネ] : [ノ] となる。

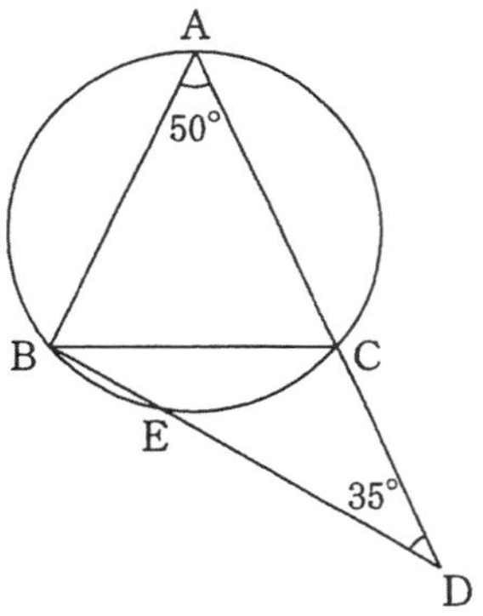

Ⅵ. （　　）内に入る語（句）の組み合わせとして最も適当なものを，ア～エから１つ選び，記号で答えなさい。

1．I（　　　）to the park（　　　）friends of mine the day before yesterday.

ア．went, to meet　　　イ．visited, to meet

ウ．come, meeting　　　エ．left, meeting

2．（　　　）many interesting places in Nagoya,（　　　）many tourists go there every year.

ア．It has, because　　　イ．There is, so

ウ．It is, because　　　エ．There are, so

3．It's very hot today. You（　　　）drink a lot of（　　　）while you are playing sports.

ア．can, waters　　　イ．have to, water

ウ．should, bottle of water　　　エ．must not, water

V．次の１～７の日本語に合うよう（　）内の語句を並べかえたとき，（　）内で３番目(③)と６番目(⑥)に来る語（句）の組み合わせとして正しいものをア～エから１つ選び，記号で答えなさい。ただし，文頭に来る語も小文字で示してあります。

1．その子どもたちはみな16歳です。
(of / the / are / 16 years old / children / all).
ア．③ of ⑥ 16 years old　　イ．③ are ⑥ 16 years old
ウ．③ the ⑥ 16 years old　　エ．③ 16 years old ⑥ children

2．あの新しいビルより1900年に後藤氏が建てた寺のほうが良いです。
(better / in / looks / by / 1900 / the temple / than / Mr.Goto / built) that new building.
ア．③ 1900 ⑥ built　　イ．③ by ⑥ 1900
ウ．③ the temple ⑥ Mr.Goto　　エ．③ better ⑥ Mr.Goto

3．カナダ滞在中にどこに行けばいいか教えていただけますでしょうか。
(my stay / where / go / me / you / could / during / to / tell) in Canada?
ア．③ tell ⑥ to　　イ．③ go ⑥ could
ウ．③ tell ⑥ go　　エ．③ tell ⑥ where

4．私はいつも何かわくわくすることを探しています。
(for / I / exciting / looking / always / something / am) to do.
ア．③ always ⑥ for　　イ．③ am ⑥ looking
ウ．③ looking ⑥ something　　エ．③ always ⑥ something

5．もしタイムマシーンがあれば，この問題を解くことができるのに。
(I / I / solve / if / a time machine, / could / had) this problem.
ア．③ I ⑥ could　　イ．③ could ⑥ had
ウ．③ solve ⑥ a time machine,　　エ．③ had ⑥ could

6．あなたが教室を掃除してくれないかな。
(to / you / the classroom / clean / want / I).
ア．③ clean ⑥ the classroom　　イ．③ clean ⑥ you
ウ．③ you ⑥ the classroom　　エ．③ the classroom ⑥ to

7．私の家から花火は見えない。
(seen / my house / can't / the fireworks / from / be).
ア．③ be ⑥ my house　　イ．③ can't ⑥ my house
ウ．③ can't ⑥ the fireworks　　エ．③ be ⑥ the fireworks

IV. Select the correct word or phrase for each blank.

Hiro: Well, that was a great dinner. I enjoyed my time with you. Thanks a lot.
Honoka: Oh, I'm glad to hear that. It was very nice to (1) you at my house.
Hiro: Yes, it was very good to talk with you over a cup of British tea.
Honoka: How about some more tea?
Hiro: Yes, (2).
Honoka: Right, I will just make some for you.
Hiro: Thanks. Now (3).
Honoka: No, no. I can do it myself.
Hiro: Do you mind if I have some chocolate cookies?
Honoka: No. Go ahead.
Hiro: I didn't know you cooked so well.
Honoka: Well, I went to a few evening cooking classes, (4).
Hiro: I am not a good cook. I should study cooking.
Honoka: Well, why don't you come with me at six o'clock? I think it'd be great.
Hiro: Well, (5). But I am afraid I can't go to the class because I have a lot of work to do tonight.

1. ア. give　イ. leave
ウ. help　エ. have

2. ア. I'm really fed up　イ. please don't mind
ウ. I'm tired　エ. I'd love some

3. ア. get this straight　イ. let me wash the cups
ウ. explain　エ. get myself

4. ア. that's all　イ. let's call it a day
ウ. in the end　エ. no comment any more

5. ア. please keep in touch　イ. I don't want to come
ウ. that's kind of you　エ. see you later

If you're interested in modern Japan - cosplay, anime, technology, and manga - or - ancient Japan - pottery, flower arrangement, calligraphy and tea ceremony - there is someone who will be your friend in Nagoya!

1. What three words go in blanks (A)?

ア.	athletics	swimming	to sleep
イ.	bowling	karate	beach volleyball
ウ.	archery	soccer	to dance
エ.	volleyball	yoga	mountain climbing

2. Which group started in 1992?
ア. The Metro Club
イ. Nagoya Players
ウ. Pen to Paper
エ. Small World

3. Choose the correct titles for Parts (i), (iii), (v), and (vii).

ア.	i. sport	iii. kabuki theater	v. moral teaching	vii. reading
イ.	i. travelling	iii. painting	v. broadcasting	vii. cooking
ウ.	i. exercise	iii. acting	v. volunteer work	vii. writing
エ.	i. math	iii. chorus	v. SDGs activities	vii. dancing

4. Who is this information for, and about how long is or was their stay in Japan?
ア. Tourists from China - for one week.
イ. Elementary school students from Okinawa - for two days.
ウ. Teachers from Australia — for three years.
エ. Elderly homestay guests from Egypt — for the fall season.

5. Choose the correct title for this article.
ア. Welcome to Japan: Did you Enjoy Studying Here?
イ. Welcome to Nagoya! Meeting People and Making Friends
ウ. Welcome to Nagoya! How to Prepare for your Visit to Japan.
エ. Welcome to Japan: Learn About Traditional Japanese Art and Culture!

(24) 表中Hの際に結んだ条約を、次の①～④のうちから１つ選んで、その記号をマークしなさい。

① 韓国政府は日本政府の推薦する日本人１名を財務顧問として韓国政府に傭聘《ようへい》し財務に関する事項は総《すべ》てその意見を詢《と》い施行すべし

② 両締約《ていやく》国間に外交及び領事関係が開設される。両締約国は、大使の資格を有する外交使節を遅滞《ちたい》なく交換するものとする。また、両締約国は、両国政府により合意される場所に領事館を設置する。

③ 韓国皇帝陛下は韓国全部に関する一切《いっさい》の統治権を完全かつ永久に日本国皇帝陛下に譲与す

④ 朝鮮国は自主の邦《くに》にして日本国と平等の権を有《ゆう》せり。嗣後《しご》両国和親の実を表せんと欲するには彼此《ひし》互いに同等の礼儀をもって相《あい》接待し、毫《ごう》も侵越猜嫌《さいけん》する事あるべからず。

(25)「自衛隊」が創設された時期を表中Ⅰ～Ⅲから選び、当時の内閣総理大臣との組合せとして正しいものを、次の①～⑥のうちから１つ選んで、その記号をマークしなさい。

① ［時期］Ⅰ－［内閣総理大臣］佐藤栄作　② ［時期］Ⅰ－［内閣総理大臣］吉田　茂

③ ［時期］Ⅱ－［内閣総理大臣］佐藤栄作　④ ［時期］Ⅱ－［内閣総理大臣］吉田　茂

⑤ ［時期］Ⅲ－［内閣総理大臣］佐藤栄作　⑥ ［時期］Ⅲ－［内閣総理大臣］吉田　茂

《丙》次の朝鮮半島の歴史と日本との関係をまとめた年表をみて、あとの問いに答えなさい。

区分	西暦	内容	
三国	391	①高句麗の好太王が倭と戦う	
	562	②新羅によって③加耶が滅亡	
	660	④百済滅亡→復興を試みるも３年後にＦ倭の援軍が唐・新羅連合軍との戦いに大敗し、復興はかなわなかった。	
	668	唐・新羅連合軍によって高句麗が滅亡	
新羅	676	統一新羅建国	
高麗	918	高麗建国	
李氏朝鮮	1392	李氏朝鮮建国（李成桂）・・・G	
	1592・97	文禄・慶長の役で日本軍が朝鮮に侵攻	
	1897	大韓帝国に改名	
植民地時代	1910	韓国併合によって日本領となる・・・H	
	1919	三・一独立運動	
南（大韓民国） 北（朝鮮民主主義人民共和国）	1950.6	朝鮮戦争勃発	
	1953.7	休戦協定を締結	
	↕ Ⅰ		
	1965	韓国	日韓基本条約＝日韓国交正常化
	↕ Ⅱ		
	1980	韓国	光州民主化運動
	1991	南北両国が国連に加入	
	↕ Ⅲ		
	2002	北朝鮮	日朝平壌宣言
	2018	板門店首脳会談	

(21) 仏像・経典を日本の天皇に贈り、日本に仏教を公伝したのはどこの国王ですか。表中の①～④のうちから１つ選んで、その記号をマークしなさい。

(22) 下線部Ｆの場所を、【地図３】中の①～④のうちから１つ選んで、その記号をマークしなさい。

【地図３】

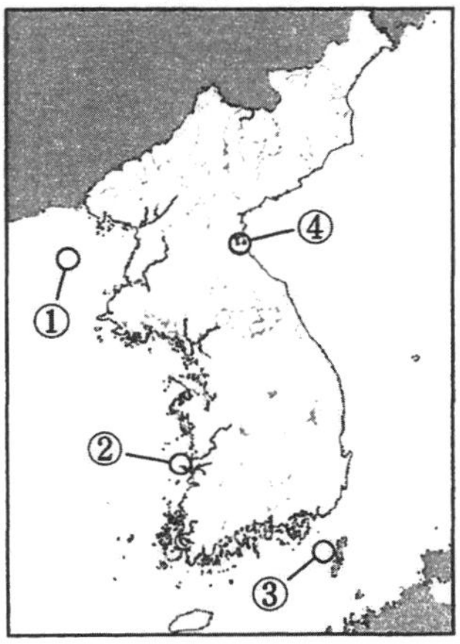

(23) 表中Ｇの時期に日本で実権を握っていた人物がおこなったことを、次の①～④のうちから１つ選んで、その記号をマークしなさい。

① 「日本国王」に任命されて勘合貿易をはじめた。
② 借金に苦しむ御家人たちのために永仁の徳政令を出した。
③ バテレン追放令を出してキリスト教の布教を禁止した。
④ 京都の東山に銀閣を建てた。

(17) 地図の説明として正しいものを、次の①～⑥のうちから１つ選んで、その記号をマークしなさい。

① 色塗りはＮＡＴＯ加盟国を示しており、アのウクライナは加盟していない。
② 色塗りはＮＡＴＯ加盟国を示しており、イのウクライナは加盟していない。
③ 色塗りはＮＡＴＯ加盟国を示しており、ウのウクライナは加盟していない。
④ 色塗りはＥＵ加盟国を示しており、アのウクライナは加盟していない。
⑤ 色塗りはＥＵ加盟国を示しており、イのウクライナは加盟していない。
⑥ 色塗りはＥＵ加盟国を示しており、ウのウクライナは加盟していない。

(18) 地図中で「天然ガス」をあらわすマークと、次のグラフⅠ・Ⅱのうち日本の液化天然ガス輸入先をしめしたグラフの組合せとして正しいものを、次の①～⑥のうちから１つ選んで、その記号をマークしなさい。

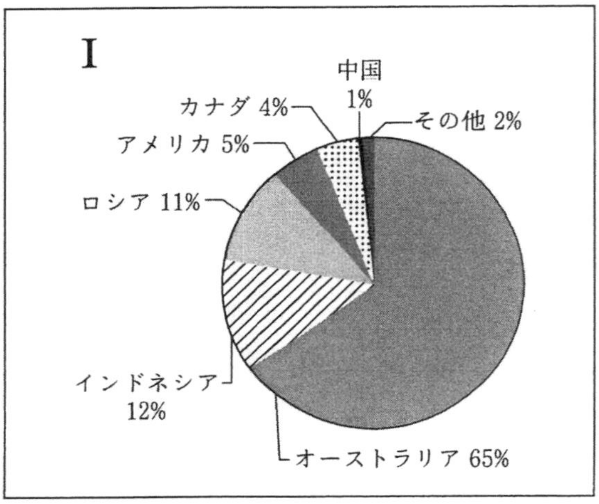

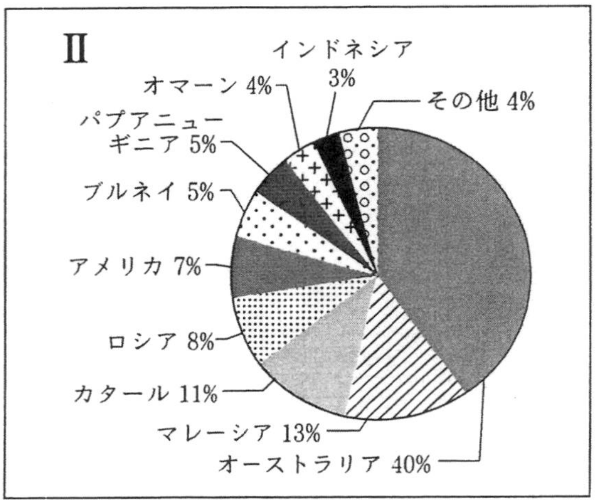

（財務省・貿易統計　2021 年を参考に作成）

① ［マーク］■－［グラフ］Ⅰ
② ［マーク］△－［グラフ］Ⅰ
③ ［マーク］＃－［グラフ］Ⅰ
④ ［マーク］■－［グラフ］Ⅱ
⑤ ［マーク］△－［グラフ］Ⅱ
⑥ ［マーク］＃－［グラフ］Ⅱ

(19) 地図中のスカンディナビア半島には氷河によって削られた谷に海水が深く入り込んだ地形がみられます。そのような地形を何といいますか。次の①～④のうちから１つ選んで、その記号をマークしなさい。

① リアス式海岸　② フィヨルド　③ 扇状地　④ エスチュアリ

(20) 地図中の①～④のうちから、黒海を１つ選んで、その記号をマークしなさい。

《乙》次の【地図 2】をみてあとの問いに答えなさい。

【地図 2】

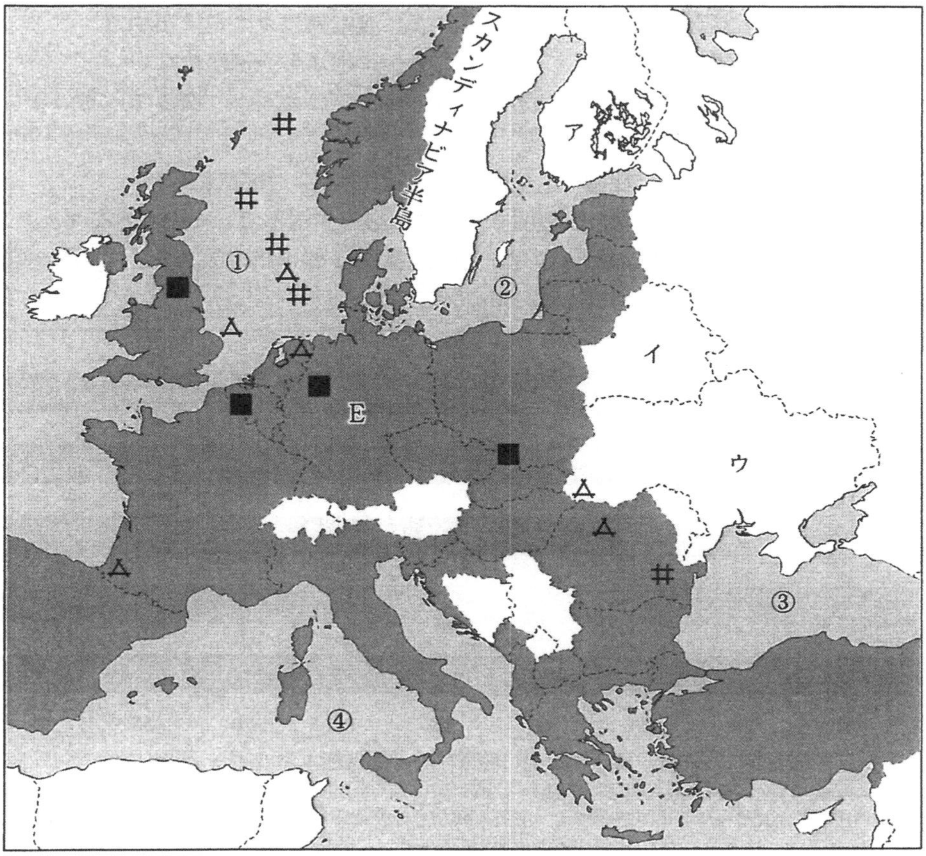

※地図中の色塗りは、2022 年 5 月時点のものです。

(16) 地図中Eの国と日本の関係について説明した文として正しいものを、次の①～④のうちから<u>すべて</u>選んで、その記号をマークしなさい。

① 両国とも世界を代表する工業国。日本の自動車輸入額のうちE国の額が最も多い（2021 年）。

② 両国は自動車輸出台数が世界で 1・2 番（2019 年）に多い。日本のワイン輸入量のうちE国の量が最も多い（2021 年）。

③ 両国とも第 2 次世界大戦の敗戦国。日本の医薬品輸入額のうちE国の額が最も多い（2020 年）。

④ 両国とも領土問題を抱えている。日本の魚介類輸入額のうちE国の額が中国・チリに次いで 3 番目に多い（2021 年）。

(12) 下線部Bの短所となる要素を、次の①～④のうちから1つ選んで、その記号をマークしなさい。

① 天候の変化に左右される　　② 温室効果ガスを排出する
③ エネルギー自給率を高める　　④ エネルギー源が少ない

(13) 下線部Cによる事業で整備された施設のことを何といいますか。次の①～④のうちから1つ選んで、その記号をマークしなさい。

① 社会集団　② 社会保障　③ 社会福祉　④ 社会資本

(14) 文中の①～④のうち、国際連合の機関でないものを1つ選んで、その記号をマークしなさい。

(15) 下線部Dに関連して、日本のエネルギー別発電量をしめしたグラフを、次の①～⑤のうちから1つ選んで、その記号をマークしなさい。

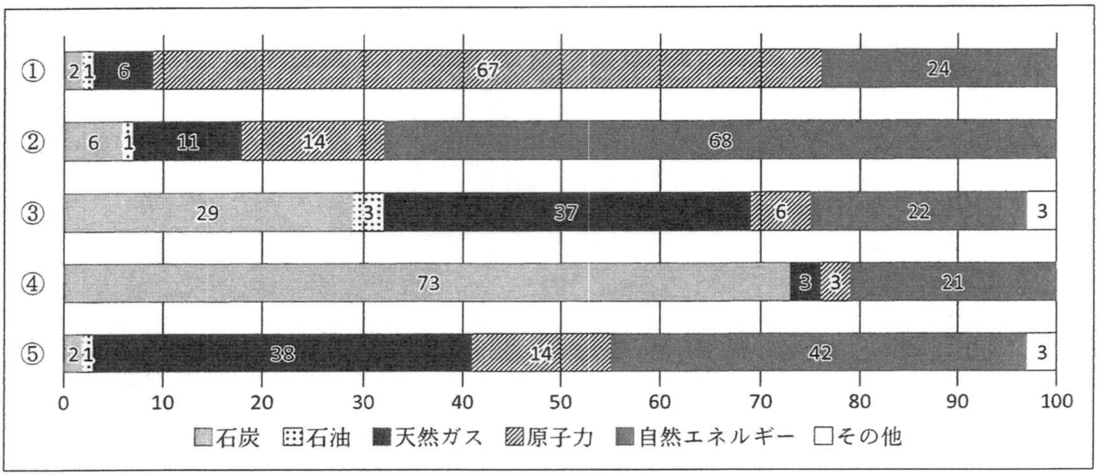

※自然エネルギーは、水力・バイオエネルギー・地熱・風力・太陽光を含む
（「2021年　統計｜国際エネルギー」自然エネルギー財団 HP のデータをもとに作成）

2 2015年9月の国連サミットで加盟国の全会一致で採択された「持続可能な開発のための2030アジェンダ」に記載された持続可能な開発目標（SDGs）は、世界各国が共通して取り組むべきグローバルな問題です。しかしながら、ロシアによるウクライナ侵攻、歴史認識問題をめぐる日韓関係の悪化などをみても、各国共通の認識づくりは難しい課題です。これらの問題に関連して、《甲》～《丙》を読みそれぞれの問いに答えなさい。

《甲》次の文章を読みあとの問いに答えなさい。

環境危機を深刻化させてきた原因でもある資本主義システムを、どのようにA環境保全と両立させていくかが課題になっています。そこで提唱されている政策プランが、「グリーン・ニューディール」による持続可能な緑の経済への移行です。B再生可能エネルギーや電気自動車を普及させるための大型財政出動やC公共投資を行い、安定した高賃金の雇用を創出し、有効需要を増やし、景気を刺激することを目指します。その好景気がさらなる投資を生み、持続可能な経済成長へ移行することが期待されています。

それに対して、経済思想史研究者の斎藤幸平さんは『人新世の「資本論」』(集英社新書、2020年）で「“緑の経済成長”こそが、資本主義が“平常運転”を続けるための“最後の砦”になっている。その“最後の砦”の旗印になっているのが“SDGs”だ。国連、①IBRD、②IMF、③OECD、④UNICEFなどの国際機関もSDGsを掲げ、“緑の経済成長”を熱心に追求しようとしている。・・・さらなる経済成長を生み出すのは間違いない。D太陽光パネルだけでなく、電気自動車とその急速充電器の普及、さらには、バイオマス・エネルギーの開発など、経済の大転換が必要になり、そのためには多くの投資と雇用創出が欠かせないからである。そして、気候危機の時代には、既存の社会インフラ全体を丸ごと転換するような大型投資が必要だという主張も、まったくもって正しい。だが、それでも問題は残る。それが果たして、地球の限界と相容れるのかどうか、という疑問が湧いてくるからだ。“緑”と冠をつけたところで、成長を貪欲に限りなく追求していけば、やがて地球の限界を超えてしまうのではないか」(引用文内の括弧は引用符に変えてあります）と疑問を投げかけています。

(11) 下線部Aへの国際的な取り組みについて述べた文X～Zについて、その正誤の組合せとして正しいものを、あとの①～④のうちから1つ選んで、その記号をマークしなさい。

X 1992年にリオデジャネイロで開催された国連環境開発会議では、地球環境の保全と持続可能な開発の実現のための取り組みについて議論が行われ、温室効果ガスの濃度安定化を目的とした気候変動枠組条約を採択した。

Y 1997年に京都で開催された地球温暖化防止京都会議では、温室効果ガスの排出削減を先進工業国だけでなく中国やインドにも義務付けた京都議定書が採択されたが、のちにアメリカが離脱した。

Z 2015年にパリで開催された第21回気候変動枠組条約締約国会議では、歴史上はじめてすべての国と地域が参加して温室効果ガスの削減などに取り組む合意のパリ協定が採択されたが、のちにアメリカが離脱した。

① X－正　Y－正　Z－誤　　② X－正　Y－誤　Z－正
③ X－誤　Y－正　Z－誤　　④ X－誤　Y－誤　Z－正

（７）下線部Ｋが所在する都道府県の説明をしたものとして正しい文を、次の①～④のうちから１つ選んで、その記号をマークしなさい。

① 世界遺産の鉱山があり、人口が全国で２番目に少ない（2021年）。

② 真珠の養殖が盛んで、茶の生産量が全国で３番目（2020年）に多い。

③ 県南部ではスギなどの林業が盛んで、柿の生産量が全国で２番目（2020年）に多い。

④ カキの養殖や自動車の生産がさかんで、マツダの本社もある。

（８）空欄Ｌ［＊］□□にあてはまる漢字を、次の①～⑤のうちから１つ選んで、その記号をマークしなさい。

〔解答例〕空欄の□には漢字１字が入ります。空欄Ｌ□□［＊］□□に［愛］［工］［大］［名］［電］が入る場合は、［＊］にあてはまる「大」の字を選択肢から選んでください。

① 港　② 問　③ 寺　④ 門　⑤ 城

（９）空欄Ｍ□［＊］□にあてはまるアルファベットを、次の①～⑤のうちから１つ選んで、その記号をマークしなさい。

① C　② G　③ P　④ S　⑤ T

（10）【地図１】に関する説明文ａ・ｂを読み、その正誤を考え、ａ・ｂいずれも正しい場合は①、ａが正しくｂが誤っている場合は②、ａが誤りでｂが正しい場合は③、ａ・ｂいずれも誤っている場合は④を選んで、その記号をマークしなさい。

ａ　桃園町・浮島町に比べて、熱田神宮が鎮座する場所の標高は高くなっている。

ｂ　大津通の西側には多くの寺社が、東側には老人ホーム・体育館・税務署・教育センターなどの比較的新しい建物が分布している。

【地図1】

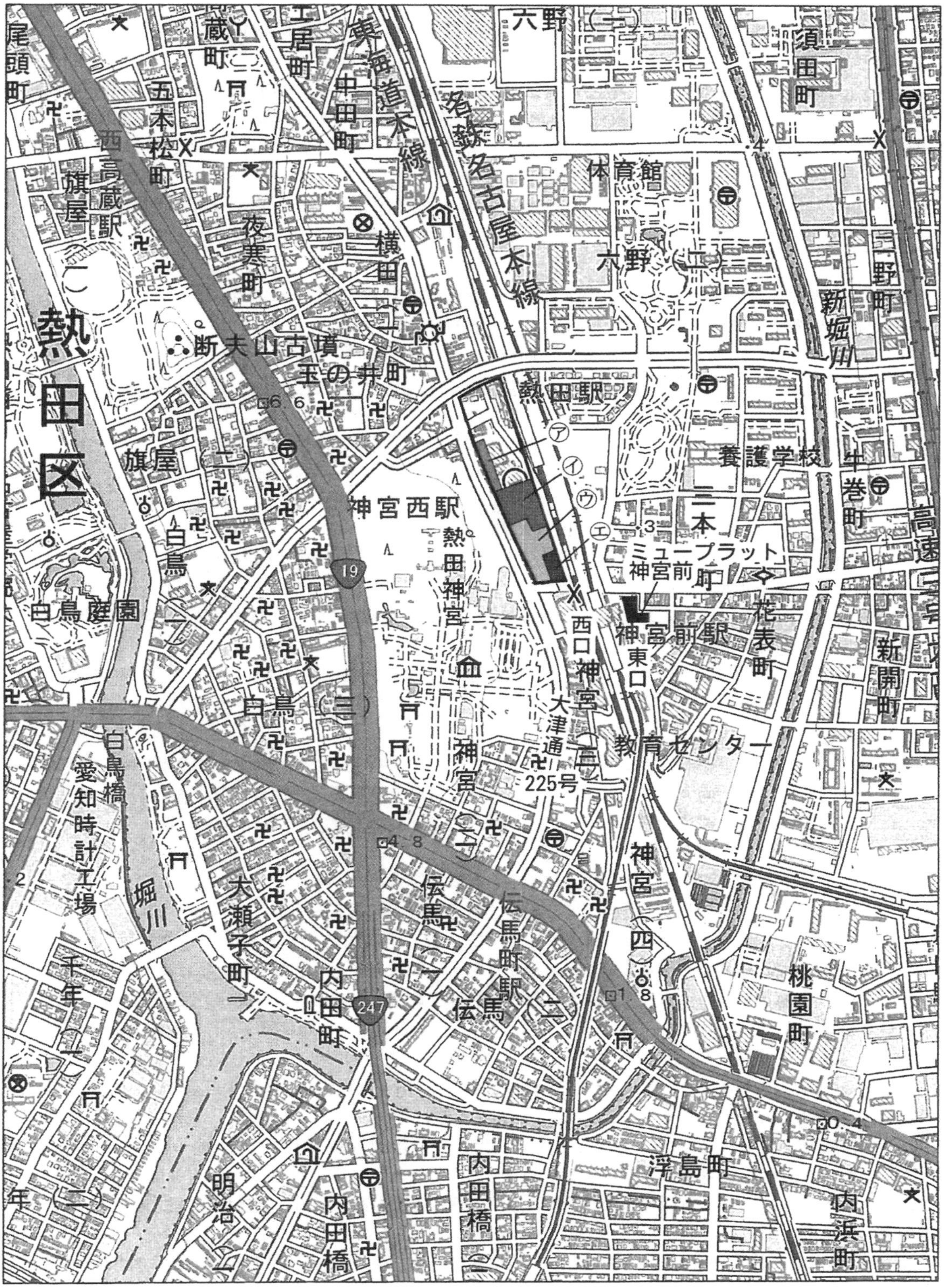
六野（一）
須田町
尾頭町
蔵町
居町
東海道本線
五本松町
中田町
名鉄名古屋本線
西高蔵駅
旗屋
体育館
夜寒町
横田
六野（二）
新堀川
野町
熱田区
断夫山古墳
玉の井町
6.6
熱田駅
ア
イ
ウ
エ
旗屋（二）
養護学校
牛巻町
神宮西駅
二本
熱田神宮
3
ミュープラット
神宮前
19
白鳥（一）
白鳥庭園
西口
神宮前駅
東口
花表町
新開町
白鳥（三）
大津通
225号
教育センター
神宮（二）
白鳥橋
愛知時計工場
4.8
堀川
大瀬子町
伝馬（一）
伝馬町駅
神宮（四）
1.8
桃園町
千年（一）
内田町
247
伝馬（二）
0.4
浮島町
明治（二）
内田橋
内浜町
年（二）

【探究学習発表用レジュメ】

「歴史的資源を活かしたまちのあり方－熱田神宮と神宮前駅周辺の再開発から考える－」

はじめに

熱田区には熱田神宮を中心とする歴史的資源や伝統文化資源がある。熱田は江戸期に東海道最大の宿場町として栄えたが、戦後は金山総合駅が副都心と位置づけられ、熱田は衰退していった。熱田区の発展には熱田の再開発が不可欠である（1990 年代に一度再開発計画が挫折している）が、課題は熱田が持つ資源と経済産業、そして副都心の金山とが上手く連結されていないことにある。以下、熱田神宮駅前地区まちづくり協議会の開発計画、名古屋市各区の産業の現状（先の表 1・2 の分析）、伊勢神宮・K出雲大社の事例から熱田神宮を中心としたまちのあり方について考える。

1. 熱田神宮駅前地区開発の現状（「熱田神宮駅前地区　まちづくり構想」2020 年 7 月）

［構想］・観光都市ナゴヤにふさわしいL[＊]□□の構築

・住みたいまち・住みやすいまち－耐震化・不燃化を念頭に－

㋐歩きたくなる空間形成エリア　㋑都市機能向上エリア　㋒門前町・神宮前横丁エリア

㋓昭和レトロ飲食店街　【地図 1】

［実現に向けて］・宮の渡し・大瀬子地区まちづくり協議会との連携＝回遊性の向上

・名古屋学院大学、M□[＊]□団体、商店街による活動の推進

2．L[＊]□□の成功事例－伊勢神宮・出雲大社の事例から－

［伊勢神宮］・1980 年代は年間参拝者 10 万人強と低迷　→企業「赤福」を中心に街並みを再開発＝年間約 800 万人以上に

［出雲大社］・1990 年 JR 大社駅閉鎖で観光客激減　→2013 年の大遷宮に合わせた修景事業＝年間約 800 万人に

→共通点：㋐L[＊]□□としての修景開発、㋑歩道を整備、㋒長い歴史と高い知名度

3．熱田神宮のL[＊]□□としての可能性

［問題点］㋐商店街の半数が空き店舗　　㋑駅からのアクセスの悪さ／周辺歩道の未整備

㋒周辺の歴史的・伝統文化資源や店舗とのつながりの無さ（＝回遊性の無さ）

㋓伝統企業との提携不足　　㋔熱田区全体で［　　　］などが大幅に減少

㋕熱田区の企業数が減少

［可能性］㋐長い歴史と高い知名度（何もなくても年間約 700 万人が参拝）

㋑有名な店が多い（蓬莱軒・きよめ餅・宮きしめん・亀屋芳広など）

㋒神宮前駅西側の再開発計画（東口には 2012 年に商業施設「ミュープラット神宮前」が開業）

㋓副都心金山の近くに位置＝名古屋中心部との接続可能　　㋔堀川・新堀川の水資源と隣接

→伊勢神宮・出雲大社に比べて、熱田神宮は立地や素材など各段に良い条件下にある

※［　　　］は問（5）と関係するため空欄

おわりに

駅前再開発計画に加えて、㋐江戸時代の宿場町を思わせる街並みの再現、㋑神宮周辺の断夫山古墳・白鳥庭園・宮の渡しなどをつなぐルートの整備とグルメをあわせた熱田マップの作成、㋒神宮－イオン熱田店－金山の動線を整備（陸路だけでなく、堀川を利用した水上バスなどで神宮－金山をつなぐことも）、さらには名駅（堀川で名古屋城）と接続する動線の整備、㋓これらL[＊]□□には不可欠な［　　　］が熱田区では激減しており、再開発と合わせて各産業の誘致活動が必要、など熱田独自のL[＊]□□づくりが可能である。

これらにより、都市と歴史が各産業を包括して広範囲に融合した、持続可能な地域社会の一例となりうる。

屋市で最も少なく、増減率から中心部ではなく経済的に衰退傾向にある南部に数値的に位置づけられるところに問題があるのではないでしょうか。

また、2016年から2021年に限ってみると、中川区を除いて情報通信が大幅に増加し、宿泊・飲食サービス業が増加区・減少区問わず大幅に減少しており、その業種から［ J ］の影響が推察されます。

（6）空欄［ H ］～［ J ］にあてはまる語句の組合せとして正しいものを、次の①～⑧のうちから1つ選んで、その記号をマークしなさい。

① H－電気小売業への参入を完全自由化　I－増加2区　J－東日本大震災
② H－電気小売業への参入を完全自由化　I－減少2区　J－東日本大震災
③ H－働き方改革法の施行　I－増加2区　J－東日本大震災
④ H－働き方改革法の施行　I－減少2区　J－東日本大震災
⑤ H－電気小売業への参入を完全自由化　I－増加2区　J－COVID-19パンデミック
⑥ H－電気小売業への参入を完全自由化　I－減少2区　J－COVID-19パンデミック
⑦ H－働き方改革法の施行　I－増加2区　J－COVID-19パンデミック
⑧ H－働き方改革法の施行　I－減少2区　J－COVID-19パンデミック

これまでの分析から、企業の経済活動には地域独自の要因が大きく作用していることがわかりました。そこで、分析から見えてきた熱田区の経済産業の特徴と熱田区独自の資源（熱田神宮の存在を中心に）から、今後の熱田区のあり方を考え、以下のような発表をしました（【探究学習発表用レジュメ】・【地図1】）。

（5）空欄 G にあてはまる最も適当な産業を、【表1】中①～⑭のうちから2つ選んで、その記号をマークしなさい。

各区の企業総数の増減率（2012年と2021年を比較）をみると、

東区＋4%、千種区＋2%、名東区＋1%、天白区－1%、緑区－3%、中区－7%、昭和区－8%、港区－10%、中村・守山区－11%、北区－12%、瑞穂区－14%、熱田・西区－15%、中川区－16%、南区－20%、

と、名古屋東部の東・千種・名東区のみが増加し、その他は減少、なかでも、瑞穂・熱田・中川・南区の名古屋南部の減少が顕著です。このうち、増加率と減少率が大きい区で、産業別に期間を細かく区切った分析をすることで、何らかの傾向が読み取れるのではないかと考えました。

そこで増加率が大きい東・千種の2区、減少率の大きい南・中川の2区、そして熱田区の主な産業別の増減率を3期（2012－2016年・2016－2021年・2012－2021年）に分けて比較することで、熱田区の課題を探りました。

【表2】増加2区・減少2区と熱田区の比較

				増加区						減少区								
				1番目			2番目			1番目			2番目					
	市全体			東区			千種区			南区			中川区			熱田区		
	2012-2016	2016-2021	2012-2021	2012-2016	2016-2021	2012-2021	2012-2016	2016-2021	2012-2021	2012-2016	2016-2021	2012-2021	2012-2016	2016-2021	2012-2021	2012-2016	2016-2021	2012-2021
建設業	-7%	6%	-1%	-7%	6%	-1%	-7%	1%	-6%	-10%	-2%	-12%	-7%	5%	-2%	-8%	1%	-7%
製造業	-13%	-10%	-22%	-16%	-8%	-23%	-16%	-5%	-21%	-14%	-8%	-21%	-12%	-14%	-24%	-13%	-17%	-27%
電気・ガス・熱供給・水道業	17%	321%	392%	-67%	700%	167%										0%	100%	100%
情報通信業	-5%	26%	20%	-5%	43%	35%	-6%	27%	19%	-12%	30%	15%	16%	4%	21%	-23%	16%	-10%
運輸・郵便業	-9%	6%	-3%	-22%	6%	-17%	-17%	-13%	-28%	-5%	-4%	-9%	-3%	8%	4%	-7%	6%	-2%
卸売・小売業	-10%	-11%	-20%	-8%	-5%	-13%	-7%	-8%	-14%	-15%	-16%	-28%	-11%	-15%	-25%	-13%	-13%	-24%
金融・保険業	-13%	16%	1%	-10%	46%	31%	-7%	29%	20%	-10%	-4%	-14%	-17%	-8%	-23%	0%	3%	3%
不動産・物品賃貸業	-7%	26%	17%	-8%	25%	15%	-2%	36%	34%	-6%	35%	26%	1%	18%	19%	-8%	10%	0%
学術研究、専門・技術サービス業	0%	17%	17%	-5%	29%	23%	3%	22%	26%	1%	-2%	-1%	-1%	-3%	-4%	-1%	10%	9%
宿泊・飲食サービス業	-7%	-24%	-29%	-8%	-14%	-21%	-6%	-16%	-21%	-17%	-32%	-44%	-12%	-23%	-32%	-11%	-23%	-32%
生活関連サービス・娯楽業	-7%	-8%	-14%	8%	9%	18%	2%	-4%	-2%	-8%	-19%	-25%	-6%	-13%	-18%	-9%	-10%	-18%
教育・学習支援業	2%	-3%	-1%	21%	12%	36%	22%	-4%	18%	-4%	-21%	-24%	-13%	-8%	-20%	-13%	-6%	-18%
医療福祉	8%	4%	12%	13%	10%	24%	13%	3%	16%	2%	0%	1%	3%	6%	9%	7%	1%	8%
全体	-7%	-2%	-9%	-5%	9%	4%	-2%	4%	2%	-11%	-10%	-20%	-9%	-8%	-16%	-9%	-6%	-15%

（平成24年・平成28年・令和3年　経済センサス－活動調査「企業等に関する集計　産業横断的集計」e-Statを参考に作成）

2012年から2021年の増減率を比較すると、増加・減少4区に共通する傾向は、製造業、卸売・小売業、宿泊・飲食サービス業の20%前後減少（ただし減少2区の方が10%程減少幅が大きい）、情報通信業、不動産・物品賃貸業の増加です。その他、顕著な傾向として電気・ガス・熱供給・水道業が名古屋市全体で392%の増加率を示しています。2012年は12社、2016年は16社であったものが、2021年には59社と2016年から2021年の間で321%激増しています。この急増した背景には、2016年4月1日の H が影響していると考えられます。

そのなか、熱田区は情報通信業の減少と金融・保険業の微増以外、 I とほぼ同じような傾向にあります。もともと熱田区には名古屋中心部というイメージがあまりない上に、企業数が名古

㋑[F]いことで教育・学習支援事業が、賃貸共同住宅の割合（76%：16区内3番目）の多さの影響で不動産・物品賃貸業が多くなっている。

㋒国道1号線・23号線が通る交通の便の良さにくわえて、区そのものの[D]く1㎡の[E]ため、資材置き場や広大な工場用地を必要とする建設業・製造業にとって利便性がよい。

㊁港区には㋒と同じ理由にくわえて名古屋港があり、漁業、鉱業・採石業・砂利採取業、運輸・郵便業に適している。

と説明できそうです。熱田区をみると、企業総数が16区中最も少なく、なかでも[G]、生活関連サービス・娯楽業など、歴史的資源と接続可能な観光ビジネス関連の業種が16区中最も少なくなっていることから、歴史的資源と経済活動が上手くかみ合っていない様子がうかがえます。

（3）下線部Cの説明文a・bを読み、その正誤を考え、a・bいずれも正しい場合は①、aが正しくbが誤っている場合は②、aが誤りでbが正しい場合は③、a・bいずれも誤っている場合は④を選んで、その記号をマークしなさい。

a　株式を発行して得た資金で設立された企業を株式会社という。株式を購入した出資者を株主といい、株主総会への出席や利潤の一部を配当として受け取ることができる。

b　利潤を目的とする個人企業や特殊法人などの民間企業を私企業という。また、利潤を目的としない地方公営企業や法人企業を公企業という。

（4）空欄[D]～[F]には次の表Ⅰ～Ⅲから読み取ることができる傾向の説明が入ります。その説明のもととなった表の組合せとして正しいものを、あとの①～⑥のうちから1つ選んで、その記号をマークしなさい。

表Ⅰ

名古屋市	192,600
中区	938,600
東区	442,500
昭和区	285,300
千種区	252,400
瑞穂区	242,800
熱田区	210,100
名東区	205,900
中村区	180,400
西区	180,300
天白区	171,300
北区	168,100
緑区	149,300
南区	139,000
中川区	130,400
守山区	121,400
港区	109,500

表Ⅱ

名古屋市	326.50
港区	45.69
緑区	37.91
守山区	34.01
中川区	32.02
天白区	21.58
名東区	19.45
南区	18.46
千種区	18.18
西区	17.93
北区	17.53
中村区	16.30
瑞穂区	11.22
昭和区	10.94
中区	9.38
熱田区	8.20
東区	7.71

表Ⅲ

	中学校	高等学校	
名古屋市	121	67	188
千種区	13	10	23
東区	7	9	16
昭和区	8	7	15
瑞穂区	7	7	14
緑区	12	2	14
中川区	11	3	14
名東区	8	3	11
西区	7	4	11
南区	7	4	11
守山区	8	3	11
天白区	7	3	10
北区	7	3	10
港区	8	2	10
中村区	4	4	8
中区	4	2	6
熱田区	3	1	4

※表Ⅰ～Ⅲはすべて高い・広い・多いもの順。

（表Ⅰは令和4年国土交通省HP、表Ⅱは名古屋市HP、表Ⅲは名古屋市教育委員会HPを参考に作成）

① D－Ⅰ　E－Ⅱ　F－Ⅲ　　② D－Ⅰ　E－Ⅲ　F－Ⅱ

③ D－Ⅱ　E－Ⅰ　F－Ⅲ　　④ D－Ⅱ　E－Ⅲ　F－Ⅰ

⑤ D－Ⅲ　E－Ⅰ　F－Ⅱ　　⑥ D－Ⅲ　E－Ⅱ　F－Ⅰ

【表 1】名古屋市内区別企業数および産業別企業数ランキング

	企業総数		産業別企業数ランキング（数字は何番目かを示す）														
			①	②	③	④	⑤	⑥	⑦	⑧	⑨	⑩	⑪	⑫		⑬	⑭
			農林漁業	鉱業・採石業・砂利採取業	建設業	製造業	電気・ガス・熱供給・水道業	情報通信業	運輸・郵便業	卸売・小売業	金融・保険業	不動産・物品賃貸業	学術研究、専門・技術サービス業	宿泊・飲食サービス業	生活関連サービス・娯楽業	教育・学習支援業	医療福祉
名古屋市全体		78,923															
中区	1 番目	11,522	4		14	8	1	1	7	1	1	1	1	1	1	3	1
中村区	2 番目	6,234	14		8	9	3	2	5	2	2	3	3	2	2	5	4
中川区	3 番目	5,866	2		1	1	10	9	2	3	12	12	11	6	4	13	7
西区	4 番目	5,817	15		5	2	5	5	4	4	7	7	5	4	7	6	9
千種区	5 番目	5,296	9		11	15	13	4	12	6	4	2	4	3	3	1	3
北区	6 番目	5,287	10		2	6	14	8	9	5	5	9	6	5	5	10	6
緑区	7 番目	4,738	8		3	5	8	12	6	9	9	11	10	11	6	2	2
東区	8 番目	4,317	11		15	14	2	3	15	10	6	5	2	7	12	8	13
南区	9 番目	4,089	12		6	4		15	3	7	15	15	15	10	10	14	12
名東区	10 番目	4,050	5		10	16	9	6	14	12	3	6	7	8	8	4	5
天白区	11 番目	3,968	3		9	10	11	10	11	11	8	10	9	12	9	7	8
昭和区	12 番目	3,966	6		13	12	4	7	16	8	11	4	8	9	11	11	11
守山区	13 番目	3,892	7	2	4	7	15	14	8	15	13	13	13	14	13	12	10
港区	14 番目	3,862	1	1	7	3	6	16	1	13	16	16	16	13	15	15	15
瑞穂区	15 番目	3,270	13		12	13	7	13	13	14	10	8	12	15	14	9	14
熱田区	16 番目	2,749			16	11	12	11	10	16	14	14	14	16	16	16	16

（令和 3 年　経済センサス－活動調査「企業等に関する集計　産業横断的集計」e-Stat を参考に作成）

この【表 1】からは、

㋐「中区」の企業総数が圧倒的に多い。ただし、建設業、製造業、運輸・郵便業はそれほど多くはない。

㋑教育・学習支援事業が最も多いのは「千種区」（企業総数 5 番目）で、不動産・物品賃貸業も 2 番目に多い。

㋒建設業、製造業は、「中川区」（企業総数 3 番目）が最も多い。

㋓農林漁業、鉱業・採石業・砂利採取業、運輸・郵便業は、「港区」（企業総数 14 番目）が最も多い。

などの主な特徴が見て取れます。それぞれ、

㋐名古屋の中心地であるため企業数は多いが、区そのものの [D] く 1 ㎡あたりの [E] ため、資材置き場や広大な工場用地を必要とする建設業、製造業や、運輸・郵便業の拠点としては敬遠されがちな上に、国道 1 号線・23 号線と距離があり、区内の交通量が多くモノを運ぶのに不便。

1 以下は、ある生徒がおこなった探究学習についての説明です。あとの（1）～（10）の問いに答えなさい。

持続可能な社会のあり方を、A地方自治から考えることにしました。まず、手始めに地元熱田区にどのようなものがあるのかを調べました。

【探究学習の前提となる調査】

熱田区にあるもの

名所

・熱田神宮（草薙剣／信長塀／空海が手植えした大楠）

・高座結御子神社（井戸のぞき／秀吉が出世祈願したと伝えられる稲荷）

・断夫山古墳（前方後円墳／日本武尊の妻の墓？）

・宮の渡し（江戸時代の港／B東海道五十三次41番目の宿場）・白鳥庭園

イベント

・熱田まつり（熱田神宮におけるもっとも重要で荘厳な祭）　・高座結御子神社祭

グルメ

・亀屋芳広　・妙香園　・あつた餃子　・ひつまぶし（蓬萊軒）　・きよめ餅　・宮きしめん

本社がある主な企業

・東邦ガス　・中部水産株式会社（江戸期の魚市が起源）

・愛知時計電機（水道メーター・ガスメーターなど）　・日本車輛製造（鉄道車両など）

実際に現地に足を運んでみると、熱田神宮をはじめとする歴史的資源は多く目につきましたが、産業の数の少なさやシャッター商店街の多さなど、経済活動の活気の無さが印象的でした。

（1）下線部Aの説明として誤っているものを、次の①～④のうちから1つ選んで、その記号をマークしなさい。

① 地方自治体の首長の被選挙権は、都道府県知事が満30歳以上、市町村長が満25歳以上である。

② 地方自治の役割には、道路・河川・上下水道の建設管理やごみの収集と処理がある。

③ 地方自治は日本国憲法第92条に規定があり、大日本帝国憲法にも同じ規定があった。

④ 1999年の地方自治法の改正や地方分権一括法の制定で、地方自治体の自立性が高まった。

（2）下線部Bの作者とBにある関所の組合せとして正しいものを、次の①～⑥のうちから1つ選んで、その記号をマークしなさい。

① ［作者］葛飾北斎－［関所］箱根関　　② ［作者］葛飾北斎－［関所］碓氷関

③ ［作者］東洲斎写楽－［関所］箱根関　④ ［作者］東洲斎写楽－［関所］碓氷関

⑤ ［作者］歌川広重－［関所］箱根関　　⑥ ［作者］歌川広重－［関所］碓氷関

そこで次に、経済産業の現状を調べ、熱田区の経済産業の特色を探ることにしました。まず、名古屋市内各区のC企業数を調べて表にしました。

社　　会

(4) 地球がEからE′まで公転する時間を1日としたとき，$y-x$ の値を小数第2位を四捨五入して，小数第1位まで求め，［エ］～［カ］に適切な数字をマークしなさい。

$y-x$ ＝［エ］［オ］.［カ］〔度〕

(5) 1年を365日と考えると，1日あたりの x の値は約1.0度である。$x=1.0$〔度〕として，月の公転周期を小数第2位を四捨五入して小数第1位まで求め，［キ］～［ケ］に適切な数字をマークしなさい。

月の公転周期＝［キ］［ク］.［ケ］〔日〕

(6) 地球の自転周期を24時間とすると，月の南中時刻は1日で何分進むか，または遅れるか。南中時刻が変化する時間を小数第2位を四捨五入して，小数第1位まで求め，［コ］～［シ］に適切な数字をマークし，進む場合は①を，遅れる場合は②を選択し，［ス］にマークしなさい。

1日で南中時刻が変化する時間＝［コ］［サ］.［シ］〔分〕［ス］ {①進む ②遅れる}

4 月が地球のまわりを公転する際の通り道は，真円ではないため，月の満ち欠けの周期はわずかに変動するが，平均すると，29.5 日になる。しかし，月が地球のまわりを1周する，つまり360度公転するのに要する日数は，月の満ち欠けの周期と異なる。右図は，太陽系を地球の北極側から見た模式図である。以下の問いに答えなさい。

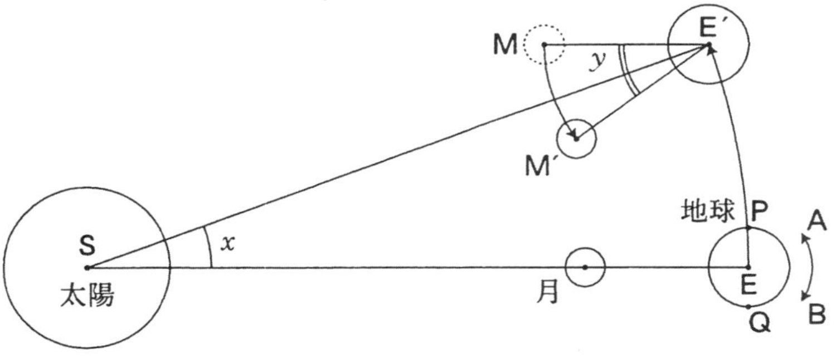

(1) 以下の表から，地球の自転方向と，地球上の明け方の地点の組み合わせとして正しいものを選択肢から1つ選び，番号をマークしなさい。 ア

番号	自転方向	明け方の地点
①	A	P
②	A	Q
③	B	P
④	B	Q

(2) 以下の表から，日食と月食において，太陽，月の欠け始める方角として正しいものを選択肢から1つ選び，番号をマークしなさい。 イ

番号	日食の太陽	月食の月
①	東側	東側
②	東側	西側
③	西側	東側
④	西側	西側

(3) 図において，E の位置に地球があるときに，太陽と同じ方向にあった月は，地球が公転により E′の位置にくると，M から M′の位置に公転により移動している。太陽の位置 S は動かないものとして，∠ESE′ = x〔度〕，∠ME′M′ = y〔度〕とする。地球が E から E′の位置に移動する間に，月は地球から見て，どのように移動したように見えるか。選択肢から1つ選び，番号をマークしなさい。 ウ

① x〔度〕だけ東側に移動
② x〔度〕だけ西側に移動
③ y〔度〕だけ東側に移動
④ y〔度〕だけ西側に移動
⑤ $y-x$〔度〕だけ東側に移動
⑥ $y-x$〔度〕だけ西側に移動

3 植物の光合成と呼吸のはたらきを調べるために，次の実験を以下の操作で行い，色の変化を表にまとめた。

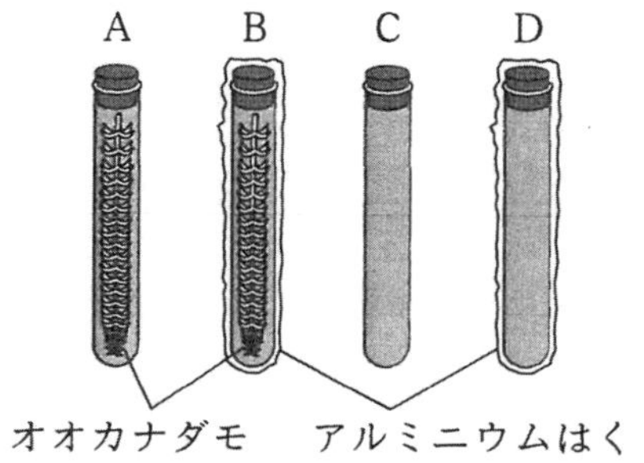

【操作１】試験管Ａ～Ｄの４本を準備し，それぞれに水を入れ，青色のBTB溶液を入れた。

【操作２】それぞれの試験管の水に，ある気体を溶かして液の色を緑色にした。

【操作３】右の図のように，試験管ＡとＢにはオオカナダモを入れ，試験管ＢとＤはアルミニウムはくで全体をおおった。

【操作４】試験管Ａ～Ｄを，温度が同じになるようにして光が十分に当たる場所に置いた。

【操作５】十分に光を当てた後，それぞれの試験管の液の色を調べた。

【結果】

	試験管Ａ	試験管Ｂ	試験管Ｃ	試験管Ｄ
色の変化	青色	黄色	緑色	緑色

(1) 操作２で溶かした気体を選択肢から１つ選び，番号をマークしなさい。 ア

① 酸素　② 窒素　③ 水素　④ 二酸化炭素　⑤ アンモニア

(2) 次の文は，この実験についてまとめた文章である。文中の イ ～ オ に適する記号を選択肢から１つ選び，番号をマークしなさい。同じ選択肢を複数回使用してもよい。

試験管Ａと試験管 イ を比べると，BTB溶液の色の変化には，オオカナダモが関わっていることがわかる。また，試験管Ａと試験管 ウ を比べるとBTB溶液の色の変化には，光が関わっていることがわかる。さらに，光を当てただけではBTB溶液の色が変化しないことは，試験管 エ と試験管 オ の結果からわかる。

① Ａ　② Ｂ　③ Ｃ　④ Ｄ

(3) 試験管Ａ，Ｂについて説明した文章で正しいものはどれか，それぞれ選択肢から選び，番号をマークしなさい。

試験管Ａ カ 　試験管Ｂ キ

① 光合成を行ったため，試験管内の二酸化炭素が増加した。
② 呼吸を行ったため，試験管内の二酸化炭素が増加した。
③ 光合成を呼吸よりも盛んに行ったため，試験管内の二酸化炭素が減少した。
④ 呼吸を光合成よりも盛んに行ったため，試験管内の二酸化炭素が減少した。
⑤ 呼吸と光合成を行ったため，試験管内の二酸化炭素の量は変わらなかった。

(4) このように，調べたいことの条件だけを変え，それ以外の条件を同じにして行う実験方法を何というか。選択肢から１つ選び，番号をマークしなさい。 ク

① 比較実験　② 対比実験　③ 対照実験　④ 対象実験

(3) 【実験1】の前後で質量が軽くなる物質の組み合わせを，選択肢から1つ選び，番号をマークしなさい。 ウ

① A　② B　③ C　④ AB　⑤ BC　⑥ AC　⑦ ABC

(4) 【実験2】で，石灰水を白くにごらせる物質は二酸化炭素である。燃焼すると黒く焦げて炭になったり，二酸化炭素が発生したりする物質には炭素が含まれており，これを有機物という。次の①～⑥のうち，有機物ではないものを選択肢から1つ選び，番号をマークしなさい。 エ

① ろう　② エタノール　③ ペットボトル
④ 紙　⑤ スチールウール　⑥ 木

(5) 粉末A～Cの正しい組み合わせを選択肢から1つ選び，番号をマークしなさい。 オ

	A	B	C
①	砂糖	食塩	片栗粉
②	砂糖	片栗粉	食塩
③	食塩	砂糖	片栗粉
④	食塩	片栗粉	砂糖
⑤	片栗粉	砂糖	食塩
⑥	片栗粉	食塩	砂糖

(6) この実験後，加熱する実験に興味を持った田中さんは，今度は金属を加熱する実験を計画した。はじめに，銅をゆっくり加熱して質量を測定する実験を，先生の指導のもとで行った。次の結果は，銅を加熱して酸化銅に変化させたときの質量を測定したものである。
この実験の考察として**不適切なもの**を選択肢から1つ選び，番号をマークしなさい。 カ

銅の質量〔g〕	0.20	0.40	0.60	0.80	1.00
生成した酸化銅の質量〔g〕	0.25	0.50	0.74	0.99	1.24

① 生成した酸化銅の質量は銅の質量に比例する。
② 反応する酸素の質量は銅の質量に比例する。
③ 銅に結びつく酸素の質量は決まっていて，その質量比は銅：酸素＝4：1である。
④ 金属の種類によって，結びつく酸素の質量比は異なる。

2 3種類の白い粉末A，B，Cがある。これらは砂糖，食塩，片栗粉のいずれかであることがわかっている。田中さんはこれらを特定するため，以下の実験を行い，【結果】のようにまとめた。これを読み，次の問いに答えなさい。

【実験1】白い粉末A，B，Cをそれぞれ異なる燃焼さじに乗せてガスバーナーで加熱し，変化を調べた。

【実験2】【実験1】で加熱して火がついた物質は集気びんに入れ，ふたをした。
火が消えたら物質を取り出し，石灰水を入れて再度ふたをして振り，変化を観察した。

【実験3】水に白い粉末A，B，Cを入れ，溶けるかどうか観察した。

【実験4】白い粉末A，B，Cにヨウ素液を加えて変化を調べた。

【結果】

	粉末A	粉末B	粉末C
実験1	火がついて燃えた。	燃えなかった。	茶色になって甘い匂いがした後，燃えた。
実験2	白くにごった。	―	白くにごった。
実験3	溶けなかった。	溶けた。	よく溶けた。
実験4	青紫色になった。	変化しなかった。	変化しなかった。

(1) ガスバーナーの使用手順となるように，次のA～Eの文章を正しく並べたものを選択肢から1つ選び，番号をマークしなさい。 ア

A マッチに火をつけ，ガス調節ねじを少しずつ開き，点火する。
B ガス調節ねじを押さえて，空気調節ねじだけを少しずつ開き，青い炎にする。
C ガスの元栓を開く。コック付きのガスバーナーではコックも開く。
D ガス調節ねじと空気調節ねじが閉まっているか確認する。
E ガス調節ねじを回して，炎の大きさを調節する。

① CDABE　　② CDAEB　　③ DCABE　　④ DCAEB

(2) 実験を行う際，田中さんは次の①～④のように注意した。**誤っているもの**を選択肢から1つ選び，番号をマークしなさい。 イ

① 目に試薬等が入らないように，保護眼鏡を装着した。
② 安全を考え，口に入れて味を調べることはしなかった。
③ 風が入らないように，密閉された部屋で，換気扇のスイッチを切って実験を行った。
④ ガラスが割れないように，十分に冷えるまで待ってから石灰水を入れた。

(3) 電流計Aに流れる電流の大きさは何Aか。小数点第1位まで求め，［エ］，［オ］に適切な数字をマークしなさい。

電流計Aの値 ＝ ［エ］.［オ］〔A〕

(4) 20.0℃を超えるのが早かった順番に並べたものはどれか。選択肢から1つ選び，番号をマークしなさい。［カ］

① ABC　② ACB　③ BAC
④ BCA　⑤ CAB　⑥ CBA

コップAについて，以下の問いに答えよ。

(5) スイッチを入れてから100秒間温めたとき，その間に水が電熱線から得た熱量は何Jか。［キ］，［ク］に適切な数字をマークしなさい。一桁になる場合は，［キ］に⓪をマークしなさい。

水が電熱線から得た熱量 ＝ ［キ］［ク］〔J〕

(6) コップAはスイッチを入れてから20.0℃になるまで，およそ何分かかるか。［ケ］，［コ］に適切な数字をマークしなさい。ただし，50gの水を100Wで温めると毎秒0.50℃上昇するものとする。また，一桁になる場合は，［ケ］に⓪をマークしなさい。

20.0℃になるまでかかった時間 ＝ ［ケ］［コ］〔分〕

1 3つのコップA～Cを用意し，50gの水をそれぞれに入れた。下図のように回路を作り，電熱線が水に浸かるようにした。さらに，それぞれのコップに温度計を入れたところ，すべての水の温度が11.9℃であった。電源の電圧は2.1Vであり，電熱線の抵抗値はすべて3.0Ωである。図中の—(V_A)—，—(V_B)—，—(V_C)—は電圧計を示し，—(A)—は電流計を示している。この回路のスイッチを入れ，すべてのコップの水が20.0℃以上になるまで温める。ただし，電熱線で発生した熱はすべて水に与えられるものとし，水は蒸発しないものとする。また，導線に抵抗はないものとする。

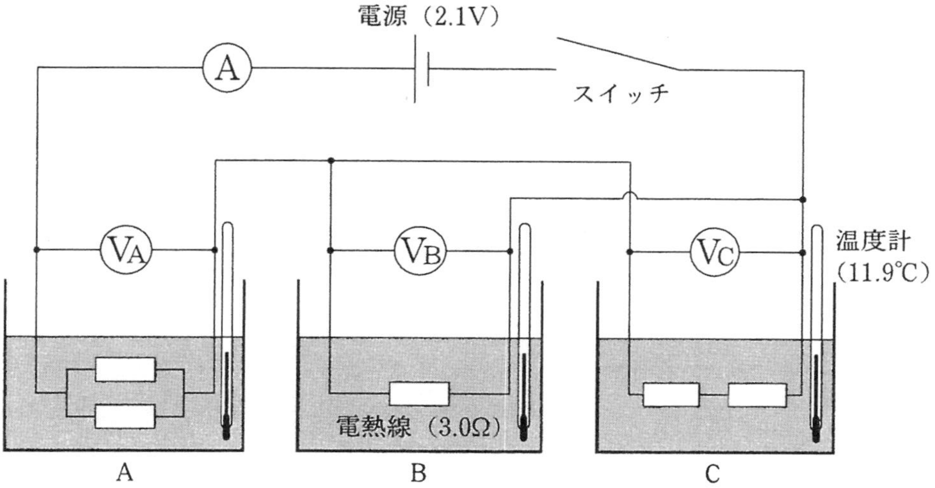

(1) 電圧計が示す値をそれぞれV_A，V_B，V_Cとし，その値の関係式として正しいものはどれか。選択肢から1つ選び，番号をマークしなさい。［ア］

① $V_A > V_B > V_C$
② $V_C > V_A > V_B$
③ $V_B > V_C > V_A$
④ $V_A = V_B$
⑤ $V_B = V_C$
⑥ $V_C = V_A$
⑦ $V_A = V_B = V_C$
⑧ $V_A + V_B + V_C = 2.1$

(2) V_Bの値は何Vか。小数点第1位まで求め，［イ］，［ウ］に適切な数字をマークしなさい。

V_B = ［イ］.［ウ］〔V〕

理　科

令和５年度　一般入学試験

理科・社会

【理科・社会共通注意事項】

（１）「始め」という指示があってから，開いて始めなさい。

（２）理科マークシート，社会マークシートに受験番号・氏名を記入しなさい。

（３）試験は理科と社会の両方に解答しなさい。試験時間は理科と社会をあわせて60分です。

（４）問題は理科が１～８ページまで，社会が９～23ページまであります。ページが抜けていたり，印刷の文字がはっきりしていない場合は，静かに手をあげて先生に知らせなさい。

（５）解答はすべてそれぞれのマークシートに記入しなさい。

（６）質問のある時は静かに手をあげて，先生の指示を受けなさい。

（７）「やめ」という指示で書くことをやめなさい。

（８）問題は持ち帰ってください。

【理科注意事項】

（１）問題の文中の［ア］，［イ］［ウ］などの［　］には，数値が入ります。マークシートの指定された欄にマークしなさい。

（２）計算は問題の余白を利用しなさい。

（３）定規・分度器・計算機等の使用はできません。

※各75点満点　マークシート解答用紙・配点非公表

愛知工業大学名電高等学校

Ⅲ. Read the article below and answer the questions. This article was written in 2022.

Moving to a new country can be scary when you don't know anyone, and making friends is tough. Here are some ideas for how to meet people who enjoy the same things you do, during your free time in this great city of Nagoya!

i. ＿＿＿＿＿ is important. Walking is a great way to learn about your area, but it's fun to do sports with others. Nagoya has a huge number of groups who meet to (A)play (　　), to do (　　), and to go (　　). Even if you can't find your favorite sport, why not try a new one?

ii. Language Study: You have all been studying Japanese, and you will use the language at work every day, but studying at home by yourself can be boring. A good way to meet people, speak Japanese, and enjoy studying, is to join a group class at a language school. Visit a few different schools and see which one is best for you.

iii. ＿＿＿＿＿: Are you a performer? Nagoya has several English-language theater groups. "Nagoya Players" was the first, established almost fifty years ago! They have performed classic dramas, modern musicals, and comedies. Everyone is welcome to join in, once or twice a year, both on stage in front of an audience, and behind the stage, painting and making props.

iv. Music: Nagoya has musicians and bands from all over the world, and local ones too. There are lots of places to go and listen to music and meet music fans, singers, and other musicians. Be sure to take your guitar along — you can play too!

v. Try ＿＿＿＿＿ if you want to help people in the area. If you care about society, justice, and the environment, you can easily find groups with similar interests. The "Small World" community group has been holding their "Sunday Pick Me Up" trash event every second Sunday for about five years. They are always looking for new members to help make Nagoya, Japan, and the world a better place.

vi. Going Out: Do you just want to have a meal, have a chat, and have a dance later as well? There are many "International Friends" groups in Nagoya. The Metro Club has been open for thirty years! It holds its amazing LGBT+ Dance Party once a month!

vii. ＿＿＿＿＿ is a great way to tell your friends and family back home about your life and job in Nagoya, to share your thoughts, feelings, and experiences. "Pen to Paper" began meeting every month over twenty years ago, to read each others' work and to listen to other people's stories. Why not start your own Japan blog today?

1. Which one of the sentences below is correct in this article? Choose the correct answer.

ア. There are over a thousand flavors in chocolate and a lot of different ways to eat it.

イ. Cacao trees first came from the rainforests of South Africa.

ウ. The number of people in the world eating chocolate is now increasing.

エ. Cacao trees need hot weather to grow well, and about 25% of cacao beans comes from the Ivory Coast.

オ. The Germans eat 11.1 kilograms of chocolate a year, and they eat more chocolate than any other country.

2. Fill in the gap (a) (b). Choose the best pair.

(a) enjoy sweet milk chocolate and (b) prefer strong dark chocolate.

ア. (a) Some (b) others

イ. (a) Some (b) other

ウ. (a) Some (b) the other

エ. (a) Any (b) other

オ. (a) Any (b) others

カ. (a) Any (b) the other

3. What kind of food is Theobroma?

ア. terrible food

イ. food for the people

ウ. wonderful food

エ. food from the hot weather

オ. global food

4. Why do people eat chocolate all year around?

ア. Because the great taste of chocolate remains in our mouths and gives us a break.

イ. Because it has more than 300 different flavors in it and is very good for our health.

ウ. Because farmers grow around 4 million tons of cacao beans a year to give them to us all year.

エ. Because you don't have many ways to have chocolate in Japan.

オ. Because we eat chocolate ice cream in summer, drink hot chocolate in winter, and have various ways to eat.

5. Who is Johnny Depp?

ア. He is the author of a famous book named "Charlie and the Chocolate Factory".

イ. He is a poor boy who wins a visit to a wonderful chocolate factory.

ウ. He is a movie star who has been in popular movies.

エ. He is the clever but dangerous Mr. Wonka all the time.

オ. He is a Mexican writer who wrote "Like Water for Chocolate".

II. Read the article below and answer the questions.

Most people love the taste of chocolate. (a) enjoy sweet milk chocolate and (b) prefer strong dark chocolate. But most chocolate lovers agree - there is no other food like it. It has a wonderful rich taste which stays in your mouth. Did you know that chocolate has more than 300 different flavors in it? It is no surprise that chocolate is now becoming more and more popular in countries all around the world.

But what is chocolate and where did it first come from? Chocolate is made from the beans of the cacao tree. These trees first grew in the rainforests of Central and South America, and people began to use the beans a very long time ago. The tree has large fruits called pods, and these hold the beans inside. The scientific name for the cacao tree, Theobroma cacao, tells us about the nice food that comes from it. Theobroma means "food of the gods".

People now grow cacao trees in more than twenty different countries, and not just in Central or South America. The trees need hot weather, and you can find them in Brazil, Indonesia, Malaysia, and the Ivory Coast in Africa, too. Farmers grow around 4 million tons of cacao beans a year, and more than a third of this comes from the Ivory Coast.

Who eats the most chocolate in the world today? It is the people of Switzerland. They have 12.3 kilograms every year! The Germans come next at 11.1 kilograms each, then the Belgians at 11 kilograms each, and the British at 10.2 kilograms each.

You can eat or drink chocolate in many different ways. There are big boxes of chocolates of different flavors, little chocolate bars that go in your bag or pocket, wonderful biscuits, and large birthday cakes. In the summer you can eat chocolate ice cream, and on a cold winter's night you can drink hot chocolate to keep you warm.

Chocolate has also been important in books and films. Perhaps the most famous book is "Charlie and the Chocolate Factory" by Roald Dahl. It is the story of a poor boy who wins a visit to a wonderful chocolate factory. The factory belongs to the strange and exciting sweet-maker Willy Wonka. The book became two films, and in the second film Johnny Depp plays the clever but dangerous Mr. Wonka. But this is not the only book about chocolate to become a film. There is "Like Water for Chocolate" from the Mexican writer Laura Esquivel, and "Chocolat" by Joanne Harris, which also became a film with Johnny Depp. Chocolate is in our stories, films and books today. But when did the story of chocolate itself really begin? We need to look back thousands of years for the answer.

出典　JANET HARDY-GOULD, Chocolate, 2011

Word List

taste 味　flavor 風味　god 神　poor 貧しい　strange 奇妙な　clever 賢い

1. In this article, you see the word "race" many times. Which is the correct meaning of "race" in the article?
   ア. A competition between people, animals, cars, etc. to see which one is faster or the fastest.
   イ. A number of people or things that are together in the same place.
   ウ. One of the main groups that humans can be classified into according to the color of their skin and other physical features.
   エ. A group of animals or plants. Its members are similar and can breed together to produce young animals or plants.

2. Which is the best phrase to put in (　　　　　　　　　)?
   ア. pink is for girls and blue is for boys
   イ. the earth goes around the sun
   ウ. the United States is larger than Japan
   エ. some cats are black and others are white

3. Why did the writer write "Make no mistake" in the last paragraph?
   ア. Because she saw many good changes in her country.
   イ. Because her city has many people from different countries.
   ウ. Because there is still racism in the United States.
   エ. Because Trump is not President of the United States now.

4. Choose the true sentence according to the article.
   ア. Racism was a problem unique to Americans, but now it is also a problem for people in other countries.
   イ. Carl Linnaeus thought that there were four different types of humans, but in his view they were not so different.
   ウ. Many scientists took Linnaeus's ideas and said that humans are different because of biology.
   エ. Scientists say that there are some diseases that only Black people have, and there are other diseases that only people in Europe and in America have.

5. Which is the best title for this article?
   ア. Discrimination Against Black People
   イ. The State of Racism
   ウ. The History of Race
   エ. Positive Changes in Racism

一般英語

Ⅰ. Read the article below and answer the questions.

As an American, I'm greatly interested in race. The racism in the United States is a national shame, and has done terrible damage since the nation's beginning. "Racism" means "the idea that some races of people are better than other races." Our history of slavery and the discrimination against Black people today is well known.

But racism is not limited to America. You can see examples of it in countries all over the world, and against all kinds of races. Racism has brought wars, genocide, slavery and economic disparities that have destroyed millions of lives.

But how did today's idea of racism start? Who decided how we talk about race? Some historians say that it started when a Swedish man named Carl Linnaeus put plants and animals into a grouping system in the 1800s. In the animal kingdom, he classified humans as a species of Homo sapiens. He said that there were four "varieties": European, American, Asiatic and African. Each variety had personalities. Linnaeus said Europeans were "creative" and Africans were "lazy." But he thought these differences came from the environment and customs. In his view, the four varieties were not so different. But other people took Linnaeus's ideas and started saying that the varieties were different because of biology. This view is sometimes called "biological racism."

Most scientists today say that race is actually a "social construct." What is a social construct? It's when people in society create an idea that is not based in the real world. One example is the idea that "(　　　　　　　　　　　　　　　　)."

But, biological racists say, what about diseases that affect only certain races? In fact, there are some diseases known as Black people's diseases, but it is possible that people of Indian, European and American backgrounds are also affected by the same diseases. If we look back to Linnaeus's idea, it is about geography, not skin color. Most scientists say humans are not different.

I have seen some positive changes over recent years. Mixed marriages are up. Minorities have better education. There are more minority politicians. But I live in a multicultural city, known for racial tolerance. Make no mistake. Racism is alive and well. The Trump presidency, using racism as a tool, showed that American racism was only napping.

Word List
shame 恥　slavery 奴隷制度　genocide 大虐殺　economic disparities 経済的格差
Swedish スウェーデン人　classify ～を分類する　Homo sapiens ホモ・サピエンス
biology 生物学　disease 病気　skin 肌　minority マイノリティ　tolerance 寛容さ
nap 小休止する

令和５年度　一般入学試験

英　　語

【注意事項】

（１）「始め」という指示があってから，開いて始めなさい。

（２）マークシートに受験番号・氏名を記入しなさい。

（３）試験時間は40分です。

（４）この問題は９ページまであります。ページが抜けていたり，印刷の文字がはっきりしていない場合は，静かに手をあげて先生に知らせなさい。

（５）解答はすべてマークシートに記入しなさい。

（６）質問のある時は静かに手をあげて，先生の指示を受けなさい。

（７）「やめ」という指示で書くことをやめなさい。

（８）問題は持ち帰ってください。

※100点満点　マークシート解答用紙・配点非公表

愛知工業大学名電高等学校

(5) $\sqrt{2a+1}$ の整数部分が3であるとき，これを満たす整数 a は コ 個あり，最大の a は サ である。

(6) 関数 $y=\frac{1}{2}x^2$ について，x の変域が $-2 \leqq x \leqq 4$ のとき，y の変域は シ $\leqq y \leqq$ ス である。

(7) ある展覧会の初日の入場者数は，おとな62人，こども80人で，入場料の合計は121000円であった。おとなとこどもの入場料の比が5：3であるとき，こどもの入場料は セソタ 円である。

(8) 大小のさいころを同時に1回投げて，大きいさいころの目の数を a，小さいさいころの目の数を b とする。a，b をそれぞれ x 座標，y 座標とする点P (a, b) がO $(0, 0)$，A $(2, 4)$，B $(4, 2)$ でできる△OABの辺上または内部にある確率は $\frac{\text{チ}}{\text{ツ}}$ である。

1 次の ア ～ ノ に当てはまる適切な数を答えなさい。

(1) 次の（ⅰ）～（ⅳ）の文章について，正しいものには①を，誤っているものには②をマークしなさい。

（ⅰ）正四面体の辺の数は 6 本である。 ア

（ⅱ）$\sqrt{3}$ の 2 倍は有理数である。 イ

（ⅲ）消費税を 10％として，定価 x 円の商品を y 割引で買うとき支払う金額は，

$\left(1.1x-\dfrac{11}{100}y\right)$ 円である。 ウ

（ⅳ）空間内で，2 平面 P，Q が交わらないとき，平面 P と平面 Q は互いに平行である。

エ

(2) $\sqrt{18}-(\sqrt{2}-1)^2-\dfrac{4}{\sqrt{2}}$ を計算すると オ$\sqrt{\text{カ}}$ − キ となる。

(3) 方程式 $\dfrac{2x+1}{5}-\dfrac{x-2}{3}=1$ の解は $x=$ ク である。

(4) $\dfrac{1}{3}$ より大きく $\dfrac{7}{10}$ より小さい，30 を分母とする分数のうち，既約分数（これ以上約分できない分数）は ケ 個ある。

令和5年度　一般入学試験

数　　学

【注意事項】

（1）「始め」という指示があってから，開いて始めなさい。

（2）マークシートに受験番号・氏名を記入しなさい。

（3）試験時間は40分です。

（4）この問題は6ページまであります。ページが抜けていたり，印刷の文字がはっきりしていない場合は，静かに手を挙げて先生に知らせなさい。

（5）問題の文中の ア ， イウ などの　　 には，数または符号（−）が入ります。マークシートの指定された欄にマークしなさい。

① アイ のように2つの解答がまとめて求められているときは，2桁の数または−3のような符号のついた数が入ります。

例　アイ に−3と答えたいとき

ア	①	②	③	④	⑤	⑥	⑦	⑧	⑨	⓪	●
イ	①	②	●	④	⑤	⑥	⑦	⑧	⑨	⓪	⊖

② 分数の形で解答するときは，これ以上約分できない形で答えなさい。−の符号は分子につけ，分母にはつけないでください。

例　$\frac{ウエ}{オ}$ に $-\frac{1}{2}$ と答えたいとき

ウ	①	②	③	④	⑤	⑥	⑦	⑧	⑨	⓪	●
エ	●	②	③	④	⑤	⑥	⑦	⑧	⑨	⓪	⊖
オ	①	●	③	④	⑤	⑥	⑦	⑧	⑨	⓪	⊖

③ ア ： イ のように比の形で解答するときは，最も簡単な整数比で答えなさい。

④ 根号を含む形で解答するときは，$\sqrt{\ }$の中に現れる自然数が最小となる形で答えなさい。

（6）計算は問題の余白を利用しなさい。

（7）定規・分度器・計算機等の使用はできません。

（8）質問のあるときは静かに手を挙げて，先生の指示を受けなさい。

（9）「やめ」という指示で書くことをやめなさい。

（10）問題は持ち帰ってください。

※100点満点　マークシート解答用紙・配点非公表

愛知工業大学名電高等学校

【問五】 傍線部②「対話について考える」とあるが、「対話」に対して筆者はどのように考えていこうとしているのか。最も適当なものを次の中から選び、その記号をマークしなさい。

ア 「語る主体」と「語りかけられる者」が対話を構成するという考えに対して、少なくともどちらか一方からの「語られること」が加わることで、初めて対話を構成する「場」が生じることを説明しようとしている。

イ 「語る主体」と「語りかけられる者」、そして両者との間で「語られること」が対話を構成するという考えに対して、「語られること」が自然と生じてくる「場」の必要性を明らかにしていこうとしている。

ウ 「語る主体」と「語りかけられる者」、両者との間で「語られること」、さらに「語られること」が自然と生じてくる「場」が対話を構成するという考えに対して、対話における「場」の必要性を疑問視している。

エ 「語る主体」と「語りかけられる者」、そして両者との間で「語られること」が対話を構成するという考えに対して、自然に生起する「語られること」を対話の構成要素に入れることを疑問視している。

【問六】 傍線部③「ソクラテスは空気を読めない人ではなかった」とあるが、筆者がこのように主張する理由として最も適当なものを次の中から選び、その記号をマークしなさい。

ア ソクラテスは、その場にいる人たちが死刑に処されるソクラテスに対して魂の不死について議論できないことをわかっていて、その上で彼らに議論を求めたから。

イ ソクラテスは、その場にいる人たちが死刑に処されるソクラテスに対して魂の不死について議論することをためらっていることを察知して、彼らに議論することを促したから。

ウ ソクラテスは、その場にいる人たちが魂の不死について納得できないことをあらかじめわかっていて、その上で自分の主張をあえて貫いたから。

エ ソクラテスは、その場にいる人たちにとって魂の不死について議論することは不愉快なことであることを知っていて、議論を始めようとしたから。

【問七】 空欄 Ⅰ に当てはまるように次の①、②、③を正しい順に並べかえたものを、後の**ア**～**カ**の中から選び、その記号をマークしなさい。

① 言うべきなのに言えなかったことをその場の空気のせいにしているだけである。
② だから、空気に呑まれた人が同意すべきでないことに同意したことの責任がある。
③ その場の空気に呑まれたというのは本当ではない。

ア ①→②→③　**イ** ①→③→②　**ウ** ②→①→③　**エ** ②→③→①
オ ③→①→②　**カ** ③→②→①

【問八】 空欄 Ⅱ ・ Ⅲ に当てはまる語句の組み合わせとして最も適当なものを次の中から選び、その記号をマークしなさい。

ア Ⅱ 大義名分　Ⅲ 美辞麗句
イ Ⅱ 金科玉条　Ⅲ 巧言令色
ウ Ⅱ 空理空論　Ⅲ 虚々実々
エ Ⅱ 大言壮語　Ⅲ 玉石混淆《こう》

【問九】 破線部**ア**「私が希薄」**イ**「協調主義的」**ウ**「同調意識が強い」**エ**「空気に抗う勇気を持てない」の中から他とは異なる意味で用いられている語句を一つ選び、その記号をマークしなさい。

【問十】 傍線部④「それなのに、ソクラテスはそのようなことをしなかった」とはどういうことか。最も適当なものを次の中から選び、その記号をマークしなさい。

ア 三人の子どものうち二人はまだ幼かったのに、その子たちの生活の保護を懇願しなかった。
イ 三人の子どものうち一人は既に青年だったのに、刑を軽くするよう裁判員に懇願させなかった。
ウ 刑が軽くなったかもしれないのに、幼い子どもを裁判の場に立たせて裁判員を説得しなかった。
エ 死刑を免れたかもしれないのに、自分が間違っていたことを認めてその場の雰囲気に同調しなかった。

【問十一】 空欄 Ⅳ ・ Ⅴ ・ Ⅵ に当てはまる語句の組み合わせとして最も適当なものを次の中から選び、その記号をマークしなさい。

ア Ⅳ 例えば　Ⅴ つまり　Ⅵ しかし
イ Ⅳ 確かに　Ⅴ だが　Ⅵ しかも
ウ Ⅳ もしも　Ⅴ だから　Ⅵ つまり
エ Ⅳ まさに　Ⅴ ただし　Ⅵ だが

【問十二】 空欄 Ⅶ に当てはまる文として、最も適当なものを次の中から選び、その記号をマークしなさい。

ア ソクラテスも不正こそ善であると考えた。しかし、人の情に訴えてまで助かろうとは思わなかった。そんなことをしても自分の得になるとは到底思えなかったのである。
イ ソクラテスは理性こそ善であると考えた。だから、自分の感情を露わにして同情を買おうとはしなかった。感情に流されて生きようとはしなかったのである。
ウ ソクラテスは正義こそ善であると考えた。だから、人の情に訴えて命さえ助かればいいとは考えなかった。そんなことをしてまで助かろうとはしなかったのである。
エ ソクラテスは真実こそ善であると考えた。だから、人の情に訴えて自分の正しさを印象づけようとはしなかった。真実を語れば助かると思っていたのである。

【問十三】　傍線部⑤「問題は、そのようにすることが本当に『善』なのかということである」とあるが、筆者の主張として最も適当なものを次の中から選び、その記号をマークしなさい。

ア　筆者は、「空気を読」んだ行動に対して、公共の利益を最優先した協調的な態度であると一定の理解を示しているものの、我々は私的な目的を達成するために、時には周りを無視した行動をとってもいいのではないか、と主張している。

イ　筆者は、「空気を読」んだ行動に対して、実際のところそれは主体性のない無責任な行動であると断罪し、自分自身で考え、行動しなければ、今後新たに生じてくるであろう困難に対して対応できなくなっていくと主張している。

ウ　筆者は、「空気を読」んだ行動に対して、積極的な姿勢に欠けた、ただの怠慢であると非難し、問題解決を先送りにしていれば、いずれ行き詰まり、そのころには問題解決が不可能なほどに状況は悪化してしまうと主張している。

エ　筆者は、「空気を読」んだ行動に対して、実際のところそれは他者からの非難を避けるための自己保身的行動なのではないかと疑問を呈し、どうあることが我々にとって本当に有益であるのかを改めて見つめ直すべきであると主張している。

二　次の文章を読んで、後の問いに答えなさい。（＊のことばには文末に注があります。）

肥後守盛重は周防《すはう》[*1]の国の百姓の子なり。六条右大臣[*2]の御家人[*3]なにがしとかや（何とかいった者が）、かの国の目代《もくだい》[*4]にて、下りたりけるに、ついでありて（機会があって）、かの（彼が）小童《こわらわ》にてあるを①見るに（まだ子供であったのを見かけて）、②魂《たま》有りげなりければ、よび取りて（引き取って）、いとほしみけるを（かわいがって育てていたが）、京に上りてのち、③供に具して、大臣[*5]の御もとに参りたりける（お屋敷に参上したときに）に、南面に梅の木の大きなるがあるを、「梅とらむ」とて、人の供の者ども、あまた（たくさん）礫《つぶて》[*6]にて打ちけるを、主《あるじ》の（ご主人が）「あやつ、とらへよ」と、御《み》[*7]簾《す》の内よりいひ出し給《たま》ひたりければ（おっしゃったので）、蜘蛛《くも》の子を吹き散らすやうに、逃げにけり。

その中に童一人、木の本にやをら（そっと）立ち隠れて、さし歩みて（ゆっくり歩いて）行きけるを、「優《いう》にも、さりげなく、もてなすかな（上品にも、何気なく、振る舞うものであるなあ）」とおぼして（お思いになって）、人を召して（呼んで）、「しかしかの（これこれの）物着たる小童、たが供の者ぞ（誰の供の者か）」と尋ね給ひければ、主の思はむことをはばかりて（（自分の）主人がどう思うかを気遣って）、とみに申さざりけれど（なかなか答えなかった）、しひて問ひ給ふに、力なくて（黙っていることができなくて）、「それがしの童にこそ（これこれの者の童でございます）」と申しけり。すなはち（すぐ）、主を召して、「④その童、参らせよ（参上させよ）」と仰《おほ》せられければ（おっしゃったので）、参らせけり（（顕房公に）差し上げた）。

いとほしみて、使ひ給ふに、ねびまさるままに（大きくなるにつれて）、心ばせ（心づかい）、思ひはかりぞ深く、わりなき者なりける（大変優れた者に成長した）。つねに前に召し仕ひ給《たま》ふに（常に御前で召し使われていたが）、あるつとめて、手水《てうづ》[*8]持ちて参《まゐ》りたりける、仰せに（おっしゃることには）、「かの車宿《くるまやどり》[*9]の棟《むね》に、烏《からす》二つ居たるが、一つの烏、頭の白きと見ゆるは、僻事《ひがごと》[*10]か」と、⑤なきことを（事実でないことを）つくりて（つくりあげて）、問ひ給ひけるに、つくづくとまぼりて（じっと見てから）、「しかさまに候《さうら》ふ（その通りとお見受けいたします）、と見給ふ」と申しければ、「いかにもうるせき（利口な）者なり。世にあらむずる者なり（世間で立派に通用する者になるに違いない）」とて、白河院《しらかはゐん》に進《まゐ》らせられけるとぞ（差し上げたということである）。

2023(R5) 愛知工業大学名電高
教英出版

（注）

＊1　**周防**…今の山口県東部のこと。

＊2　**六条右大臣**…平安時代後期の公卿《くぎょう》、源顕房のこと。

＊3　**御家人**…家臣、家来。

＊4　**目代**…国司の代わりに任国に下って国務を代行する者。

＊5　**大臣**…六条右大臣、源顕房のこと。

＊6　**礫**…小石。

＊7　**御簾**…すだれ。

＊8　**手水**…手、顔を洗う水。

＊9　**車宿**…牛車を入れておく建物。

＊10　**僻事**…間違い。

【問一】　傍線部①「見るに」とあるが、誰が見たのか。最も適当なものを次の中から選び、その記号をマークしなさい。

ア　肥後守盛重

イ　周防の国の百姓の子

ウ　六条右大臣

エ　御家人なにがし

【問二】　傍線部②「魂有りげ」とあるが、誰のどのような様子のことか。最も適当なものを次の中から選び、その記号をマークしなさい。

ア　盛重の、思慮分別がありそうな様子。

イ　盛重の、見た目がふてぶてしそうな様子。

ウ　六条右大臣の御家人の、配慮がこまやかそうな様子。

エ　六条右大臣の御家人の、根性がありそうな様子。

【問三】傍線部③「供に具して」とは、誰が誰を供として連れて行ったのか。最も適当なものを次の中から選び、その記号をマークしなさい。

ア　盛重が御家人なにがしを　　イ　六条右大臣が盛重を

ウ　六条右大臣が御家人なにがしを　　エ　御家人なにがしが盛重を

【問四】傍線部④「その童、参らせよ」とあるが、なぜそうしたのか。最も適当なものを次の中から選び、その記号をマークしなさい。

ア　他の者よりも、振る舞いが優雅で容姿が優れていたから。

イ　他の者が急いで去っていく中、落ち着いて行動していたから。

ウ　他の者よりも、礼儀をわきまえた受け答えができていたから。

エ　他の者が悪事を働いていても、遠慮して話さなかったから。

【問五】傍線部⑤「なきことをつくりて、問ひ給ひける」とあるが、このように尋ねた真意は何か。最も適当なものを次の中から選び、その記号をマークしなさい。

ア　顕房公の目にしたものが事実か確かめるため。

イ　屋敷内の不審物に気づいているか確かめるため。

ウ　主人に対して不満を抱いているかどうかを確かめるため。

エ　相手の意に沿う対応ができる人物か確かめるため。

【問六】本文の内容に合致しているものとして最も適当なものを次の中から選び、その記号をマークしなさい。

ア　盛重は、思慮深い言動によってしだいに評価を高め、主人に信頼されて出世していった。

イ　盛重は、その時々の状況に機敏に対応して人の心を上手く操り、出世していった。

ウ　盛重は、時には主人にも積極的に自分の意見を述べることによって、出世していった。

エ　盛重は、自身の本心を隠して周囲の意向に沿うように振る舞い、出世していった。

令和四年度　一般入学試験

国　語

【注意事項】

(1) 「始め」という指示があってから、開いて始めなさい。
(2) 解答用紙に受験番号・氏名を記入しなさい。
(3) 試験時間は40分です。
(4) この問題は10ページまであります。ページが抜けていたり、印刷の文字がはっきりしていない場合は、静かに手をあげて先生に知らせなさい。
(5) 解答はすべて解答用紙に記入しなさい。
(6) 字数制限がある問題においては、句読点や記号も字数に数えることとします。
(7) 質問のある時は静かに手をあげて、先生の指示を受けなさい。
(8) 「やめ」という指示で書くことをやめなさい。
(9) 問題は持ち帰ってください。

愛知工業大学名電高等学校

一

次の文章を読んで、後の問いに答えなさい。ただし、本文中の〰〰〰部は、本文より前に書かれている内容をふまえた表現である。（＊印のことばには文末に注があります。）

お詫び

著作権上の都合により、文章は掲載しておりません。
ご不便をおかけし、誠に申し訳ございません。

教英出版

お詫び

著作権上の都合により、文章は掲載しておりません。
ご不便をおかけし、誠に申し訳ございません。

教英出版

お詫び

著作権上の都合により、文章は掲載しておりません。
ご不便をおかけし、誠に申し訳ございません。

教英出版

4 先生と生徒は，三平方の定理に関する [問題] について会話をしています。

[問題] 右の図のように直角三角形 ABC の 3 辺の長さを a，b，c で定めたとき，三平方の定理を証明せよ。

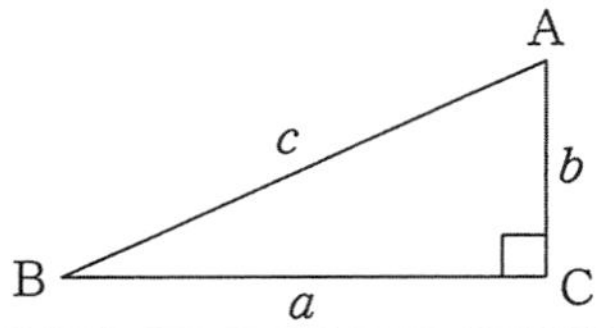

先生：では，この問題の図における三平方の定理の式を言ってください。

生徒：はい。 [ア] です。

先生：そうですね。では，どのようにして証明をするか考えましょう。三平方の定理の証明は 100 通り以上あると言われています。思いついた方法でいいのでやってみましょう。

生徒：はい。私は同じ形の直角三角形を 4 つ使う方法でやります。4 つの直角三角形をそれぞれの斜辺である c が正方形の 1 辺になるように並べます。すると，斜辺 c を 1 辺とする大きな正方形の内側にも正方形ができています。

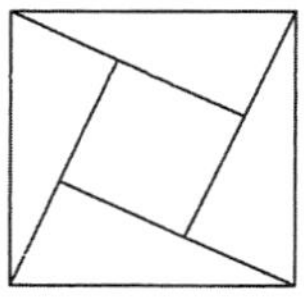

大きな正方形の面積は内側の正方形の面積と直角三角形の面積 4 つ分なので， [イ] の等式ができます。この式を整理すると [ア] になります。

先生：素晴らしいですね。今の証明は三平方の定理の有名な証明方法です。他にはどうですか。

生徒：えっと，いろいろ考えても今やった証明より良いのが思いつきません。

先生：では，補助線を引く方法でやりましょう。頂点 C から斜辺 c に向かって垂線 CH を下ろしただけですが，実はこれで証明が完了しています。どうですか。

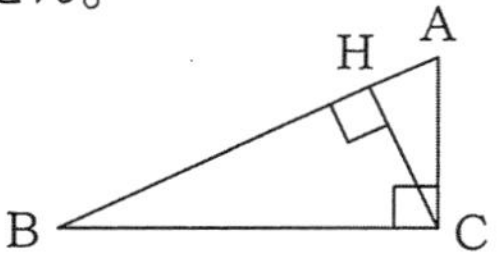

生徒：えっ，完了していますか。どこで証明できているか全然分かりません。何を使いますか。

先生：3 つの三角形△ABC，△ACH，△CBH は， [ウ] ので相似です。
3 つの三角形△ABC と△ACH と△CBH の相似比は [エ] より，面積比は [オ] です。

生徒：そうか，△ABC＝△ACH＋△CBH となるから証明終わりなんだね。すごい簡単だ。

先生：他にもあるので考えてみてください。

次の（ i ）～（iv）の問いに答えなさい。

（ i ） [ア] に当てはまる式を a，b，c を用いて答えなさい。

（ii） [イ] には下の式が入ります。 [　　] 部分に入る式を a，b を用いて表しなさい。

$$c^2 = \square + \frac{1}{2}ab \times 4$$

（iii） [ウ] に当てはまる相似条件を答えなさい。

（iv） [エ]， [オ] に当てはまる比を a，b，c を用いてそれぞれ表しなさい。

3 右の図のように放物線 $y=x^2$ と直線 $y=ax$ および双曲線 $y=\dfrac{k}{x}$ が x 座標が 2 である点 A で交わっています。また，直線 $y=ax$ と双曲線 $y=\dfrac{k}{x}$ の点 A 以外のもう 1 つの交点を点 B とし，$\angle \mathrm{ACB}=90^\circ$ となる点 C を y 軸上の正の部分にとります。次の問いに答えなさい。

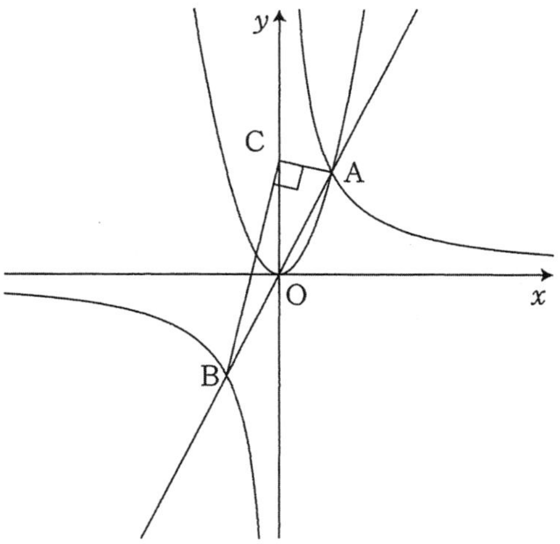

(1) k の値を求めなさい。

(2) $\triangle \mathrm{ABC}$ の面積を求めなさい。

(3) 放物線 $y=x^2$ 上に $\triangle \mathrm{ABC}=\triangle \mathrm{OPC}$ となる点 $\mathrm{P}(p,\ p^2)$ をとるとき p の値を求めなさい。ただし $p<0$ とします。

2 袋Aには，赤玉1個，白玉2個，青玉1個が，袋Bには，赤玉2個，青玉2個が入っています。次の問いに答えなさい。

(1) A，Bの袋からそれぞれ1個ずつ玉を取り出すとき，玉の色の組み合わせは何通りあるか求めなさい。

(2) 袋Aの白玉と袋Bの青玉を1個ずつ交換したあと，(1)の場合と同様にA，Bの袋からそれぞれ1個ずつ玉を取り出します。下の①～④の選択肢の中から正しい記述をすべて選びなさい。

① 玉の色の組み合わせの総数は，玉を交換する前よりも交換した後の方が多い。
② 少なくとも1つは赤玉が出る確率は，玉を交換する前よりも交換した後の方が高い。
③ 少なくとも1つは白玉が出る確率は，玉を交換する前よりも交換した後の方が高い。
④ 同じ色の玉が出る確率は，玉を交換する前よりも交換した後の方が高い。

V．次の1～4の日本語の意味に合うよう（　）内の語句を並べかえたとき，（　）内で5番目に来る語をア～オから1つ選び，記号で答えなさい。ただし，文頭に来る語も小文字で示してあり，不要な語も1語含まれています。

1．あなたたちは，この家では王様とお妃様のようにとても幸せに見えますよ。
You (see / happy / like / house / very / in / look / this) a king and a queen.
ア．in　　イ．see　　ウ．like　　エ．this　　オ．look

2．電話帳を一緒にさがしてみましょう。
Why (for / the / look / at / don't / phone / we / book)?
ア．for　　イ．at　　ウ．the　　エ．book　　オ．phone

3．昨日私は渋谷に友達と買い物に行きました。
(in / my / shopping / I / Shibuya / went / to / with) friend yesterday.
ア．to　　イ．in　　ウ．went　　エ．with　　オ．Shibuya

4．日本が，エネルギーを他の国に依存しているとは思っていませんでした。
I (have / that / on / other / thought / Japan / another / never / depends) countries for energy.
ア．another　　イ．that　　ウ．never　　エ．Japan　　オ．other

VI．次の下線部の日本語の意味を表す8語の英文を書きなさい。
(possible, will, abroad を使いなさい。文頭に来る語も小文字で示してある)

こんな易しい問題でねを上げてはいけません。 留学するなんて夢のまた夢です。

Choose the correct sentences to put in (1) — (4) in the story.

1．ア．Old bread is better than fresh bread, so many people come to buy it.
イ．Of course, fresh bread is five cents a slice, old bread is five cents for two slices.
ウ．Usually, old bread is more expensive than fresh bread at my shop.
エ．I think he is very hungry and comes to my shop every day.

2．ア．I showed them to him, but he didn't know that they were bad paintings.
イ．Yesterday, he bought fresh bread for the first time.
ウ．I put this on my wall, and he realized that it was a good painting.
エ．The color is good but the lines are not right.

3．ア．No problem, thank you.
イ．Sorry, I have no idea.
ウ．Thank you. Goodbye.
エ．I will never visit here.

4．ア．But what did I do wrong?
イ．Are you busy right now?
ウ．I hope I can work with him!
エ．Where was he working?

5．Answer the question below. Use words from the story.
Why does Blumberger buy old bread at Miss Martha's shop?
Because he ________ ________ ________ ________ ________ with it after putting in the ink lines.

destroyed my work!

KELTON: Come on! You've said enough! It was an accident, I'm sure.

Kelton pulls Blumberger out of the shop. After a minute, Kelton comes back again.

MISS MARTHA: What's wrong with him?

KELTON: That's Blumberger. He's an architect. We work together, in the same office.

MISS MARTHA: (　4　)

KELTON: He's worked hard for three months now, on a plan for the new city hospital. It was a competition, and Blumberger was sure that he was going to win it.

MISS MARTHA: But … why?

KELTON: I'm telling you, miss. You see, he finished putting in the ink lines yesterday. When it's finished, he always rubs out the pencil lines with old bread.

MISS MARTHA: So, he wanted the old bread!

KELTON: Well, today — well, you know, that butter was in the bread and when he tried to rub out the pencil lines — well, Blumberger's plan is destroyed now, miss.

Kelton turns and leaves the shop. Miss Martha puts her head into her hands and starts to cry.

出典 *O. Henry, Two Loaves of Bread*, One Thousand Dollars and Other Plays より

Word List

butter バター　thin 痩せて　hold～back を抑える　architect 建築家

competition 競争　rub out をこすって消す

IV. Read the conversations below, and answer the questions that follow.

This is a story about a man who buys old bread.

Part 1: Miss Martha, the baker, is standing behind the counter of her shop, talking to her friend, Mrs. Annie Green.

MISS MARTHA: He comes in two or three times a week, and he always buys two slices of old bread.

MRS GREEN: Old bread?

MISS MARTHA: Always old bread, never fresh bread. (1)

MRS GREEN: You think he's poor?

MISS MARTHA: Oh, yes, he is, Annie, I'm sure. One day I saw some red and brown paint on his fingers. "He's a painter," I said to myself.

MRS GREEN: Well, we all know that painters are very often poor. But can you be sure that he's a painter? Just because he has paint on his fingers ...

Miss Martha takes a painting out from under the counter.

MISS MARTHA: (2)

MRS GREEN: And he only eats old bread?

MISS MARTHA: Yes. He must be very poor. And he looks so thin. I want to help him.

MRS GREEN: (Laughing) You want to marry him!

Part 2: Two days later. Miss Martha is now wearing her best clothes, and her hair looks different.

MISS MARTHA: Good morning.

BLUMBERGER: Good morning. Two old slices, please.

MISS MARTHA: (Smiling) How are you today?

BLUMBERGER: I'm very well —

Miss Martha quickly cuts into each of the old slices, and puts some butter in them. She puts the slices into paper bags. Blumberger pays Miss Martha.

BLUMBERGER: (3)

MISS MARTHA: Goodbye.

Part 3: Later that day. Suddenly the door opens, and Blumberger and a young man come in. Blumberger is angry, but the young man, Kelton, is trying to hold him back.

BLUMBERGER: (Shouting at Martha) You stupid woman!

KELTON: Wait! Blumberger!

BLUMBERGER: You stupid, stupid woman! Do you know what you've done? You've

2. The sentences below show us the hope that a lot of people hold for our future world.

(a) Read this article and find the words that go in (①) and (②). Choose the correct pair of words.

"If we take quick and strong action on (①) (②), we may be able to slow down more severe weather".

ア. ① change ② climate　イ. ① continue ② change　ウ. ① change ② carbon
エ. ① climate ② change　オ. ① change ② continue

(b) Write an English word in (③).

We have to reach (③) development goals to save our planet. These are SDGs!

3. Choose the correct answer to put in (A) in the article.

ア. dangerous enough for us to live here
イ. warm enough for us to give water to plants here
ウ. warm enough for us to live here
エ. dangerous enough for us to make people sick here
オ. very hot for us to live here
カ. very hot for us to keep people in good health here

4. Choose the correct pair of answers. Choose T if sentences (a), (b) agree with this article. Choose F if sentences (a), (b) disagree with this article.

(a) The oceans will rise even more because the ice on the Arctic and the Antarctica is beginning to change to water and go into the sea as temperatures rise. One of these two places is losing about one hundred square kilometers of ice from one year to the next.

(b) Greenhouse gases have always been in the air above us. Animals and people make these gases. When people in many countries began to build machines and factories, we started to produce a lot of carbon dioxide, and we are still making more. In some countries, people are not only farming but also building houses. In this way, we produce more carbon dioxide.

ア. (a) T (b) T　イ. (a) F (b) F　ウ. (a) T (b) F　エ. (a) F (b) T

5. The next two sentences have the same meaning. Put an English word into each blank.

When we hear about the rise in the world's temperatures, we think of climate change.

The rise in the world's temperatures (①) us (②) climate change.

Greenhouse gases have always been in the air above us. They are made by animals and other living things. But in the eighteenth and nineteenth centuries, many countries began to industrialize — build machines and factories — and so people started to produce more and more carbon dioxide. In some countries, people burn forests to get more land for farming or for houses, and this produces more carbon dioxide, too.

Scientists think that, with all this extra carbon dioxide, the Earth's greenhouse gases have become thicker. Because of this, less of the sun's energy can go back into space, so the Earth is getting warmer, scientists say — and the rise in the world's temperature is causing climate change.

出典 Alex Raynham and Rachel Bladon, *Global Issues*, 2016

Word List

Kiribati キリバス　coral reef サンゴ礁　issue 問題　Arctic 北極　Antarctica 南極
melt 溶ける　square kilometers 平方キロ　dry 乾燥した　cause 原因, 起こす
industrialize 工業化する　farming 農業　extra 余計な

1. Which one of the sentences below is correct in this article? Choose the correct answer.

ア. Over one hundred people live in Kiribati and they have to go to live in other countries before 2018, because the sea is getting higher, and people can not survive there.

イ. According to scientists, global temperatures are about 1℃ warmer today than two hundred and fifty years ago, and the temperatures will rise about 2℃ over about 30 years.

ウ. 71% of Earth is the oceans. When temperatures go up, the oceans rise, because there is more water. However, the oceans will not become bigger after all the ice in the Arctic and Antarctica has gone.

エ. If global warming continues, by 2100, the world's waters may be two meters higher than they are today. Major cities like Mumbai, New York, and Shanghai will be in less danger.

Ⅳ　次の表は選挙制度とその特色をまとめたものである。これを見て以下の問に答えなさい。

選挙区制	特色
小選挙区	・（　A　） ・i 死票が多い
大選挙区	・死票が比較的少ない。 ・少数派も代表をおくることができる。
比例代表	・（　B　） ・小党分立で政局が不安定になりやすい。

1　（　A　）（　B　）に該当する組み合わせとして正しいものを次から選んで記号で答えなさい。

ア　A 一選挙区で 2 人以上が議席を得る。　B 政党が提出した名簿から議員が選ばれる。
イ　A 一選挙区で 2 人以上が議席を得る。　B 過半数の票を得た政党が議席を独占する。
ウ　A 一選挙区で 1 人が議席を得る。　B 得票数に応じて各政党が議席を得る。
エ　A 一選挙区で 1 人が議席を得る。　B 過半数の票を得た政党が議席を独占する。

2　下線部 i の「死票」について、次の語句を使用して句読点を含み 20 文字以内で説明しなさい。
【候補者】

Ⅲ　次の表は日本の各県についてまとめたものである。これを見て以下の問に答えなさい。

A県	・県南部では真珠の養殖が行われている。また茶や肉牛の生産も盛んである。 ・県北部の工業地帯ではかつてｉ公害が発生した。
B県	・1918年にはこの地で起こった運動をきっかけにして米騒動が全国へ波及した。 ・産業では稲作やチューリップの栽培が盛んであり、製薬業も古くからある。
C県	・内陸の盆地ではもも、洋なしなどを栽培している。 ・2011年の大震災ではこの県にあった原子力発電所が大きな被害を受けた。
D県	・県庁所在地は別名「杜の都」と呼ばれている。 ・平野部では稲作が盛んでササニシキやひとめぼれなどのブランド米を生産している。
E県	・幕末から明治にかけて、この地出身のⅱ維新の志士たちが活躍した。 ・県全土に広がる火山灰土の（　ⅲ　）台地で農業が行われている。
F県	・弥生時代のものとされる吉野ケ里遺跡があり、邪馬台国との関係性が指摘されている。 ・有明海ではのりの養殖が行われており、ⅳ伝統産業では焼き物が有名である。

1　下線部ｉについてこの県で起こった公害の説明として述べた文のうち正しいものを一つ選んで記号で答えなさい。

ア　工業排水に含まれていたメチル水銀が原因で発生した。

イ　神通川流域の住民が被害を受け、1960年代後半に提訴された。

ウ　この公害はぜんそくをはじめとする呼吸器障害の被害が多い。

エ　鉱毒を含む廃水が渡良瀬川に流出し、流域の住民が被害を受けた。

2　下線部ⅱについて下の語群にこの県の出身者は何人いるか、算用数字で答えなさい。

【語群】木戸孝允　坂本竜馬　西郷隆盛　大隈重信　福沢諭吉　板垣退助　大久保利通

3　（　ⅲ　）に該当する語句を次から選んで記号で答えなさい。

ア　カルスト　イ　カルデラ　ウ　リアス　エ　シラス

4　下線部ⅳに該当するこの県の伝統産業を次から選んで記号で答えなさい。

ア　信楽焼　イ　有田焼　ウ　常滑焼　エ　九谷焼　オ　清水焼

5　次の①～③の文章を追加する場合それぞれどの県に該当するか、A～Fの記号で答えなさい。どの県にも該当しない場合は×と答えなさい。

①　東京に近いことから、郡山市やいわき市には工業団地がある。

②　この県の中央を流れる吉野川は「四国三郎」という異名を持つ。

③　この県にある五箇山の合掌造り集落は世界文化遺産に登録されている。

Ⅱ 次の表を見て以下の問に答えなさい。

各国の主な言語

国名	主な言語(公用語・国語)	国名	主な言語(公用語・国語)
イラク	(①)	iアルゼンチン	(②)語
フィリピン	フィリピノ語	iメキシコ	(②)語
ドミニカ共和国	(②)語	iキューバ	(②)語
モロッコ	(①)	iブラジル	(③)語

世界のおもな言語人口(2018)

言語名	言語人口(100万人)
中国語	1311
(②)語	460
英語	379
iiヒンディー語	341
(①)	319
(③)語	221
日本語	128

1 表中の(①)に入る言語名を次から選んで記号で答えなさい。

ア マレー語　イ オランダ語　ウ アラビア語　エ ケチュア語

2 表中の(②)(③)に入る国名の組み合わせとして正しいものを次から選んで記号で答えなさい。

ア ②イタリア ③スペイン　イ ②スペイン ③ポルトガル

ウ ②スペイン ③オランダ　エ ②ポルトガル ③イタリア

3 下線部iの国々はアメリカ大陸もしくはその付近にある国にもかかわらずヨーロッパの言語を用いている。この理由について次のa～bの文章の正誤の組み合わせとして正しいものを選んで記号で答えなさい。

a ヨーロッパの国家を形成した民族の出身地が下線部iの国々であるから。

b 16世紀ごろからヨーロッパの国が下線部iの地域を植民地化したから。

ア a 正 b 正　イ a 正 b 誤

ウ a 誤 b 正　エ a 誤 b 誤

4 表中の下線部iiについて、この言語を憲法公認語としている国名を次から選んで記号で答えなさい。

ア インド　イ ラオス　ウ フィリピン　エ バングラデシュ

2022(R4) 愛知工業大学名電高
教英出版

5　（　b　）に該当する語句を漢字で答えなさい。

6　下線部iiiを表した歌を次から選んで答えなさい。

ア　この世をば　我が世とぞ　思う望月の　欠けたることも　なしと思えば

イ　泰平の　眠りを覚ます　上喜撰　たった四はいで　夜も眠れず

ウ　白河の　清きに　魚住みかねて　もとの田沼の　濁り恋しき

エ　東風吹かば　匂いおこせよ　梅の花　あるじなしとて　春な忘れそ

7　Cに該当する人物を次から選んで記号で答えなさい。

ア　フェノロサ　　イ　ハリス　　ウ　マルクス　　エ　ラクスマン

8　（　c　）に該当する語句を次から選んで記号で答えなさい。

ア　社会　　イ　市場　　ウ　独占　　エ　利己

9　Dの人物を次から選んで記号で答えなさい。

ア　田沼意次　　イ　伊能忠敬　　ウ　間宮林蔵　　エ　水野忠邦

オ　大塩平八郎　　カ　由井正雪

10　Dの人物は主に19世紀に活躍した人物です。19世紀に起こった世界の出来事として述べた①～④のうち1つ正しければア、2つ正しければイ、3つ正しければウ、全て正しければエ、全て誤っていればオと記号で答えなさい。

①　イギリスでは議会が国王を退位させる名誉革命が起こった。

②　中国で辛亥革命が起こり、中華民国が成立した。

③　奴隷制度をめぐりアメリカでは南北戦争が起こった。

④　アヘン戦争で敗れた清は南京条約を結んだ。

11　下線部ivに該当する国の説明として述べた①～④のうち1つ正しければア、2つ正しければイ、3つ正しければウ、全て正しければエ、全て誤っていればオと記号で答えなさい。

①　世界で最初に産業革命が起こり、「世界の工場」と呼ばれた。

②　1902年にはロシアの南下政策を警戒し、日本と軍事同盟を結んだ。

③　江戸時代末期に開国した日本の貿易相手の中心国となった。

④　東インド会社に雇われていたインド人兵士が反乱したが、これを鎮圧しインドを直接支配した。

Ⅰ　次の文章は歴史上の人物が自分の説明をしたものです。これを見て以下の問に答えなさい。

A　私は室町幕府を滅ぼし、その他敵対する有力大名を打ち破りました。またⅰ近江国に壮大な城を築き、天下統一のための拠点としました。その志半ばで家臣に背かれ（　a　）でその生涯を終えました。

B　私は将軍家斉の時、老中として農村の復興と政治の引き締めに取り組みました。昌平坂学問所を設け、そこで人材の育成を図るなどⅱ学問を推奨しました。このような動きは（　b　）の改革と呼ばれています。ただ、人々の生活に対する厳しい取り締まりのためⅲ不満が高まりました。

C　私は資本主義経済が行き詰まり、多くの問題を発生させると考えました。『資本論』を著し、労働者階級の団結によって（　c　）主義が実現できると主張しました。

D　大坂（大阪）で陽明学を教えていた私は飢饉により困窮している人々を救おうとしない役所に対し挙兵しました。奉行所の元役人であった私の挙兵は幕府などに衝撃を与えたとされます。

E　私は独立戦争で総司令官を務め、ⅳ敵国との戦いに勝利しました。その後成立したアメリカ合衆国の初代大統領となりました。

1　Aに該当する人物の説明として述べた①～③のうち1つ正しければア、2つ正しければイ、全て正しければウ、全て誤っていればエと答えなさい。

①　比叡山延暦寺を焼き討ちするなど仏教勢力とも戦った。

②　支配地には楽市楽座を実施するなど大胆な経済政策を行った。

③　桶狭間の戦いでは鉄砲を大量に使用し、武田氏を打ち破った。

2　下線部ⅰに該当する城の説明として述べた①～③のうち1つ正しければア、2つ正しければイ、全て正しければウ、全て誤っていればエと答えなさい。

①　世界遺産にも登録されており、「白鷺城」とも呼ばれている。

②　天守閣を持つ最古の城として観光名所となっている。

③　この城の所有をめぐって西南戦争の際には西郷軍と政府軍との争いが起こった。

3　（　a　）を漢字3文字で答えなさい。

4　下線部ⅱに該当する学問を次から選んで記号で答えなさい。

ア　陽明学　　イ　朱子学　　ウ　国学　　エ　蘭学

社　　会

4

図1は，ある地域の地形をあらわしている。図中の実線は等高線をあらわし，数字は海面からの高さをあらわしている。図2は，図1のA～Cの各地点の柱状図である。この地域はある傾きをもって平行に堆積しており，しゅう曲や断層はないものとする。また，この付近の地層に南北の傾きはないものとする。

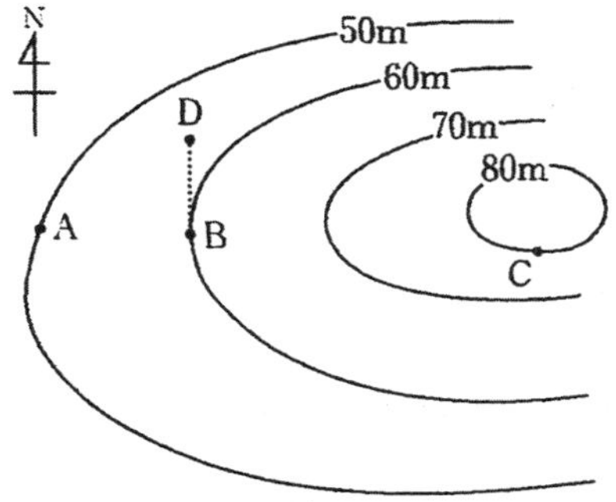

図1

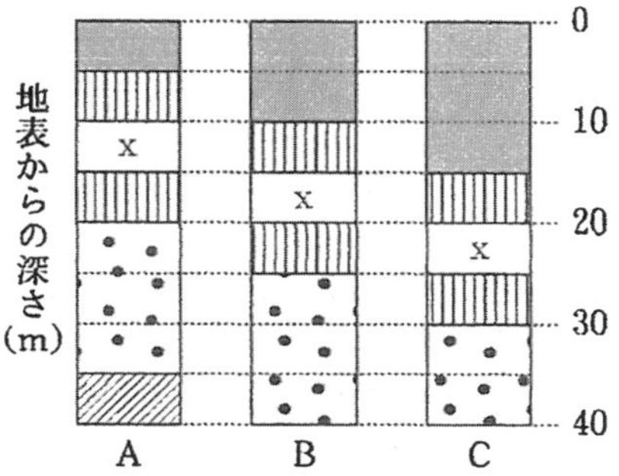

図2

(1) この地域の地層は，東西どちらの方角に向かって低くなっているか答えなさい。

(2) 海面からの高さ55mの地点Dでxが観察される地表からの深さは何mか答えなさい。

(3) xは火山噴出物が堆積してできた岩石の層である。この岩石を何というか，漢字で答えなさい。

(4) xを顕微鏡で観察すると，主に4種類の鉱物が観察された。各鉱物の割れ方として適したものをア～エから一つずつ選び，記号で答えなさい。

鉱物	石英	長石	黒雲母	角閃《かくせん》石
割れ方	①	決まった方向に割れる	②	③

ア．柱状に割れやすい　　イ．決まった方向に薄くはがれる
ウ．決まった方向に割れる　　エ．不規則に割れる

(5) ある層に含まれる花こう岩を拡大してみると，主に4種類の鉱物が観察された。それぞれの鉱物の融点（固体から液体になる温度）を表に示してある。

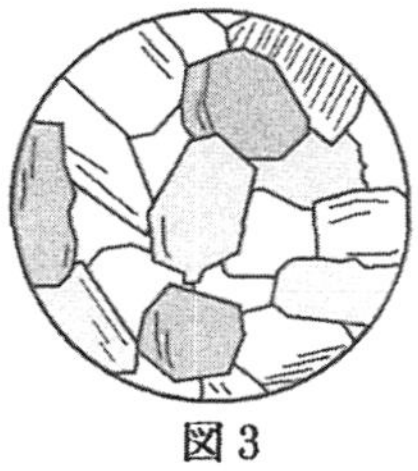
図3

表

鉱物	融点（℃）
石英	1100
カリ長石	1100
斜長石	1300
黒雲母	1200

①花こう岩は，図3のようにほぼ同じ大きさの結晶が組み合わさっていた。このようなつくりを何というか，漢字で答えなさい。

②マグマが冷えて花こう岩になるとき，最初に固まる鉱物は何か。次のア～キから一つ選び，記号で答えなさい。

ア．石英　　イ．カリ長石　　ウ．斜長石　　エ．黒雲母　　オ．石英とカリ長石
カ．カリ長石と斜長石　　キ．石英とカリ長石と斜長石

Ⅱ．ある植物の花の色には黄色と白色がある。この植物A～Jを掛け合わせて得られた子の代の花の色を調べたところ，表1のとおりになった。次の問いに答えなさい。

表1

親	黄色の花：白色の花
A×B	0：582
C×D	453：148
E×F	302：101
G×H	301：298
I×J	603：0

(5) 遺伝の規則性に関する説明として正しいものを，次のア～エから一つ選び，記号で答えなさい。

ア．形質は細胞の核の中にある染色体に存在する。

イ．親，子，孫と代を重ねても同じ形質になる場合，これらをその形質の純系という。

ウ．形質の本体はDNAという物質である。

エ．顕性（優性）の形質を示す両親から潜性（劣性）の形質を示す子が生まれたり，潜性（劣性）の形質を示す両親から顕性（優性）の形質を示す子が生まれたりすることはない。

※（6),（7）は問題不備のため，全員正解としました。

令和四年度　一般入学試験解答用紙

国語

一

問一 a b

問二

問三

問五

問六

問七

問九 D E F

問十

問十一

問十二

二

問一

問二 ∫

問四

問五

問六

問七

問八

【解答

令和４年度　一般入学試験解答用紙

数学

1	(1)	(2)
		$c =$
	(3)	(4)
	個	$n =$
	(5)	(6)
	円	
2	(1)	(2)
	通り	

【解答用

令和４年度　一般入学試験解答用紙

英語

Ⅰ	1	2	3	4	5

Ⅱ	1	2	3 （　　　）	4	5

<table>
<tr><td rowspan="2">Ⅲ</td><td>1</td><td>2 (a)</td><td colspan="2">(b)
（　　　　　　　　　　）</td></tr>
<tr><td>3</td><td>4</td><td>5①
（　　　　）</td><td>②
（　　　　）</td></tr>
</table>

【解答用

令和４年度　　一般入学試験解答用紙

理 科

1			
	(1) 極	(2)	(3)
	(4)	(5)	(6)

2				
	(1)①	②	(2)	(3)
	(4)	(5) →		(6)

【解答用

令和４年度　一般入学試験解答用紙

社 会

I	1	2	3	4
I	5	6	7	8
I	9	10	11	
II	1	2	3	4
	1	2	3	4

【解答用

Ⅳ	1	
	2	

受験番号	氏　　　名	得　点

※75点満点
（配点非公表）

3			
(4)	(5)	(6)	(7)

4						
(1)			(2) m		(3)	
(4)①	②	③	(5)①		②	

受験番号	氏　名	得　点

※75点満点
（配点非公表）

Ⅳ				
	5 (　　　　)(　　　　)(　　　　)(　　　　)(　　　　)			

Ⅴ	1	2	3	4

Ⅵ	

受験番号	氏　　名	得　点

※100点満点
（配点非公表）

3	$k=$		$p=$

4	(i)	(ii)
	(iii)	
	(iv)	
	エ　　:　　:	オ　　:　　:

受験番号	氏　名	得　点

※100点満点
（配点非公表）

d

問四

問八

とするため

問十三

問十四

2

受験番号	氏　名	得　点

※100点満点
（配点非公表）

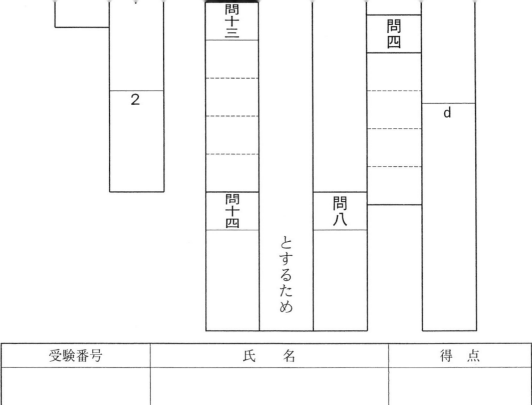

3

生物の成長とふえ方について次の文章Ⅰ・Ⅱを読み，以下の問いに答えなさい。

Ⅰ．タマネギの根の成長の観察を行った。図のように，伸びた一本の根を先端Aとその次の部分Bに分け，顕微鏡で観察した。その後，Aの中に含まれる細胞の様子a～eをスケッチした。

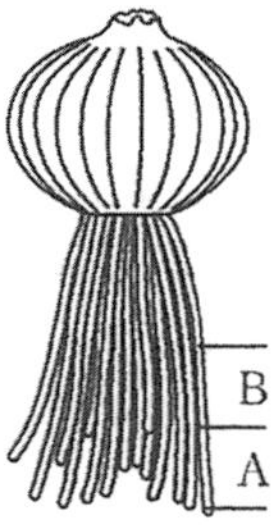

(1) 根の先端Aとその次の部分Bを切り取って，そこに含まれる細胞数を調べた時，どうなっているか。正しいものを次のア～エから一つ選び，記号で答えなさい。ただしAとBの質量は等しいものとする。

ア．Aの細胞数は，Bの細胞数よりも多い。

イ．Bの細胞数は，Aの細胞数よりも多い。

ウ．Aの細胞数とBの細胞数は，ほぼ同じである。

エ．Aの方が多い時もあれば，Bの方が多い時もある。

(2) 下のa～eに関する説明として正しいものを，次のア～エから一つ選び，記号で答えなさい。

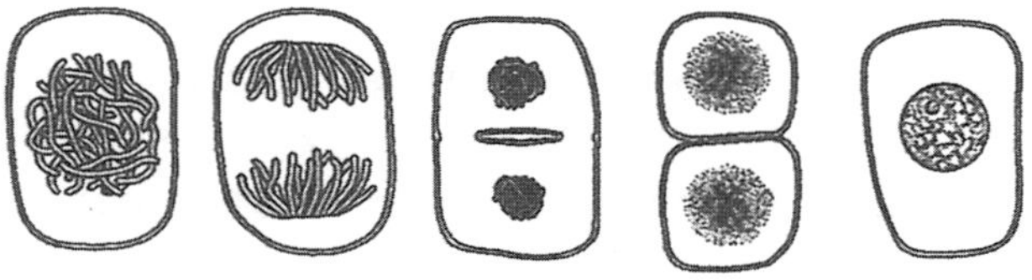

ア．この図を細胞分裂の順番に並べると，a→b→c→d→eとなる。

イ．eのときに染色体の複製が起こる。

ウ．bとdでは細胞内に存在する染色体の量は等しい。

エ．このような分裂を減数分裂という。

(3) 生物の子孫の残し方に関する説明として正しいものを，次のア～エから一つ選び，記号で答えなさい。

ア．セイロンベンケイソウはもともと葉をつくっていた細胞が減数分裂をすることでなかまを増やすことができる。

イ．ゾウリムシは体の一部から芽が出るようにふくらみ，それが新しい個体になる。

ウ．ヒドラは体が同形同大のふたつに分裂し，新しい個体をつくる。

エ．植物の根・茎・葉から新しい個体ができることを，栄養生殖という。

(4) 植物の有性生殖に関する説明として正しいものを，次のア～エから一つ選び，記号で答えなさい。

ア．被子植物では，花粉管の中の精子が，胚珠の中の卵と合体して受精する。

イ．被子植物では受精卵は分裂して胚になり，胚を含む胚珠全体が種子になる。

ウ．被子植物では，柱頭に花粉が付き，花粉が移動して受精する。

エ．裸子植物では，胚珠が子房に包まれている。

金属のイオンへのなりやすさの違いを利用したものにダニエル電池がある。

図のように，セロハンをはさんだ容器に硫酸亜鉛水溶液（Zn^{2+}を含む水溶液）と硫酸銅水溶液（Cu^{2+}を含む水溶液）を入れ，Zn 板と Cu 板をそれぞれに浸し，電子オルゴール（特定の向きに電流を流すと音が鳴る）をつなぐと鳴った。この電池を電池Aとする。

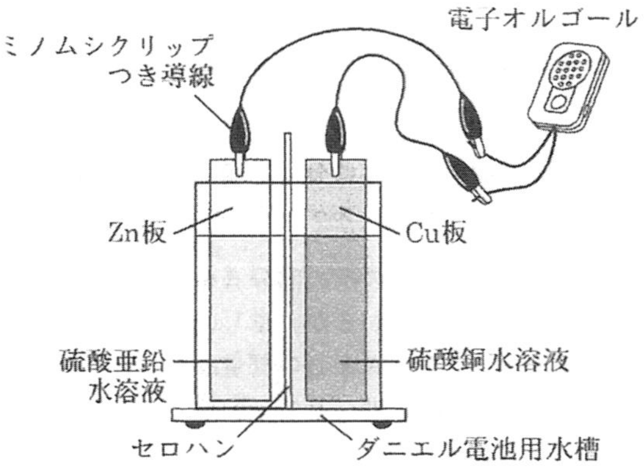

このとき，Zn 板・Cu 板では次のような反応が起きている。

【Zn 板】 $Zn \rightarrow Zn^{2+} + 2e$

【Cu 板】 $Cu^{2+} + 2e \rightarrow Cu$

上記の化学反応式で表されるように，Zn 原子 1 個は Zn^{2+} に変化する際，2 個の電子を放出する。また，Cu^{2+} 1 個は Cu 原子に変化する際，2 個の電子を受け取る。この 2 つの反応を合わせ，電池A全体の反応を化学反応式で表すと，次のようになる。

$Zn + Cu^{2+} \rightarrow Zn^{2+} + Cu$

(4) 電池Aに関する次のア～エの記述のうち，誤りを含むものを一つ選び，記号で答えなさい。

ア．放電を続けると，硫酸銅水溶液の青色がうすくなる。

イ．硫酸銅水溶液の濃度を高くすると，電子オルゴールは長時間鳴るようになる。

ウ．Cu 板の代わりに Mg 板，硫酸銅水溶液の代わりに硫酸マグネシウム水溶液を使っても，電子オルゴールの音は鳴る。

エ．この電池は，Cu 板が正極，Zn 板が負極である。

(5) Cu 板の代わりに Ag 板，硫酸銅水溶液の代わりに硝酸銀水溶液（Ag^{+} を含む水溶液）を用いて，同様の電池を作った。この電池を電池 B とする。電池B全体の反応を化学反応式で書きなさい。

(6) 原子 1 個あたりの質量を比較すると，Ag 原子の質量は Cu 原子の約 1.7 倍である。電池Aと電池Bをそれぞれ同じ電子オルゴールにつなぎ，しばらく鳴らした後に Zn 板の質量を測定したところ，電池A・電池Bともに同じ質量だけ減少していた。このとき，電池BのAg 板の質量の増加量は，電池 A の Cu 板の質量の増加量の何倍になるか。次のア～カから最も適当なものを一つ選び，記号で答えなさい。

ア．0.29 倍　　イ．0.59 倍　　ウ．1.0 倍　　エ．1.7 倍　　オ．3.4 倍　　カ．6.8 倍

2

Mg^{2+}，Zn^{2+}，Cu^{2+} それぞれを含む水溶液を用意し，その中に Mg 板，Zn 板，Cu 板をそれぞれ入れたときの様子を観察した。下は，実験結果を表にまとめたものである。

	Mg 板	Zn 板	Cu 板
Mg^{2+}を含む水溶液（無色）	変化なし	変化なし	変化なし
Zn^{2+}を含む水溶液（無色）	金属板がうすくなり，①黒い物質が付着した。	変化なし	変化なし
Cu^{2+}を含む水溶液（青色）	金属板がうすくなり，②赤い物質が付着した。	金属板がうすくなり，赤い物質が付着した。	変化なし

(1) 下線部①黒い物質，②赤い物質はそれぞれ何だと考えられるか。化学式で答えなさい。

(2) 実験結果より，Mg，Zn，Cu をイオンになりにくい順に左から並べるとどうなるか。次のア～カから一つ選び，記号で答えなさい。

ア．Mg　Zn　Cu
イ．Mg　Cu　Zn
ウ．Zn　Mg　Cu
エ．Zn　Cu　Mg
オ．Cu　Mg　Zn
カ．Cu　Zn　Mg

(3) Ag（銀）は上記 3 つのどの金属よりもイオンになりにくいことが知られている。Cu^{2+} を含む水溶液に Ag 板を入れると，どのような変化が起きるか。次のア～エから一つ選び，記号で答えなさい。

ア．金属板がうすくなり，黒い物質が付着する。
イ．金属板がうすくなり，白い物質が付着する。
ウ．金属板がうすくなり，赤い物質が付着する。
エ．変化なし。

2022(R4) 愛知工業大学名電高
K 教英出版

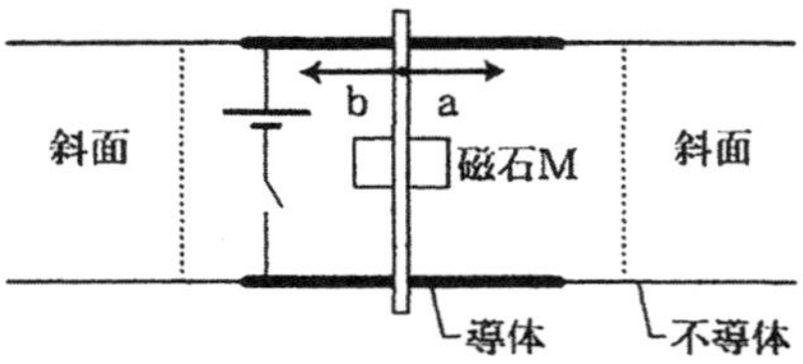

図 5

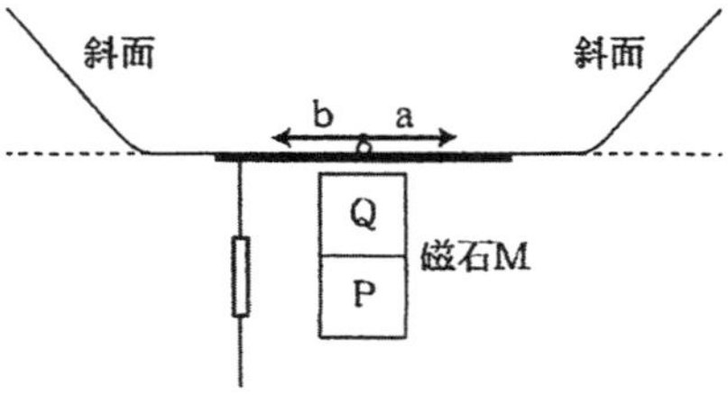

図 6

［実験 1］

スイッチを入れ，金属棒が導体部分から離れた瞬間にスイッチを切ったところ，金属棒はレール端部の斜面を上り始め，ある高さまで上った。

(3) 金属棒は図の a と b，どちらの向きに進むか答えなさい。

(4) スイッチを切ってからの経過時間と金属棒のもつ力学的エネルギーとの関係を，ア～オのグラフから一つ選び，記号で答えなさい。

ア

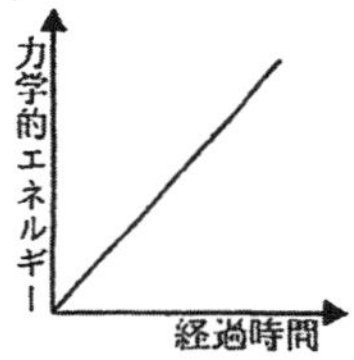

イ

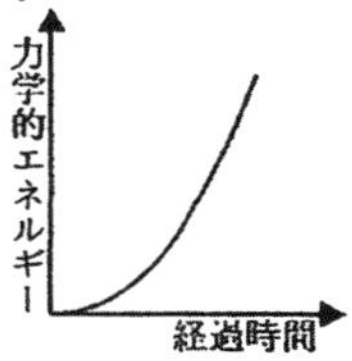

ウ

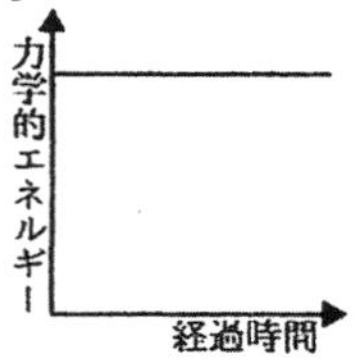

エ

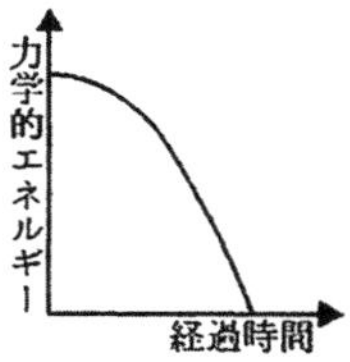

オ

(5) 斜面を上った後の金属棒の動きはどうなるか。次のア～エから一つ選び，記号で答えなさい。

ア．斜面のある高さの位置にとどまっている。

イ．斜面を下り始め，水平面内の不導体部分で減速する。

ウ．斜面を下り始め，水平面内の導体部分で減速する。

エ．斜面を下り始め，反対側の斜面まで減速しない。

［実験 2］

図 4 の状態に戻してからスイッチを入れ，金属棒が導体部分から離れてもスイッチを切らなかったところ，金属棒はレール端部の斜面を上り始めある高さまで上った。

(6) 斜面を上った後の金属棒の動きはどうなるか。次のア～エから一つ選び，記号で答えなさい。

ア．斜面のある高さの位置にとどまっている。

イ．斜面を下り始め，水平面内の不導体部分で減速する。

ウ．斜面を下り始め，水平面内の導体部分で減速する。

エ．斜面を下り始め，反対側の斜面まで減速しない。

1

図1のような電磁石を作り，磁極のわからない磁石Mを用意した。このとき，電磁石の端部をそれぞれA，Bとし，磁石Mの端部をそれぞれP，Qとした。図2のように磁石Mの端部Pを電磁石の端部Aに近づけたところ，磁石Mと電磁石は互いに引き合った。以下の問いに答えなさい。

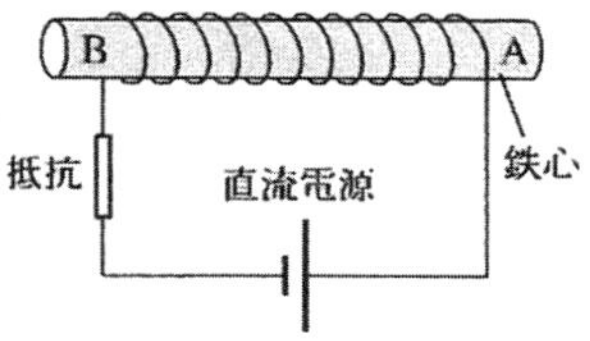

図1

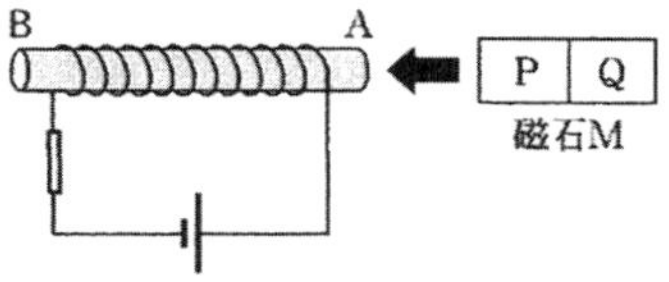

図2

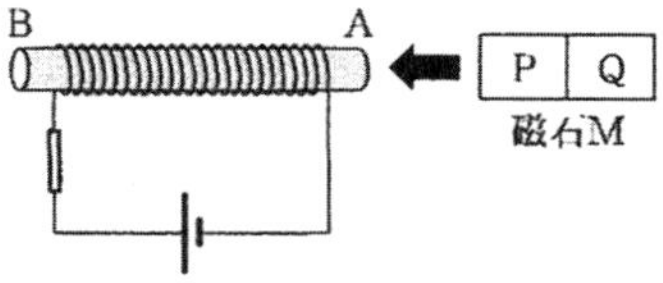

図3

(1) 電磁石の端部Aに近づけた磁石Mの端部Pの磁極を答えなさい。

(2) 図3のように直流電源の正極と負極を入れ替え，コイルの巻数を十分に増やした。このとき磁石Mの端部Pを近づけるとどうなるか。次の**ア**～**カ**から一つ選び，記号で答えなさい。

選択	磁石Mと電磁石	図2のときと比べた電磁石の磁界の強さ
ア	引き合う	強くなる
イ	引き合う	変わらない
ウ	引き合う	弱くなる
エ	反発し合う	強くなる
オ	反発し合う	変わらない
カ	反発し合う	弱くなる

次に，図4のような実験装置を作った。図5は実験装置を真上からみた様子であり，図6は実験装置を正面から見た様子である。レール下の磁石Mは端部Qが上になるように固定した。レールの水平部分の一部は導体で作られており，それ以外は不導体である。レールの導体部分には直流電源やスイッチ，抵抗がつながれている。

ただし，磁石Mは広い範囲に作用するとし，レールや金属棒は磁石に引き付けられないものを使用する。

また，レールや金属棒のまさつや抵抗は無視できるものとし，金属棒が動くときはレールに対して常に直角を保つものとする。［実験1］を行った後に，［実験2］をおこなった。

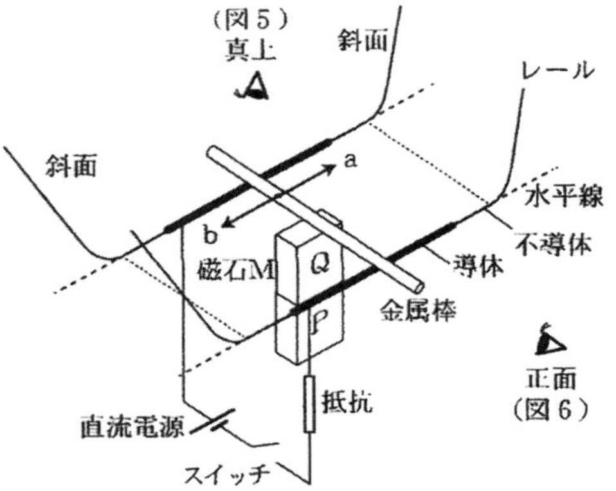

図4

理　　科

令和４年度　一般入学試験

理科・社会

【注意事項】

（1）「始め」という指示があってから，開いて始めなさい。

（2）理科解答用紙，社会解答用紙に受験番号・氏名を記入しなさい。

（3）試験は理科と社会の両方に解答しなさい。試験時間は理科と社会をあわせて60分です。

（4）問題は理科が１～８ページまで，社会が９～14ページまであります。ページが抜けていたり，印刷の文字がはっきりしていない場合は，静かに手をあげて先生に知らせなさい。

（5）解答はすべてそれぞれの解答用紙に記入しなさい。

（6）計算は問題の余白を利用しなさい。

（7）定規・分度器・計算機等の使用はできません。

（8）質問のある時は静かに手をあげて，先生の指示を受けなさい。

（9）「やめ」という指示で書くことをやめなさい。

（10）問題は持ち帰ってください。

愛知工業大学名電高等学校

Ⅲ. Read the article below and answer the questions.

The small island country of Kiribati sits among beautiful coral reefs in the Pacific Ocean. It is home to more than 100,000 people at the moment, but Kiribati's president has said that, before 2080, everyone will need to leave. Kiribati's towns and villages are less than two meters above the sea — and every year, the sea is getting higher. The people of Kiribati know that if the sea does not stop rising, they will soon need to leave their homes forever. People who live in other places in the world will have to change their lives in the future as well. There will be changes for many of us, because of one of the biggest global issues today: problems with the environment.

Scientists say that world temperatures are about 1℃ warmer today than 250 years ago — and by 2050, the temperatures may be another 2℃ warmer. We call this "global warming". 2℃ does not sound like a lot, but for the world around us, it is very serious.

71% of the Earth is oceans, and when temperatures go up, the oceans rise, because water expands — gets bigger — when it gets warmer. The oceans will rise even more because the ice that covers the Arctic and Antarctica is beginning to melt into the sea as temperatures rise. Antarctica is losing about 100 square kilometers of ice every year.

Some people think that if global warming continues, by the year 2100 the world's seas may be two meters higher than they are today. If that happens, big cities like Mumbai, New York, and Shanghai which are not high above the sea may be in danger.

Scientists say that our climate (the temperature, and how much rain, snow, sun, and wind we have) is becoming different from how it once was. This is called climate change. Many people are very worried about climate change, and think that it is already making the world's weather much wilder than before. Because of climate change, they say, strong winds are destroying houses, dry forests are burning, and heavy rain is damaging farmers' plants and flooding the land. It is becoming difficult for farmers to grow food in some places. If the climate continues to change, it will make life harder for many people. Some places will have more snow, some will have more heavy rain, and others will have longer droughts.

There will be more storms, too, and many people may have to leave the land which they live and work in. Scientists also think that some plant and animal species will become extinct — they will not be able to stay alive any more.

So, if our climate is changing, what are the causes? To understand this, we need to know about the "greenhouse effect". The greenhouse effect is important for our world because it keeps Earth (A). But how does the greenhouse effect work?

When energy from the light of the sun reaches Earth, most of it goes back out into space. But around Earth, there are gases which make a kind of cover in the air. They catch some of the sun's energy and make Earth warmer. We call this "the greenhouse effect" because these gases help to keep Earth warm, just like a glass greenhouse keeps plants warm.

1. What was Erik worried about?

ア. Spending time in his grandparents' house quietly.

イ. Playing with the kids in the neighborhood.

ウ. Having a boring time.

エ. Getting to his grandparents' house on time.

2. What did his grandfather's behavior which is underlined (2) in the story mean?

ア. He told Erik that he was going the right way.

イ. He invited Erik to drink tea.

ウ. He felt sorry for Erik.

エ. He showed Erik that his guess was wrong.

3. Write one word from the story in (③).

4. Choose the item which was not in the special room.

ア. a large pool table

イ. a cue

ウ. stairs

エ. a dartboard

5. Choose the true sentence.

ア. Erik could find the best room in the house easily.

イ. The first ten minutes passed quickly, but the rest of the time didn't.

ウ. The design of the lock and the age of the room helped Erik to find the best room.

エ. Bethany asked Bill to help during Erik's stay.

Ⅱ. Read the story below and answer the questions.

Erik rang his grandparents' doorbell and quietly wished the next four hours would go by quickly. He didn't want to give up his Saturday afternoon at his grandparents' house, and there were no kids in the neighborhood.

"You're here on time," Grandma Bethany said when she opened the door. "There's tea and cake in the living room."

Well, maybe the first ten minutes would go by quickly. Erik hung his coat on the hook by the front door and saw a strange-looking key hanging on the hook. "Grandpa Bill, what's this funny key for?"

"That's a skeleton key. It opens the best room in this house." Grandpa Bill spoke very quietly because he didn't want his wife to hear. "It's the room I go to when your grandmother wants me to help with the dishes."

"What's so special about the room?" Erik asked.

"It's a game room," Grandpa Bill said. "Take the key and see if you can find the room before I finish my tea."

Erik took the key and looked at it. "A skeleton key? It looks old." Erik decided the oldest things in the house were probably up the stairs in the attic. He went to the living room again. "Is it in the attic?"

(2)Grandpa Bill took a drink of his tea and then looked down. Erik knew what he meant. He went back to the front door. He thought about the (③) part of a house. "The basement! It's the first part that's built." He ran to the basement door and looked at the lock. It was different from a simple lock. He put the key inside and turned it. With a click, the door opened.

Erik turned on the light and walked down the stairs. The basement was one big room with a tiny pool table in the middle and a dartboard on the far wall.

"Cool!" Erik said.

"Have you ever learned to play pool?" Grandpa Bill asked, and came down the stairs.

"No," Erik said.

"Well then, take a cue from the rack and I'll teach you."

Erik smiled. The next four hours were going to fly by.

Word List
neighborhood 近所　hang-hung-hung をかける　hook 洋服をかけるためのもの
strange 奇妙な　stairs 階段　attic 屋根裏部屋　basement 地下　lock 錠前
click カチッという音　pool table ビリヤード台　dartboard ダーツボード
cue ビリヤード用の玉　rack ラック

and alone because nobody understands us."

The next time you are sitting on a train or subway, focusing on your book or phone, remember to look up when the doors open and close, and take a look around, because maybe someone is in need — in need of your help, or just a friendly smile.

Inspired by The NUFS Times 7th Edition

1. What mark is the topic of this article?

ア

イ

ウ
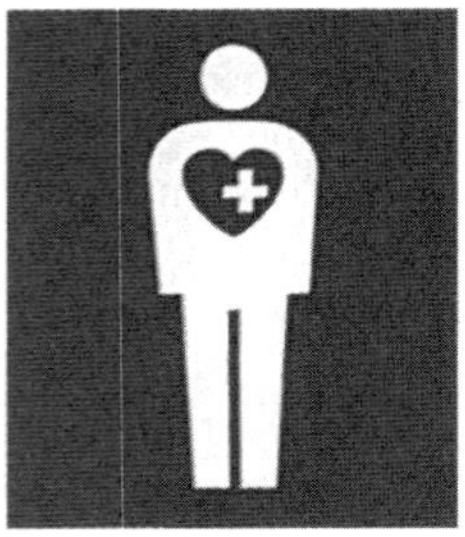

エ

2. What is the best example of a person with an invisible disability?
   ア. Someone who uses a wheelchair.
   イ. Someone who has a weak heart.
   ウ. Someone who is blind.
   エ. Someone who is going to have a baby soon.

3. There are many things you can do to help someone with a Help Mark. Which one is not ok?
   ア. Ask them if they are fine and need support.
   イ. Help them get on and off the bus.
   ウ. Let them sit down on the train.
   エ. Speak loudly to them and make a lot of noise.

4. What is one of the problems that people with invisible disabilities have?
   ア. Most people don't smile at them on the subway.
   イ. A lot of people ask them for help.
   ウ. Some people don't think they are really disabled.
   エ. A few people get angry and don't do anything.

5. When is evacuation from a train necessary?
   ア. If there is nowhere to sit.
   イ. If there is a fire in the next town.
   ウ. If there is a very big earthquake nearby.
   エ. If there are a lot of people at the station.

一般英語

I. Read the article below and answer the questions.

In 2012 the Japanese government created the Help Mark, to support people with an invisible disability.

Do you know what that means? Invisible means 'something that you cannot see'. A person who has a disability is someone who is disabled. So, a person with an invisible disability is disabled, but you can't see it — they look healthy. However, they may need a little more care and help, especially on public transportation. People wearing the Help Mark may need to sit down. They need more time to get on and off the train or bus. They may be feeling unwell. They also need support if there is an emergency evacuation.

You can see information posters inside the station, and there are information stickers on trains and buses, to explain what the Help Mark means. A survey made by Aichi Prefecture in 2020 discovered that nearly 65% of people recognize the Help Mark and understand its meaning.

Can you recognize the Help Mark? A rectangle with a white cross above a white heart? I'm sure you have looked up from your smartphone when on the subway or train, and seen it on someone's bag or jacket.

The problem is, even if you know what it is, even if you understand the meaning of this mark, do you know what to do when you see someone with this card?

People with invisible disabilities have said that since they started using the Help Mark, they are given a place to sit on buses and trains more often than before. However, many other people keep sitting, and keep looking down at their phones, or keep their eyes closed. Why is this?

Some people don't believe that the stylish woman standing in front of them can have a disability, because she looks fine. They think the cool young man does not really need help, though he is wearing the Help Mark on his bag. In other words, it is easy to understand disability when you see a stick, or a wheelchair, or a support dog, but many people don't understand what an invisible disability is.

Another problem is this: when we see someone with a Help Mark, what should we do? For example, should we talk to them, and ask them if they need help? They might be ok and will get angry with us. Maybe we should just stay quiet and not talk to them...? We do nothing, therefore, nothing improves.

People using the Help Mark think that Aichi Prefecture needs to explain more clearly about invisible disabilities. "Don't worry," they say. "It's ok to ask us if we want some help.

If we are standing, please stand up and let us sit in your place. Loud voices and crowded places may worry us, so please speak quietly. In addition, don't stand so near to us. If there is a natural disaster like an earthquake, please support us. And it is important to remember that we are people, just like you. Disabled people can feel lonely

問題は次ページから始まります。

令和４年度　一般入学試験

英　　語

【注意事項】

（１）「始め」という指示があってから，開いて始めなさい。

（２）解答用紙に受験番号・氏名を記入しなさい。

（３）試験時間は40分です。

（４）この問題は11ページまであります。ページが抜けていたり，印刷の文字がはっきりしていない場合は，静かに手をあげて先生に知らせなさい。

（５）解答はすべて解答用紙に記入しなさい。

（６）質問のある時は静かに手をあげて，先生の指示を受けなさい。

（７）「やめ」という指示で書くことをやめなさい。

（８）問題は持ち帰ってください。

愛知工業大学名電高等学校

(5) あるラーメン店は「6000円を払って店の会員になると，1か月の間ラーメンを1日1杯だけ無料で食べられる」というサービスを始めました。店長は店の会員になった人は毎日通って1日1杯無料のラーメンを食べ，3日に1回は会員ではない友達を1人連れてきてくれると考えました。会員ではない友達はラーメンを1杯注文し定価で食べるとします。1杯のラーメンを作るのにかかるお金が300円であるとき，ラーメン1杯の定価をいくらにすればこのサービスで1か月の間に2000円の利益を出すことができるか求めなさい。ただし1か月は30日とし，定休日は無いものとします。

(6) 右の図のような展開図で表される立体の体積を求めなさい。ただし，Aは1辺の長さが6の正方形，Bは上底3，下底6の台形，C，Dはそれぞれ違う形の二等辺三角形である。

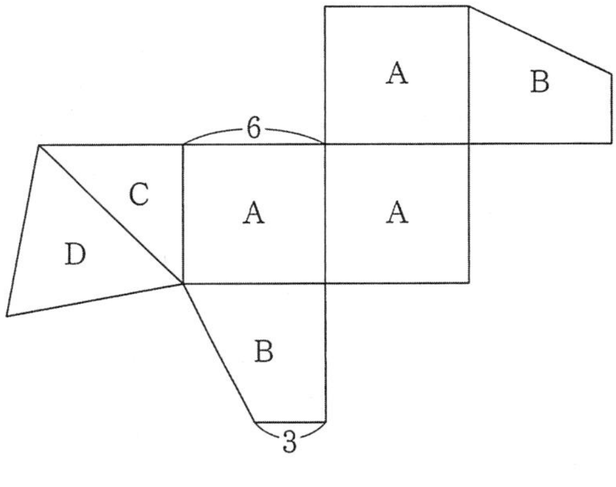

1 次の問いに答えなさい。

(1) 次の①〜④の等式・文章のうち正しいものはどれか，記号で答えなさい。

① $-3^2\times\frac{2}{15}+\left(-\frac{6}{7}\right)\div\frac{10}{21}=-\frac{3}{5}$

② $(\sqrt{2021}+\sqrt{2020})^2\times(\sqrt{2021}-\sqrt{2020})^2=2$

③ 平行四辺形の紙を，対角線を折り目として折り返した場合，折り返したあとの平行四辺形の 4 つの頂点は 1 つの円周上にある。

④ データの値から求める平均値と，度数分布表から求める平均値は必ず一致する。

(2) a，b，c を定数とします。$x(2x-ay)(x+by)$ を展開すると $ax^3+8x^2y-cxy^2$ である。このとき定数 c の値を求めなさい。

(3) 自然数の集合，整数の集合，数全体の集合について，加減乗除のそれぞれの計算がその集合の中だけでいつでもできるときは○，いつでもできるとは限らないときは×を下の表に書き入れたとき，○の数を答えなさい。
ただし，0 で割ることは考えないこととします。

	加法	減法	乗法	除法
自然数の集合				
整数の集合				
数全体の集合				

(4) $\frac{2022}{2n+1}$ が素数になるような自然数 n のうち最大のものを求めなさい。

2022(R4) 愛知工業大学名電高
K 教英出版

令和４年度　一般入学試験

数　　学

【注意事項】

（１）「始め」という指示があってから，開いて始めなさい。

（２）解答用紙に受験番号・氏名を記入しなさい。

（３）試験時間は40分です。

（４）この問題は５ページまであります。ページが抜けていたり，印刷の文字がはっきりしていない場合は，静かに手をあげて先生に知らせなさい。

（５）解答はすべて解答用紙に記入しなさい。

（６）計算は問題の余白を利用しなさい。

（７）定規・分度器・計算機等の使用はできません。

（８）質問のある時は静かに手をあげて，先生の指示を受けなさい。

（９）「やめ」という指示で書くことをやめなさい。

（10）問題は持ち帰ってください。

愛知工業大学名電高等学校

（アンデシュ・ハンセン／久山葉子訳『スマホ脳』新潮新書刊）

（注）＊1　ドーパミン……快感、やる気、学習能力、運動機能や記憶力といった働きを司る「報酬系」と言われる神経伝達物質。
＊2　ハードカレンシー……交換可能通貨。米ドル・ユーロ・円などをさす。
＊3　ハッキング……情報システムやソフトウェアの動作などを解析したり改造したりすること。
＊4　スナップチャット……登録した個人やグループに向けて画像などを投稿するSNSアプリ。
＊5　シリコンバレー……カリフォルニア州のパル・アルト市、サン・ノゼ市などIT関連企業が集中する地域のこと。
＊6　ループ……何度も同じことが繰り返されること。
＊7　脆弱性……もろくて弱い性質または性格。

【問一】　二重傍線部a～dのカタカナを漢字に直し、漢字はその読みをひらがなで書きなさい。

【問二】　傍線部①「その苦しみが『抽象的』なほど、脳にとっては複雑な作業になる」とあるが、この文の主語にあたる内容を、本文から六字で抜き出して書きなさい。

【問三】　傍線部②「ようだ」と同じ働きのものを次の中から一つ選び、その記号を書きなさい。

ア　数学、物理のような計算をする科目は大嫌いだ。
イ　私は父のような堅実な人になりたい。
ウ　初めて会ったはずなのに、あたかも親友のように接してくれた。
エ　一所懸命練習したはずなのに、どうやら失敗したようだ。

【問四】　空欄 A に当てはまる語句を同じ形式段落の中から四字で抜き出して書きなさい。

【問五】 傍線部③「私たちは80年代末よりもナルシストになっているようだ」とあるが、次の中から本文における「ナルシスト」の行動に当てはまるものを一つ選び、その記号を書きなさい。

ア うつに苦しむ人や離婚で悲しんでいる人の状況に身を置こうとする。
イ 独りで閉じこもり、顔の見えないコミュニケーションばかりで一日を過ごす。
ウ ＳＮＳによって世界中の人とつながることで、視野が広がり、自分以外の人の生活を知る。
エ 事故に出くわしたとき、救助するより撮影することを優先する。

【問六】 空欄 B に当てはまる語句を本文中から三字で抜き出して書きなさい。

【問七】 傍線部④「そこ」の指し示す内容を、本文中から抜き出して書きなさい。

【問八】 空欄 C に当てはまる語句として最も適当なものを、次の中から選び、その記号を書きなさい。

ア 口　**イ** 目　**ウ** 頭　**エ** 喉《のど》　**オ** 胸

【問九】 空欄 D ～ F に当てはまる語句を次の中からそれぞれ選び、その記号を書きなさい。

ア だが　**イ** つまり　**ウ** だから　**エ** そして　**オ** もしも

【問十】 傍線部⑤「私たちの注目を勝ち取るべく、脳のドーパミンのシステムをハッキングする」とあるが、それは何を目的としているのか。「～とするため」に続くようにその理由となる部分を Ⅲ の段落から十字以内で抜き出して書きなさい。

【問十一】 空欄 G に当てはまる語句を Ⅲ の段落から抜き出して書きなさい。

【問十二】 傍線部⑥「無料で使えてラッキーと思っていたら、大間違いなのだ」とあるがそれはなぜか。その理由として最も適当なものを次の中から選び、その記号を書きなさい。

ア　アプリ自体は無料だが、実はそれを使うことで無意識に購買意欲が喚起されてしまうから。

イ　無料のアプリには、様々な課金のシステムがあり、知らず知らずお金を使っているから。

ウ　自由にメッセージや画像をシェアしても、デジタル承認欲求が満足されるとは限らないから。

エ　無料のアプリには企業の様々な仕掛けが施してあり、いつのまにか損をする行動を取ってしまうから。

【問十三】 Ⅳの段落には次の一文が抜けている。どこに入れるのが適当か。直前の四字を抜き出して書きなさい。

◎だが、私はそれは間違っていると思う。

【問十四】 傍線部⑦「そう考えるのは私だけでなく、シリコンバレーの巨人たちも、自社の製品への後悔の念を露わにしている」とあるが、筆者は自分と「シリコンバレーの巨人たち」はどのような危惧をしていると考えているか。最も適当なものを次の中から選び、その記号を書きなさい。

ア　スマホやSNSに依存することで脳のメカニズムが破壊され、他人の気持ちを理解しづらくなったり、不必要に購買意欲が高まったりして、いずれ人間社会に争いごとが増えるのではないかという危惧。

イ　自己中心的な考え方が広まったのは、若者がスマホやSNSを多用するようになったからで、そのために歴史的な価値観や今までの社会にあった伝統的なものが失われてしまうのではないかという危惧。

ウ　スマホやSNSの開発者たちは広告主の要求を実現しようとするあまり、脳のメカニズムがハッキングされ、機械に依存しなければ生きていけない人たちばかりを多く作りだしてしまうのではないかという危惧。

エ　人びとの注目を集めるためにアプリに様々な仕掛けを施し、脳のドーパミンを異常に発生させた結果、これまで以上にスマホやSNSにのめり込む人が増え、これまでの社会の機能の破壊にもつながるのではないかという危惧。

二 次の文章を読んで、後の問いに答えなさい。ただし問題の都合上、本文を一部改変しています。（＊のことばには文末に注があります。）

＊1同じ朝臣《あそん》、＊2十二年の合戦の後、＊3宇治殿へア参りて（参上して）、たたかひの間の物語イ申しけるを（申し上げたのを）、＊4匡房卿《まさふさきやう》よくよく聞きて、器量は賢き武者なれども（力量は確かな武者であるが、）、なほ軍《いくさ》の道をば（やはり戦《いくさ》の道理を）知らぬと（知らないと）、独りごとにいはれけるを（おっしゃったのを、）、義家の郎等《らうどう》（家来）聞きて、けやけき事をのたまふ人かなと（妙なことをおっしゃる人だなと思った）ウ思ひたりけり。さるほどに（そのうちに）、＊5江帥《がうそつ》いでられけるに（おでかけなさって、）、やがて義家もエ出でけるに（つづいて義家も出かけた時に、）、郎等、①かかる事を（このような事を）こそのたまひつれと（おっしゃったと）語りければ、定めて様《やう》あらんと（きっと訳があるのだろうと）オいひて、車に乗られける所へ（匡房が車にお乗りになった）進みよりて、会見せられけり（会って挨拶をなさった）。②やがて（そのまま）弟子になりて、それより常にまうでて学問せられけり（参上して軍略に関する講義をお聞きになった）。

その後、＊6永保の合戦の時、金沢の城を攻めけるに、一行《ひとつら》の雁飛びさりて（列をなした雁の群れ）、刈田《かりた》の面におりんとしけるが（降りようとしたが、）、俄《には》かにおどろきて（急に驚いて）、つらをみだりて（列を乱して）飛び帰りけるを、③将軍あやしみて（義家は疑わしく思って）、＊7くつばみをおさへて、先年江帥の教へ給へる事あり（教えなさったことがあった）。それ（そもそも）軍、野に伏す時は、飛雁《ひがん》つらをやぶる（列をみだす）。この野にかならず敵伏したるべし。からめ手をまはすべきよし（背後をつく一隊を派遣せよという内容を命ぜられたので、）、下知《げち》せらるれば、④手をわかちて三方をまく時（三方から取り巻く時、）、あんのごとく（案の定）三百余騎をかくし（隠し）置きたりけり（置いていた）。両陣みだれあひてたたかふ事限りなし（敵味方乱れて果てしなく戦いつづけた。）。されども、⑤かねてさとりぬる事なれば（事前にさとっていた事なので、）、将軍のいくさ勝《かつ》に乗りて（将軍の戦いは）、武衡《たけひら》等がいくさ破れにけり（武衡らは戦いに敗れた。）。［　A　］とぞいはれける（おっしゃった）。

（「古今著聞集」）

（注）＊1　**同じ朝臣**…源義家を指す。平安時代後期の武将。
＊2　**十二年の合戦**…平安時代後期に、東北地方で起こった戦いである、前九年の役のこと。
＊3　**宇治殿**…藤原頼通のこと。平安時代後期に摂政・関白を務めた。
＊4　**匡房卿**…大江匡房のこと。平安時代後期の貴族、学者。博識で天皇にも学問上の師として仕えた。
＊5　**江帥**…大江匡房のこと。

＊6　**永保の合戦**…平安時代後期に、東北地方で起こった戦いである、後三年の役のこと。出羽の清原武貞の子の家衡と武貞の義理の子清衡との争い。家衡には叔父の武衡、清衡には源義家が加担した。

＊7　**くつばみをおさへて**…馬のくつわをおさえて、馬をとどめて

【問一】　波線部**ア**～**オ**のうち、主語が他と異なるものを一つ選び、その記号を書きなさい。

【問二】　傍線部①「かかる事」とあるが、それは何か。古文中からその部分の最初と最後の二字を抜き出して書きなさい。

【問三】　傍線部②「やがて弟子になりて」とは、誰が、誰の弟子になったのか。次の文の空欄に合うように、後の選択肢からそれぞれ選び、その記号を書きなさい。

［1］が［2］の弟子になった。

ア　義家　**イ**　宇治殿　**ウ**　匡房卿　**エ**　郎等

【問四】　傍線部③「将軍あやしみて」とあるが、それはなぜか。最も適当なものを次の中から選び、その記号を書きなさい。

ア　雁が義家らのいる方向へ飛んできたから。
イ　雁が匡房とともに急いで帰って行ったから。
ウ　匡房のこれまでの指示になかったことだから。
エ　匡房から以前聞いていた状況に重なったから。
オ　敵を昼夜問わずに攻撃中のことであったから。

【問五】 傍線部④「手」とはどのようなことを意味するか。同じ意味で使われている慣用句として、最も適当なものを次の中から選び、その記号を書きなさい。

ア 仕事が忙しくて、もっと手が要《い》る。
イ 彼の料理は、手が込んでいる。
ウ 客へのおもてなしが細かな所に手が届く。
エ 店を大きくして商売の手を広げる。
オ 欲しくても高価な商品には手が出ない。

【問六】 傍線部⑤「かねてさとりぬる事」とあるが、それは何か。古文中から答えにあたる一文を抜き出し、最初の三字を書きなさい。

【問七】 空欄 A には義家の言葉が入る。その言葉の現代語訳として、最も適当なものを次の中から選び、その記号を書きなさい。

ア 家来たちが率先して行動しなかったら、わが軍は負けていたであろう。
イ 敵がこれほど抵抗しなかったら、わが軍はもっと早く勝てたであろう。
ウ 宇治殿のご配慮がなかったら、勝ち進むことはできなかったであろう。
エ 将軍が敵の弱点を見抜けなかったら、勝つことはできなかったであろう。
オ 江帥の教えである一言がなかったら、わが軍は危なかったであろう。

【問八】 本文は鎌倉時代の作品である。同じ時代の作品を次の中から全て選び、その記号を書きなさい。

ア 竹取物語　　イ 枕草子　　ウ 方丈記
エ おくのほそ道　　オ 徒然草

令和三年度　一般入学試験

国　語

【注意事項】

（1）「始め」という指示があってから、開いて始めなさい。

（2）解答用紙の志望科・コースの□を黒くぬりつぶし、受験番号・氏名を記入しなさい。

（3）試験時間は40分です。

（4）この問題は13ページまであります。ページが抜けていたり、印刷の文字がはっきりしていない場合は、静かに手をあげて先生に知らせなさい。

（5）解答はすべて解答用紙に記入しなさい。

（6）字数制限がある問題においては、句読点や記号も字数に数えることとします。

（7）質問のある時は静かに手をあげて、先生の指示を受けなさい。

（8）「やめ」という指示で書くことをやめなさい。

（9）問題は持ち帰ってください。

（例）

■特進・選抜コース
□普　通　コ　ー　ス
□科　学　技　術　科
□情　報　科　学　科

愛知工業大学名電高等学校

一　次の文章を読んで、後の問いに答えなさい。（＊印のことばには文末に注があります。）

知性はしばしば寝た子を起こす働きをする。教育が普及するにつれて、今まで従順であった子供が反抗をはじめて困るという親のなげきが聞こえてくる。それは①かえらぬ昔を恋うる愚痴のひびきをおびている。筋道だってものごとを考える力ができてくると、今まで何とも思わずにしてきたことが急に変だと気がつく。やがて世の中には不合理なことがやたらに多いように思われてくる。不合理なことに敏感になり、強く反発するようになる。相当な教育をうける機会にめぐまれた人なら誰でも、程度の違いはあっても一度はこういう時期を通過する。問題はむしろ②それから先の変化の仕方にある。

せっかく目ざめた知性をまた眠らせてしまう場合もある。人間世界はどうせ理屈どおりいかないのだと簡単にあきらめてしまうこともあろう。人間の知性では測り知れない何ものかがある、それを信じそこによりどころを求めるというようになることもあろう。

一たん目ざめた知性がいつまでも最初の鋭敏性を保つ場合もある。そういう場合には、しばしば知性は尖鋭《せんえい》に働くだけで成長がとまってしまうことがある。不合理な点を③目ざとく見つけるが、建設的な意見をつくりあげる力にかけていることになる。

この世の中に不合理と思われることがたくさんあるのは否定できない事実である。しかしそういうものが存在していることにはそれぞれ理由があるであろう。理由があるということは、それが正当化されるということと同じではない。しかし正当化されると否とにかかわらず、ある事柄がこの世に起こる理由を知ろうとするのが知性の働きである。そういう働きを通じて知性が成長してゆくことも改めていうまでもないであろう。

*1『カラマゾフ兄弟』の中に出てくる人物の多くはうそばかりついている。うそをつかないアリョーシャやゾシマ長老の方がむしろ例外的存在である。他の多くの人物は困った人たちである。現実に自分たちの周囲にいてほしくない人たちである。しかし『カラマゾフ兄弟』からうける深い感銘はちょっとほかにaヒルイがない。汚れた人たちのひきおこすいとわしい事件の連続を読みながら、自分の心の奥底から洗われたようなすがすがしい気持ちになる。

自然科学の中でも理論物理学の目標とするところは、自然現象の奥にある合理性の発見である。十九世紀の終わりまで物理学者は光が波であることをひたむきに信じていた。二十世紀になって光は粒子の集まりであるという説が出てきた。十九世紀の物理学者たちは、光が粒子だという考えは間違いだとして、とっくの昔に捨ててしまっていたのである。波であることが本当なら、粒子であるというのはうそのはずである。粒子であるという説を復活させるなら波動説はひっこめなければならない。実際はしかし、光は確かに波だと思われるふしもあり、粒子だと思われるふしもあるのである。二十世紀の初めの二十年あまりの間、物理学者たちはこの矛盾になやみぬいたのである。結局量子力学という新しい理論体系ができて、光も物質もどちらも波動・粒子の二重の性質を持っているというbキミョウな事態を、合理的に理解できるようになったのである。理論物理学はそれで一応の解決に到達したのである。ある範囲内の自然現象の合理性が把握されれば、それで一応満足してよかったのである。理論物理学者の創造的活動の中で一番大切なのは、ある観点から見て不合理と思われる事柄の奥底にある合理性を見つけだすことである。そのためには新しい観点へ飛躍的に移ることが必要であった。はじめから合理性のはっきりしているような対象ばかりあつかっている限り、一番大きな創造力の発揮される機会はないのである。

人間世界のできごとに対しても、一見きわめて不合理と思われることがらの奥に、人間の存在の仕方のある必然性をcドウサツするところに、知性をふくめた人間精神の創造的活動があるであろう。かつて私が『カラマゾフ兄弟』からうけた感銘が、理論物理学の独創的著作からうけた感銘と④共通するものを持っていたことも、理由のないことではないであろう。

しかし人間世界の出来事の場合には、合理性とか必然性とかを見出すところで問題は終わるのではない。そこでの一番大きな問題は常に人間の幸福である。自分の幸福が問題であり、他人の幸福が問題である。何を幸福と感じるかは知性だけの問題でないことはもちろんである。知性が容易に合理的にdハアクすることのできない人間の感情とか情緒とかいわれるものの方がより直接に幸福につながっているのである。知性がまだ気づかずにいる潜在意識の働きが、⑤そこではしばしば決定的な意味を持ちうるのである。

しかしこういう事情があるからといって、人間の幸福の問題に対して知性が無力だということにはならない。知性は成長し深化しうるところのものである。知性が自らを深めることによって、逆に人間性のより大きな領域を知性の面まで浮かびあがらせることができるのである。このような努力が人間の幸福の問題と密接につながっている。外なる世界へ向かっての科学の探究の進展が知性の深化によって裏づけられていないなら、新鋭の武器を持った野蛮人ができあがるだけであろう。

（『湯川秀樹　詩と科学』平凡社）

〔注〕　＊1　『カラマゾフ兄弟』…ロシアの作家ドストエフスキーの小説『カラマーゾフの兄弟』のこと。

【問一】 二重傍線部ａ～ｄを漢字で書きなさい。

【問二】 傍線部①「かえらぬ昔を恋うる愚痴」とあるが、それはどのようなものか。具体的に述べた次の文の空欄に入る語句を本文中から抜き出して書きなさい。

昔は□だったのに。

【問三】 傍線部②「それから先の変化の仕方」について、本文に述べられていることを整理すると、四つの場合に分類される。それを示したものとして最も適当なものを次の中から選び、その記号を書きなさい。

ア
・せっかく目ざめた知性をまた眠らせてしまう場合。
・人間世界は不合理なのだとあきらめて、知性を眠らせてしまう場合。
・人間の知性では測り知れない何ものかによりどころを求めて、知性を眠らせてしまう場合。
・不合理と思われることがこの世で起こる理由を知ろうと努め、知性を成長させていく場合。

イ
・せっかく目ざめた知性をまた眠らせてしまう場合。
・人間世界は不合理なのだとあきらめて、知性を眠らせてしまう場合。
・人間の知性では測り知れない何ものかによりどころを求めて、知性を眠らせてしまう場合。
・一たん目ざめた知性がいつまでも最初の鋭敏さを保つ場合。

ウ
・人間世界は不合理なのだとあきらめて、知性を眠らせてしまう場合。
・人間の知性では測り知れない何ものかによりどころを求めて、知性を眠らせてしまう場合。
・不合理な点をめざとく見つけることだけに知性の力を用いて、それ以上知性を成長させない場合。
・不合理と思われることがこの世で起こる理由を知ろうと努め、知性を成長させていく場合。

エ
・人間世界は不合理なのだとあきらめて、知性を眠らせてしまう場合。
・人間の知性では測り知れない何ものかによりどころを求めて、知性を眠らせてしまう場合。
・知性を尖鋭に働かせるだけで、知性の成長をとめてしまう場合。
・不合理な点をめざとく見つけるが、建設的な意見をつくりあげられない場合。

【問四】傍線部③「目ざとく」の意味として最も適当なものを次の中から選び、記号を書きなさい。

ア　大局観をもつことができず細かいことが気になるさま。
イ　頭の回転は速いが人間として冷たく他人に無関心なさま。
ウ　欲が深く損得ばかり考えていて自分勝手であるさま。
エ　他の人が気がつかないようなことに素早く気づくさま。

【問五】傍線部④「共通するものを持っていたことも、理由のないことではないであろう」とあるが、その「理由」とは何か。その答えとなるように、次の文の空欄に当てはまる語句を本文中から五字で抜き出して書きなさい。

『カラマゾフ兄弟』も理論物理学の独創的著作も、ある観点から見て不合理と思われることがらの奥に合理性や必然性を見出だそうとする［　　］によって書かれたものであるという点で共通していること。

【問六】傍線部⑤「そこ」とは何を指すか。本文中から五字で抜き出して書きなさい。

【問七】本文の内容と合致するものを次の中から一つ選び、その記号を書きなさい。

ア　物理学のような自然科学は合理性を追究する学問なので、感情とか情緒といった不合理なことに関わらない方がよい。
イ　人間の幸福の問題に対しては知性で把握できないことが多いので、人間の幸福の問題に知性が役立つことはない。
ウ　知性は不合理に対して許せないという思いを起こさせるが、その思いがあるからこそ人間は野蛮人にならずにすむ。
エ　人間世界においても自然科学においても、不合理や矛盾を切り捨てず真理に至る新しい観点を見つけるべきだ。

二　次の文章を読んで、後の問いに答えなさい。（＊印のことばには文末に注があります。）

現代は情報化社会と言われていて、あたかも私たちは毎日大量の情報に触れているかのように思っています。確かにインターネット上にある情報の量はすごい。その気になれば、何でもいくらでも調べられます。

しかし、意外にみんなそれほど情報を摂取していないというのが私の印象です。

いつもスマホをいじっているのに、あれも知らない、これも知らない。「最近こういうニュースが話題だけど……」と話を振っても、「そのキーワードは聞いたことがあるんですが、どんな内容なんですか？」と聞かれてしまいます。どうやら、表面だけサーッと撫《な》でてキーワードだけ拾っており、詳しいところまでは読んでいないようなのです。

「まとめサイトしか見ていない」という人もいます。知りたいことが簡単にまとめてあって、それでわかった気になる。わかった気になったけれど、聞かれると答えられない。間違って読んでいたり、すぐに忘れてしまったりします。

インターネットの海と言いますが、ほとんどの人は①浅瀬で貝殻をとっているようなもの。深いところへ潜りにいく人はあまりいません。潜れば、まだ見たことのない深海魚に出合えるかもしれないし、知らなかった世界が広がっているのに、です。同じ海を目の前にしても、やることは人によって違うわけです。

・・・（中略）・・・

いま、ＡＩ（人工知能）に関心が集まっています。

２０１７年、ＡＩが囲碁で世界トップ棋士に勝利したというニュースがありました。囲碁は将棋やチェスに比べて盤が広くて手順が長く、場面によって石の価値が変わるという特徴があります。チェスなら可能だった、「すべての手を覚え、計算して最適解を出す」というやり方が通用しづらいのです。だから囲碁では、コンピューターが人間に勝つのはまだ先だと思われていました。

Ａ、２０１７年10月に発表されたグーグル傘下の＊1ディープマインドによる「アルファゼロ」は、お手本となる先人の棋譜データすら使わず、Ｂ自己学習により強くなっているとのことです。Ｃ、囲碁だけでなく他のゲームもできます。Ｄ人間の手を離れて、コンピューターが自分で学習・成長しているのです。
　このようにすさまじいスピードで進化しているAI。この分野の権威であるレイ・カーツワイルは2045年にシンギュラリティ（技術的特異点）に到達すると言っています。人工知能が人間の脳を超え、世界が大きく変化するというのです。
　AIに仕事を奪われないためには何を身につけておくべきか、AIにできないことをできるようにしておくためにはどうすればいいのかといった議論も盛んです。
　②しかし私に言わせればそれはナンセンスです。「AIにできないこと」を予測したって簡単に覆るでしょう。現在の進化のスピードを見ても、普通の人間の想像をはるかに超える変化が起こるはずです。そこで「AIにできることは学ばなくていい、AIにできないことだけ一生懸命学ぶ」という考えはリスクになりこそすれ、人生を豊かにはしてくれません。
　AIに負けないことを目的に据えて生きるなんて③本末転倒です。それこそAIに人生を明け渡してしまったようなものです。
　AIが出てこようが出てこなかろうが、「自分の人生をいかに深く生きるか」が重要なのではないでしょうか。

　人生を深めるために、AIや未来予測についての本を読むのはとても有意義だと思います。たとえば「人間の脳を超えた知性を持つAIがいた場合、人間らしいやりとりをすることだって簡単だろう。それでは何が人間を人間たらしめるのだろうか？　自分は人間に何を求めているだろうか？」などと本を片手に思考を深めていくことで、人生を豊かにしていくことはできるはずです。

　私たち人類は「ホモ・サピエンス＝知的な人」です。
　知を多くの人と共有し、後世にも伝えていくことができるのがホモ・サピエンスのすごいところです。書店や図書館に行けば、古今東西の知が所狭しと並んでいます。偉大な人が人生をかけて真理を探究し、あるいは身を削って文学の形に昇華させ、それを本の形にして誰でも読めるようにしている。だから知を進化させていくことができます。
　家族や友達とおしゃべりするだけなら、サルも犬もやっています。アリだってやっているでしょう（声を出してのおしゃべりではないかもしれませんが、さまざまなコミュニケーションはとっています）。でも、動物や虫たちは地域や時代を超えたところにいたものたちが、何を

4

右の図のような底面の半径が 6cm，母線の長さが 18cmの円錐があります。

[問題1]

円錐を，頂点を中心にして平面上で転がします。円錐が転がし始めたもとの位置にもどるまでに何回転するか求めなさい。

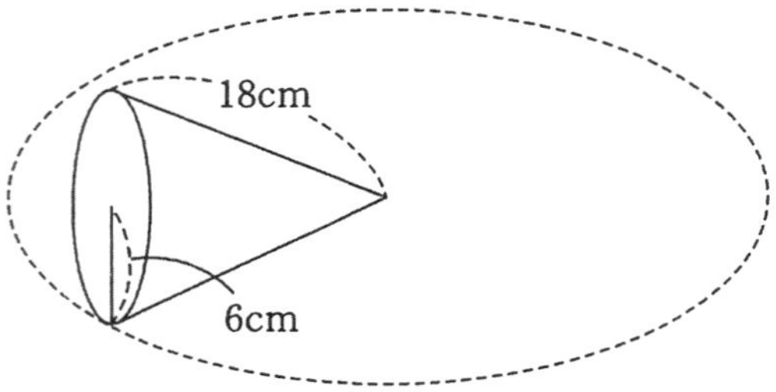

[問題2]

次に，円錐を底面に平行な面で切断しました。切断した立体のうち円錐ではない方の立体を立体 A とします。[問題1] と同じように立体 A を平面上で転がし母線の通過した部分の面積が [問題1] で母線の通過した部分の面積の半分であるとき，立体 A の切断面の面積を求めなさい。ただし，円周率を π とします。

教室で，先生と生徒がこの [問題2] について話し合っています。

先生：まず立体 A の切断面の形ですが，どうなりますか。

生徒：はい。底面と平行なので [ア] です。

先生：そうですね。[問題1] で母線の通過した部分の面積は [イ] cm^2 なので，立体 A の母線が通過した部分の面積は [ウ] cm^2 ですね。そうなるためには，立体 A の母線はいくつになりますか。

生徒：えっと，切断した立体の立体 A ではない方の円錐を転がした部分で考えます。面積が，[ウ] cm^2 になるには母線の長さを [エ] cm にすればいいです。

先生：その通りです。では，いよいよ切断面の面積を求めましょう。
切断面の周の長さと平面上の円の周の長さとの関係を考えましょう。

生徒：平面上の円周が [オ] cm より，切断面の面積は [カ] cm^2 です。

先生：正解です。

(1) [問題1] を解きなさい。

(2) (i) [ア] に当てはまるものを，次の①～⑥のうちから一つ選び，記号で答えなさい。

① 正方形　② 円　③ 三角形　④ おうぎ形
⑤ 平行四辺形　⑥ 台形

(ii) [イ]，[ウ] にそれぞれ当てはまる数の組み合わせを，次の①～⑥のうちから一つ選び，記号で答えなさい。

① イ．32π，ウ．16π　② イ．224π，ウ．112π　③ イ．324π，ウ．162π
④ イ．16π，ウ．32π　⑤ イ．112π，ウ．224π　⑥ イ．162π，ウ．324π

(iii) [エ] に当てはまるものを，次の①～⑥のうちから一つ選び，記号で答えなさい。

① 8　② $6\sqrt{2}$　③ $4\sqrt{7}$　④ $9\sqrt{2}$　⑤ 56　⑥ 81

(iv) [オ] に当てはまる値を求めなさい。

(v) [カ] に当てはまる値を求めなさい。

3 $a \neq 0$ のとき，座標平面上に3点 A$(a,\ 0)$，B$(0,\ 2a)$，C$(2a,\ 4a)$ があり，この3点を結んで三角形 ABC を作ります。次の問いに答えなさい。

(1) $a > 0$ のとき，原点と点 C を通る直線の方程式を求めなさい。

(2) $a = 2$ のとき，三角形 ABC の面積を求めなさい。

(3) 線分 AB と (1) で求めた直線との交点を D とします。a が 0 以外の範囲で変化するとき，△BCD の面積 S を a を用いて表しなさい。

2 3つの箱A，B，Cがあり，それぞれの箱には3個，4個，5個の玉が入っています。Aの箱の玉には2，3，4，Bの箱の玉には2，4，6，8，Cの箱の玉には 1，3，5，7，9の数字がそれぞれ1つずつ書かれています。次の問いに答えなさい。

(1) A，Bからそれぞれ1つずつ玉を取り出すとき，玉に書かれた数字の積が平方数（自然数の二乗で表される整数）となる組み合わせは何通りあるか求めなさい。

(2) A，Cからそれぞれ1つずつ玉を取り出すとき，玉に書かれた数字がともに素数である組み合わせは何通りあるか求めなさい。

(3) 次の空欄Iにあてはまる最も適切な記述を，①～③の選択肢の中から一つ選びなさい。

3つの箱が等しい確率で選ばれるとします。選ばれた箱の中から玉を1つ取り出すとき，取り出した玉の数字は［　I　］。

① 奇数である確率の方が高い
② 奇数である確率と偶数である確率は同じである
③ 偶数である確率の方が高い

Ⅴ．次の１～２の各組の英文がほぼ同じ意味になるように，（　①　），（　②　）内に入る語句の組み合わせとして最も適当なものを，ア～エから１つずつ選び，記号で答えなさい。

１．Yuki has（　①　）interest in soccer.
Yuki isn't（　②　）in soccer at all.
ア．① not　② interesting　　イ．① not　② interested
ウ．① no　② interesting　　エ．① no　② interested

２．（　①　）are many pictures in this book.
This is a book（　②　）a lot of pictures.
ア．① There　② it　　イ．① There　② with
ウ．① These　② it　　エ．① These　② with

Ⅵ．次の１～５の日本語の意味に合うよう（　　）内の語句を並べかえたとき，（　　）内で５番目に来る語句をア～オから１つ選び，記号で答えなさい。ただし，文頭に来る語も小文字で示してあります。

１．外国での一人暮らしがどんなものか知っていますか。
Do you know（ is / what / alone / like / live / to / it ）in a foreign country?
ア．alone　イ．is　ウ．like　エ．live　オ．to

２．私が外出しているとき部屋に入ったのはだれですか。
（ when / into / my room / came / who ）I was out?
ア．came　イ．into　ウ．my room　エ．when　オ．who

３．彼が撮影した写真は美しかった。
（ him / the pictures / beautiful / by / taken / were ）.
ア．beautiful　イ．him　ウ．taken　エ．the pictures　オ．were

４．だれがその子どもたちの世話をしているのか，だれも知りません。
Nobody（ care / knows / is taking / the children / of / who）.
ア．care　イ．is taking　ウ．knows　エ．of　オ．who

５．この国では，学校で勉強している生徒の数が少なくなっている。
In this country,（ is becoming / the number / studying / of / children / smaller / at school ）.
ア．at school　イ．children　ウ．is becoming　エ．of　オ．studying

Ⅶ．次の（　　）内の語を使い，日本語の意味を表す４語の英文を書きなさい。

君の話を聞いて僕は驚いた。(story)

Ⅳ. 次の電話における会話の[　　　]内に入る最も適当なものを，ア～エから１つずつ選び，記号で答えなさい。

1.

Staff:　This is ABC Net Book Store, how can I help you?

Tom:　Hello, my name is Tom Simons. I bought a book from you on the Internet last week, but it hasn't arrived yet.

Staff:　I'm sorry to hear that, sir. Could I take your order number, please?

Tom:　Sure, it's ZER31K.

Staff:　Thank you...the book will arrive tomorrow morning.

Tom:　Tomorrow morning? [　　　]

Staff:　I'm sorry, sir...but the book will arrive tomorrow morning.

Tom:　OK...thank you, anyway.

ア. I got the package today.

イ. But I need it today!

ウ. I'm glad to hear that.

エ. I would like to send it to another place.

2.

Keiko:　How about going out for lunch this Sunday?

James:　Sounds great. Where shall we go?

Keiko:　I know a good Italian restaurant. It's near Thumb Park.

James:　I've heard of it. It's famous, isn't it?

Keiko:　Yes, it's very popular. The food is really nice.

James:　But it's a little far from here.

Keiko:　Don't worry about that. [　　　]

James:　Oh, right. Then, what time shall we meet?

Keiko:　How about eleven o'clock, at the bus stop?

James:　Perfect. I'm looking forward to it.

ア. You got up early this morning.

イ. We must walk there.

ウ. I've never been to the park.

エ. There's a bus to Thumb Park.

it looks and tastes like animal meat.

Shiori: It sounds strange. Why did you stop eating meat?

Camilla: Well, there are a few reasons. Being vegan is the best choice for a kind and healthy world. It is much better for the environment if people cut down on eating meat.

Shiori: "Cut down"? What does that mean? You have to cut down more trees?

Camilla: Oh, "cut down" means not eating as much meat as before. Also, a vegan world can make enough food for everybody. Global hunger will end. And killing animals to eat them is very cruel. This is the most important reason. Millions of animals suffer and die every day. I want that to stop.

Shiori: I understand your reasons now. Do you miss $_{(5)}$it?

Camilla: Not at all! I still eat burgers! Hey, I know! Let's go to Max Burger and try their new vegan Nature Burger—it's delicious!

(注)

wheat 小麦　　mushrooms マッシュルーム　　hunger 飢《う》え　　cruel 冷酷な

1. What is true?
   ア. Camilla and Shiori both have jobs.
   イ. Camilla and Shiori will have lunch together.
   ウ. Camilla and Shiori see each other every week.
   エ. Camilla and Shiori were classmates at high school.

2. Which one of the below is not a reason why Camilla became a vegan?
   ア. To protect animals.
   イ. To improve the environment.
   ウ. To stop world hunger.
   エ. To become more healthy.

3. When did Shiori and Camilla last see each other?
   ア. About 2 weeks ago.
   イ. About 6 months ago.
   ウ. About 1 year ago.
   エ. About 3 years ago.

4. What is true about vegetarians and vegans?
   ア. Both vegetarians and vegans eat eggs.
   イ. Both vegans and vegetarians never eat burgers.
   ウ. Vegetarians eat fish, but vegans do not.
   エ. Vegans don't drink milk, but vegetarians do.

5. What does "$_{(5)}$it" mean?
   ア. Eating meat.
   イ. Going to restaurants.
   ウ. Killing animals.
   エ. Teaching at Meiden.

Ⅲ. 次の英文を読み，あとの問いに答えなさい。

Shiori: Ms Harris－Camilla? Hello. It's me, Shiori, from Meiden High School.

Camilla: Shiori! What a nice surprise! It's great to see you again!

Shiori: You too Camilla! I'm so glad you recognized me. I love your haircut, it's very cool.

Camilla: Thank you! I haven't seen you since you left high school. How's life?

Shiori: Well, I'm studying medicine at university. I am busy with my textbooks from morning to night. How about you? Are you still at Meiden?

Camilla: I started teaching at a computer college two years ago.

Shiori: Really? That's great! You know, I was often sleepy in lessons, but I always enjoyed your classes.

Camilla: Ha-ha! Thank you! You speak English very well now.

Shiori: Thank you. Hey, I was looking for a place to eat. Would you like to have lunch with me?

Camilla: I'd love to. But－

Shiori: But what? Have you already eaten?

Camilla: No, I'm very hungry! But you see, I am a vegan.

Shiori: A vegan? I've heard that word. Is it the same as a vegetarian?

Camilla: It's similar. Vegans and vegetarians don't eat any meat or fish, but vegetarians eat dairy products. Dairy food is food made with milk and eggs. Vegans don't eat anything from an animal. Nothing with a face!

Shiori: I see. Can you eat sushi? I love sushi!

Camilla: That's made with fish. Fish are animals.

Shiori: Then let's have noodles－my favorite noodles place isn't far.

Camilla: Sorry, ramen is usually made using meat, like pork.

Shiori: How about pizza?

Camilla: Hmm... it's not easy to find a restaurant that makes pizza without cheese or meat.

Shiori: Well, what can you eat? Can you eat rice? Beans? How about salad?

Camilla: Of course, and many more delicious foods that grow in the ground! Lots of restaurants in Japan have vegan options on their menu.

Shiori: Options? What do you mean?

Camilla: Choices. And big supermarkets sell different kinds of non-dairy food.

Shiori: Non-dairy? You mean it is free from milk?

Camilla: That's right! You can buy yogurt, butter, and cheese that is made from soy and nuts. Coconut ice cream is really tasty! You can get tuna made from tofu, and you can even find plant-based meat!

Shiori: Plant-based? What does that mean?

Camilla: It means it is made from plants like soy, wheat, mushrooms, green peas, but

1．下線部①の内容を表す文を英語6語で抜き出しなさい。

2．下線部②の内容として適当でないものを，ア～エから1つ選び，記号で答えなさい。

ア．Hiroshi wears a cool light on his head when he rides his bike.

イ．Hiroshi left his bike in front of his house for a short time.

ウ．Mrs. Ding saw a boy who was riding Hiroshi's bike.

エ．The boy rode Hiroshi's bike to Connor Drive.

3．本文の内容に関する次の問答が成り立つように，次の（　　）内に入る語を英語2語で書きなさい。

Q: How long did it take the police officer to find the bike?

A: It took about (　　　　　　) (　　　　　　).

4．空欄［　　　　　　］に入る語を本文から1語で抜き出しなさい。

5．本文の内容と一致するものを，ア～オから2つ選び，記号で答えなさい。

ア．Hiroshi has ridden his black bike to school every day for a long time.

イ．Mrs. Ding was taking care of her flowers when she saw a boy riding a bike.

ウ．Hiroshi's father saw a boy cleaning a bike on Fort Street.

エ．Hiroshi's father soon found Hiroshi's bike on Fort Street.

オ．The boy stole the bike because his parents could not buy one for him.

4　次の①～③の文章のうち下線部Dの説明として１つだけ正しければ**ア**、２つ正しければ**イ**、全て正しければ**ウ**、全て誤っていれば**エ**と答えなさい。

①　白人と先住民の混血であるメスチソが住民の６割をしめている。

②　近隣諸国とNAFTAを締結し、強い貿易関係を持っている。

③　かつてフランスの植民地であったが、1776年の独立戦争に勝利しフランスから独立した。

5　いわゆる「ピンポン外交」がきっかけで日本と中国との間に結ばれたとされる条約を次から選んで記号で答えなさい。

ア　安全保障条約　　**イ**　修好通商条約　　**ウ**　核拡散防止条約　　**エ**　平和友好条約

5　下の地図中の**X**で囲まれている部分は好漁場となっています。それはなぜか次に示す語句を使用して句読点を含み30文字以内で述べて下さい。

【語句】　黒潮

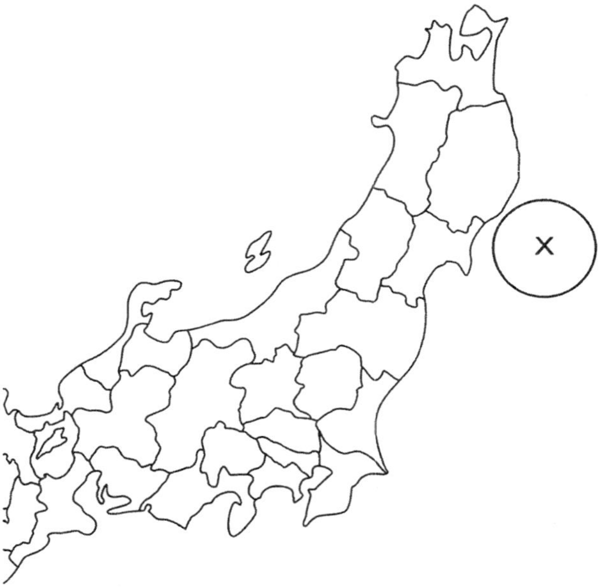

4 次の画を見て以下の問に答えなさい。

上の画はA中国の首相（左側）と本校初代校長の後藤鉀二先生（右側）が握手をしている場面である。B1971年3月28日から4月7日まで名古屋で行われた世界卓球選手権大会の中で歴史に残る一つの出来事が起こった。この大会の最高責任者であった後藤は、当時から世界でも高いレベルを誇っていた中国チームの招聘を図っていた。第二次世界大戦後から顕在化していた冷戦下において日本の政治的な立場はアメリカを中心とする西側諸国に属しており、アメリカとC中国の対立がある中でその計画は困難をきわめていた。その状況下において後藤は多方面からの反対を押し切って、中国卓球チームを招聘するため北京へ赴いた。後藤の熱意に中国側も理解を示し、チームの派遣を決定した。この動きをきっかけにして日本と中国のみならずDアメリカと中国の関係も対立解消に向けて急速に進んでいった。卓球を介し外交が進んだことから「ピンポン外交」と呼ばれ、中国人民は「飲水不忘掘井人」（水を飲む時、井戸を掘ってくれた人の恩を忘れない）と、「井戸を掘った人」として後藤を讃えている。

1　下線部Aについてこの人物名を次から選んで記号で答えなさい。

　ア　習近平　　**イ**　溥儀　　**ウ**　周恩来　　**エ**　蔣介石

2　次の①～③の文章のうち下線部B以降に起こった出来事の説明として１つだけ正しければ**ア**、２つ正しければ**イ**、全て正しければ**ウ**、全て誤っていれば**エ**と答えなさい。

　①　東アジアで初めてのオリンピックが東京で開かれた。

　②　日韓基本条約が結ばれ、日本は韓国政府を朝鮮半島にある唯一の合法的な政府と認めた。

　③　イラクがクウェートに侵攻したことをきっかけに、湾岸戦争が起こった。

3　次の①～③の文章のうち下線部Cの説明として１つだけ正しければ**ア**、２つ正しければ**イ**、全て正しければ**ウ**、全て誤っていれば**エ**と答えなさい。

　①　1979年からは人口抑制政策である「一人っ子政策」を実施した。

　②　1960年代後半から漢江の奇跡と呼ばれる急成長を見せた。

　③　1978年に生産責任制を導入した。この影響で「万元戸」呼ばれる富裕層が出現した。

3　次の表は世界の４つの都市（首都）の雨温図です。この中でＣの文明が発生した地域にある都市（首都）の気候として正しいものを選んで記号で答えなさい。（表中の折れ線グラフは気温、棒グラフは降水量を表しています。）

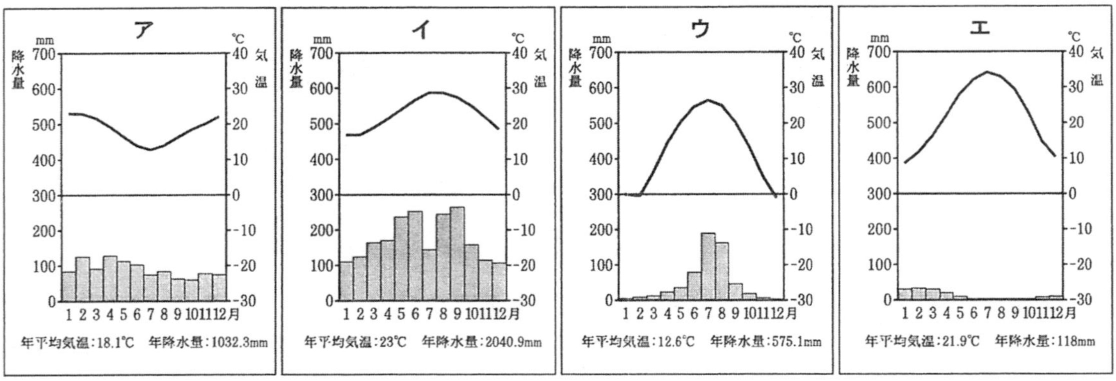

3　次の表を見て以下の問に答えなさい。

議員	各議員の得票数	
	衆議院	参議院
A	37	50
B	170	140
C	20	20
D	238	35
総得票数	465	245

上の表は内閣総理大臣を指名するｉ衆議院と参議院の投票結果を示している。この結果を受けて（　①　）を開いたが、意見が一致しなかったため、内閣総理大臣に（　②　）が指名された。

1　（　①　）に入る語句を記号で答えなさい。
ア　公聴会　　**イ**　閣議　　**ウ**　両院協議会　　**エ**　常任委員会

2　（　②　）にあてはまる議員はだれか。表中のＡ～Ｄから選び記号で答えなさい。

3　次の①～④の文章のうち下線部ｉの説明として１つだけ正しければ**ア**、２つ正しければ**イ**、３つ正しければ**ウ**、全て正しければ**エ**、全て誤っていれば**オ**と答えなさい。
①　内閣総理大臣は衆議院の中から指名することが法律で定められている。
②　憲法改正の発議をする場合には、衆議院は３分の２以上の賛成が必要であるが、参議院は過半数の賛成でよい。
③　参議院は衆議院と比べ任期が長く、解散もない。
④　衆議院議員の被選挙権は25歳以上であるが、参議院議員の被選挙権は30歳以上である。

9　次の①～④の文章のうち史料Eが出された時代の出来事の説明として1つだけ正しければ**ア**、2つ正しければ**イ**、3つ正しければ**ウ**、全て正しければ**エ**、全て誤っていれば**オ**と答えなさい。（この史料が出された時代が【例】奈良時代と考えられるのであれば奈良時代の出来事が対象となります。）

① この時代には天皇から庶民までの広い範囲の人々のうたった和歌が『万葉集』にまとめられた。

② この時代には役人の心構えを説いた十七条の憲法が出された。

③ この時代には墾田永年私財法が出され、荘園が広がった。

④ この時代には遣隋使が派遣され、隋と対等の立場で国交を結ぼうとした。

10　史料E中の（　iii　）を漢字1字で答えなさい。

11　史料Fはどの歴史書を要約したものか。記号で答えなさい。

ア　『漢書』　　**イ**　『後漢書』　　**ウ**　『三国志』・「魏志」　　**エ**　『宋書』

12　史料F中の（　iv　）　を漢字3文字で答えなさい。

2　次の表は古代の四大文明をまとめたものである。表を見て以下の問に答えなさい。

【表中に（＊）がありますが、問題の構成上の対応です。】

	A	B	C	D
文明名	エジプト	中国	メソポタミア	インダス
使用された文字	①	（　＊　）	②	インダス文字
文明が発生した場所	（　＊　）流域	③流域	④流域	インダス川流域

1　表の①～④に適する語句の組み合わせとして正しいものを選んで記号で答えなさい。なお正しいものがない場合は**オ**と答えなさい。

ア　① 象形文字　② 甲骨文字　③ 長江　④ ナイル川

イ　① 甲骨文字　② 楔形文字　③ 長江　④ ナイル川

ウ　① 楔形文字　② 甲骨文字　③ 黄河　④ チグリス川・ユーフラテス川

エ　① 象形文字　② 楔形文字　③ 黄河　④ チグリス川・ユーフラテス川

2　次の①～④の文章のうちDの文明の説明として1つだけ正しければ**ア**、2つ正しければ**イ**、3つ正しければ**ウ**、全て正しければ**エ**、全て誤っていれば**オ**と答えなさい。

① 上下水道や道路などを持つ都市が計画的に建設された。

② 月の満ち欠けに基づく太陰暦が考え出された。

③ ポリスと呼ばれる都市国家が多く誕生した。幾つかのポリスでは民主政治が行われた。

④ この文明では一神教を信仰し、紀元前6世紀ごろにはユダヤ教として確立した。

3　次の①～④の文章のうち史料Bを発令した人物の説明として1つだけ正しければ**ア**、2つ正しければ**イ**、3つ正しければ**ウ**、全て正しければ**エ**、全て誤っていれば**オ**と答えなさい。

①　この人物は各地の大名を従えて、全国統一を果たした。

②　この人物は当初キリスト教を保護したが、後に布教を禁止し宣教師を追放した。

③　この人物は琵琶湖のほとりに壮大な安土城を築いた。

④　この人物は関ヶ原の戦いに東軍として参加し、後の政権の重職を担った。

4　史料Bを出した人物の出身地がある都道府県の現在の特徴を述べた次の①～④の文章を読んで1つだけ正しければ**ア**、2つ正しければ**イ**、3つ正しければ**ウ**、全て正しければ**エ**、全て誤っていれば**オ**と答えなさい。

①　冬のはじめに「からっ風」と呼ばれる暖かく乾燥した風が吹き、暖冬の原因となる。

②　夏のはじめに「やませ」と呼ばれる冷たい北東風が吹き、冷害の原因となる。

③　かつお漁の遠洋漁業の基地があり、かつお節の生産がさかんである。

④　この県を中心とした工業地帯は工業生産額が日本一である。

5　史料Cはある戦争に作者の弟が出兵した際に書かれた反戦詩である。この戦争名を答えなさい。

6　次の**ア**～**エ**の文章のうち史料Cの作者の説明として正しいものを一つ選んで記号で答えなさい。

ア　作者の夫が主催する雑誌『明星』の誌上で活躍し情熱的な作品を生み出した。

イ　雑誌『青踏』を主宰し、女性を社会的な差別から解放しその地位を高める運動を展開した。

ウ　労働者や農民の立場で社会問題を描くプロレタリア文学を生み出した。

エ　庶民の生活や伝承を研究し、民俗学を提唱した。

7　史料D中の（　ii　）にはある国名が入る。この国について述べた次の①～④の文章を読んで1つだけ正しければ**ア**、2つ正しければ**イ**、3つ正しければ**ウ**、全て正しければ**エ**、全て誤っていれば**オ**と答えなさい。

①　黒土地帯での小麦生産が盛んであり、国土の北側ではトナカイの放牧が行われている。

②　世界で最初に産業革命が起こり、「世界の工場」と呼ばれた。

③　フィヨルドと呼ばれる海岸線が広がっており、水産業が盛んである。

④　かつては2つの国に分断されていたが、1990年に統一した。

8　史料Dはある戦争中に日本から中国に出されたものである。この戦争について述べた次の①～④の文章を読んで1つだけ正しければ**ア**、2つ正しければ**イ**、3つ正しければ**ウ**、全て正しければ**エ**、全て誤っていれば**オ**と答えなさい。

①　オーストリア皇太子夫妻が暗殺された事件をきっかけにこの戦争が勃発した。

②　日本は日英同盟を理由にこの戦争に参戦した。

③　この戦争の講和会議はパリで開かれ、その会議で結ばれたのはベルサイユ条約である。

④　この戦争の最中に政権についたヒトラーは、反対派を弾圧し一党独裁体制をしいた。

1 史料を読んで問に答えなさい。

A　一　諸国の守護の仕事は（　i　）の京都を守る義務を指揮・催促すること、謀反や殺人など犯罪人を取り締まることである。
　　一　20年以上継続してその地を支配していれば、その者の所有になる。

B　百姓が刀・わきざし・弓・やり・鉄砲、その他の武具を所持することを固く禁止する。その理由は、不必要な武具を持つと、年貢を納めずに一揆を企てることになるので、大名と家臣は、百姓の所持する武具をすべて取り上げ…。

C　ああ　弟よ　君を泣く　　君死にたまうことなかれ　（　略　）　人を殺して死ねよとて二十四までを育てしや

D　一　中国政府は（　ii　）が山東省に持っているいっさいの権利を日本に譲る。
　　一　日本の旅順・大連の租借の期限、南満州鉄道の期限を99か年延長する。

E　一　に曰く、（　iii　）をもって貴しとなし、さからうことなきを宗となせ。
　　二　に曰く、あつく三宝を敬え。三宝とは仏法僧なり。
　　三　に曰く、詔を承りては、必ず謹め。

F　倭人の国は多くの国に分かれている。そのなかで最も強い邪馬台国は、30ほどの小国を従えて、女王の（　iv　）が治めている。

1　次の①～④の文章のうち史料Aが出された時代の出来事の説明として1つだけ正しければ**ア**、2つ正しければ**イ**、3つ正しければ**ウ**、全て正しければ**エ**、全て誤っていれば**オ**と答えなさい。（この史料が出された時代が【例】奈良時代と考えられるのであれば奈良時代の出来事が対象となります。）

①　唐と新羅が連合して百済を滅ぼした。日本は百済を復興させるため朝鮮半島へ大軍を送った。

②　金が産出された東北地方では、中尊寺金色堂が建てられた。

③　加賀の国では一向宗らが守護大名を倒して、以後約100年間自治を続けた。

④　元の襲来に備え博多湾には石築地が築かれた。

2　史料A中の（　i　）　を漢字3文字で答えなさい。

社　　会

令和三年度　一般入学試験解答用紙

国語

一

問一　a　b

問二

問三

問五

問六

二

問一

問二

問三

問三 (2)

問四

三

問一

問二

問五

問六 (1)

四

問一

問二

【解答

令和3年度　一般入学試験解答用紙

数学

1	(1)	(2)
	(3)	(4)
	$(x,\ y)=($　　　,　　　$)$	
	(5)	(6)
		cm^2

2	(1)	(2)	(3)
	通り	通り	

【解答

令和3年度　一般入学試験解答用紙

英語

I	1	2	3	4	5

II	1 (　　　)(　　　)(　　　)(　　　)(　　　)(　　　).		
	2	3 (　　　)(　　　)	4 (　　　)
	5 (　　　)(　　　)		

	1	2	3	4	5

【解答

令和3年度　　一般入学試験解答用紙

理 科

1	(1) 本	(2)	(3)
	(4) cm	(5) cm	(6)

2	(1)	(2)	
	(3)		
	(4)	(5) cm^3	(6)

	(1)	(2)	(3)

【解答

令和３年度　一般入学試験解答用紙

社会

1	1	2	3	4
	5	6	7	8
	9	10	11	12
2	1	2	3	
3	1	2	3	

5										

□特進・選抜コース □普 通 コ ー ス □科 学 技 術 科 □情 報 科 学 科	受験番号	氏　　名	得　点

※75点満点
（配点非公表）

3						
	(5)②	③				

4	(1)	(2)P波 km/s	S波 km/s
	(3) km	(4) 秒	(5) km

□特進・選抜コース □普 通 コ ー ス □科 学 技 術 科 □情 報 科 学 科	受験番号	氏　　名	得　点

※75点満点
(配点非公表)

Ⅳ	1	2

Ⅴ	1	2

Ⅵ	1	2	3	4	5

Ⅶ	

	受験番号	氏　　名	得　点
□特進・選抜コース □普　通　コ　ー　ス □科　学　技　術　科 □情　報　科　学　科			

※100点満点
(配点非公表)

3			

4	(1)	(2)	
		(i)	(ii)
	回転		
	(2)		
	(iii)	(iv)	(v)

	受験番号	氏　　名	得　点
□特進・選抜コース □普 通 コ ー ス □科 学 技 術 科 □情 報 科 学 科			

※100点満点
(配点非公表)

d

問七

～

問三

問四

(2)

□特進・選抜コース □普通コース □科学技術科 □情報科学科	受験番号	氏　　名	得　点

※100点満点
(配点非公表)

4 グラフは，ある地震が発生したときの，3か所での揺れの様子を表したものである。グラフの縦軸は，A地点からの距離を表し，横軸は，A地点にP波が到達してからの時刻を表している。グラフ上に書かれた小さな数値は，A地点に最初にP波が到達した時刻から，各地点にP波やS波が届くまでの時間である。以下の問いに答えなさい。ただし，P波S波ともに，常に一定の速さで地中を移動したものとする。

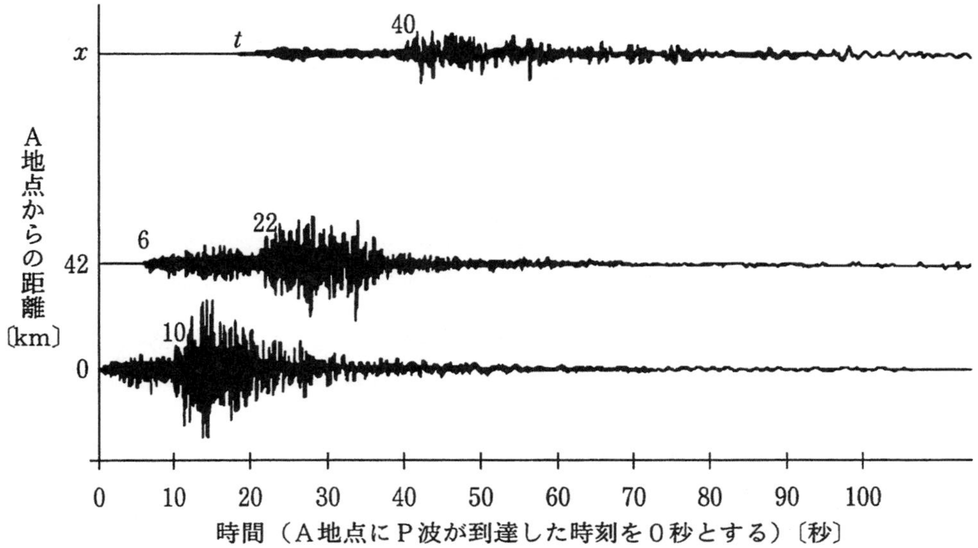

(1) 地震の規模を表すものを何というか答えなさい。

(2) P波，S波の速さを，それぞれ求めなさい。

(3) グラフの x の値を求めなさい。

(4) グラフの t の値を求めなさい。

(5) 地震の震源はA地点から何 km 離れているか，答えなさい。

(5) 図の矢印は，生物間の炭素の流れを表している。以下の問いに答えなさい。

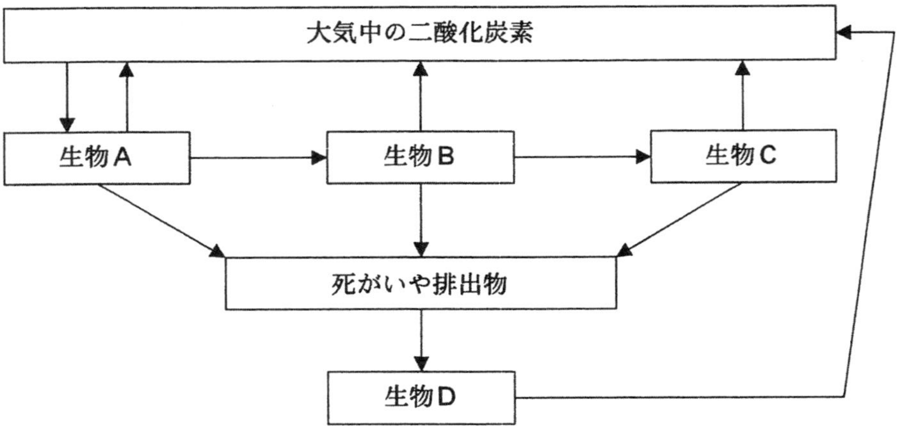

① 生物A～Cは，「食べる・食べられる」の関係でつながっている。このつながりを漢字4文字で答えなさい。

② 生物Cの数が急激に減少すると，生物A，Bの数は，その後，一時的にどのように変化するか。次のア～エから一つ選び，記号で答えなさい。

ア．生物A，B共に減少する。
イ．生物Aは減少する。生物Bは増加する。
ウ．生物A，B共に増加する。
エ．生物Aは増加する。生物Bは減少する。

③ 生物A～Dに当てはまる生物の組み合わせとして最も適当なものを次の**ア**～**オ**から一つ選び，記号で答えなさい。

	生物A	生物B	生物C	生物D
ア	アサガオ	バッタ	アゲハチョウ	ミミズ
イ	バッタ	タカ	フクロウ	アサガオ
ウ	オニユリ	ネズミ	ミミズ	アサガオ
エ	コナラ	アオカビ	バッタ	オニユリ
オ	ススキ	バッタ	カエル	シデムシ

3 生物に関する，以下の問いに答えなさい。

(1) イチョウにはギンナンができ，サクラにはサクランボができる。文中の（ア）～（エ）に当てはまる言葉の組み合わせとして，最も適当なものを下記の表のA～Dから一つ選び，記号で答えなさい。

ギンナンの食べられる部分は（ア）が成長した（イ）の一部であり，サクランボの食べられる部分は（ウ）が成長した（エ）である。

	（ア）	（イ）	（ウ）	（エ）
A	胚珠	果実	子房	種子
B	胚珠	種子	子房	果実
C	子房	果実	胚珠	種子
D	子房	種子	胚珠	果実

(2) サクラ，イネ，アブラナ，トウモロコシについて述べたものとして最も適当なものを次のア～エから一つ選び，記号で答えなさい。

ア．イネの茎の維管束は散らばっており，トウモロコシの茎の維管束は輪状に並んでいる。

イ．アブラナの子葉は１枚であり，トウモロコシの子葉は２枚である。

ウ．アブラナの葉脈は網目状であり，サクラの葉脈は平行である。

エ．イネはひげ根を持ち，サクラは主根と側根を持つ。

(3) ヒトの腕とクジラのヒレのように，見かけの形やはたらきが異なっていても，基本的な作りが同じで，起源が同じと考えられる器官を何と言うか。漢字４文字で答えなさい。

(4) 次のア～エを，地球上に出現したときの順に並べ，記号で答えなさい。

ア．魚類　　**イ**．両生類　　**ウ**．は虫類　　**エ**．ほ乳類・鳥類

(4) この実験で，ある濃度の水酸化ナトリウム水溶液を加えて完全に中和するとき，その前後で水溶液の色の変化はどのようになるか。最も適当なものを次のア～カの中から一つ選び，記号で答えなさい。

ア．無色の水溶液が薄いピンク色になる。

イ．薄いピンク色の水溶液が無色になる。

ウ．濃い赤色の水溶液が無色になる。

エ．無色の水溶液が濃い赤色になる。

オ．黄色の水溶液が緑色になる。

カ．緑色の水溶液が黄色になる。

(5) 濃度3%の塩酸25cm^{3}を完全に中和するのに必要な水酸化ナトリウム水溶液の体積を求めなさい。

(6) この実験で中和後の水溶液の温度はそれぞれの体積でどのようになったか，最も適当なものを次のア～ウの中から一つ選び，記号で答えなさい。ただし，発生した熱量はすべて水溶液の温度変化に使われ，熱は外部へ逃げなかったものとし，どの水溶液1gも1Jの熱で約0.24℃上昇させることができるものとする。

ア．塩酸の体積が大きいほど，水溶液の温度は高くなる。

イ．塩酸の体積が大きいほど，水溶液の温度は低くなる。

ウ．塩酸の体積に関わらず水溶液の温度は等しい。

2 化学反応について以下の問いに答えなさい。

酸性の水溶液とアルカリ性の水溶液を混ぜ合わせると，お互いの性質を打ち消しあう。これを中和という。このとき，酸の（　A　）イオンと，アルカリの（　B　）イオンが結びついて水が生成する。このとき同時に，酸の（　C　）イオンと，アルカリの（　D　）イオンが結びついて（　E　）が生成される。この化学変化は熱を発生させるため，発熱反応という。これらの様子を調べるために次の実験を行った。ただし，この実験で出てくる水溶液の密度はすべて $1g/cm^3$ とする。

［実験］

濃度1%の塩酸にフェノールフタレイン液を入れ，ある濃度の水酸化ナトリウム水溶液を完全に反応するまで加え続ける。このとき加えた水酸化ナトリウム水溶液の体積と，発生した熱量を表にまとめた。

なお，実験に用いた塩酸と水酸化ナトリウム水溶液の温度はともに室温であった。

塩酸の体積〔cm^3〕	5	10	15	20
加えた水酸化ナトリウム水溶液の体積〔cm^3〕	3	6	9	12
発生した熱量〔J〕	80	160	240	320

(1) 文中の（A）～（D）に当てはまる語句として，正しい組み合わせを次の**ア～ク**の中から一つ選び，記号で答えなさい。

	（A）	（B）	（C）	（D）
ア	水素	水酸化物	陽	陰
イ	水素	水酸化物	陰	陽
ウ	陽	陰	水素	水酸化物
エ	陽	陰	水酸化物	水素
オ	水酸化物	水素	陰	陽
カ	水酸化物	水素	陽	陰
キ	陰	陽	水酸化物	水素
ク	陰	陽	水素	水酸化物

(2) 文中の（E）に当てはまる語句を漢字で答えなさい。

(3) この実験の化学反応を化学反応式で書きなさい。

紙面に○印を描き，直方体ガラスを状態Aのように紙面に対して垂直に立て，点Pから紙面の○印を観察する。

(6) このとき，○印の右半分は下図のように直方体ガラスの斜線部の面を通して，左半分は直接観察することができた。この状態から，直方体ガラスを90度回転させ，紙面から少し浮かせた状態（状態B）にした。直方体ガラスを状態Aから状態Bに変化させる間，点Pからの観察を続けたとすると，○印はどのように見え方が変化するか。観察結果として正しいものを，次のア～エから一つ選び，記号で答えなさい。

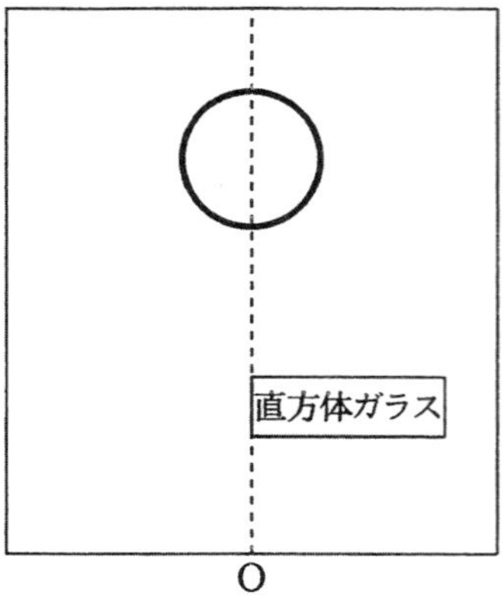

状態Aの上面図

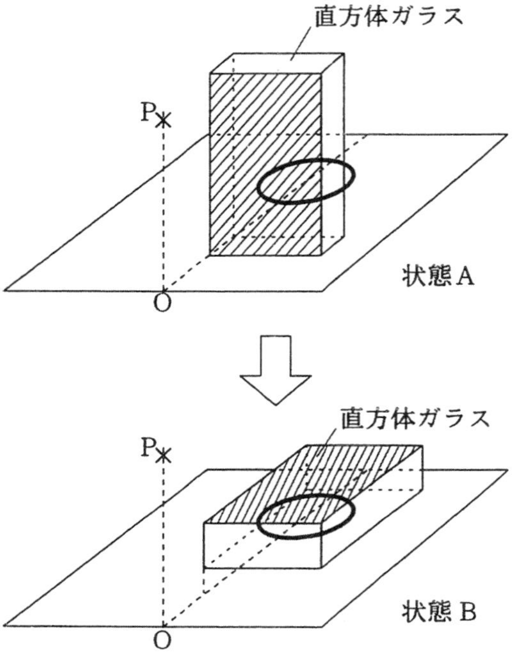

ア

イ

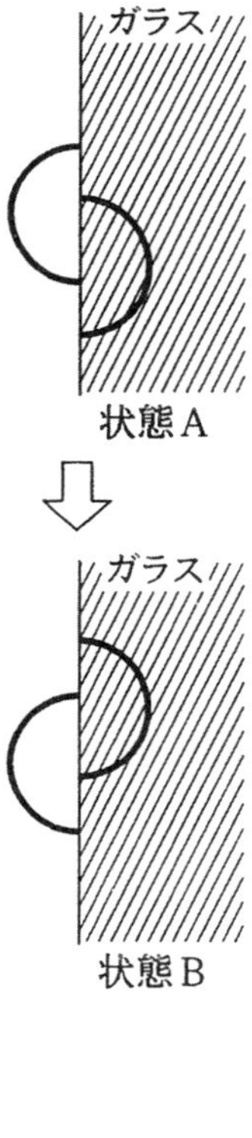

ウ

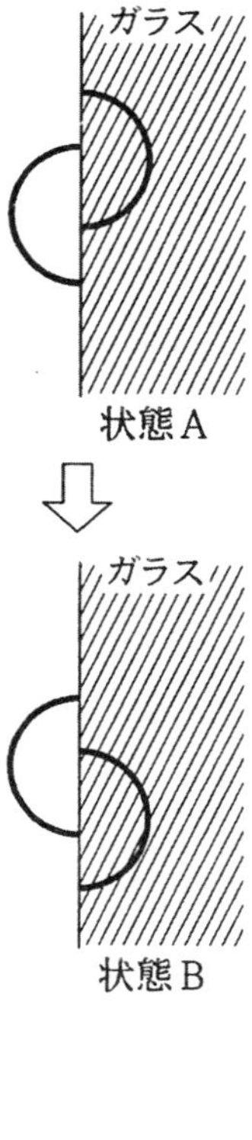

エ

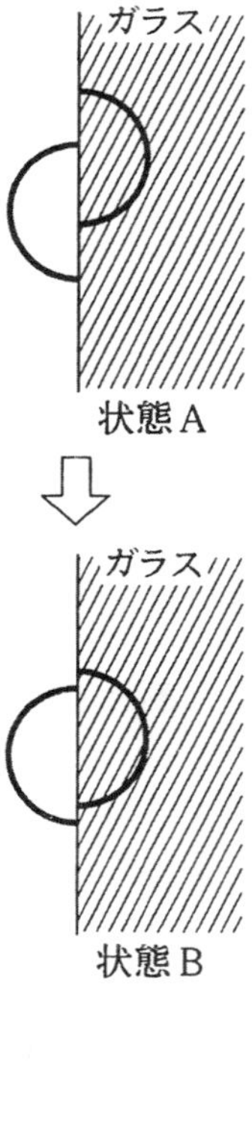

1 幅30cm，高さ80cm の鏡を右の上面図，側面図のように，鏡の下端中央を原点Oとして配置した。鏡から離れる向きに x 軸，鏡の高さ方向に y 軸をとる。鏡から x 軸方向に40cm の位置に，10cm 間隔で長さ40cm の細い棒を5本，鏡と平行に並べた。中央の棒から x 軸方向へ20cm 離れた地点から，y 軸方向へ90cm の高さの点をPとし，この位置から鏡に映った細い棒の像を観察する。以下の問いに答えなさい。

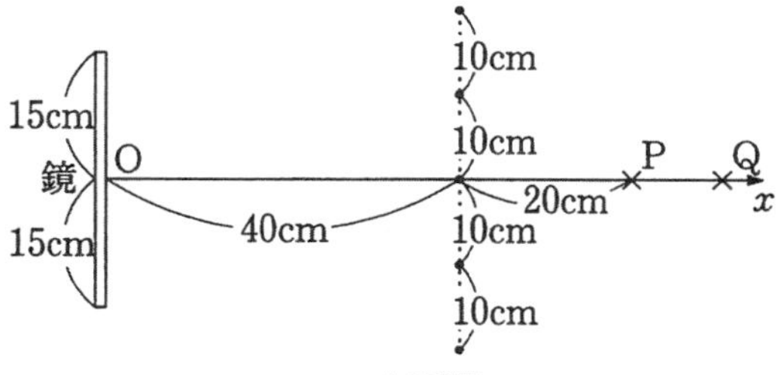

上面図

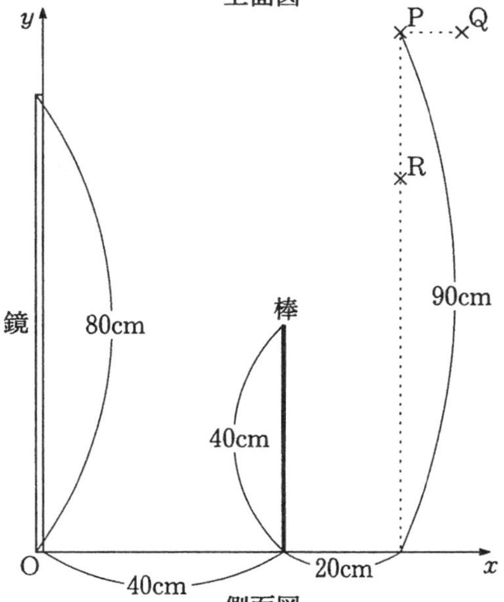

側面図

(1) 鏡に映った細い棒は何本か。

(2) 鏡に映った像を，点Pと高さは同じで，鏡からより離れた位置Q（$x>60$〔cm〕）から観察した場合，Pから観察した場合と比べて，像の間隔はどのように変化するか。観察結果として正しいものを，次の**ア**～**ウ**から一つ選び，記号で答えなさい。

ア．狭くなる。
イ．広くなる。
ウ．変わらない。

次に，点Pから見て，鏡に映った細い棒の上端の位置（鏡上の位置）に，それぞれ，目印（○）を付けた。

(3) 点Pと x 座標が等しく，より低い位置R（$40<y<90$〔cm〕）から観察し，鏡上の細い棒の上端の位置に目印（●）を付けた。○と●の位置を比較した時，y 座標と間隔はどのように変化するか。観察結果として正しいものを，次の**ア**～**カ**から一つ選び，記号で答えなさい。

ア．y 座標は増加し，間隔は狭くなる。
イ．y 座標は増加し，間隔は広くなる。
ウ．y 座標は増加し，間隔は変わらない。
エ．y 座標は減少し，間隔は狭くなる。
オ．y 座標は減少し，間隔は広くなる。
カ．y 座標は減少し，間隔は変わらない。

(4) Pから観察した場合，○の間隔は何 cm か。

(5) Pから観察した場合，○の y 座標は何 cm か。

理　　科

令和３年度　一般入学試験

理科・社会

【注意事項】

（１）「始め」という指示があってから，開いて始めなさい。

（２）理科解答用紙，社会解答用紙にそれぞれ志望科・コースの□を黒くぬりつぶし，受験番号・氏名を記入しなさい。

（例）
■特進・選抜コース
□普　通　コ　ー　ス
□科　学　技　術　科
□情　報　科　学　科

（３）試験は理科と社会の両方に解答しなさい。試験時間は理科と社会をあわせて60分です。

（４）問題は理科が１～８ページまで，社会が９～15ページまであります。ページが抜けていたり，印刷の文字がはっきりしていない場合は，静かに手をあげて先生に知らせなさい。

（５）解答はすべてそれぞれの解答用紙に記入しなさい。

（６）計算は問題の余白を利用しなさい。

（７）定規・分度器・計算機等の使用はできません。

（８）質問のある時は静かに手をあげて，先生の指示を受けなさい。

（９）「やめ」という指示で書くことをやめなさい。

（10）問題は持ち帰ってください。

愛知工業大学名電高等学校

Ⅱ．次の英文を読み，あとの問いに答えなさい。

Hiroshi was proud of his new bike. He got it for his birthday. It was black with the coolest light on the front of the bike. He rode it to school every day for three days. After Hiroshi rode his bike home on the third day, he left it in front of the entrance and went into his house to put down his books. He told his mother that he was going to go to his friend's house. "Okay," said his mother. "Just be home before 6 p.m." Hiroshi said okay and went outside to get on his bike. However, there was ①a problem. "Mom!" cried Hiroshi. "My new bike has disappeared!" He could not find his bike, and thought, "Did someone steal my bike?" "Where did you leave it?" asked his mother. "I left it in front of the entrance," Hiroshi said. Hiroshi ran outside again to look for his bike. There was no one around, only Mrs. Ding was watering her flowers in her garden. Hiroshi went up to Mrs. Ding and asked, "Did you see anyone riding a black bike in the last few minutes?" "Well, I saw a boy going down our street, but I thought it was you, because he started riding from your house." "Which way did he go?" asked Hiroshi. "When he passed my house, he turned on to Connor Drive," said Mrs. Ding. Hiroshi went back to his house and told his mother what happened. Hiroshi's mother called the police, and they said they would come soon to get ②all the information. When Hiroshi's father got home from work, he told Hiroshi that someone on Connor Drive had the same bike as Hiroshi's. "How do you know?" asked Hiroshi. "I saw a boy cleaning a bike that looked just like your bike." Hiroshi's mother told her husband what was happening.

When the police arrived, Hiroshi and his mother gave them all the details about the bike and told them about the boy on Connor Drive. "We'll check it out," said one of the police officers, named Johnson. It was about half an hour later when he returned to Hiroshi's house with the bike. "It's my bike!" cried Hiroshi. "A boy on Fort Street took your bike. He said he wanted a bike, but his parents couldn't buy one. However, he realized it was bad, and brought the bike to us. I guess he made the wrong choice and decided to steal your bike," said Officer Johnson. "He said sorry, but he will be punished." "No!" said Hiroshi. "He recognized his [　　　　　] . He has already been punished by himself. I won't tell anyone about this." The next day the boy came to Hiroshi's house to say sorry, and to thank him. "It was a big mistake, and I'll never do it again."

（注）
steal　盗む　　　　detail　詳細　　　　punish　罰する

walls, the roof, and even hit the floor. But nothing changed. It was just as though he was inside something like a very [　　] safe....

出典　星新一，スタンレー・H・ジョーンズ訳，*THE DOLL*, 1984 より

（注）

gang　ギャング	safe　金庫	suddenly　突然
doll　人形	straw　わら	pull at　～を引っ張る
atmosphere　雰囲気	alive　生きている	needle　針
stick　刺す	gently　やさしく	sharp pain　鋭い痛み
bury　～を埋める	wall　壁	roof　屋根
floor　床	as though～　まるで～であるかのように	

1．老女が主人公の男性のもとを訪れた理由として最も適当なものを，ア～エから１つ選び，記号で答えなさい。

ア．道に迷ってしまったので，帰り道を教えてもらうため。

イ．あとで警察に主人公の情報を教えて，謝礼を得るため。

ウ．呪いのわら人形を主人公に売るため。

エ．呪いのわら人形の効果をためすため。

2．主人公と老女が人形の効果をためした手順として最も適当なものを，ア～エから１つ選び，記号で答えなさい。

ア．老女の髪の毛を抜く→髪の毛をわら人形のわらの間に押し込む→わら人形の脚を針で刺す→主人公の腕に針を刺す

イ．主人公の髪の毛を抜く→髪の毛をわら人形のわらの間に押し込む→わら人形の脚を針で刺す→わら人形の腕に針を刺す

ウ．主人公の髪の毛を抜く→わら人形の脚を針で刺す→髪の毛をわら人形のわらの間に押し込む→主人公の腕に針を刺す

エ．老女の髪の毛を抜く→髪の毛をわら人形のわらの間に押し込む→わら人形の腕を針で刺す→わら人形の脚に針を刺す

3．本文中の下線部が表す意味内容として最も適当なものを，ア～エから１つ選び，記号で答えなさい。

ア．お守り　　イ．警報機　　ウ．鏡　　エ．飾り

4．本文の内容として最も適当なものを，ア～エから１つ選び，記号で答えなさい。

ア．The man dreamed about an old woman, and she was making magic straw dolls.

イ．The man tried to break the safe, but he couldn't.

ウ．The man put the doll in the safe before he decided to go outside.

エ．The man went out of the house to bury the safe in the ground.

5．本文中の最後の[　　]に入る最も適当な英単語を，ア～エから１つ選び，記号で答えなさい。

ア．wide　　イ．dark　　ウ．strong　　エ．heavy

一般英語

I．次の英文を読み，あとの問いに答えなさい。

In a forest, there was a very small house. There was a man in the house. Several days ago, he killed a gang member and took a lot of money. He was sure the other members of the gang were going to find him and get back the money. And of course, police were searching for him, so he ran to the house and put the money in a safe.

Suddenly, there was a knock on the door.

He took his gun in his hand and called out, “Who is it?”

“Hello.” It was an old woman’s voice.

“What are you doing here?” he said, and looked out of the window.

“I have something I’d like you to buy,” the old woman answered.

“What are you selling, old lady?”

She laughed a little and said, “It’s a wonderful thing. It’s a doll.”

“A doll...?”

She said, “Do you know about magic straw dolls? This one is the real thing. I’m the only one now who knows how to make them. Would you like to try it?”

“All right. Let's see how it works.” The man decided to try it.

“Please give me some of your hair...” she said.

He pulled at his hair. She took the hair and pushed it between the pieces of straw.

The atmosphere soon changed. At first the doll looked just the same, but then it looked alive. She gave him a needle and said, “Stick it in the doll. Be careful not to stick it too much. Just push it in gently, into the leg.” He did as she said, then he jumped up and gave a cry. He felt a sharp pain in his own leg. He looked at the doll, and he saw the needle was sticking in the same place. Next, he tried it on the arm. The same thing happened. “Wonderful!” He decided to buy the doll.

Before she left, she said, “This doll can become you yourself, so you can use it as a protective charm too. When the doll is safe, nothing bad can happen. Now you may use it as you like, but you can only use it one more time.” The old woman smiled and left without a sound.

It was like a dream, but the straw doll was on the desk. “It really seems to work. How should I use it...?” he said to himself again and again. Finally, an idea came to him. He pushed some of his hair into the doll. Again, the doll began to look alive. He opened the safe, and put the doll in the safe. He closed the safe door. The safe was one that no one could easily break. He felt he was protected and his fear disappeared. He locked it with the key. He thought someone might find the key and open the safe, so he broke the key, and he decided to bury the safe outside in the ground. If nobody could find the doll, nobody could catch him, he thought.

He pulled at the door, but for some reason it did not open. It wasn’t locked with a key, and it opened easily a little while ago.... He tried pulling at the window, but that did not open. He tried hitting the glass but it didn’t break. He pushed against the

問題は次ページから始まります。

令和３年度　一般入学試験

英　　語

【注意事項】

（１）「始め」という指示があってから，開いて始めなさい。

（２）解答用紙の志望科・コースの□を黒くぬりつぶし，受験番号・氏名を記入しなさい。

（例）

■特進・選抜コース
□普　通　コ　ー　ス
□科　学　技　術　科
□情　報　科　学　科

（３）試験時間は40分です。

（４）この問題は８ページまであります。ページが抜けていたり，印刷の文字がはっきりしていない場合は，静かに手をあげて先生に知らせなさい。

（５）解答はすべて解答用紙に記入しなさい。

（６）質問のある時は静かに手をあげて，先生の指示を受けなさい。

（７）「やめ」という指示で書くことをやめなさい。

（８）問題は持ち帰ってください。

愛知工業大学名電高等学校

(5) 2桁の正の整数 ab について，$\|ab\| = a + b$ と約束します。
例えば $\|25\| = 2 + 5 = 7$，$\|10\| = 1 + 0 = 1$ となります。
次の式の値を求めなさい。

$$\|35\| - \|5 \times 9\| + \frac{\|3^4\|}{3}$$

(6) 右の図のように，1辺の長さが 4cm の正方形 ABCD があり，辺 BC の中点を M とします。辺 BC を半径，曲線 AC を弧とする扇形を図形①とします。線分 MC を半径，曲線 BC を弧とする扇形を図形②とします。対角線 AC と図形②の弧との交点のうち点 C ではない方を点 O とするとき，図形①の弧，図形②の弧と線分 AO で囲まれた部分の面積を求めなさい。ただし，円周率を π とします。

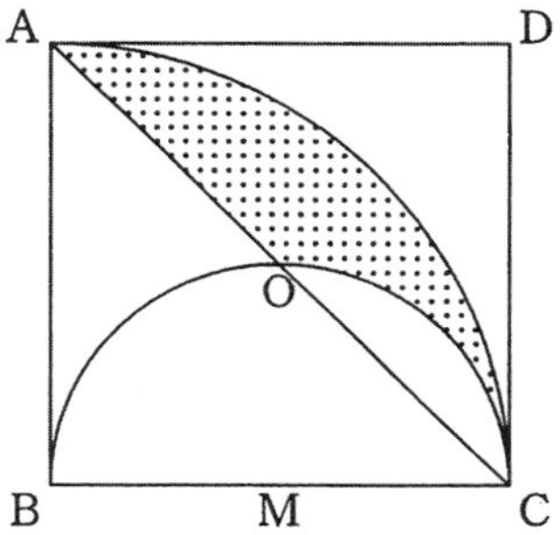

1 次の問いに答えなさい。

(1) 次の①～④の等式・文章のうち正しいものはどれか，記号で答えなさい。

① $(-10+6)(-10-6)\div(-2)^3=-8$

② $\left(x+\frac{3}{2}\right)^2-\left(x-\frac{3}{2}\right)\left(x+\frac{3}{2}\right)=3x$

③ 1500m の道のりを，分速 x m で進むときにかかる時間 y 分とすると，y は x に比例する。

④ どんな資料においても平均値と中央値は等しい。

(2) $\sqrt{2}=1.414$，$\sqrt{5}=2.236$ とするとき，$\sqrt{0.02}\times\frac{10}{\sqrt{5}}\div\sqrt{20}$ の値を求めなさい。

(3) 連立方程式 $\begin{cases}(2x-3):(y+2)=2:1\\ \frac{x}{3}+\frac{y}{2}=2\end{cases}$ を解きなさい。

(4) A，B の 2 人が，5 種類のメニューの中からそれぞれ好きな料理を 1 つ選んで注文をする。2 人の選んだ料理が異なる確率を求めなさい。

令和３年度　一般入学試験

数　学

【注意事項】

（１）「始め」という指示があってから，開いて始めなさい。

（２）解答用紙の志望科・コースの□を黒くぬりつぶし，受験番号・氏名を記入しなさい。

（例）

■特進・選抜コース
□普　通　コ　ー　ス
□科　学　技　術　科
□情　報　科　学　科

（３）試験時間は40分です。

（４）この問題は５ページまであります。ページが抜けていたり，印刷の文字がはっきりしていない場合は，静かに手をあげて先生に知らせなさい。

（５）解答はすべて解答用紙に記入しなさい。

（６）計算は問題の余白を利用しなさい。

（７）定規・分度器・計算機等の使用はできません。

（８）質問のある時は静かに手をあげて，先生の指示を受けなさい。

（９）「やめ」という指示で書くことをやめなさい。

（10）問題は持ち帰ってください。

愛知工業大学名電高等学校

考えていたかを知ることはできません。

本を読まないのは、ホモ・サピエンスとしての誇りを失った状態。

集中力もさらに低下して、いよいよ「本を読まない」ではなく「読めない」ようになってしまったら、人類の未来は明るくないのではないかとすら思えてきます。

繰り返しますが、ネット、SNSが悪いと言っているのではありません。

この素晴らしいツールも人類の知が生み出したもの。うまく活用しない手はないでしょう。ただ、軸足を完全にそちらに移してしまって、読書の喜びを忘れてしまうのはあまりにももったいない。読書は人間に生まれたからこそ味わえる喜びです。自分で自分の人生を深めていける最高のものです。

ネット、SNS全盛の現代だからこそ、④あらためて本と向き合うことが重要だと思うのです。

（齋藤　孝『読書する人だけがたどり着ける場所』）

〔注〕　＊1　グーグル…インターネット関連のサービスと製品に特化したアメリカ合衆国の企業。

【問一】　傍線部①「浅瀬で貝殻をとっている」とあるが、Ⅰ「浅瀬」、Ⅱ「貝殻」はそれぞれどういうことのたとえか。その組み合わせとして最も適当なものを次の中から選び、その記号を書きなさい。

ア　Ⅰ　大量の情報　　Ⅱ　ニュース

イ　Ⅰ　まとめサイト　　Ⅱ　キーワード

ウ　Ⅰ　スマホ　　Ⅱ　詳しい内容

エ　Ⅰ　インターネットの海　　Ⅱ　深海魚

【問二】 空欄 A ～ D に入るべき語句の組み合わせとして最も適当なものを次の中から選び、その記号を書きなさい。

ア　A もはや　B ひたすら　C ところが　D しかも
イ　A ところが　B ひたすら　C しかも　D もはや
ウ　A ところが　B もはや　C しかも　D ひたすら
エ　A もはや　B しかも　C ところが　D ひたすら

【問三】 傍線部②「しかし私に言わせればそれはナンセンスです」について、次の問いに答えなさい。

(1) 「それ」の指し示すものは何か。本文中より抜き出し、その初めと終わりの三字を書きなさい。

(2) どうして「ナンセンス」なのか。その理由として最も適当なものを次の中から選び、その記号を書きなさい。

ア　ＡＩはすでに人間の手を離れて、自分で学習・成長する独立した存在だから。
イ　いずれ人工知能が人間の脳を超え、世界が大きく変化してしまうから。
ウ　人生を深く豊かにすることこそ重要であり、そのことにＡＩは関係ないから。
エ　ＡＩにできないことを学んでも、それはあまりに簡単なものにすぎないから。

【問四】 傍線部③「本末転倒」とあるが、それを使った例文としてふさわしくないものを次の中から一つ選び、その記号を書きなさい。

ア　学生がろくに勉強せずにアルバイトに精を出すのは本末転倒だ。
イ　部屋の片付けをしないで収納用品だけを買い揃えるのは本末転倒ではないか。
ウ　勉強時間を削って入試合格の願掛けばかりするようでは本末転倒ではないか。
エ　弟のほうが兄の自分より勉強もスポーツもできるのは本末転倒だ。

【問五】　傍線部④「本と向き合うことが重要だと思うのです」とあるが、それはなぜか。最も適当なものを次の中から選び、その記号を書きなさい。

ア　本には人間が人間としてどう生きるかという人生を深めるための様々な知恵が書かれているから。
イ　情報化社会というが多くは調べられず、ネットの情報からは深いところまで知ることは困難だから。
ウ　ＡＩが発達し人間に勝つ時代に、人間だけがやれることは本から思索を深めることしかないから。
エ　ネットやＳＮＳに傾倒し、そればかり使っていると、いずれ本当に本が読めなくなってしまうから。

三　次の文章を読んで、後の問いに答えなさい。

[本文]　同じ心ならん人としめやかに物語して、をかしき事も、世のはかなき事も、うらなく言ひ慰まんこそ

[訳]　自分と気心が合うような人としんみり話し合って、風情あることでも、世間のほんのちょっとしたことでも、心の隔てなく語り合って慰められるとしたら、

[本文]　うれしかるべきに、さる人あるまじければ、つゆ違《たが》はざらんと①むかひゐたらんは、

[訳]　それこそうれしいことだろうに、そんな人はいるはずもないから、少しも相手の気持ちに食い違わないようにと心がけて対座しているとすれば、

[本文]　②ひとりある心地やせん。

[訳]　まるで一人でいるような気持ちがするであろう。

[本文]　たがひに言はんほどの事をば、「げに」と聞くかひあるものから、いささか違ふ所もあらん人こそ、

[訳]　（次にまた）互いに話し合う程度のことは、「最もだ。」と聞くだけの価値はあるものの、少々は食い違う点もあるような人のほうが、

[本文]　「我はさやは思ふ。」など争ひ憎み、「さるから、さぞ。」ともうち語らはば、③つれづれ慰まめと思へど、

[訳]　「自分はそうは思わない。」などと言い争い憎みなどもして、「それだから、そうなのだ。」などと話し合うとしたら、［　　］と思うけれども、

[本文]　げには、少しかこつかたも、我と等しからざらん人は、大方のよしなしごと言はんほどこそあらめ、

[訳]　本当のことを言えば、少し不満に思うことも、（相手が）自分と同じ考えの人ではない場合は、ただ一般のとりとめもないことを話している間はそれでもよいだろうが、

[本文]　④まめやかの心の友には、はるかに隔たる所のありぬべきぞ、わびしきや。

[訳]　真実の心の友というのには、非常な距離があるに違いないのは、何ともやりきれないことであるなあ。

（『徒然草』）

【問一】傍線部①「むかひゐたらん」について、現代仮名遣いに改めて書きなさい。

【問二】傍線部②「ひとりある心地やせん」とあるが、なぜ一人でいるような気持ちがするのか。その説明として最も適当なものを次の中から選び、その記号を書きなさい。

ア　相手の言うことに逆らうまいと対座していると、まるで無視されているような気持ちになり、一人でいるのと変わらないから。

イ　気の合わない相手の話に合わせようと考えているうち相手の話を聞かなくなるのであれば、一人でいるのと変わらないから。

ウ　気の合わない相手との話し合いから早く解放されたいと思いながら対座するのであれば、一人でいるのと変わらないから。

エ　自分の本当に言いたいことも言えず、相手に調子を合わせていることはつまらなくて、一人でいるのと変わらないから。

【問三】傍線部③「つれづれ慰まめ」とあるが、この現代語訳として最も適当なものを次の中から選び、その記号を書きなさい。

ア　自分と意見の違う人を憎む気持ちが慰められるであろう

イ　ののしり合った後の興奮した気持ちが慰められるであろう

ウ　何もすることがない退屈な気持ちが慰められるであろう

エ　お互い理解し合えず不満な気持ちが慰められるであろう

【問四】傍線部④「まめやかの心の友」とはどのような人か。最も適当なものを次の中から選び、その記号を書きなさい。

ア　興味のあることや不満に思うことなど、なにもかも心の隔てなく話し合うことができるような人。

イ　少々意見の食い違うことであっても、真剣に意見を戦わせて話し合うことができるような人。

ウ　少し不満に思うことや考えが違うことも、相手に合わせて、とりとめなく話すことができるような人。

エ　非常に心の距離が感じられると思ったが、実際に深く話し合ってみると、実は気心が合うような人。

【問五】 波線部のように「や」「こそ」などの助詞を用いて、作者や登場人物の感動や疑問の気持ちなどを強調し、文末の語が変化する表現が古文にはある。その表現を何というか書きなさい。

【問六】 (1) この文章『徒然草』の作者名を漢字で書きなさい。

(2) この文章が属する文学的ジャンルを次の中から選び、その記号を書きなさい。

ア 物語　　イ 日記　　ウ 紀行文　　エ 随筆

四　次の問いに答えなさい。

【問一】　次の例文の傍線部と文法的に同じものを後の選択肢から一つ選び、その記号を書きなさい。

今年の春は暖かく、色とりどりの花が一斉に咲いた。

ア　五月は風がさわやかに吹く季節だ。

イ　彼の言うようにはならない。

ウ　駅まで父を迎えに行く。

エ　それはだめだと言ったのに。

オ　ただちに宿題に取りかかりなさい。

【問二】　次の傍線部の語のうち、用法・働きが他の三つと異なるものを一つ選び、その記号を書きなさい。

ア　楽しかった中学校の部活動を懐かしむ。

イ　彼は去年まで学校の先生だった。

ウ　美術館で正面の壁にかかった絵を見る。

エ　昨日の体育祭ではたくさん写真を撮った。

令和二年度　一般入学試験

国　語

【注意事項】

(1) 「始め」という指示があってから、開いて始めなさい。
(2) 解答用紙の志望科・コースの□を黒くぬりつぶし、受験番号・氏名を記入しなさい。
(3) 試験時間は40分です。
(4) この問題は13ページまであります。ページが抜けていたり、印刷の文字がはっきりしていない場合は、静かに手をあげて先生に知らせなさい。
(5) 解答はすべて解答用紙に記入しなさい。
(6) 字数制限がある問題においては、句読点や記号も字数に数えることとします。
(7) 質問のある時は静かに手をあげて、先生の指示を受けなさい。
(8) 「やめ」という指示で書くことをやめなさい。
(9) 問題は持ち帰ってください。

（例）
■特進・選抜コース
□普通コース
□科学技術科
□情報科学科

愛知工業大学名電高等学校

一　次の文章を読んで、後の問いに答えなさい。（＊印のことばには文末に注があります。）

もう一つ、人工知能と創造性の関係について、考えておきたいことがあります。

[*1]デミス・ハサビスさんに次のように言われました。

「音楽というのは数学的に処理がしやすい分野であり、そこがバッハ風、モーツァルト風などの作曲ソフトを作りやすい理由ではないか」と。逆に言うと、数値化が難しい、「言語」のような分野は、人工知能が発展しづらいのかもしれません。

二〇一六年四月、人工知能が描いた、①[*2]レンブラントの「新作」が発表されました。オランダのマウリッツハイス美術館とレンブラントハイス美術館、マイクロソフト社などによるプロジェクトです。

現存するレンブラントの作品全てをスキャンし、題材や筆遣い、色合いといった特徴を[*3]ディープラーニングの[*4]アルゴリズムで分析し、図案化。そして、３Ｄプリンタによって作成したといいます。結果、②いかにもそれらしい作品になっていました。実は画風というのは、数値化できてしまう分野なのだそうです。

もちろん、こんなふうに簡単にレンブラントの特徴が抽出されたところで、画家本人にのみ作家性や創造性が存在することには変わりないと思うのですが、鑑賞の仕方は変わってくる可能性はあると思いました。

ただ、こうして、ある絵画から膨大な特徴が抽出されることは、とても興味深く感じます。人間にはできない方法で人工知能が絵画作品を見ているということかもしれません。[*5]評価値を用いた将棋ソフトから、新しい手が生まれてきたように、抽出された特徴をもとに描かれた人工知能の絵画に影響を受けて、③新しい美術が生まれてくる可能性もあるのではないでしょうか。

人工知能から学んで、人間が将棋で新たな差し手を発想したり、新たな直観を形成したりする可能性があるように、絵画や音楽における「美」もまた人工知能で変化していくことはあり得るはずです。

現代の生活のなかには[*6]ビッグデータや[*7]マーケティング、行動経済学がaシントウしていて、「これが、お勧めです」と、日々[*8]レコメンドされています。そのような時代に、④私たちがそういうものと無縁で生きるのは難しく、間接的な影響は常に受けているのだと思います。

それはそれで今とは別の「美意識」を生み出す、きっかけになる気もしています。

「美意識」については、さらに考えていることがあります。

実は人工知能の開発においては、「時間」の要素を取り入れることが課題になっています。

例えば、静止した画像のデータを扱うのには人工知能は長けています。しかし、動画となると、時間の経過に応じて絵が変わっていくために、計算量が爆発的に増えてしまい、なかなかうまくいっていないようです。

逆に言えば、がんの診断で人工知能が成果を出しているのは、X線写真がそもそも静止画像だからなのです。[*9]アルファ碁もそうです。一つ一つの局面はあくまでも静止画像であるからこそ、現在の人工知能の手法が使えたのでしょう。

しかし、私は、「美意識」には、「時間」が大きく関わっているように思うのです。

例えば、棋士が将棋ソフトの手に覚える違和感。煎じ詰めると一つ一つの手は素晴らしくても、⑤そこに秩序だった流れが感じられないことに由来してるように思います。それは、その時々の局面を一枚の静止画像と捉[b]えて手を選び出しており、その後の局面の流れを検討していないように思えるからです。

だからこそ、文法は正しくてもおかしな文章と同じく、人工知能の選ぶ手に、一貫性を欠いた奇妙な違和感を覚えてしまうのでしょう。

こういう将棋における「美意識」については、第二章で「見慣れたものに覚える安定感や落ち着きと関わっている」という趣旨のことを書きました。

そんな「美意識」に、「時間」という概念を考慮すると、人間は、「一貫性や継続性のあるものを美しいと感じる」と言えないでしょうか。実際に、海や山など自然界の悠久の存在は、しばしば美しい情景として描かれる対象です。

そう感じるのは、自然のなかで安定したものを「美しい」と感じることが、人類が過酷な生存競争を勝ち抜いていく上で、有利だったからなのかもしれません。あるいは普段から人間は自然に取り囲まれていますので、あくまで生物学の言葉で言う、[*10]「個体学習」から来る「慣れ」として、「美しい」と感じている可能性もあります。おそらく実際には、その両方でしょう。

いずれにせよ、「美意識」は、「時間」の流れのなかでの文脈をつかむ能力と⑥密接に関わっている気がしてなりません。

その意味では、[*11]コルトンさんの「詩は人間が作った方が面白い」という言葉は、腑《ふ》に落ちるものがあります。まさに詩は、人間が生きる「時間」、そしてその文脈から生まれる芸術だと思えるからです。また、オーケストラの指揮者がどんな音楽をカナ[c]でるのかという、⑦人間の個性を楽しむ娯楽が、人工知能では面白くならないように私が感じるのも、そういう部分から来ているような気がします。

人間の感情も、実は「時間」が関わっている面があります。何に怒りを覚え、何に悲しみを覚えるかは、その人がそれまで生きてきた「時間」とdチクセキした経験から生まれるからです。「言語」の意味を把握することにも、関係しているかもしれません。

そして、最近では「Recurrent Neural Network（リカーレント・ニューラルネットワーク）」という時系列を取り入れた、人工知能の学習法も盛り上がってきているようです。

いずれにせよ、人工知能が「時間」の概念を獲得できるかという問いは、これから大きなテーマになっていくのではないでしょうか。

（羽生善治『人工知能の核心』）

〔注〕
＊1 **デミス・ハサビス**…人工知能研究者。
＊2 **レンブラント**…十七世紀のオランダの画家。
＊3 **ディープラーニング**…音声の認識、画像の特定、予測など人間のように実行できるようコンピューターに学習させる手法。
＊4 **アルゴリズム**…問題を解決するための方法や手順のこと。問題解決の手続きを一般化するもので、プログラミングを作成する基礎となる。
＊5 **評価値**…コンピュータ将棋における局面の有利不利の形勢を数値化したもの。
＊6 **ビッグデータ**…コンピュータが取り扱うインターネット上などの膨大なデータ。
＊7 **マーケティング**…商品が大量かつ効率的に売れるように、市場調査・製造・輸送・保管・販売・宣伝などの全過程にわたって行う企業活動の総称。
＊8 **レコメンド**… 勧めること。推薦すること。
＊9 **アルファ碁**…囲碁のコンピュータソフト。
＊10 **個体学習**…生物個体として工夫することで違う行動を取れるようになるための学習行為。
＊11 **コルトン**…人工知能研究者。

【問一】二重傍線部a～dのカタカナは漢字に直し、漢字はその読みをひらがなで書きなさい。

【問二】傍線部①「レンブラントの『新作』」とあるが、なぜ「新作」に「　」がつけられているか。最も適当なものを次の中から選び、その記号を書きなさい。

ア　この絵はレンブラント自身の描いた絵ではないから。
イ　大変珍しい作品であり、注目に値するから。
ウ　レンブラントの死後発見されたものだから。
エ　本当にレンブラントが描いたものと思わせたいから。

【問三】傍線部②「いかにもそれらしい作品」とあるが、それはどのような作品か。十五字以上二十字以内で書きなさい。

【問四】傍線部③「新しい美術」とあるが、それはどのようなものと考えられるか。その答えとなるように、次の空欄（Ⅰ）～（Ⅲ）に入るべき語句を本文中からそれぞれ抜き出して書きなさい。

（　Ⅰ　）が（　Ⅱ　）のできない方法でデータを処理し作り出した作品から（　Ⅲ　）を受けて新たに作り出される作品。

【問五】傍線部④「そういうもの」とあるが、それはどのようなものか。最も適当なものを次の中から選び、その記号を書きなさい。

ア　人工知能が、ある作家の作品の特徴を模して作った新たな作品。
イ　人工知能がインターネットやマーケット等から収集した膨大なデータ。
ウ　私たちがインターネットなどの間接的な影響から手に入れた商品。
エ　私たちがインターネットなどから日々提供されている情報。

【問六】傍線部⑤「そこ」は何を指しているか。最も適当な箇所を本文中から七字で抜き出して書きなさい。

【問七】傍線部⑥「腑《ふ》に落ちる」の意味として最も適当なものを次の中から選び、その記号を書きなさい。

ア それとなくわかる。　イ 的を射ている。

ウ よく納得できる。　エ 承知できない。

【問八】傍線部⑦「人間の個性を楽しむ娯楽が、人工知能では面白くならないように私が感じる」とあるが、それはなぜか。その理由として最も適当なものを次の中から選び、その記号を書きなさい。

ア 人工知能が作り出した作品は、人間には理解できない方法で作り出されており、それを理解するためには「新しい美意識」を身につけなければならないから。

イ 人間は過酷な生存競争を経験し、自然に囲まれて生活しているが、人工知能はそのような経験も浅いものでしかなく、自然にも囲まれてはいないから。

ウ 人工知能はそもそも「時間」の概念を理解できず、人間が美しいと感じる一貫性や継続性というものを持つことができないから。

エ 人間の個性はその人の生きた歴史の中で生まれるが、人工知能にはまだ「時間」の要素が取り入れられていないから。

二　次の文章を読んで、後の問いに答えなさい。（＊印のことばには文末に注があります。）

異なる文化の間での相互理解の必要性は、それこそ人類史上かつてなく大きな課題となっています。「対話」の必要性と、「文化の多様性」を尊重するために、異文化間のコミュニケーションについて、ここでは考えてみたいと思います。

世界的な文化交流の時代となった現在、異文化理解がますます重要であることを、これまで述べてきました。では、異文化理解とはどういうことなのでしょうか。異文化理解というのはどういう形でできるのでしょうか。たとえば外国語を翻訳するということがあります。とくに近代の日本人は翻訳された文学作品に親しんできたわけですが、アメリカやイギリスやフランスの小説が日本語に翻訳されて、それを読んで、自分たちとは違った文化や社会があり、そこにはさまざまな人間がいて、いろいろな行動をくり広げていることを知り、共感したり違和感をいだいたりしながらも、①そこに描かれた世界を理解することに成功したりしなかったりといった経験をもちます。

異文化を異文化たらしめる要素に、異言語があることは事実ですが、A と B は必ずしも全部が一致するわけではありません。言語だけで異文化が理解できるとか、言語が理解できれば異文化が理解できるかというと、そういうものでもありません。

大きな意味で「コミュニケーション」として異文化との関係を捉えなければならないと思いますが、私たちは常に言語的なコミュニケーションと同時に、非言語的なコミュニケーションを行っていることをまずよく知る必要があります。日常生活で私たちはゼスチュアとか、顔の表情とか、身体的な動きを必ず伴ってコミュニケーションをしています。通常、友人どうしでも家族の間でも会話を交わしている場合には、その非言語的な部分が非常に大きくて、音声だけを収録してそこでの会話を文字化するとほとんど意味が通じないことが多いのです。けれども、言語は生きた形で人々がそれをとりかわすときには、たとえ文法的におかしく、また論理的にも支離滅裂な形であったとしても、実際上のコミュニケーションが成り立つことが多いのも事実です。その場合には、②非言語的な部分で意味を補っているわけです。つまりあれがそれがといった言い方で話が進んでゆく場合など、その場に居合わせないと何のことかわかりませんし、たとえ居合せても話をとりかわす当事者たちの関係がわからない第三者には何のことかわからないことが多いわけです。

私たちが外国へ行って戸惑うのは、多くの場合、厳密に言葉ができないからというだけではなくて、こうしたコミュニケーションのもつ社会とその文化全体になじみがないからです。習俗や習慣の違いといったことも含みますが、そこには非言語的な要素が非常に多い。泣くか笑うかといっても、どういうときに泣いたり、どういうときに笑っていいのかも、文化によっては微妙に違うのです。

4 1辺が4cmの立方体の形をした容器と1辺が2cmの立方体の形をしたおもりがあります。また，バケツには底面が1辺 $\sqrt{2}$ cmの正方形で，ほかの辺の長さがすべて $\sqrt{17}$ cmである正四角すいの体積と同じ体積の水が入っています。次の問いに答えなさい。ただし，容器の厚みは考えないものとします。

(1) バケツに入っている水の体積を求めなさい。

(2) 立方体の形をした容器にバケツの水をすべて注いだときの水の深さを求めなさい。

(3) (2)と同じようにバケツの水をすべて注いだ立方体の容器に，おもりを入れました。おもりの底面が立方体の容器の底面に接しているとき，水面とおもりの上面との距離を求めなさい。

3 右の図のように，1辺の長さが2cmの正六角形ABCDEFがあります。辺CD上に点Gを，対角線BE上に点Hをとります。点Pは頂点Aから毎秒1cmの速さで動きます。次の問いに答えなさい。

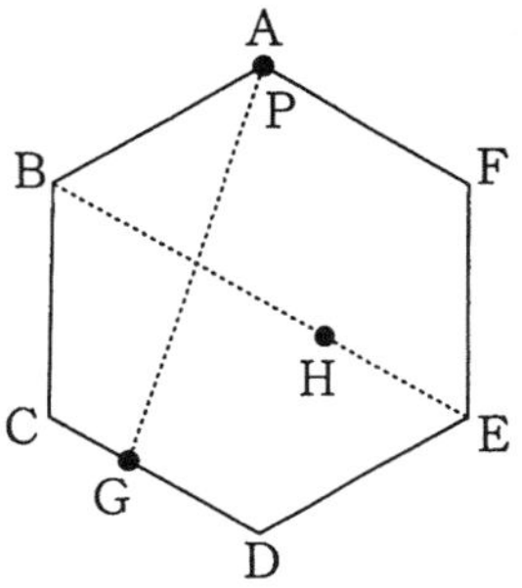

(1) 点Pが頂点Aから線分AG上を点Gまで動き，線分GC上を点Cまで動くのに4秒かかったとき，△AGCの面積を求めなさい。

(2) 点Pが頂点Aから線分AH上を点Hまで動き，線分HC上を点Cまで動くのに6秒かかったとき，四角形ABCHの面積を求めなさい。

2 右の図のように，放物線 $y=ax^2$ と直線 $y=x-2$ が x 座標が -2 の点 A と，他の点 B で交わっています。このとき，次の問いに答えなさい。

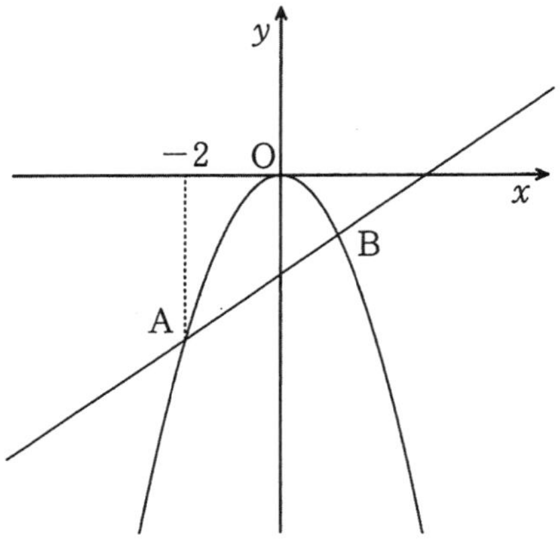

(1) a の値を求めなさい。

(2) x 軸上に点 C を△ABC の面積が△OAB の面積の 3 倍となるようにとるとき，点 C の座標を求めなさい。ただし，点 C の x 座標は負とします。

2．Please tell me（　①　）of students in your class.
　Please tell me how many students（　②　）in your class.
　ア．① many　　② have　　イ．① the number　　② there are
　ウ．① the number　　② have　　エ．① many　　② there are

3．Run fast,（　①　）you can't catch the bus.
　You can't catch the bus（　②　）you don't run fast.
　ア．① or　　② which　　イ．① and　　② which
　ウ．① and　　② that　　エ．① or　　② if

Ⅵ．次の１～４の日本語の意味に合うように（　　）内の語句を並べかえたとき，（　　）内で３番目（ ③ ）と６番目（ ⑥ ）にくる語句の組み合わせとして最も適当なものを，ア～エから１つずつ選び，記号で答えなさい。ただし，文頭に来る語も小文字で示してあります。

1．太陽光発電を使って再生可能エネルギーを得るための方法を探さなければなりません。
　We have（ energy / to find / using / to get / by / ways / renewable ）solar power.
　ア．③ to find　　⑥ using　　イ．③ ways　　⑥ to find
　ウ．③ to get　　⑥ by　　エ．③ to get　　⑥ ways

2．地震のような災害に備えることが必要です。
　It（ for / as / to / disasters / necessary / prepare / such / is ）earthquakes.
　ア．③ such　　⑥ disasters　　イ．③ such　　⑥ prepare
　ウ．③ to　　⑥ for　　エ．③ to　　⑥ disasters

3．何千人もの学生が，修学旅行で京都だけでなく奈良も訪れました。
　Thousands（ visited / Nara / Kyoto / on / of / not only / but also / students ）their school trip.
　ア．③ not only　　⑥ but also　　イ．③ visited　　⑥ but also
　ウ．③ not only　　⑥ Nara　　エ．③ visited　　⑥ on

4．彼は自分の将来の仕事が無くなることを心配しています。
　He（ worried / future / his / about / job / is / losing ）.
　ア．③ about　　⑥ future　　イ．③ losing　　⑥ job
　ウ．③ his　　⑥ losing　　エ．③ his　　⑥ worried

Ⅶ．次の（　　）内の語を使い，日本語の意味を表す９語の英文を書きなさい。ただし，（　　）内の語は語形変化させてもかまわない。
　私は毎朝だれかに起こしてほしい。（ want ）

Ⅳ. 次の会話の[　　　]内に入る最も適当なものを，ア～エから１つずつ選び，記号で答えなさい。

1．Erina: Excuse me. Can you tell me how to get to Sakae?
Naoki: Sakae? Is it a store or something?
Erina: No, it isn't. It's a town. It's the central part of Nagoya City.
Naoki: Is it? I don't know anything about Nagoya.
Look, there's a police officer over there.
[　　　] It may be easier to find the way.
Erina: I see. Thank you.
Naoki: My pleasure. Have fun in Sakae.
Erina: Thank you again. Bye.

ア．Let's think about the problem.
イ．Why don't you ask him?
ウ．I'll take you to the police.
エ．Get on the bus together.

2．Clerk: Hello. May I help you?
Himena: Yes, please. I'd like to buy a sweater.
Clerk: We have lots of sweaters. What kind of sweater are you looking for?
Himena: I want something bright.
Clerk: OK. How about these ones?
Himena: Oh, they are cool. But they are too expensive for me. [　　　]
Clerk: Sure. Come this way, please. How about these?
Himena: Oh, this is nice. Do you have one in my size?
Clerk: What size do you want?

ア．Do you have one in blue?
イ．Will you show me larger ones?
ウ．May I try this on?
エ．Do you have anything a little cheaper?

Ⅴ. 次の１～３の各組の英文がほぼ同じ意味になるように，（ ① ），（ ② ）内に入る語句の組み合わせとして最も適当なものを，ア～エから１つずつ選び，記号で答えなさい。

1．I'm scared （ ① ） high places.
High places are （ ② ） for me.

ア．① of　② scare
イ．① of　② scary
ウ．① in　② scaring
エ．① in　② scared

（注） according to ～によると　pirate 海賊　particular type of 特別なタイプの
legend 伝説　workshop 仕事場　normal 普通の
notice 気づく　footstep 足音　reach ～に到着する
footprint 足跡　sand 砂　stout かっぷくのよい
ignore 無視する　demand 要求する　onto ～の上に
You shall let me go! 離してくれ!　take a moment to 時間をとって～する
quite a character 相当な変わり者　modern 現代の
old-fashioned 古風な　suspiciously うさんくさそうに
uncommon accent 珍しいアクセント　century 世紀

1．カールとスーザンが作業場へ戻った理由として最も適当なものを，ア～エから１つ選び，記号で答えなさい。

ア．作業場で不審な物音がしたから。
イ．作業場の時計が盗まれていないか心配になったから。
ウ．時計が無くなった理由を調べるため。
エ．時計でタイムトラベルができるか実験するため。

2．浜辺に着いたスーザンが見たものとして最も適当なものを，ア～エから１つ選び，記号で答えなさい。

ア．作業場の窓から飛び出す人影　イ．黒い服を着て走っている大柄な男
ウ．時計を握って立っている男　エ．砂の上に落ちている時計

3．本文中の下線部の理由として最も適当なものを，ア～エから１つ選び，記号で答えなさい。

ア．男が左手に時計をはめていたから。
イ．男がなかなか立ち上がらなかったから。
ウ．男が何も話さなかったから。
エ．男が何百年も前の容姿をしていたから。

4．本文の内容として最も適当なものを，ア～エから１つ選び，記号で答えなさい。

ア．Carl lent his watch to Susan, but she didn't want to return it to him.
イ．The thing Carl and Susan were talking about was the pirate's watch.
ウ．Carl said that the watch had strange powers to help time travel.
エ．A man got into Carl's workshop to find the watch, but he couldn't.

5．本文に関する次の質問に，４語の英語で答えなさい。

Who came from the past?

Ⅲ. 次の文を読んであとの設問に答えなさい。

時計屋のカール（Carl）と友人のスーザン（Susan）がカールの家で話しています。隣の作業場に置いてある珍しい時計について，本で調べているところです。

"Listen," said Susan. "According to the book, there was a famous pirate. His name was Eric el Kraken. He had a very particular type of watch. They say it had strange powers." "Strange powers? What kind of strange powers?" asked Carl.

"People said that el Kraken could travel through time." Susan turned the page and continued. "It says that the watch helped him time-travel!"

Carl laughed and said, "That's just a legend. A pirate who travelled through time? And with a watch? That can't be true!" Carl laughed.

Just then, there was a noise in the workshop. "What was that?" asked Carl.

"I don't know," replied Susan. "Let's go and see!"

The two friends went back into the workshop. They looked around. The watch was gone! "Somebody has stolen the watch!" Carl cried.

"See? That watch is special. It's not a normal watch!" said Susan.

Then Carl noticed something else. The door to the workshop was open. Suddenly, he heard footsteps outside. They were running down the street.

Carl looked at Susan and started to run. "Let's go!" he called back.

Carl and Susan ran out of the workshop. They went towards the beach. When they reached it, Carl looked down. There were footprints in the sand. Very deep and large footprints, like those of a very stout man.

Suddenly, Susan stopped. She pointed to a very large man in black. He was running down the beach. "Look, Carl! There he is!" she shouted.

Carl ran after the man and shouted, "Hey! Stop! Stop right now!" The man ignored him and kept running. Again Carl demanded, "Stop! Stop right now!"

The man continued to ignore Carl. So Carl ran even faster. At last he caught up with the man. Carl pushed him and they both fell over onto the sand. The man shouted loudly, "You shall let me go! I have done nothing to you! This is my watch!"

Carl stood up. He took a moment to look at the man. He was quite a character. His clothes were not modern. They were very old-fashioned. They were a style worn hundreds of years ago. He also had a strange hairstyle. It was one from long ago.

Carl and Susan watched the man. He slowly got up. He cleaned the sand from his clothes. He had the watch in his right hand. He looked at them suspiciously. "What do you want? Why are you looking at me like that?" he demanded. The stout man spoke with a very uncommon accent. His English sounded very strange.

Carl looked at him and said, "You stole my watch. You came into my workshop and took it." "No!" said the stout man. "You stole it from me! I have only taken it back! It is mine!" Carl and Susan looked at each other. Finally, Susan asked the stout man, "Who are you?"

"I'm Eric el Kraken. Now, please excuse me. I must go back to the 17th century."

1．If you go to Akita Green Park Zoo on February 14, what time does it close?

ア．9:00 a.m.　イ．2:00 p.m.　ウ．4:00 p.m.　エ．5:00 p.m.

2．If you are 15 years old, and visit Akita Green Park Zoo with your 17-year-old sister, how much do you have to pay for both of you?

ア．1,050 yen　イ．1,100 yen　ウ．1,150 yen　エ．1,200 yen

3．If you want to see the penguins walking, when can you see them?

ア．11:30 a.m. on Saturday　イ．11:30 a.m. on Sunday

ウ．2:00 p.m. on Thursday　エ．2:00 p.m. on Monday

4．Which is true about the special events?

ア．A 13-year-old child can ride on a pony.

イ．If you pay 200 yen, you can get three apples to feed the bears.

ウ．You need money if you want to see penguins walking.

エ．You cannot take a picture with a baby lion on weekends.

5．Which is true about Akita Green Park Zoo?

ア．You can talk with an operator on the phone at 4:30 p.m. in June.

イ．Tickets for a group of seventeen children are cheaper than tickets for a group of twenty children.

ウ．There are no special events on Wednesdays.

エ．The zoo is open from 9:00 a.m. to 5:00 p.m. in December.

5 次の表は2019年の上半期の主な出来事です。表を見て以下の問いに答えなさい。

月	出来事
3	シアトルマリナーズのｉイチロー選手が現役引退を発表する。
4	新ii紙幣・新500円硬貨のデザインが発表される。
5	新iii天皇が即位する。
6	ivサミット・G20が開催される。

1　下線部ｉの出身県の特徴を述べた次の①～④の文章を読んで１つだけ正しければ**ア**、２つ正しければ**イ**、３つ正しければ**ウ**、全て正しければ**エ**、全て誤っていれば**オ**と答えなさい。

①　県の面積の約８割は森林であり、その多くを国が保有している。河川付近ではみかん栽培が盛んである。

②　県の北部から運ばれる木材を加工してピアノなどの楽器生産が行われている。第二次世界大戦中は軍需工場が多く、戦後はその技術を生かし、オートバイや自動車の生産が始まった。

③　掘り込み式の人工港を持つ臨海工業地域があり出版業や電気機械の生産が盛んである。

④　工業は、地元の農水産物を加工する食料品工業や製糸業が盛んである。米の生産も盛んで近年の収穫量は新潟県に次ぐ。

2　下線部iiを発券する銀行の役割を述べた次の①～④の文章を読んで１つだけ正しければ**ア**、２つ正しければ**イ**、３つ正しければ**ウ**、全て正しければ**エ**、全て誤っていれば**オ**と答えなさい。

①　一般の人や企業とは取引を行わないが、銀行と取引を行い景気の調整の役割を果たしている。

②　政府の資金を預かったり、政府に資金を貸し付けたりしている。

③　不景気のときには有価証券を市中銀行に売ることによって、通貨の量を増加させる。

④　不景気のときには政策金利を下げて、通貨の量を減少させる。

3　日本国憲法では下線部iiiの地位を定めている。次の**ア**～**エ**の文章を読んで日本国憲法第１条に該当するものを選び記号で答えなさい。

ア　天皇は元首にして統治権を総攬する。

イ　天皇は、国会の指名に基づいて、内閣総理大臣を任命する。

ウ　万世一系の天皇は神聖にして侵すべからず。

エ　天皇は、日本国の象徴であり日本国民統合の象徴であって、この地位は、主権の存する日本国民の総意に基づく。

4　下線部ivが開催された国名・都市名として該当するものを選び記号で答えなさい。

ア　日本・大阪　　　**イ**　ロシア・モスクワ

ウ　アラブ首長国連邦・ドバイ　　　**エ**　マレーシア・クアラルンプール

8　次の①～④の文章のうち下線部Kの時代の出来事の説明として1つだけ正しければ**ア**、2つ正しければ**イ**、3つ正しければ**ウ**、全て正しければ**エ**、全て誤っていれば**オ**と答えなさい。

① 生麦事件を契機として、薩英戦争が勃発した。

② ドイツではワイマール憲法が成立した。

③ 甲子農民戦争を契機として、日清戦争が勃発した。

④ 犬養毅首相が海軍将校らに殺害された五・一五事件が起こった。

9　次の①～④の文章のうち下線部Lの時代に起こった世界の出来事の説明として1つだけ正しければ**ア**、2つ正しければ**イ**、3つ正しければ**ウ**、全て正しければ**エ**、全て誤っていれば**オ**と答えなさい。

① ニューヨークの株式市場で株価が大暴落し世界恐慌が起こった。

② 中東・北アフリカで「アラブの春」と呼ばれる民主化運動が始まった。

③ ドイツがポーランドに侵攻し、第二次世界大戦が勃発した。

④ 朝鮮戦争が勃発し、朝鮮半島が2つの国に分断された。

10　次の①～④の文章のうち下線部Lの時代に起こった日本の出来事の説明として1つだけ正しければ**ア**、2つ正しければ**イ**、3つ正しければ**ウ**、全て正しければ**エ**、全て誤っていれば**オ**と答えなさい。

① 第一次石油危機が起こり、激しいインフレーションが発生した。

② サンフランシスコ平和条約が結ばれた後、日本は独立国としての主権を回復した。

③ 日独伊三国同盟が結ばれ、日本はアメリカやイギリスなどを仮想敵国とした。

④ 韓国併合条約が結ばれ、日本が朝鮮半島を植民地化した。

11　次の①～④の文章のうち下線部Mの出来事の説明として1つだけ正しければ**ア**、2つ正しければ**イ**、3つ正しければ**ウ**、全て正しければ**エ**、全て誤っていれば**オ**と答えなさい。

① 国連平和維持活動協力法が成立し自衛隊が海外へ派遣された。

② アメリカ同時多発テロ事件をうけて、テロ対策特別措置法が成立した。

③ 冷戦の象徴的建造物となったベルリンの壁が構築された。

④ 警察予備隊の名称が自衛隊に変更された。

12　表中の（　ｉ　）に入る元号を答えなさい。

4　下線部Ｅの時期に起こった事件についての説明として正しいものを次の**ア**～**エ**から一つ選び記号で答えなさい。

ア　白河天皇が、息子に位を譲り上皇となり、院政を行った。

イ　戦乱に勝利した奥州藤原氏が東北地方で勢力を伸ばした。

ウ　御家人救済のために幕府は徳政令を発布した。

エ　後鳥羽上皇が政権回復のために挙兵するが、敗れた。

5　次の①～④の文章のうち下線部Ｆ（建武）～下線部Ｇ（慶長）の出来事の説明として１つだけ正しければ**ア**、２つ正しければ**イ**、３つ正しければ**ウ**、全て正しければ**エ**、全て誤っていれば**オ**と答えなさい。

①　コロンブスが大西洋を渡り、インドを目指した。

②　ガリレオ＝ガリレイが地動説を証明した。

③　チンギス＝ハンがモンゴル民族を統一した。

④　新羅が朝鮮半島を統一した。

6　下線部Ｈの時期に起こった事件（一揆）についての説明として正しいものを次の**ア**～**エ**から一つ選び記号で答えなさい。

ア　近江の馬借の蜂起を契機に農民が酒屋などを襲撃した。

イ　国人と農民らが山城から守護大名を追い出した。

ウ　将軍が暗殺された事件を契機に近畿一帯の農民が徳政を求めた。

エ　一向宗の信仰で結ばれた国人と農民が守護大名を倒した。

7　次の①～④の図のうち下線部Ｉ（元和）～下線部Ｊ（慶応）の建築物・作品・書物として１つだけ正しければ**ア**、２つ正しければ**イ**、３つ正しければ**ウ**、全て正しければ**エ**、全て誤っていれば**オ**と答えなさい。

①

②

③

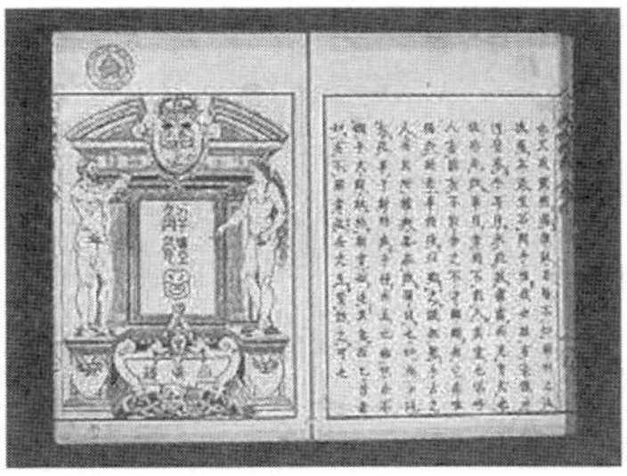

④

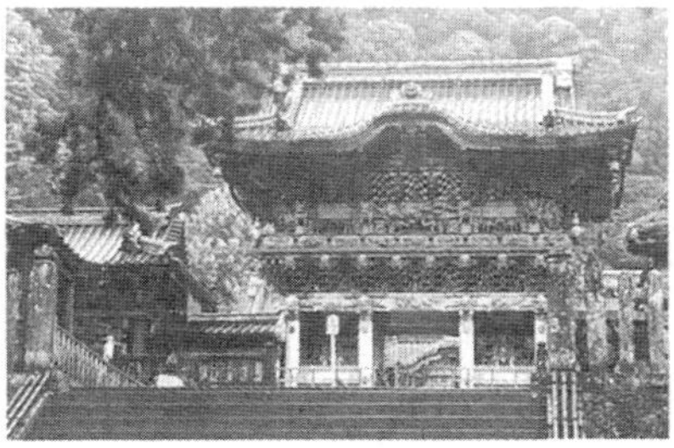

4 次の表は日本の主な元号をまとめたものです。以下の問いに答えなさい。

元号（制定年）	元号（制定年）	元号（制定年）	元号（制定年）
A 大化（645）	保元	H 正長	享保（1716）
B 大宝	平治	嘉吉	寛政
和銅	治承（1177）	応仁（1467）	天保
天平	D 寿永	文明	嘉永
C 延暦（782）	E 承久	天正	J 慶応（1865）
弘仁	文永	G 慶長	K 明治
延喜（901）	弘安	I 元和（1615）	（ i ）
延久	F 建武（1334）	寛永	L 昭和
応徳	応永	元禄	M 平成

1 次の①～④の文章のうち下線部Aよりも前の出来事の説明として1つだけ正しければ**ア**、2つ正しければ**イ**、3つ正しければ**ウ**、全て正しければ**エ**、全て誤っていれば**オ**と答えなさい。

① 前方後円墳の築造が始まった。

② 隋の皇帝に遣いを送り、対等外交を求めた。

③ 十七条憲法が制定され、役人の心構えが説かれた。

④ 百済の王から仏教が伝えられ、法隆寺が建立された。

2 次の①～④の文章のうち下線部B（大宝）～下線部C（延暦）の出来事の説明として1つだけ正しければ**ア**、2つ正しければ**イ**、3つ正しければ**ウ**、全て正しければ**エ**、全て誤っていれば**オ**と答えなさい。

① 中大兄皇子が即位をし、天智天皇となった。天智天皇は近江へ遷都した。

② 政治の実権を握っていた蘇我入鹿が長屋王により殺害された。

③ 土地と人民は国が支配をするという天皇の命令が初めて発せられた。

④ 壬申の乱が起こり、それに勝利した大海人皇子が天武天皇として即位した。

3 次の①～④の文章のうち下線部C（延暦）～下線部D（寿永）の出来事の説明として1つだけ正しければ**ア**、2つ正しければ**イ**、3つ正しければ**ウ**、全て正しければ**エ**、全て誤っていれば**オ**と答えなさい。

① 後白河天皇と崇徳上皇の対立から乱がおこり、平清盛などの協力を得た後白河天皇が勝利した。

② 関東で平将門、瀬戸内地方で藤原純友が乱を起こした。

③ 墾田永年私財法が発布され、土地の私有が認められた。この法令により荘園が増加した。

④ 菅原道真の進言によって、遣唐使が廃止された。この出来事以降、日本では国風文化が花開いた。

1 国境には山脈・河川・湖などの自然的国境と経線・緯線などを利用した人為的国境があります。このうちアフリカ大陸にある国境は他の地域と比べ人為的国境が多く見られます。これはなぜか次の語句を使用して30文字以内（句読点を含む）で答えなさい。

【語句】ヨーロッパ

2 次の図Ⅰ・Ⅱはそれぞれ世界のある地域の伝統的な衣服を示したものです。図Ⅰ・Ⅱの説明として正しい文を次の**ア**～**エ**からそれぞれ一つ選び記号で答えなさい。

図Ⅰ

図Ⅱ

ア　ポンチョと呼ばれる衣服で、昼と夜の寒暖差が激しい高地において用いられている。
イ　チマ＝チョゴリと呼ばれる衣服で、主に朝鮮半島の国の伝統的衣服である。
ウ　アノラックと呼ばれる衣服で、トナカイなどの動物の毛皮で作られている。
エ　チャドルと呼ばれる衣服で、降雨が少なく日差しの強い乾燥した地域で用いられている。

3 ヨーロッパの国々に関する次の文章を読んで以下の問いに答えなさい。

A　この国は、EU最大の工業国である。1940年代半ばから1990年にかけて国が分断されていた。
B　この国の首都であるブリュッセルにはEUの本部がある。
C　この国はライン川の河口にあり、ロッテルダム港と一体化したユーロポートは世界有数の貿易港である。
D　この国は、EU最大の農業国であり、EUの穀倉と呼ばれている。また国内の発電量の約75％を（　①　）発電でまかなっている。
E　この国は世界で最初に産業革命を成功させた国である。1960年代に（　②　）油田が発見されてからは石油輸出国になった。

1　文中の（　①　）～（　②　）を答えなさい。

2　次にあげる文章はA～Eのどの国の文章に追加することができるか記号で答えなさい。またA～Eに当てはまらない場合には×と答えなさい。
ⅰ　国土の約4分の1がポルダーと呼ばれる干拓地である。
ⅱ　世界有数の自動車生産国であり、ルール工業地域は重工業の中心である。
ⅲ　この国の首都には世界最小の独立国であるバチカン市国がある。

社　　会

令和二年度　一般入学試験解答用紙

国語

一

問一　a　b

問二

問三

問四　Ⅰ　Ⅱ

問六

二

問一

問三　～

問四

問五

問六

三

問一

問四

問五

四

問一

問二　1

令和２年度　一般入学試験解答用紙

数学

1	(1)	(2)
	(3)	(4)
		分速　　　　m
	(5)	
	(6)	
	途中の説明	

【解答用

令和2年度　一般入学試験解答用紙

英語

Ⅰ	1	2	3	4	5 $ (　　　)

Ⅱ	1	2	3	4	5

Ⅲ	1	2	3	4
	5			

【解答用

令和２年度　一般入学試験解答用紙

理 科

1	問１	問２ 〔Ω〕	問３ 〔mA〕
	問４ 〔J〕	問５ 〔mA〕	問６ 〔分〕

2	問１	問２	問３

3	問１		問２
	問３ 水面から　　　10　　　20		
	問４	問５	問６

【解答用

令和２年度　一般入学試験解答用紙

社会

1			
2	図Ⅰ	図Ⅱ	
3	1①	1②	
	2 ⅰ	2 ⅱ	2 ⅲ

【解答用

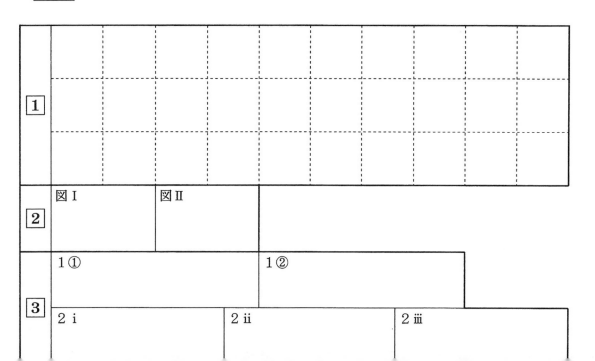

4	6	7	8	9	10
	11	12			
5	1	2	3	4	

□特進・選抜コース □普通コース □科学技術科 □情報科学科	受験番号	氏名	得点

※75点満点
(配点非公表)

4			
	問1		
	問2	問3	問4 〔mL〕

5					
	問1 記号 ①	名称	記号 ②	名称	問2

6			
	問1 O−A , O−B	問2	問3

	受験番号	氏　名	得　点
□特進・選抜コース □普 通 コ ー ス □科 学 技 術 科 □情 報 科 学 科			

※75点満点
(配点非公表)

IV		

V			

VI	1	2	3	4

VII	

□特進・選抜コース □普 通 コ ー ス □科 学 技 術 科 □情 報 科 学 科	受験番号	氏　　名	得　点

※100点満点
(配点非公表)

2020(R2) 愛知工業大学名電高
教英出版

2	(1)	(2)
	$a=$	(　　,　　)

3	(1)	(2)
	cm^2	cm^2

4	(1)	(2)	(3)
	cm^3	cm	cm

□特進・選抜コース □普　通　コ　ー　ス □科　学　技　術　科 □情　報　科　学　科	受験番号	氏　　名	得　点

※100点満点
(配点非公表)

d

問五

問八

問二

A

B

問三

2

	受験番号	氏　名	得　点
□特進・選抜コース □普通コース □科学技術科 □情報科学科			

※100点満点
（配点非公表）

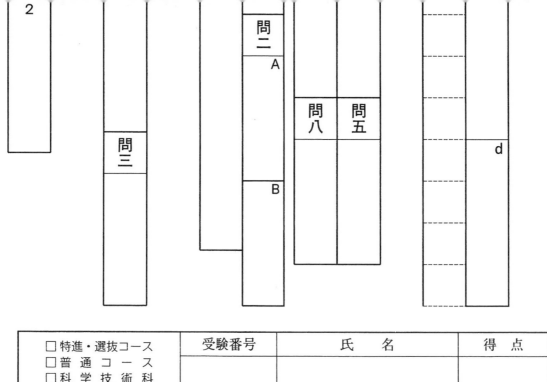

6 右の図は，日本付近を通過した低気圧を模式的に表している。次の問いに答えなさい。

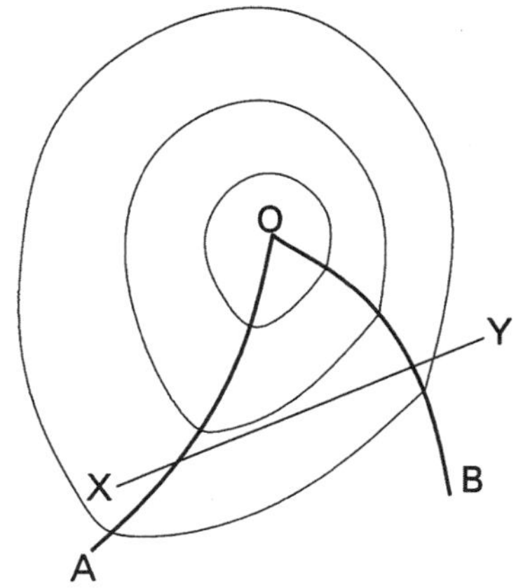

問１　図のO－A，O－Bの前線として正しいものを次の**ア**～**エ**から１つずつ選び，記号で答えなさい。

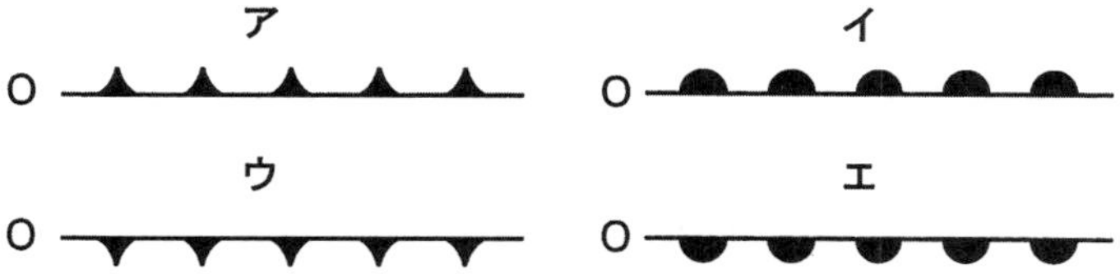

問２　次の文章は，O－B前線の通過にともなう天気の移り変わりについて述べた文章である。[ア]～[オ]の正しい語句の組み合わせを，下の表の①～④から選び，記号で答えなさい。

> [ア]前線が通過した後に，気温が[イ]り，やがて[ウ]前線が通過し気温が[エ]り，[オ]い雨が降る。

	ア	イ	ウ	エ	オ
①	温暖	下が	寒冷	上が	弱
②	温暖	上が	寒冷	下が	強
③	寒冷	下が	温暖	上が	強
④	寒冷	上が	温暖	下が	弱

問３　図のX－Yの断面図の立体図を表したものを次の**ア**～**カ**から選び，記号で答えなさい。ただし，⇒は寒気の移動，➡は暖気の移動を表している。

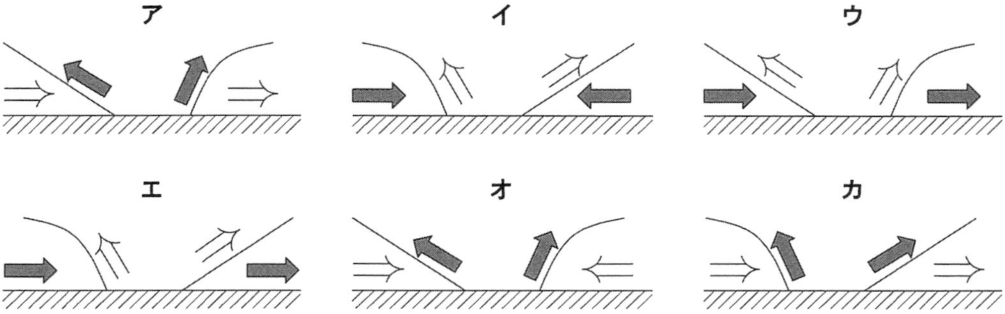

5 次の表は，太陽系の惑星について，太陽までの距離，公転周期，半径，質量をまとめたものである。表の数値は，地球の値を1とした場合の比の値を表している。後の問いに答えなさい。

惑星名	太陽からの距離	公転周期	半径	質量
A	1	1	1	1
B	5.2	12	11	318
C	30	164	3.9	17
D	0.72	0.61	0.95	0.82
E	9.6	30	9.4	95
F	1.52	1.9	0.53	0.11
G	0.39	0.24	0.38	0.055
H	19	84	4	14.5

問1　以下の説明文に合う惑星をA～Hからそれぞれ選び記号で答え，その惑星の名称を答えなさい。

①地球にとてもよく似た大きさだが，気圧は90倍で，表面温度は500℃近い惑星

②赤道面に平行な縞模様があり，その中に直径が地球より大きな大赤斑がある惑星

問2　惑星Bが太陽を公転する速さは，惑星Eが太陽を公転する速さの何倍か，最も近いものを次の**ア**～**エ**から選び，記号で答えなさい。なお，速さは公転軌道の長さを公転周期で割った値とし，公転軌道は円とする。

ア．0.22　　**イ**．0.74　　**ウ**．1.4　　**エ**．4.6

4 右の図のように，ビーカー内のうすい硫酸（H_2SO_4）10 mLに，こまごめピペットを使ってうすい水酸化バリウム（$Ba(OH)_2$）水溶液を入れる実験をおこなった。グラフは，加えたうすい水酸化バリウム水溶液の体積と，このとき生じた白い物質の質量の変化を表したものである。これについて，次の問いに答えなさい。

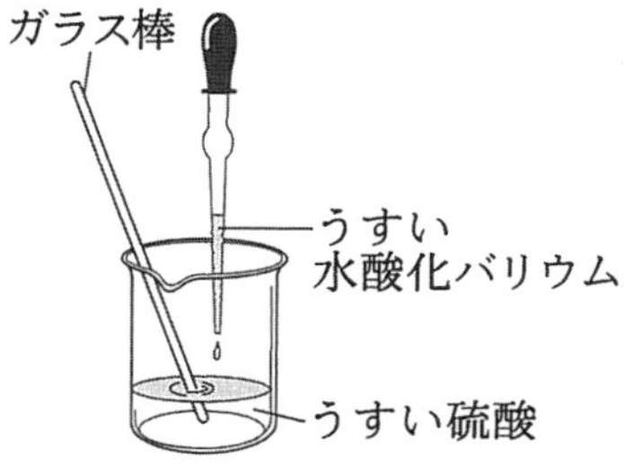

問１　この実験を化学反応式で書きなさい。

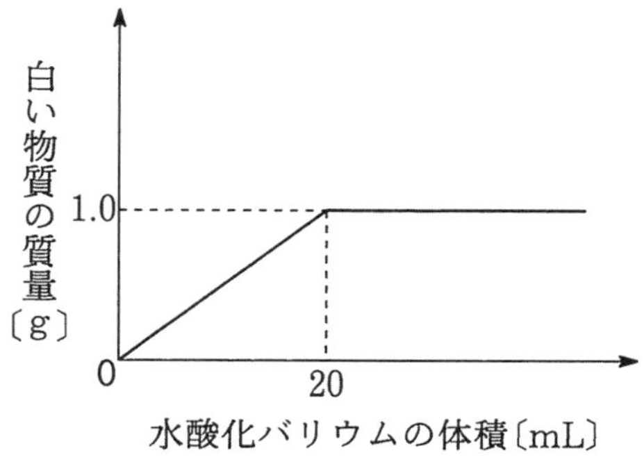

問２　次の**ア**～**エ**の中から正しい文を１つ選び，記号で答えなさい。

ア．硫酸と水酸化バリウム水溶液の反応前後では，温度は変化しない。

イ．酸とアルカリが完全に打ち消しあって中性にならないと，塩は生じない。

ウ．この実験で生じた白い物質は，胃のレントゲン撮影の造影剤などに利用されている。

エ．pHの値は，水溶液中にふくまれる水素イオンの割合から求められ，その割合が大きいほど大きい。

問３　この実験で，ビーカーに電極を入れ，電源，豆電球を用いて電流の流れ方を調べた。豆電球がついたとき，電流が流れていると判断する。この結果として考えられることを，次の**ア**～**エ**から１つ選び，記号で答えなさい。

ア．水酸化バリウムを20 mL加えるまでは電流が流れたが，それ以降は電流が流れなくなった。

イ．水酸化バリウムを20 mL加えるまでは電流が流れなかったが，それ以降は電流が流れた。

ウ．水酸化バリウムを20 mL加えたときだけ電流が流れた。

エ．水酸化バリウムを20 mL加えたときだけ電流が流れなくなった。

問４　水酸化バリウムを30 mL加えたときに生じる白い物質の量を最大にするには，実験で用いたうすい硫酸を，少なくともあと何mL加える必要があるか。

問１　**【実験１】**の図２のように，維管束が並んでいる植物を，次の①～④から１つ選び，記号で答えなさい。

①チューリップ　②イチョウ　③ユリ　④サクラ

問２　**【実験２】**について顕微鏡観察を行ったところ，赤い色水が通りよく染まる部分が見られ，水が通る管は茎を通って葉までつながっていることが分かった。赤い色水でよく染まった部分を図２，図３の**ア**～**カ**からすべて選び，記号で答えなさい。

問３　**【実験３】**の下線部のようにするのは何のためか。「水面から」に続けて20字以内で書きなさい。

問４　**【実験３】**について，メスシリンダーＡとメスシリンダーＢを比較することでわかることとして，最も適当なものを，次の①～④から１つ選び，記号で答えなさい。

①葉の表裏両側から放出されたと考えられる水蒸気の量
②葉の表側から放出されたと考えられる水蒸気の量
③葉の裏側から放出されたと考えられる水蒸気の量
④茎から放出されたと考えられる水蒸気の量

問５　次の文章は**【実験３】**の結果をまとめたものである。[A]，[B]，[C]に当てはまる語句の組み合わせを，下の①～⑥から選び，記号で答えなさい。

> 葉の表側からの蒸散で減った水の量と葉の裏側からの蒸散で減った水の量を比較すると，葉の[A]より[B]の蒸散量が多く，約[C]倍になると考えられ，植物が吸収した水分は主に葉の[B]から放出されると考えられる。

①A…表側，B…裏側，C…2　②A…表側，B…裏側，C…3
③A…表側，B…裏側，C…4　④A…裏側，B…表側，C…2
⑤A…裏側，B…表側，C…3　⑥A…裏側，B…表側，C…4

問６　**【実験３】**の結果から，メスシリンダーＤの（Z）の値を小数点第１位まで求め，次の①～④から１つ選び，記号で答えなさい。

① 19.2　② 19.6　③ 20.0　④ 20.4

3 植物の蒸散について調べるために，ホウセンカ（双子葉類）を用いて**実験 1〜3** を行った。表は，**実験 3** の結果をまとめたものである。後の問いに答えなさい。

【実験 1】 **図 1** の X で茎を切断したつくりを**図 2** に模式的に表した。次に，**図 1** の Y で葉を薄く切り，顕微鏡で観察した。**図 3** はそのときのスケッチである。

図 1

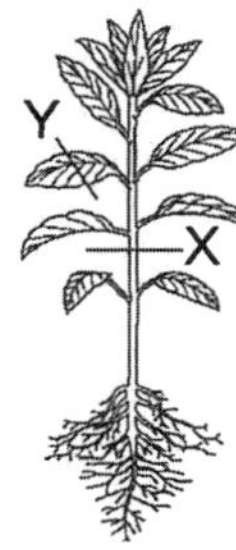

図 2

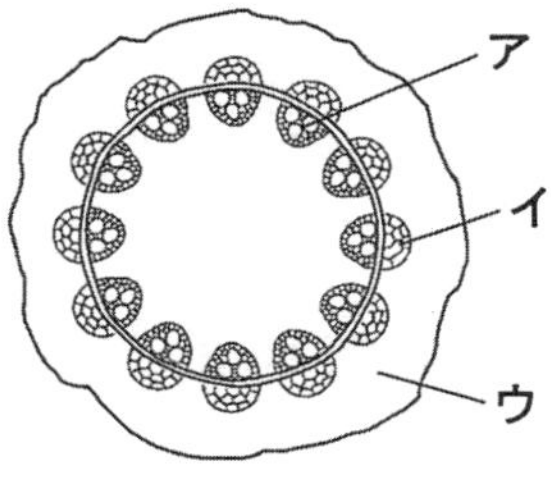

図 3

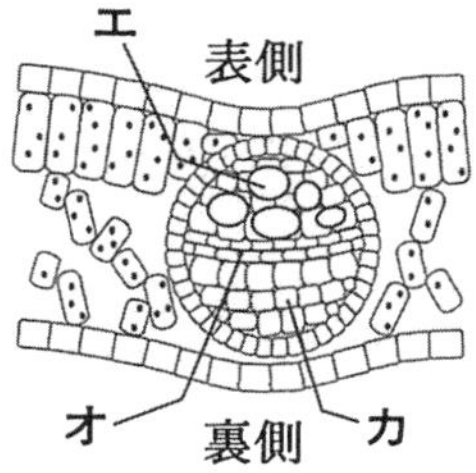

【実験 2】 食紅で着色した水の入った三角フラスコにホウセンカをさし，茎から葉へと水が運ばれる様子を観察した。数時間後に**実験 1** と同じ手順で顕微鏡観察を行った。

【実験 3】 葉の枚数が同じで，葉の大きさや茎の太さがほぼ同じホウセンカを 4 本用意し，**図 4** のように水の入った 4 本のメスシリンダー A，B，C，D にそれぞれさし，少量の油を注いで水面を覆った。4 本のホウセンカに次の 1〜4 の操作を行った。

操作 1　メスシリンダー A のホウセンカの葉をすべて切り取った。

操作 2　メスシリンダー B のホウセンカの葉の表側全体にワセリンを塗った。

操作 3　メスシリンダー C のホウセンカの葉の裏側全体にワセリンを塗った。

操作 4　メスシリンダー D のホウセンカの葉には何もしない。

操作 1〜4 を行った後，5 時間放置し，水位の変化から水の減少量を求めた。

なお，ワセリンは水や水蒸気をまったく通さないものとし，葉の表側，裏側に塗ったワセリンは塗らなかった部分の蒸散に影響を与えないものとする。

図 4

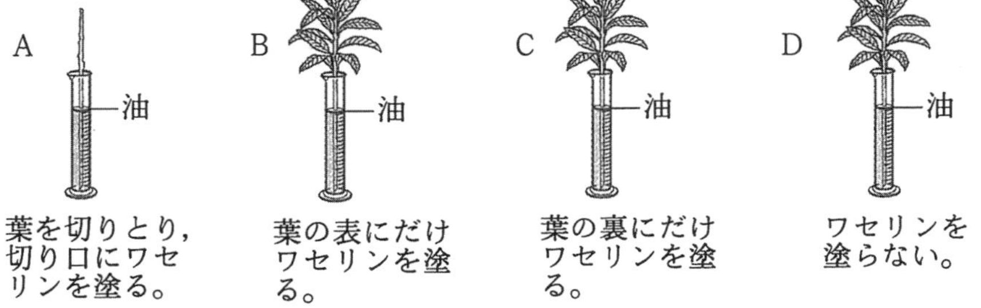

	枝をさした直後	5 時間後
メスシリンダー A	25.0 mL	24.6 mL
メスシリンダー B	25.0 mL	21.2 mL
メスシリンダー C	25.0 mL	23.4 mL
メスシリンダー D	25.0 mL	（Z）mL

2 ある温度 T_1〔℃〕の W〔g〕の水に M〔g〕の硝酸カリウムを溶かしたところ，溶け残ることなく飽和水溶液ができた。次の問いに答えなさい。

問1　この飽和水溶液の質量パーセント濃度はいくらか。次の**ア**～**カ**から選び，記号で答えなさい。

ア. $\dfrac{100W}{W+M}$　**イ**. $\dfrac{100M}{W+M}$　**ウ**. $\dfrac{100(W+M)}{W}$

エ. $\dfrac{100(W+M)}{M}$　**オ**. $\dfrac{W+M}{100}$　**カ**. $\dfrac{W+M}{100M}$

問2　T_1〔℃〕での硝酸カリウムの溶解度はいくらか。次の**ア**～**オ**から選び，記号で答えなさい。

ア. $\dfrac{100M}{W}$　**イ**. $\dfrac{100W}{W+M}$　**ウ**. $\dfrac{100(W+M)}{W-M}$

エ. $\dfrac{W-M}{100(W+M)}$　**オ**. $\dfrac{W+M}{100W}$

問3　この飽和水溶液をある温度 T_1〔℃〕からゆっくり冷やし，T_2〔℃〕にした。このとき，m〔g〕の硝酸カリウムが再結晶した。T_2〔℃〕での硝酸カリウムの溶解度はいくらか。次の**ア**～**カ**から選び，記号で答えなさい。

ア. $\dfrac{100(M+m)}{W}$　**イ**. $\dfrac{100(M-m)}{W}$　**ウ**. $\dfrac{MW}{100(M+m)}$

エ. $\dfrac{MW}{100(M-m)}$　**オ**. $\dfrac{M+m}{100W}$　**カ**. $\dfrac{M-m}{100W}$

1 右図のように，電源装置，電圧計，電流計，抵抗値が未知の電熱線A，抵抗値が30Ωの電熱線Bを使って回路を組み立てた。電熱線A，Bを，それぞれ同じ質量の水が入った水そうに入れ，電流を流したところ，電圧計は8Vを示した。グラフは水そうの水の温度上昇と，電流を流した時間との関係を表している。ただし，電源装置の電圧の大きさは一定で，電熱線で発生した熱は，すべて水そうの水の温度上昇に使われるものとする。次の問いに答えなさい。

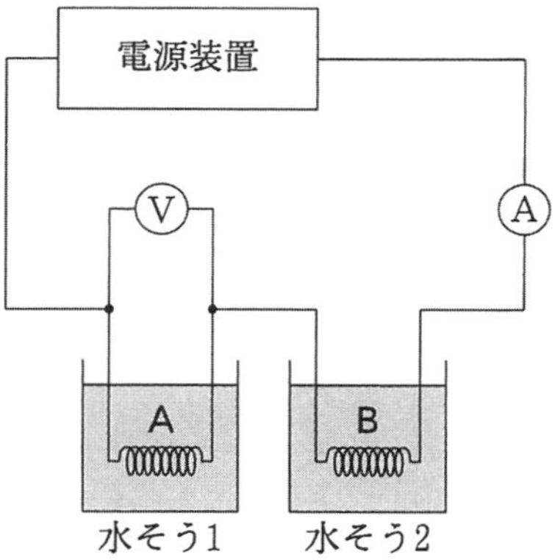

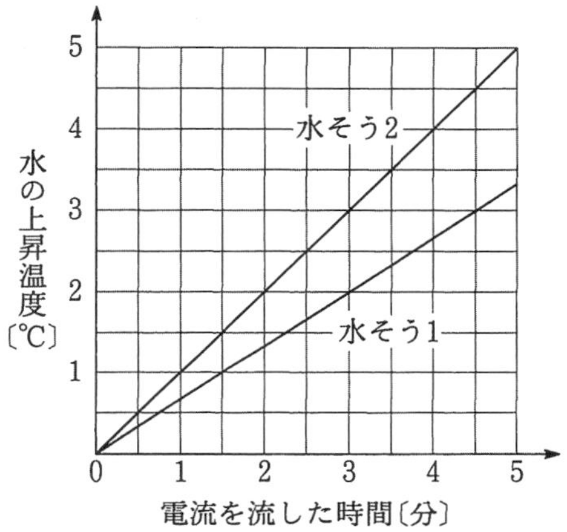

問1　電熱線Aで発生した熱は，電熱線Bで発生した熱の何倍か。最も近いものを次の**ア**～**エ**から選び，記号で答えなさい。

ア．0.67倍　　**イ**．1.2倍

ウ．1.5倍　　**エ**．2.0倍

問2　電熱線Aの抵抗値は何Ωか。

問3　電流計の値は何mAか。

問4　電熱線Aで5分間に発生した熱は何Jか。

次に，電源の電圧の大きさはそのままで，電熱線Bを抵抗値が80Ωの電熱線Cに変えて同じ実験をした。この実験でも，水そうの水は沸とうしなかったものとして，以下の問いに答えなさい。

問5　電流計の値は何mAか。

問6　水そう1の水の温度を1℃上昇させるのに必要な時間は何分になると考えられるか。

理　　科

令和２年度　一般入学試験

理科・社会

【注意事項】

（1）「始め」という指示があってから，開いて始めなさい。

（2）理科解答用紙，社会解答用紙にそれぞれ志望科・コースの□を黒くぬりつぶし，受験番号・氏名を記入しなさい。

（例）
■特進・選抜コース
□普通コース
□科学技術科
□情報科学科

（3）試験は理科と社会の両方に解答しなさい。試験時間は理科と社会をあわせて60分です。

（4）問題は理科が１～８ページまで，社会が９～14ページまであります。ページが抜けていたり，印刷の文字がはっきりしていない場合は，静かに手をあげて先生に知らせなさい。

（5）解答はすべてそれぞれの解答用紙に記入しなさい。

（6）計算は問題の余白を利用しなさい。

（7）定規・分度器・計算機等の使用はできません。

（8）質問のある時は静かに手をあげて，先生の指示を受けなさい。

（9）「やめ」という指示で書くことをやめなさい。

（10）問題は持ち帰ってください。

愛知工業大学名電高等学校

Ⅱ．次のパンフレットを読み，あとの設問の答えとして最も適当なものを，ア～エから１つずつ選び，記号で答えなさい。

Welcome to Akita Green Park Zoo!

You can see about 200 kinds of animals in Akita Green Park Zoo.
There are a lot of special events that you can enjoy.
Please come and have a wonderful time with us!

★Opening Hours★ (※ We are closed on Mondays.)

April － October　9:00 a.m. ～ 5:00 p.m.
November － March　9:00 a.m. ～ 4:00 p.m.

★Entrance Fee★

	Single	Group (20 people or more)
Adult (16 years old and over)	700 yen	650 yen
Child (4 － 15 years old)	500 yen	400 yen
Infant (0 － 3 years old)	free	

Special Events

Take a picture with a baby lion!
- At Lion Park
- 15 people max. (every day)
- No charge

Ride on a pony!
- At Pony Land
- No charge
- Children only (5-12 years old)
- 11:00 a.m. (Weekends only)

Feed the friendly bears!
- At Bear Mountain
- Every day
- 200 yen for three apples

Watch penguins walking!
- At Penguin Street
- 11:30 a.m. & 2:00 p.m. (Sundays only)
- No charge

If you have any questions about our zoo, please contact us by calling 01-234-5678.
You can talk with an operator during opening hours.
You can also send us an e-mail to Akitagreen@parkzoo.com.

（注） entrance fee　入場料　　infant　幼児　　max.　上限
charge　料金　　feed　エサをやる　　operator　オペレーター

1．第2段落の内容として最も適当なものを，ア～エから1つ選び，記号で答えなさい。

ア．Lillian put the money on the kitchen table and started to wash some clothes.

イ．Lillian took off her jeans and put them in the washing machine.

ウ．Lillian remembered the money in her jeans pocket before she started washing.

エ．Lillian quickly took her jeans out of the washing machine, so the money was safe.

2．本文の内容に合うように，次の英文に続く最も適当なものを，ア～エから1つ選び，記号で答えなさい。

After Lillian put the wet money on the kitchen table,

ア．she tried a new idea and it worked well.

イ．she used the microwave oven but the money was still wet.

ウ．she tried to burn the money in the microwave oven.

エ．she used the microwave oven but she found it was a bad idea.

3．本文の内容に合うように，次の英文に続く最も適当なものを，ア～エから1つ選び，記号で答えなさい。

After Lillian got some money back from the bank,

ア．a newspaper reporter sent the burned money to the Treasury Department.

イ．several people called the Treasury Department to help her.

ウ．a newspaper reporter told her how to get more money back.

エ．the Treasury Department told her to send the burned money to the bank.

4．本文の内容と一致しないものを，ア～エから1つ選び，記号で答えなさい。

ア．The worker in the bank couldn't see all the numbers on the burned bills.

イ．The Treasury Department gives damaged money to about 30,000 people every year.

ウ．The experts in the Treasury Department could see more numbers on the burned bills than the bank worker.

エ．Lillian didn't buy anything for herself with the $231 from the Treasury Department.

5．本文の内容に合うように，次の英文の（　　）内に入る数字を算用数字で答えなさい。

Though Lillian's money was damaged, she got $（　　）back in total.

Ⅰ．次の英文を読み，あとの設問に答えなさい。

Lillian Beard smiled while she was working. She had $462 in her pocket. She was thinking about this money.

After work Lillian came home and started to wash some clothes. She looked at the jeans she was wearing. They were dirty, so she put them in the washing machine, too. Ten minutes later, she remembered, "The money! It's still in the pocket of my jeans!" Lillian ran to the washing machine and took out the jeans. The money was still in the pocket, but it was wet. Lillian put the money on the kitchen table to dry.

A few hours later, the money was still wet. "Hmm," Lillian thought. "How can I dry this money?" Then Lillian had an idea. "I can dry the money in the microwave oven!" Lillian put the money in the microwave, set the timer for five minutes, and left the kitchen.

When Lillian came back a few minutes later, she saw a fire in the microwave. She opened the oven door, blew out the fire, and looked at her money. The money was burned.

The next day, Lillian took the burned money to the bank. A worker at the bank said to her, "If I can see the numbers on the burned bills, I can give you new money." Unfortunately, the worker found numbers on only a few bills. The worker took those bills and gave Lillian $17.

A newspaper reporter heard about the burned money. He wrote a story about Lillian for the newspaper. Several people read the story and called the newspaper company. "Tell Ms. Beard to send the burned money to the Treasury Department," the people said. "Maybe she can get her money back." The reporter heard this and did so.

Every year about 30,000 people send damaged money to the Treasury Department. Experts there look carefully at the damaged money. Sometimes they can give people new money for the damaged money.

Lillian sent her money to the Treasury Department. The experts looked at Lillian's burned money and sent her $231.

What did Lillian buy with the money? She didn't buy anything. She gave the $231 to people who needed money.

（注） microwave oven 電子レンジ
bill 紙幣
the Treasury Department 財務省
blow out 吹き消す
unfortunately 不運にも
damaged 傷ついた

問題は次ページから始まります。

令和２年度　一般入学試験

英　　語

【注意事項】

（１）「始め」という指示があってから，開いて始めなさい。

（２）解答用紙の志望科・コースの□を黒くぬりつぶし，受験番号・氏名を記入しなさい。

（例）

■特進・選抜コース
□普　通　コ　ー　ス
□科　学　技　術　科
□情　報　科　学　科

（３）試験時間は40分です。

（４）この問題は８ページまであります。ページが抜けていたり，印刷の文字がはっきりしていない場合は，静かに手をあげて先生に知らせなさい。

（５）解答はすべて解答用紙に記入しなさい。

（６）質問のある時は静かに手をあげて，先生の指示を受けなさい。

（７）「やめ」という指示で書くことをやめなさい。

（８）問題は持ち帰ってください。

愛知工業大学名電高等学校

(5) 1つのさいころを，出た目の和が5の倍数になるまで繰り返し投げます。投げる回数が2回で終了する確率を求めなさい。

(6) 右の図のように，$\triangle ABC$ の辺 AB 上に点 D，辺 AC 上に点 E があり，線分 CD と線分 BE の交点を F とし，$\angle DBF=20^\circ$，$\angle ECF=30^\circ$，$\angle BFC=110^\circ$ とします。ここで，辺 AD 上の点 A，D ではないところに点 G，辺 AE 上の点 A，E ではないところに点 H をとり，線分 GH で折り返したところ，点 A が点 A' に移りました。このとき，$\angle DGA'+\angle EHA'$ の大きさを途中の説明を書いて求めなさい。

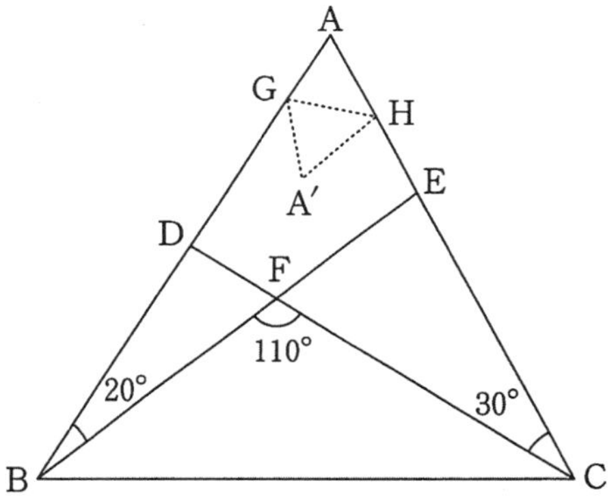

1 次の問いに答えなさい。

(1) 次の①～④の等式のうち正しいものはどれか，記号で答えなさい。

① $9-2\times(-3)^2\div3=-3$

② $\frac{4}{5}x-\left(\frac{2}{3}x+2\right)=\frac{2}{15}x+2$

③ $\left(2x+\frac{3}{4}\right)\left(2x-\frac{1}{4}\right)\div\frac{1}{16}=64x^2+16x-3$

④ $(a-b)^2-c^2=a^2+b^2-c^2$

(2) $x=102$ のとき，$2x^2-8x+8$ の値を求めなさい。

(3) 連続する 5 つの奇数があります。この 5 つの奇数の和は 125 です。5 つの奇数のうち最大の数を求めなさい。

(4) 周囲 2.4 km の池のまわりを，ある兄弟がまわりました。兄と弟は同じ地点から弟が先に，ある一定の速さでまわりはじめ，その 10 分後に兄が反対まわりで，弟より分速 15m 速い速さでまわりはじめました。弟がまわりはじめて 20 分後に 2 人が初めて出会ったとき，弟の分速は何 m であるかを求めなさい。

2020(R2) 愛知工業大学名電高
教英出版

令和２年度　一般入学試験

数　　学

【注意事項】

（１）「始め」という指示があってから，開いて始めなさい。

（２）解答用紙の志望科・コースの□を黒くぬりつぶし，受験番号・氏名を記入しなさい。

（例）

■ 特進・選抜コース
□ 普　通　コ　ー　ス
□ 科　学　技　術　科
□ 情　報　科　学　科

（３）試験時間は40分です。

（４）この問題は５ページまであります。ページが抜けていたり，印刷の文字がはっきりしていない場合は，静かに手をあげて先生に知らせなさい。

（５）解答はすべて解答用紙に記入しなさい。

（６）計算は問題の余白を利用しなさい。

（７）定規・分度器・計算機等の使用はできません。

（８）質問のある時は静かに手をあげて，先生の指示を受けなさい。

（９）「やめ」という指示で書くことをやめなさい。

（10）問題は持ち帰ってください。

愛知工業大学名電高等学校

（中略）

文化におけるコミュニケーションについては、イギリスの社会人類学者エドマンド・リーチにならって私は大体三つのレベルがあると考えています（『文化とコミュニケーション』）。

ひとつは「自然」のレベルです。人間は物が飛んでくれば本能的によけるし、寒くなれば衣服を着る、おなかがすけばご飯を食べる。そういうごく自然とよべる状態は、どんな文化を通しても変わらないだろうということです。私たちが世界のどこへ行ってもなんとなく生活できるのは、③絶対的な人間の条件はどこへ行っても似ているからです。

どんな異なった文化を持った人々の間でも、ある程度共生ができて、ある程度意思が通じるというのは、人間として共通の属性*1を持っているからだということがいえます。

ごく自然的なこととして互いに人間ならばわかりあえるような、誰でもだいたい理解できる形でのこうしたコミュニケーションの段階を「信号的なレベル」とリーチは言っています。

ただ、そうはいっても私には次のようなことも問題としてあるように思えます。日本には象のような巨大動物はいませんが、スリランカに行くと象がたくさんいて、スリランカの人は象に対しては愛着もあると同時に恐怖も抱いています。みだりに象に近寄ってはいけないし、近くに寄っていってフラッシュをたいて写真を撮ろうものならスリランカ人が血相を変えて飛んできます。巨大動物がいる自然環境に育っている人間と、日本のようにいないところでは、自然観がだいぶ違ってくるし、価値観も違ってくると思うのです。ですから、同じ自然環境といっても、必ずしもそう簡単には同一視できないのですが、それでも一応はわかりあえるのです。相手がカーッと怒ったから逃げるとか、普通人間が「自然」に起こすような条件反射的なレベルで理解できるコミュニケーションがある。それが異文化理解の最初の段階だと思います。

そして異文化理解の二つ目の段階は「社会的」レベルです。社会的な習慣とか取り決めを知らないと文化を異にする相手も異社会も理解できないということです。

交通信号の表示の仕方を知らなかったら事故を起こしてしまうし、車を運転するアメリカ帰りの日本人がよくやってしまうのですが、いつのまにか車道を反対に走ってしまいます。右ハンドル、左ハンドルの違いという訳ですが、アメリカやヨーロッパ大陸は左ハンドル、日本やイギリスなどは右ハンドルです。また服装では、④いまや洋装を当たり前とする日本人男性にとっていまだにタキシードを着るのは不得手で、普通は持っていない人も多いし、日本国内ではめったに着ることもありません。結婚式のときに着るくらいのものです。ところが、アメリカやヨーロッパ社会に行けば、週末にはタキシードが必要なパーティがあります。礼服の着用だけでなく服装については西欧の社会的な習慣や常識を知らないと間違うことがたくさんあります。これはあいさつの仕方や食事のマナーについても言えることでしょう。

けれどもこうしたことは、例外はあるとしても人間が普通に育ってきて得られる常識のレベルで消化できる理解だと思うのです。どの社会に行っても、一つの社会で培った常識的なことが取得できれば、インドに行こうがアメリカに行こうがある程度は間違いなくやっていける。わからないことでもそこの人に教えてもらってそこの習慣あるいは、社会的な規則を学習すればできるわけです。これをリーチは「記号的なレベル」というわけです。

このように、「自然的な」ことや「社会的な」レベルのことは、普通に育った人間ならだいたい対処できることですが、三つ目のレベル、これは「象徴」というレベルですが、これがまさに文化的な中心部のことで、外部の者にとってはきわめて理解するのが困難な世界なのです。すなわち、その社会なら社会特有の価値なり、行動様式なり、習慣なり、あるいは信仰があります。信仰となると、たとえばキリスト教を信じている人には十字架は意味を持ちますが、信じていない人間にとっては何の意味も持ちません。社会のレベルまでは交通信号のようなものですから、その社会で生活する誰にとっても意味を持つことが多いわけですが、象徴のレベルになると、その価値とか意味を共有している人間しかわからないということになります。日本の文化でも、外国人にとってわかりにくいのはだいたいこの部分です。

日の丸が日本の象徴といわれても、どうして象徴なのか、あまり、はっきりしません。それを国旗として象徴としたのは日本人の選択だったと思いますが、普通は外から見れば日の丸と日本という国家の間に何の物理的な関係も論理的な結びつきもないから、それだけでは外部の人には理解できないことでしょう。単なる象徴であり、メタファー[*2]です。アメリカ合衆国の国旗が星条旗というのはある程度理屈で説明がつきますし、フランスの三色旗にもはっきりとした意味があります。しかし、国旗とそれで表徴[*3]する物質的で地理的な土地をもつ国というものとの関係は、その国の歴史や文化と結びついていて、ただ外から見ただけでは何のことかはよく解りません。その国の固有の価値や理想と結びついているからです。

そのようなことがあらゆる社会で特有の現象としてあって、それについてはよほど周到にそこの文化を理解しないと、別の文化から来た人間にとっては理解できないのです。先に触れたイギリスの社会人類学者は、いま述べたような文化とコミュニケーションの仕組みを細かく分析しています。より詳しい分析はリーチの書物を参照していただくことにして、いまこのように両手に触れただけでも異文化を理解していくにはさまざまなレベルがあることがわかると思います。しかも、忘れてはならないことは、「信号」「記号」「象徴」の三レベルは総体として異文化を形づくるということです。この文化の全体性の中にさまざまな要素が組み込まれて、人々の言葉と行動に意味づけをしているわけです。

（青木保　『異文化理解』岩波新書）

〔注〕＊1　**属性**…ある事物に属する性質・特徴。
＊2　**メタファー**…隠喩のこと。言葉の上では、たとえの形をとらない比喩。
＊3　**表徴**…表面に現れたしるし。

【問一】傍線部①「そこ」とは何を指すか。本文中から抜き出して書きなさい。

【問二】空欄 A ・ B に当てはまる語句を本文中からそれぞれ抜き出して書きなさい。（AとBの順は問いません。）

【問三】傍線部②「非言語的な部分」とあるが、それは何か。本文中から過不足なく探し、始めと終わりの三字をそれぞれ抜き出して書きなさい。

【問四】傍線部③「絶対的な人間の条件はどこへ行っても似ている」とあるが、そのことの例として当てはまるものをすべて選び、その記号を書きなさい。

ア　のどがかわいたら水を飲み、空腹を感じたら、食事を取ろうとすること。
イ　公園の花壇の美しい花を見たら、家に持ち帰って飾ろうとすること。
ウ　自転車で走行中、人が飛び出して来たら、避けようとすること。
エ　見慣れない野生動物を見かけたら、近寄って写真を撮ろうとすること。

【問五】 傍線部④「いまや洋装を当たり前とする日本人男性にとっていまだにタキシードを着るのは不得手」とあるが、それはなぜか。最も適当なものを次の中から選び、その記号を書きなさい。

ア 異なる文化の習慣に無理に合わせる必要がないから。

イ 異なる文化の社会的な習慣や取り決めがわからないから。

ウ 異なる文化の人間として条件反射的に理解できないから。

エ 異なる文化の自然観や宗教観に通じていないから。

【問六】 本文で述べられた筆者の考えに合致するものを次の中から二つ選び、その記号を書きなさい。

ア 異文化間のコミュニケーションでは、非言語的な要素で会話が成り立つことが多く、言語を習得するより習俗や習慣に通じることが必要不可欠である。

イ 異文化間のコミュニケーションでは、言語的なコミュニケーションとともに、文字化すると消えてしまう非言語的なコミュニケーションの重要性を知る必要がある。

ウ 異文化間のコミュニケーションでは、言語的なコミュニケーションの様々な過程を分析し、文学作品等を通してその国の言語についてまず学ぶことが大切である。

エ 文化におけるコミュニケーションにおいては、第一段階として「自然」のレベルがあり、どの社会でも自然環境についての価値観は共通しており、条件反射的なレベルで理解することができる。

オ 文化におけるコミュニケーションにおいては、第二段階として「社会的」レベルがあり、一つの社会で得た常識的な判断力を持っていれば、他の社会のルールは全く学ぶ必要がない。

カ 文化におけるコミュニケーションにおいては、第三段階として「象徴」のレベルがあり、ある事柄と、その背景にあるその文化特有の価値観や理想との結びつきを理解することが大切である。

三 次の文章を読んで、後の問いに答えなさい。

ある人いはく、人の君（人の上に立つ者）となれるものは、つたなきものなりとも嫌ふべからず。文《ふみ》（書物）にいはく、

山はちひさき壌《つちくれ》（土の塊）をゆづらず、この故《ゆゑ》に高きことをなす
海は細き流れをいとはず、この故に深きことをなす

といへり。

また明王（賢明な君王）の人を捨て給《たま》はぬこと（お捨てにならないこと）、車を造る工《たくみ》（職人）の、材を余さざるにたとふ（余らせないことにたとえられる）。曲れるをも、短きをも用ゐるところなり。また人の食物を嫌ふことあれば、その身必ず痩《や》す（痩せる）ともいへり。

そうじて、大人《たいじん》（立派な人）は賤《いや》しきを嫌ふまじ（嫌ってはいけない）と見えたり。およそ、いとほしければとて（かわいいからといって）、あやまりて賞をもすごさず（報償を与えず）、 A とて、みだりがはしく刑をも加へずして、あまねく均《ひと》しき恵を施すべしとなり。また人に一度の①咎《とが》あればとて、重き罪を行ふこと、よく思慮あるべし。麒《き》驎《き》といふ賢き獣、おのづから一蹪《いっち》（ひとつまづき）のあやまりなきにあらず。人とても、いかでか②その理《ことわり》をはなれむ（人間であっても、どうしてその道理からはなれられようか）。

しかれば（だから）文にいへるがごとく、

少過をゆるして、賢才を見るべし

となり。

（『十訓抄』）

【問一】　波線部「ちひさき壌」「細き流れ」は、人間に置き換えるとどのようなものに該当するか。波線部より前の本文中から抜き出して書きなさい。

【問二】　空欄 A に入る言葉として最も適当なものを次の中から選び、その記号を書きなさい。

ア　ただしければ　　イ　にくければ　　ウ　わるければ　　エ　いとほしければ

【問三】　傍線部①「咎」とはどのような意味か。次の空欄に入る漢字一字を本文中から抜き出して書きなさい。

（　　）失

【問四】　傍線部②「その理」とはどのようなことか。最も適当なものを次の中から選び、その記号を書きなさい。

ア　どのような優れた者もあやまりを犯すことがある。
イ　失敗から教訓を得る者が成功する。
ウ　罪を犯した者に重い罰を与えてはならない。
エ　重い罪を犯した者に対して配慮するべきだ。

【問五】　優れた主君のあり方として、本文の前半で述べられていることは何か。最も適当なものを次の中から選び、その記号を書きなさい。

ア　どんな小さなこともおろそかにしない。
イ　他人の嫌がることを率先して行う。
ウ　どのような人物も活かして使う。
エ　人のよいところを発見する。

四　次の問いに答えなさい。

【問一】　次の傍線部①〜⑤の品詞は何か。その組み合わせとして正しいものを後の選択肢から選び、その記号を書きなさい。

「名電を受験するわけだな。」先生がおっしゃった。「あそこはいい学校かしら。」母は、私学についてよく知ら①ない。そういう母を説得するために、私は②真剣な言い方で、「絶対に名電に行きたい！」と言った。先輩が部活と勉強を両立させて③楽しそうに通っているのを知っていた。理由はそればかりでは④ない。実際に学校見学へ行き、ここが私の通う学校⑤だ、と実感したからだ。

ア　①助動詞　②連体詞　③名詞　④形容詞　⑤形容動詞の活用語尾

イ　①助動詞　②形容動詞　③形容詞の語幹　④形容詞　⑤助動詞

ウ　①形容詞　②連体詞　③形容詞の語幹　④助動詞　⑤形容動詞の活用語尾

エ　①助詞　②形容動詞　③形容動詞の語幹　④動詞　⑤助詞

【問二】　次の傍線部の助動詞が表す意味は何か。最も適当なものをそれぞれ後の選択肢から選び、その記号を書きなさい。

（1）高くそびえ**た**山々。

（2）昨夜は寒かっ**た**。

ア　過去　　イ　完了　　ウ　存続　　エ　想起

平成三十一年度　一般入学試験

国　語

【注意事項】

(1)「始め」という指示があってから、開いて始めなさい。
(2) 解答用紙の志望科・コースの□を黒くぬりつぶし、受験番号・氏名を記入しなさい。
(3) 試験時間は40分です。
(4) この問題は12ページまであります。ページが抜けていたり、印刷の文字がはっきりしていない場合は、静かに手をあげて先生に知らせなさい。
(5) 解答はすべて解答用紙に記入しなさい。
(6) 字数制限がある問題においては、句読点や記号も字数に数えることとします。
(7) 質問のある時は静かに手をあげて、先生の指示を受けなさい。
(8)「やめ」という指示で書くことをやめなさい。
(9) 問題は持ち帰ってください。

（例）

■特進・選抜コース
□普　通　コ　ー　ス
□科　学　技　術　科
□情　報　科　学　科

愛知工業大学名電高等学校

2019(H31) 愛知工業大学名電高
教英出版

一 次の文章を読んで、後の問いに答えなさい。（＊印のことばには文末に注があります。）

足利義政が東山に築いた東山御殿は、いわば、義政が練りに練った美意識の集大成であった。応仁の乱の直後のことであるから、予算的にはさぞや逼迫《ひっぱく》[＊1]していたであろうと想像されるが、義政とはそういうことを理由に何かを倹約するような人ではない。世や民のことはさておき、あり得るだけの予算を投入して、自分の晩年の居場所を構築したのである。

しかしながら、そこに現れた表現は決して豪奢《ごうしゃ》[＊2]なものではなく、簡潔・質素をたたえる美であった。敷き詰められた四畳半の畳。外光をなめらかな間接光へと濾過《ろか》する障子。たおやかな紙の張りをたたえる襖《ふすま》。書き物をする帖台《ちょうだい》と飾り棚が一面にぴしりと端正に収まり、帖台の正面の障子を開けると、庭の光景が掛け軸のようなプロポーションで切り取られて眼前に現れる。①まるで数学の定理のように美しい。義政はつつましく謹慎するためにこのような表現を選んだのではない。おそらくは権力の頂点で美を探求し、さらに応仁の乱の壮絶な喪失を経ることによって、何か新しい感性のよりどころを摑《つか》んだのであろう。

それまでの日本の美術・調度は決して簡素なものではなかった。ユーラシア大陸の東の端に位置する日本は、世界のあらゆる文化の影響を受けとめてきた。世界の末端で、各地の強大な力が生み出す絢爛《けんらん》[＊3]たる表象物の伝来をほしいままにし、「唐物」と呼ばれる渡来品に魅了されながら、日本は案外と絢爛豪華な文化の様相を呈してきていたはずである。仏教の伝来やそれに起因する仏教文化の隆盛、大仏の開眼法会《かいげんほうえ》[＊4]に象徴される壮麗華美な文化イベントなどはその象徴だろう。渡来ものの装飾の精緻《せいち》さや珍しさを尊び、そこから多くを学び吸収して日本文化は織り上げられてきていたはずだ。

それらの文物を集積してきたメトロポリス京都の焼失を目《ま》の当たりにした人々の胸に、どのようなイメージが渦巻き、どのような達観が生成したかは今日知るよしもない。［ A ］おそらくは、華美な装飾のディテイル[＊5]をなぞり直し復元するのではなく、［ B ］究極のプレーン[＊6]、零度の極まりをもって絢爛さに拮抗《きっこう》[＊7]する②全く新しい美意識の高まりがそこに生まれてきたのではないか。渡来の豪華さの対極に、冷え枯れた素の極点を拮抗させてみることで、これまでにない感覚の高揚を得ることができたのではないか。そんな風に想像することができる。

なにもないこと、すなわち「エンプティネス」の運用がこうして始まる。そういう美学上の止揚《しよう》[＊8]あるいは革命が、応仁の乱を経た日本の感覚世界に沸き起こったのである。

茶を喫する習慣は世界中にある。温かく香りの良い茶を飲むという行為や時間の持ち方は、普遍的な生の喜びに通じているのだろう。この

「茶を供し、喫する」という普遍を介して、③多様なイマジネーションの交感をはかるのが室町後期にその源流を持つ「茶の湯」である。誤解を恐れずに言えば、茶を飲むというのはひとつの口実あるいは契機にすぎない。空っぽの茶室を人の感情やイメージを盛り込むことのできる「エンプティネス」として運用し、茶を楽しむための最小限のしつらい*9で豊かな想像力を喚起していく。水盤に水を張り、桜の花弁をその上に散らし浮かべたしつらいを通して、亭主と客があたかも満開の桜の木の下に座っているような幻想を共有する、あるいは供される水菓子の風情《ふぜい》に夏の情感を託し、涼を分かち合うイメージの交感などにこそ、茶の湯の醍醐味《だいごみ》がある。そこに起動しているのはイメージの再現ではなく、むしろその抑制や不在性によって受け手に積極的なイメージの補完をうながす「見立て」の創造力である。

エンプティネスの視点に立つなら④「裸の王様」の*10寓話《ぐうわ》は逆の意味に読みかえられる。子供の目には裸に見える王に着衣を見立てていくイマジネーションこそ、茶の湯にとっての創造だからである。裸の王様は確信に満ちて「エンプティ」をまとっている。何もないからあらゆる見立てを受け入れることができるのだ。

空間にぽつりと余白と緊張を生み出す「生け花」も、自然と人為の境界に人の感情を呼び入れる「庭」も同様である。これらに共通する感覚の緊張は、「空白」がイメージを誘いだし、人の意識をそこに引き入れようとする力学に由来する。

（原研哉『日本のデザイン』岩波新書）

〔注〕
＊1 **逼迫**…行き詰って余裕がなくなること。
＊2 **豪奢**…非常にぜいたくで派手なこと。
＊3 **絢爛**…華やかで美しいさま。
＊4 **開眼法会**…新たに仏像を作った時、最後に目を入れて仏の魂を迎える儀式。
＊5 **ディテイル**…全体の中の細かい部分のこと。
＊6 **プレーン**…簡素なさま。
＊7 **拮抗**…力に優劣がなく互いに張り合うこと。
＊8 **止揚**…哲学用語。二つの矛盾対立する概念を、一段階高い段階に統一発展させること。
＊9 **しつらい**…建具や調度を配置して生活や儀式の場を作ること。
＊10 **寓話**…人生の真理や教訓を織り込んだ物語のこと。

【問一】 傍線部①「まるで数学の定理のように美しい」とあるが、この表現はどのような様子を表しているか。本文中の漢字二字で書きなさい。

【問二】 空欄 A ・ B に当てはまる語として最も適当なものをそれぞれ次の中から選び、その記号を書きなさい。

A ア さて イ つまり ウ あるいは エ ところで オ しかし

B ア はたして イ なまじ ウ とりあえず エ むしろ オ ついに

【問三】 傍線部②「全く新しい美意識の高まりがそこに生まれてきた」とあるが、どのような美が生まれたのか。本文中から十字程度で抜き出して書きなさい。

【問四】 傍線部③「多様なイマジネーションの交感」とあるが、それを具体的に述べている部分を本文中から抜き出し、その最初の三字を書きなさい。

【問五】 傍線部④「『裸の王様』の寓話は逆の意味に読みかえられる」とあるが、それはどういうことか。最も適当なものを次の中から選び、その記号を書きなさい。

ア 豪華な服を着ているからこそ、想像力がかきたてられるということ。

イ 豪華な服を着ているはずなのに、裸同然に見えるということ。

ウ 裸であるからこそ、イマジネーションがふくらむということ。

エ 裸であるはずなのに、確信に満ちた態度がとれるということ。

【問六】 本文の内容に合致するものを次の中から一つ選び、その記号を書きなさい。

ア 応仁の乱以後、足利義政はそれまでの自分の行為を反省して、自身のための晩年の居場所を作った。

イ 応仁の乱以後、足利義政はそれまでの文化と対照的な美意識をもって、東山御殿を作った。

ウ 応仁の乱以後、発展した文化は、それまでの絢爛豪華な文化を吸収し復元することを目的とした。

エ 応仁の乱以後、発展した文化は、それまでの戦乱の世から逃れるための空虚な雰囲気を持つものであった。

二

次の文章を読んで、後の問いに答えなさい。（＊印のことばには文末に注があります。）

＊デマゴギーはこの世界に満ちている。人々がそれに気づいていながら、気づかないふりをしているデマもある。かつては「共産主義が人民を幸せにする」という大デマがあったし、後の章で述べるが「民主主義は平和的なシステムだ」というのもある。さらに身近なところでは、「ウソをついてはいけない」というのもある。

ウソをつかないで生きていくことなどできないことを、世の中の人は誰でも知っている。日常のあらゆる局面にウソは存在する。①やむにやまれぬウソだけでなく、ささいなことや、大きなこと、相手のためを思って、あるいは自分のために、人は平気でウソをつく。

これだけウソがまかり通っているのに、「ウソはいけない」という掛け声だけが叫ばれる。特に子供たちは親から「ウソはいけない」と教え込まれる。だが、当の大人は当然のようにウソをつく。

それはそうだ。誰もが正直者になったら、必ず誰かを傷つけることになる。心に思ったことを包み隠さず正直に話したら、家庭は崩壊するし、社会は成り立たなくなる。それほどまでに、ウソは必要なものだ。

当然のように、子供たちは大人たちがウソをついている場面に、幾度となく接することになるだろう。そして「お母さんはいつもウソはだめだと言って、自分はウソをついているじゃないか」と子供に糾弾されることになる。親は返答に困り、「お前もいつかは分かる」と答えるのが関の山だ。

要するに、ついてもいいウソと悪いウソがあって、大人になれば、それは誰もが自然と使い分けるようになる。「ウソをついてはいけない」という教えそのものが、実はウソだったと気づく。

大人になるということは、そのあたりの機微が分かるということだ。つまり、自分の経験を武器に、世間で流布されているさまざまなデマゴギーの正体を見破って、事の本質が見えてくるということでもある。大人になる、つまり僕がオヤジになる、といっていることの意味は②そういうことだ。

「若さは価値」というデマは、「ウソをついてはいけない」というデマよりはずっと巧妙に人々の心理に浸透しているので、成長してもその虚飾性に気がつかず、いつまでもデマに引きずられているオヤジがいる。それが先ほど述べた「ちょい不良《ワル》」オヤジや、若作りオヤジや、車が趣味オヤジだ。

しかし、いったんデマを見破ることができれば、少なくともそのイデオロギーから自由になれる。「必要に応じて、ウソはついてもいいのだ」と分かれば、ウソを使わないで生きるよりはずっと上手に、世の中を渡っていける。

「若さに価値がある」という言説がウソだと気づけば、年寄りは若者に嫉妬したり、若ぶったり、年老いた自分を嘆いたりせずに、自分らしく、年相応に生きることができる。③若者は、自分が日ごとに年を取っていくことを嘆く必要がなくなる。今日よりはあす、あすよりはあさってに希望が持てるようになる。

それは、一つのデマから解放されて、自由に生きられるようになる、ということではないだろうか。

若いということは経験が足りないということなので、当然、若者はあらゆることで失敗することになる。そこで生まれるのが「若いうちの失敗は許される」といった新たなデマだ。

だが、これもおかしな話で、失敗などというものは若かろうが、年寄りだろうが許されるものではない。もちろん、未成年の刑事犯罪は罪一等減じられるが、それとて社会的には許されたわけでは、もちろんない。罪は罪である。

いや、おそらく日常の失敗で言えば、若者の失敗より、オヤジの失敗の方がはるかに許されるはずだ。新入社員が仕事で大失敗したら、許されるどころか大目玉である。下手をすればクビになる。だが、幹部社員やベテラン社員だと、頭ごなしに糾弾されることも次第になくなってくる。

若いころは失敗の連続で、失敗してはしかられ、怒られるうちに経験を積み、次第にオトナになっていく。そのことについては後の章でも詳述するが、失敗して手ひどい目に遭わないと、人はオトナに、オヤジになれない。「若いうちの失敗は許される」というデマはむしろ、「失敗を恐れるな」ということを言いたいだけであって、それでもウソであることに変わりはない。

若さに関するデマは本当にさまざまあって、「若さは純粋」などと言われることもある。純粋というなら、実はオヤジの方がはるかに純粋だ。どういう点が純粋かというと、オヤジたちは自分の欲望に対して純粋なのである。④オヤジは自分がやりたいことが、はっきりと見えている。世間のデマに惑わされた価値観ではなく、自分の本質を見極めたうえでの欲望のありかが分かっている。

欲望というのは、何もドロドロした欲のことを言っているのではなく、自分が大事にしているものの姿が見えているということだ。

「家族を守る」という欲望に忠実に生きているオヤジだって、世の中にはたくさんいる。休みの日はジャージーを着て、一日中ゴロゴロしていたとしても、彼の中には明確な目的がある。家族の生活や安寧を守ることだ。彼にとっては、洋服や車に無駄な金を注《つ》ぎ込み、カッコいいオヤジになることの無意味さを、分かっているだけなのだ。

そうやって自分のことには金を使わず、家族の生活を守っていても、自分の娘からは「うちのおとうさんはダサい」などと非難されることになる。この場合は、娘の方に本質がまったく見えていないだけなのだ。

自分のことを言えば、僕は物事の本質をあぶり出したいという欲求に対して、忠実に生きている。見栄や外聞に流されたくはないし、責任のとれないことはしたくない。

だが、オヤジは大人なので、本音と建前を使い分けることができるし、建前に準じて生きていこうとする人もいる。それはそれで本人の自由である。問題は、建前に準じた生き方をしていたとしても、自分のやっていることの正体が分かっているか、ということだ。

若者に対して「君たちはかけがえのない青春の中にいる。今この瞬間を大切にして生きろ」と諭す教師もいるだろう。そして、その言葉には何の問題があるわけでもない。その教師は、建前に準じようとしただけなのだ。

あるいは別の教師が、「大人になったら楽しいことが山ほどある。今はつまらないことばかりかもしれないが、将来に夢を持って、この日常を生き抜け」と言ったとすれば、彼は本質に準じようとしたということだ。

どちらの言葉が素直に若者の胸に届くかは、僕は教育者ではないので分からない。ただ、二人に違いがあるとすれば、自分の信念を若者に伝えるための道具として、片方は建前を、片方は本質を使ったという、ただそれだけのことなのだ。

これは映画制作者としての、宮崎駿監督と僕の違いでもある。宮さんは青春を賛歌する作品を作り、僕は青春の苦味を描こうとしている。宮さんの映画に出てくる少年少女はどれも健全で、まっすぐで、若者にはこうあってほしいという彼自身の思想が表れている。僕の映画には、彼の作品に出てくるような若者は登場しない。

宮さんと僕の間に違いがあるとすれば、若者の姿に限って言えば、宮さんは[A]に準じた映画を作り、僕は本質に準じて映画を作ろうとしているという、映画監督としての姿勢の差異だけだ。宮さんだって、事の[B]は見えているはずで、あえて本質を語っていないだけなのだ。オヤジというものはそういう生き方もできるのである。

先ほどの教師の例もまったく同じだが、ただし前者の教師が、心底「若い君たちがうらやましい」などと思っているとしたら、それは問題

4 右の図のように，正三角形 ABC を 1 つの底面とする三角柱 ABC−DEF があります。AB＝12cm，AD＝16cm で，側面はすべて長方形です。点 P は点 A を出発し，辺 AD 上を毎秒 2cm の速さで点 D まで進み，その後辺 DE 上を毎秒 4cm の速さで点 E まで動きます。このとき，次の問いに答えなさい。

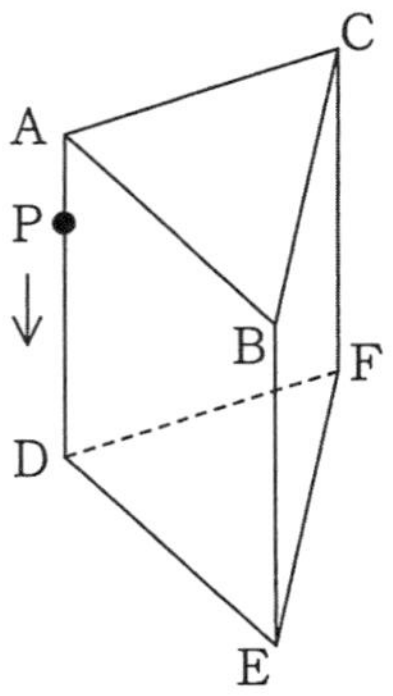

(1) 点 P が辺 AD 上にあり，四角形 APEB の面積が 156 cm^2 となるのは，点 P が点 A を出発してから何秒後か求めなさい。

(2) 点 P が点 A を出発してから 2 秒後の三角すい PDEF の体積は，三角柱 ABC−DEF の体積の何倍か求めなさい。

(3) 点 P が点 A を出発してから 10 秒後の線分 CP の長さを求めなさい。

3 右の図のように，底面の半径が 2cm，母線の長さが 6cm の円すいがあります。底面の円周上にある点 A から，円すいの側面を 1 周して元の点 A まで，ひもをゆるまないようにかけます。このとき，次の問いに答えなさい。ただし，円周率を π とします。

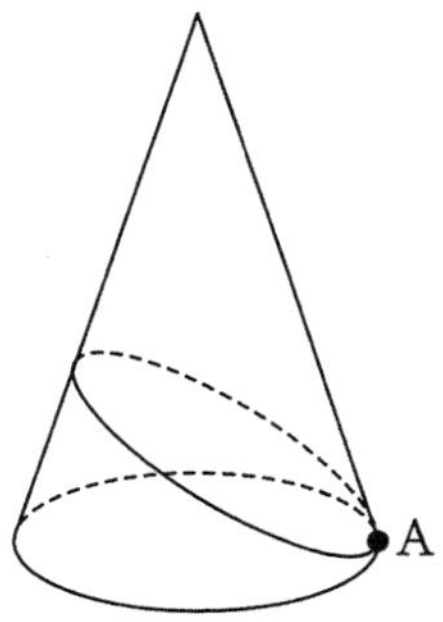

(1) 円すいの体積を求めなさい。

(2) ひもの長さがもっとも短くなるとき，その長さを求めなさい。

(3) (2)でかけたひもに沿って円すいを切断したとき，底面を含む方の立体の表面積から，切断面の面積を除いた面積を求めなさい。

2 右の図のように，関数 $y=x^2$ のグラフ上に，2 点 A，B があります。2 点 A，B を通る直線に平行で，原点を通る直線が関数 $y=x^2$ のグラフと交わる点のうち原点ではない方の点を C とします。A，B の x 座標が，それぞれ -3，2 であるとき，次の問いに答えなさい。

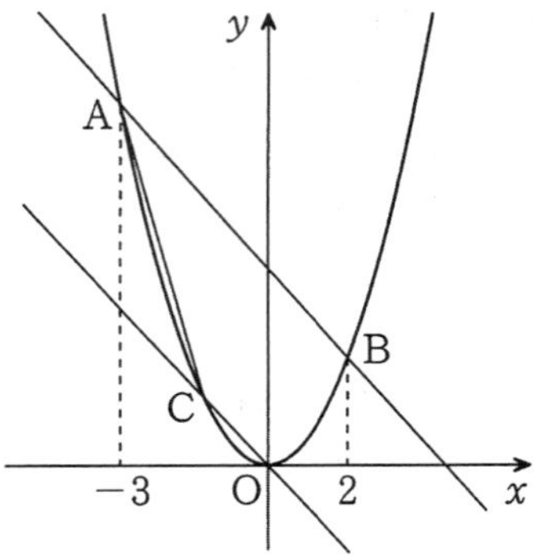

(1) 2 点 A，B を通る直線の方程式を求めなさい。

(2) (1)の直線が y 軸と交わる点を D とするとき，△ACD の面積を求めなさい。

2019(H31) 愛知工業大学名電高
教英出版

3．The pictures（ ① ）Mr. Yamada took are very beautiful.
The pictures（ ② ）by Mr. Yamada are very beautiful.

ア．① which　② taken　イ．① which　② taking
ウ．① that　② taking　エ．① who　② taken

Ⅵ．次の１～４の日本語の意味に合うように（　　）内の語句を並べかえたとき，（　　）内で３番目（ ③ ）と６番目（ ⑥ ）にくる語句の組み合わせとして最も適当なものを，ア～エから１つずつ選び，記号で答えなさい。ただし，文頭にくる語も小文字で示してあります。

1．私は子供の頃から熱帯雨林について興味があります。
I（ the rain forests / I / in / been / was / interested / since / have ）a child.

ア．③ in　⑥ I　イ．③ in　⑥ have
ウ．③ interested　⑥ since　エ．③ interested　⑥ I

2．名古屋城を訪れることが彼らの旅行の目的の１つです。
（ the purposes / is / one of / of / visiting / their / Nagoya Castle ）trip.

ア．③ of　⑥ is　イ．③ is　⑥ one of
ウ．③ one of　⑥ visiting　エ．③ is　⑥ of

3．人々と共に生活しているロボットは私たちの生活をよりよいものにします。
（ with people / robots / our / better / living / lives / make ）.

ア．③ with people　⑥ lives　イ．③ robots　⑥ lives
ウ．③ with people　⑥ better　エ．③ robots　⑥ better

4．この映画が人々の興味を引き続けるといいなと思います。
I（ people's / this movie / attracting / keep / to / want / attention ）.

ア．③ this movie　⑥ people's　イ．③ to　⑥ people's
ウ．③ attention　⑥ people's　エ．③ keep　⑥ people's

Ⅶ．次の（　　）内の語を使い，日本語の意味になる７語の英文を書きなさい。
音楽は我々をいやすことができるかもしれません。（ music / heal ）

Ⅳ．次の１～２の設問に答えなさい。

1．あとの問いの答えとして最も適当なものを，ア～エから１つ選び，記号で答えなさい。

Man: Excuse me, but can you tell me how to get to Sakae?
Woman: Sure. How would you like to get there?
Man: I have no idea. Can I walk to Sakae?
Woman: Yes, but it takes a lot of time. You should take the bus or the subway.
Man: I see. Well, I would like to see some views of the city on the way, so....
Woman: I understand. Go straight that way and turn right at the first corner, and you'll see....

問．What will the man see when he turns at the first corner?

ア．the bus stop　　イ．the taxi stand
ウ．Sakae　　エ．the subway station

2．右のメニューを利用して，あとの問いに答えなさい。算用数字のみで書くこと。

Clerk: Next, please. Can I help you?
Mami: I'd like a hamburger, a cheeseburger, a cola, and a hot coffee, please.
Clerk: Sure. Would you like anything else?
Mami: Yes, I want French Fries, too.
Clerk: Large or small?
Mami: Large, please.

Menu	
Hamburger	¥200
Cheeseburger	¥250
Teriyaki burger	¥270
French Fries (small)	¥100
French Fries (large)	¥150
Soft Drinks	¥150
Coffee (hot / ice)	¥100

問．How much will Mami pay?

Ⅴ．次の１～３の各組の英文がほぼ同じ意味になるように，（ ① ），（ ② ）内に入る語句の組み合わせとして最も適当なものを，ア～エから１つずつ選び，記号で答えなさい。

1．Erina came to school later than Masaki, and Saki came later than Erina.
Masaki came to school the （ ① ）（ ② ） the three.

ア．① earliest　② in　　イ．① earliest　② of
ウ．① fastest　② in　　エ．① fastest　② of

2．That park is so large that we can play baseball there.
That park is （ ① ）（ ② ） play baseball there.

ア．① too large　② to　　イ．① large enough　② to
ウ．① too large　② for　　エ．① large enough　② for

April	May					
30 Mon	1 Tue	2 Wed	3 Thu	4 Fri	5 Sat	6 Sun
9:00 practice 13:00 lunch	9:00 training	9:00 practice	9:00 practice	9:00 practice	9:00 practice 13:00 movie (③)	9:00 game

1．下線部①の内容として最も適当なものを，ア～エから１つ選び，記号で答えなさい。
ア．愛梨沙が映画を観に行くことを楽しみにしていたこと。
イ．愛梨沙と雅斗がまだいっしょに映画を観たことがないこと。
ウ．雅斗が映画を観るよりも家で次の日の準備をしたいと思っていること。
エ．雅斗が映画を観るよりも家で愛梨沙と食事をしたいと思っていること。

2．下線部②の内容として最も適当なものを，ア～エから１つ選び，記号で答えなさい。
ア．Masato hit the first home run in his life.
イ．Masato played at Koshien.
ウ．Arisa and Masato went to a movie together for the first time.
エ．Arisa came to see Masato's game and his team won the game.

3．予定表の（ ③ ）内に入る最も適当なものを，ア～エから１つ選び，記号で答えなさい。
ア．practice　イ．lunch　ウ．rest　エ．shopping

4．本文の内容と一致しないものを，ア～エから１つ選び，記号で答えなさい。
ア．As of April 30th, Masato was looking forward to seeing a movie with Arisa for the first time.
イ．As of May 2nd, Masato knew that Yamada was thinking about his next play while he was playing baseball.
ウ．Masato thought it was necessary to think about what would happen next when he played baseball.
エ．Masato played in the first team with Yamada and won the game.

5．本文の内容と一致するものを，ア～エから１つ選び，記号で答えなさい。
ア．Masato had lunch with Arisa at a restaurant on the fifth of May.
イ．Masato's coach recognized Masato's efforts at baseball.
ウ．Masato's coach told Masato to play at Koshien because he was becoming a good player.
エ．Masato wanted to be a captain like Yamada.

Ⅲ. 次の英文は雅斗の日記である。また，右の表は雅斗の予定表の一部である。これらを読み，あとの設問に答えなさい。

April 30th, Mon

I had lunch with Arisa at a restaurant after practice. We talked about our weekend plans. We are going to go to town this Saturday.

May 2nd, Wed

Today was a wonderful day! Our coach told me to play in the first team. I finally became a member of the team. He said to me, "You have practiced baseball the hardest in our team. Now you have become a good player." I was very glad to hear that because I have practiced so hard! I have thought about this day for a long time. My dreams are to hit my first home run and to play at Koshien. I want to be a player who can lead our team to Koshien. At night I called Arisa and we talked for two hours.

May 3rd, Thu

I enjoyed today's practice. It was hard but exciting to play in the first team. Our coach always says, "If you don't think, and just play baseball, you will not become a great baseball player." Now I understand the meaning of these words. All the players in the first team think about how they should move next. They often talk with each other during practice. After practice they also write down the things which they thought about. I enjoyed playing baseball with the better players.

May 4th, Fri

Today's practice was about batting. Our captain, Yamada, told me how to hit a ball. His advice was so useful that I could quickly improve my batting skills. He is the best captain that I have ever known. It is becoming more and more fun to play baseball. I want to hit a home run as soon as possible and play at Koshien with our great captain.

May 5th, Sat

Arisa and I were going to see a movie at the theater and go shopping in town this afternoon, but we didn't. After practice I wanted to take a rest at home and relax to prepare for tomorrow's game. Arisa understood ①that. I knew that she wanted to see a movie because we have never seen one together, so we decided to go next week. I'm looking forward to it.

May 6th, Sun

It was the most exciting game! It has become the best memory of my high school days so far. Thanks to Yamada's advice, ②one of my dreams came true. Our team won! Arisa looked really glad that we won. I will continue to win games until I play at Koshien.

1．次の問いの答えとして最も適当なものを，ア～エから１つ選び，記号で答えなさい。

What is an efficient way to study Japanese?

ア．To live in an apartment in Japan.

イ．To join a club at school.

ウ．To listen to and read the language a lot.

エ．To visit popular places in Japan.

2．下線部①の理由として最も適当なものを，ア～エから１つ選び，記号で答えなさい。

ア．Sushi is often used in home cooking.

イ．Japanese food can be found all over the world.

ウ．People in the United States know a lot about Japanese food.

エ．There are more kinds of Japanese food than you think.

3．本文中の（　②　）内に入る語として最も適当なものを，ア～エから１つ選び，記号で答えなさい。

ア．weather　　イ．islands　　ウ．foods　　エ．seasons

4．以下の表は各段落 A ～ F の表題である。(1)～(4) の（　　）内に入る語の組み合わせとして最も適当なものを，ア～エから１つ選び，記号で答えなさい。

A	（　1　）	B	（　2　）
C	（　3　）	D	Food
E	（　4　）	F	Country

ア．(1) Language　(2) School　(3) Prices　(4) Sports

イ．(1) Language　(2) Prices　(3) School　(4) Sports

ウ．(1) School　(2) Language　(3) Prices　(4) Sports

エ．(1) School　(2) Sports　(3) Language　(4) Prices

5．本文の内容に一致するものを，ア～エから１つ選び，記号で答えなさい。

ア．Studying in Japan is more difficult because the cost of living is higher than in the U.S.

イ．It is easy to travel alone in Japan because it is very small.

ウ．Studying in Japanese schools gives you chances to visit popular places in Japan.

エ．People in Japan watch baseball games on TV because many of them have not played that sport.

2　日本の地形についての記述として、以下の文章①～④を読んで1つだけ正しければ**ア**、2つ正しければ**イ**、3つ正しければ**ウ**、全て正しければ**エ**、全て誤っていれば**オ**と答えなさい。

①　日本の河川は世界の河川に比べ、短くて流域面積がせまく流れが急なものが多い。

②　河川が作った地形として、三角洲がある。これは河口付近に土砂が堆積し平野になったものである。

③　十和田湖や洞爺湖などはカルデラ湖と呼ばれる。これらは火山活動によってできたものである。

④　三陸海岸・若狭湾などのリアス海岸は岩石海岸である。

3　北海道についての記述として、以下の文章①～④を読んで1つだけ正しければ**ア**、2つ正しければ**イ**、3つ正しければ**ウ**、全て正しければ**エ**、全て誤っていれば**オ**と答えなさい。

①　川上盆地や石狩平野は夏の気温が比較的高くなるため、水田が広がっている。

②　十勝平野は、火山灰地で水はけがよいため稲作に適さず、日本有数の畑作地帯となっている。

③　世界自然遺産となっている白神山地では観光客による自動車の乗り入れを禁止して、環境に配慮している。

④　先住民族のアイヌ民族が使用していた言語に由来する地名がある。

4　日本の伝統工芸についての記述として、以下の文章①～③を読んで1つだけ正しければ**ア**、2つ正しければ**イ**、全て正しければ**ウ**、全て誤っていれば**エ**と答えなさい。

①　東北地方では豊かな森林資源を生かした木工品があり、秋田県の大館曲げわっぱはその代表的なものである。

②　石川県金沢市にある金沢箔は、金をきわめて薄くのばしてつくったものである。

③　愛知県には常滑焼・瀬戸焼・信楽焼などがあり、陶器が製作されている。

11　次の表を見て問いに答えなさい。

	人口密度(人/km^2) 2014年	農業生産額(億円) 2012年	漁獲量(千t) 2012年	製造品出荷額(十億円) 2012年
A	1411	3075	96	40033
B	141	2759	198	1492
C	4564	344	22	16023

上の表のA～Cに入る府県名は、青森県・大阪府・長野県・福島県・愛知県のいずれかである。A～Cに入る正しい組み合わせを次の**ア**～**カ**から一つ選んでカタカナ記号で答えなさい。

ア．A→愛知県　B→長野県　C→大阪府　　**イ**．A→大阪府　B→福島県　C→愛知県

ウ．A→愛知県　B→福島県　C→長野県　　**エ**．A→大阪府　B→青森県　C→愛知県

オ．A→愛知県　B→青森県　C→大阪府　　**カ**．A→大阪府　B→長野県　C→愛知県

9 次の表はサッカーワールドカップの開催国と優勝国を表したものです。表を見て以下の問いに答えなさい。

回数	開催年	開催国	優勝国	回数	開催年	開催国	優勝国
1	1930	ウルグアイ	ウルグアイ	12	1982	スペイン	イタリア
2	1934	イタリア	イタリア	13	1986	メキシコ	アルゼンチン
3	1938	フランス	イタリア	14	1990	イタリア	西ドイツ
4	1950	ブラジル	ウルグアイ	15	1994	アメリカ	ブラジル
5	1954	スイス	西ドイツ	16	1998	フランス	フランス
6	1958	スウェーデン	ブラジル	17	2002	日本・韓国	ブラジル
7	1962	チリ	ブラジル	18	2006	ドイツ	イタリア
8	1966	イングランド	イングランド	19	2010	南アフリカ	スペイン
9	1970	メキシコ	ブラジル	20	2014	ブラジル	ドイツ
10	1974	西ドイツ	西ドイツ	21	2018	ロシア	（ A ）
11	1978	アルゼンチン	アルゼンチン				

1 この表（開催国）についての記述として、以下の文章①～④を読んで1つだけ正しければ**ア**、2つ正しければ**イ**、3つ正しければ**ウ**、全て正しければ**エ**、全て誤っていれば**オ**と答えなさい。

① 開催国の過半数はロシアを含めたヨーロッパ州が占めている。

② 2010年より前に、アフリカ州で開催されたことはない。

③ 2002年より前に、アジア州で開催されたことはない。

④ 南アメリカ州で開催されたことはない。

2 この表の（ A ）に当てはまる国についての記述として、以下の文章①～③を読んで1つだけ正しければ**ア**、2つ正しければ**イ**、全て正しければ**ウ**、全て誤っていれば**エ**と答えなさい。

① この国の通貨はユーロである。

② 国土の4分の1がポルダーである。

③ 19世紀の終わりにガウディによって設計されたサグラダ・ファミリアは現在も建設作業が進められ、この国の観光名所となっている。

10 以下の問いに答えなさい。

1 日本の都道府県についての記述として、以下の文章①～④を読んで1つだけ正しければ**ア**、2つ正しければ**イ**、3つ正しければ**ウ**、全て正しければ**エ**、全て誤っていれば**オ**と答えなさい。

① 他の都道府県と陸続きでない都道府県は沖縄県と北海道だけである。

② 人口が最も多いのは大阪府で、最も少ないのは香川県である。

③ 面積が二番目に大きいのは岩手県であり、面積が一番小さいのは東京都である。

④ 海に面していない都道府県は、埼玉県・栃木県・群馬県・山梨県・長野県・岐阜県・滋賀県・奈良県の8つである。

6 次の表はある家計の収入と支出を示したものです。以下の問いに答えなさい。

収入　250,000円	A	230,000円
	その他の収入	20,000円
支出　250,000円	食料費	45,000円
	住居費	32,000円
	被服・履物費	12,000円
	交通通信費	32,000円
	医療費	8,000円
	娯楽費	12,000円
	税金	30,000円
	社会保険料	15,000円
	貯蓄	30,000円
	その他の支出	34,000円

1　A には会社や工場で働いて得る所得が入ります。漢字4文字で答えなさい。

2　貯蓄にあてはまらない最も適当なものを次から選んで記号で答えなさい。
　ア．国民年金保険料　　イ．株式の購入　　ウ．生命保険料　　エ．銀行預金

3　支出のうち、消費支出にあたる支出の合計金額を答えなさい。なお、「その他の支出」は消費支出に含めることとします。

7 次の表は衆議院選挙の比例代表の得票数を示したものです。定数7の時にA党の当選者数をドント方式を用いて算用数字で答えなさい。

政　党　名	A党	B党	C党
名簿登録者数	7人	6人	4人
得　票　数	5000票	2500票	2000票

8 国又は地方公共団体の直接民主制についての記述として、以下の文章①～④を読んで1つだけ正しければ**ア**、2つ正しければ**イ**、3つ正しければ**ウ**、全て正しければ**エ**、全て誤っていれば**オ**と答えなさい。

① 最高裁判所の裁判官に対して行われる国民審査において、投票者は罷免すべきと判断した裁判官について×印を記載し、そうでない裁判官については何も記載しない方法で投票する。

② 地方公共団体において住民は、有権者の3分の2以上の署名をもって、条例制定の請求をすることができる。

③ 憲法改正の手続きでは、国民の過半数の承認後、国会において審議されることが定められている。

④ 都道府県、市町村を問わず地方公共団体の首長の選挙は、いずれも18歳以上の住民が有権者となる。

4 次の表は国際連合の平和維持活動における地域別派遣回数を3つの期間に分けてまとめたものです。

	アジア州	アフリカ州	北アメリカ州	ヨーロッパ州	合計
1948年〜1968年	7	2	1	0	10
1969年〜1989年	4	3	1	0	8
1990年〜2010年	8	23	7	8	46
合計	19	28	9	8	64

1　この表についての記述として、以下の文章①〜④を読んで1つだけ正しければ**ア**、2つ正しければ**イ**、3つ正しければ**ウ**、全て正しければ**エ**、全て誤っていれば**オ**と答えなさい。

①　核拡散防止条約が結ばれた翌年からアメリカとソ連がマルタ島で会談した年までの期間は、国際連合が平和維持活動を行った回数の合計がもっとも少ない。

②　国際連合の発足後、平和維持活動の半数以上はアフリカ州で行われている。

③　東西ドイツが統一された年以降の平和維持活動の派遣回数は、それ以前の期間と比べて減少した。

④　自衛隊が平和維持活動に参加したのは、アジア州が他地域と比べ一番多い派遣回数だった期間からである。

2　下線部について述べた文として最も正しいものを次から選んで記号で答えなさい。

ア. 国際連合は、第一次世界大戦の戦勝国を中心に1920年に発足した。

イ. 安全保障理事会は5カ国の常任理事国と10カ国の非常任理事国から構成されており、日本は加盟当初から常任理事国である。

ウ. 国際連合の予算は各国の分担金でまかなっており、これは各国の人口数に応じて金額が決まっている。

エ. 国際連合の主要機関である総会は全加盟国で構成され、すべての国が平等に1票の権利を持っている。

5 次の文は地球温暖化に対する国・地域の意見をまとめたものである。Bの意見に最もあてはまる国や地域を下から選んで記号で答えなさい。

A　温暖化が進むと海面上昇で国土が浸水したり、生態系が破壊されてしまう。さらなる温暖化対策をすすめてほしい。

B　現在世界第一位の二酸化炭素排出国となったが、国民一人当たりの排出量はさほど多くない。先進国は再生可能エネルギーの促進などまだまだやるべきことがある。

C　温暖化対策に伴い、石油輸出量が減ると、経済的な損害を受ける。気候変動への取り組みが化石燃料の輸出に大きく依存する発展途上国に与える影響を考慮してほしい。

ア. 中国　　**イ**. 日本

ウ. 南太平洋の島の国々　　**エ**. アジア、アフリカなどにある石油輸出国

6　Dの間（894 年から 1542 年）に起こった出来事として、以下の文章①～④を読んで 1 つだけ正しければ**ア**、2 つ正しければ**イ**、3 つ正しければ**ウ**、全て正しければ**エ**、全て誤っていれば**オ**と答えなさい。

① 平氏に焼き討ちされた東大寺が重源によって再建された。

② 壬申の乱が起きて、それに勝利をした大海人皇子が天武天皇となった。

③ 朝鮮半島では、高麗が倒され、国号が朝鮮と改まった。

④ 中国では元が倒され、漢民族の国家が復活した。

7　Eの間（1854 年から 1911 年）に起こった出来事として、以下の文章①～④を読んで 1 つだけ正しければ**ア**、2 つ正しければ**イ**、3 つ正しければ**ウ**、全て正しければ**エ**、全て誤っていれば**オ**と答えなさい。

① 海軍の将校らが、犬養毅首相を官邸で殺害し、政党内閣の時代が終わりをつげた。

② 日本軍（関東軍）が、南満州鉄道を爆破し、これを中国側の行動として出兵し満州全土を占領した。

③ アメリカではルーズベルト大統領のもとニューディール政策が実行された。

④ セルビア人がオーストリア皇太子を暗殺したことをきっかけに、第一次世界大戦が起こった。

2 次の絵はある戦争前の国際関係を風刺したものです。この戦争名を漢字で答えなさい。

3 次の文章はアジア・太平洋戦争終結後、実施された政策の説明です。この政策によってどのような変化が生じたか句読点を含み 20 文字以内で述べなさい。ただし次の語句を使用すること。

【自作農】

農地を耕作農民に解放する立場から、一世帯が所有できる農地を家族が自ら耕作できる面積に制限しました。特に所有地に住んでいない不在地主からは国がその所有地全部を、北海道以外の地域に住む在村地主からは 1 ヘクタール（2.5 エーカー）、北海道の在村地主からは 4 ヘクタール（10 エーカー）をこえる分を強制的に買収して、小作人に売り渡しました。

1 外交についてまとめた次の年表を見て、あとの問いに答えなさい。

年	できごと
57	日本の王が漢に使いを送り、A金印を授かる。
607	B小野妹子らを中国へ派遣する。
C894	遣唐使を廃止する。
	↑
	D
	↓
1542	ポルトガル人が鉄砲を伝える。
1641	（　①　）商館を長崎の出島に移す。
1854	日米和親条約を結ぶ。
	↑
	E
	↓
1911	小村寿太郎が（　②　）権の回復に成功する。

1　表中の（　①　）に適する語句をカタカナで答えなさい。

2　表中の（　②　）に適する語句を漢字で答えなさい。

3　下線部Aにほられていた文字を次から選んで記号で答えなさい。
　ア．親魏倭王　　**イ**．日本国大君　　**ウ**．臣源道義　　**エ**．漢委奴国王

4　下線部Bを実行した人物が定めた法令を次から選んで記号で答えなさい。
　ア．20 年以上継続してその地を支配していれば、その者の所有になる。
　イ．寄合があるとき、2 度連絡しても参加しない者は、50 文の罰金とする。
　ウ．当家の館以外に国内に城を築いてはいけない。
　エ．和を尊び、争いをやめよ。

5　下線部Cの頃から栄えた日本の文化について述べた文として最も適当なものを次から選んで記号で答えなさい。
　ア．禅宗の影響が強くなり、水墨画が発達した。
　イ．『古事記』や『日本書紀』などが作られた。
　ウ．奈良に飛鳥寺や法隆寺、大阪に四天王寺などの大きな寺院が造られた。
　エ．田楽や猿楽が、観阿弥や世阿弥によって能楽として大成した。
　オ．漢字をもとにしてかな文字が作られた。

社　　会

平成三十一年度　一般入学試験解答用紙

国語

一

問一

問二
A
B

問三

問四

問五

問六

二

問一

問二

問四

問五
A

問六

問七

三

問一

問二

問三

問四

問六

問七

四

問一
1
2
3

問二

問三

【解答

平成31年度　一般入学試験解答用紙

数学

1	(1)	(2)
	(3)	(4)
		面
	(5)	
	(6)	
	途中の説明	

【解答

平成31年度　一般入学試験解答用紙

英語

I	1			
	2	3	4	5

II	1	2	3	4	5

III	1	2	3	4	5

【解答

平成31年度　　一般入学試験解答用紙

理科

1	問1 〔cm^3〕	問2	問3 〔cm/秒〕
	問4	問5	問6

2	問1	問2	問3	問4
	問5			問6

【解答

平成31年度　一般入学試験解答用紙

社会

1	1	2	3	4
	5	6	7	
2				
3				
4	1	2	5	

【解答用

7	名		8	
9	1	2		
10	1	2	3	4
11				

	受験番号	氏　　名	得　点
□特進・選抜コース □普　通　コ　ー　ス □科　学　技　術　科 □情　報　科　学　科			

※75点満点
(配点非公表)

3			
	問2	問3	問4

4	問1 A,C,G層	F層	問2	問3
	問4		問5	問6

	受験番号	氏　　名	得　点
□特進・選抜コース □普 通 コ ー ス □科 学 技 術 科 □情 報 科 学 科			

※75点満点
(配点非公表)

Ⅴ	1	2	3

Ⅵ	1	2	3	4

Ⅶ	.

	受験番号	氏　　名	得　点
□特進・選抜コース □普 通 コ ー ス □科 学 技 術 科 □情 報 科 学 科			

※100点満点
（配点非公表）

（答え）2年生　　　　人，1年生　　　　人

2	(1)	(2)

3	(1)	(2)	(3)
	cm^3	cm	cm^2

4	(1)	(2)	(3)
	秒後	倍	cm

□特進・選抜コース □普　通　コ　ー　ス □科　学　技　術　科 □情　報　科　学　科	受験番号	氏　　名	得　点

※100点満点
（配点非公表）

～

問五

問三

□特進・選抜コース □普　通　コ　ー　ス □科　学　技　術　科 □情　報　科　学　科	受験番号	氏　　名	得　点

※100点満点
（配点非公表）

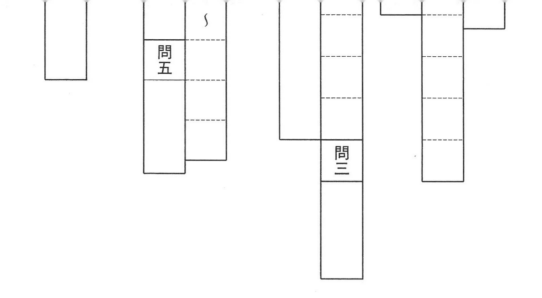

4 図1は，２つの場所ア，イの地層を観察し，その記録をもとに，柱状図をつくってまとめたものです。次の問いに答えなさい。

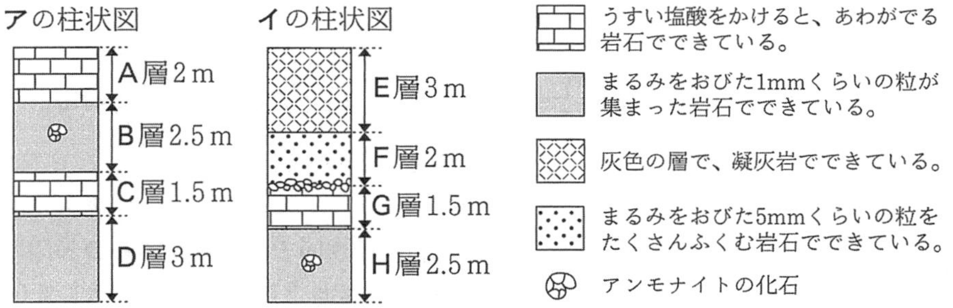

図1　２つの場所での柱状図

問１　A，C，G層とF層は，それぞれ何という岩石でできていますか。次のア～オから１つずつ選び，記号で答えなさい。

ア．泥岩　　イ．砂岩　　ウ．れき岩　　エ．石灰岩　　オ．チャート

問２　F層が堆積した場所として，最も適当なものを次のア～ウから選び，記号で答えなさい。

ア．河口付近　　イ．河口と沖合の中間付近　　ウ．沖合

問３　B層とH層の中から同じ時代のアンモナイトの化石が見つかりました。A層からH層の中で，最も古い地層はどれですか。図1のA～Hから選び，記号で答えなさい。

問４　B層とH層のように，地層のつながりや広がりを知る手がかりとなる層を何といいますか。

問５　B層とH層が堆積した地質時代は次のア～ウのうちどれですか。記号で答えなさい。

ア．古生代　　イ．中生代　　ウ．新生代

問６　断層によるずれが原因で，同じ地層が現れる深さが場所によって異なることがあります。図2のような地層のずれに関する説明として正しいものを次のア～オから１つ選び，記号で答えなさい。

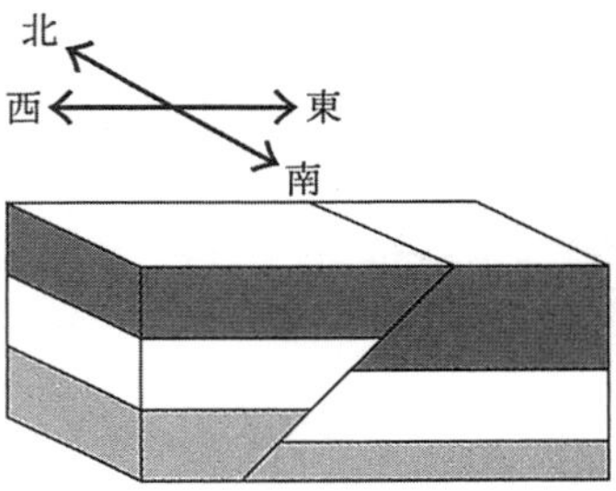

図２　地層のずれ

ア．図の断層は正断層であり，東西から押される力がはたらいた。

イ．図の断層は正断層であり，東西に引かれる力がはたらいた。

ウ．図の断層は逆断層であり，東西から押される力がはたらいた。

エ．図の断層は逆断層であり，東西に引かれる力がはたらいた。

オ．図の断層は横ずれ断層であり，南北に引かれる力がはたらいた。

3 ヒトはさまざまな刺激に対して反応をします。以下の問いに答えなさい。

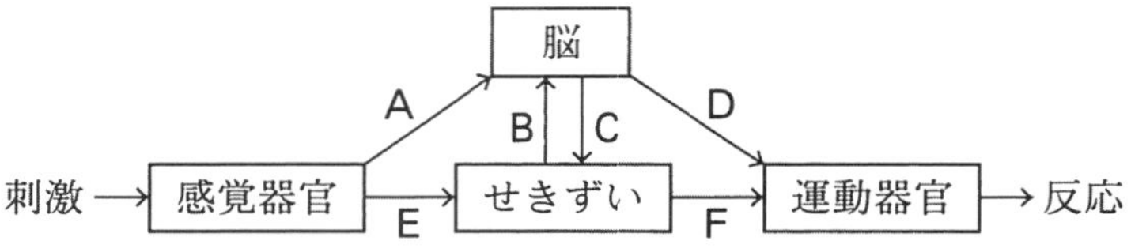

図1

問1 図1は，刺激を受け反応するまでの経路を示した模式図です。AからFの矢印は神経を通って伝わる信号の向きを示しています。次の①～③はヒトの反応の例を示しています。これらの反応が起きたとき，図のどのような経路で信号が伝わりましたか。信号が伝わった向きの組み合わせとして最も適切なものを，それぞれ下の**ア～オ**から1つずつ選び，記号で答えなさい。

① うでが寒いので上着を着た。

② 窓が少し汚れていたのでハンカチできれいにした。

③ ひざの下をたたくと足がはねあがった。

ア．A→D　　**イ**．E→F　　**ウ**．A→C→F

エ．E→B→C→F　　**オ**．E→B→D

問2 多くの刺激の情報は大脳に伝えられますが，一部大脳とは無関係に生じる反応もあります。この反応を何といいますか。漢字で答えなさい。

問3 腕立てふせで，自分の体を持ち上げた時に収縮する筋肉は，**図2**のX，Yのどちらですか。記号で答えなさい。

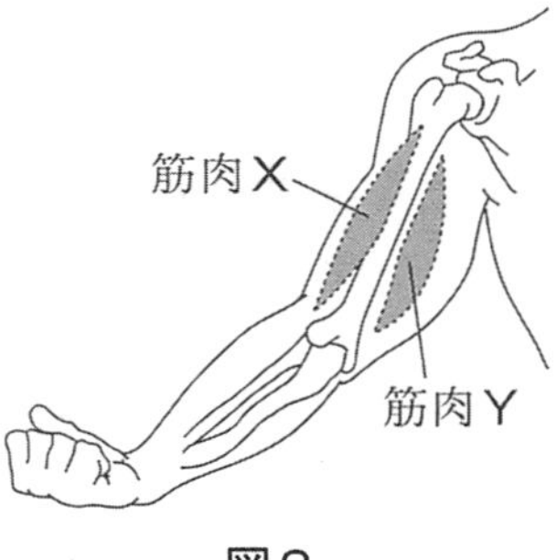

図2

問4 ヒトの目はカメラに似ています。カメラにおいて光の量を調節している「しぼり」は，ヒトの目の何に相当しますか。最も適当なものを次の**ア～エ**から選び，記号で答えなさい。

ア．レンズ（水晶体）

イ．虹彩《こうさい》

ウ．レンズのふくらみを変える筋肉

エ．網膜

2 H型試験管を用いて水を電気分解したところ，右図のようになりました。以下の問いに答えなさい。

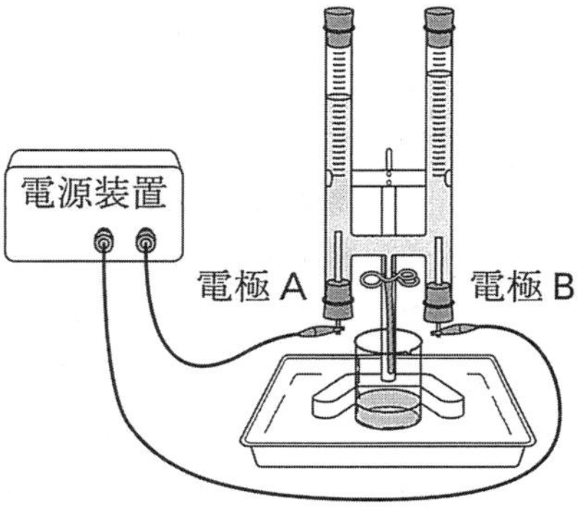

問１　水を電気分解するときの操作として間違っているものを次の**ア**～**エ**から１つ選び，記号で答えなさい。

ア．電気が流れやすくなるように，水酸化ナトリウムを溶かす

イ．電気分解をするときはピンチコックを開ける

ウ．ゴム栓が液体に触れないように，液面とゴム栓との間にすき間を空ける

エ．電源は直流電源を用いる

問２　実験装置の図の説明文として正しいものを次の**ア**～**エ**から１つ選び，記号で答えなさい。

「電極Aは電源装置の（　①　）極とつながっており，そこから発生する気体は（　②　）である。」

ア．①＋　②酸素　　**イ**．①＋　②水素

ウ．①－　②酸素　　**エ**．①－　②水素

問３　電極Bから発生した気体を調べる操作とその結果として正しいものを次の**ア**～**エ**から１つ選び，記号で答えなさい。

ア．石灰水に通じると白くにごる。

イ．火のついた線香を近づけると音を立てて燃える。

ウ．火のついた線香を近づけると炎が大きくなる。

エ．赤インクをしみこませたろ紙の色がうすくなる。

問４　この実験装置全体を大きな電子天びんにのせ，実験を行うと，質量の変化はどうなりますか。この結果を示したグラフとして正しいものを次の**ア**～**エ**から１つ選び，記号で答えなさい。

ア

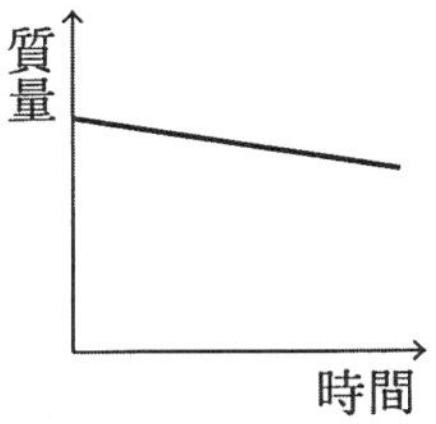

イ

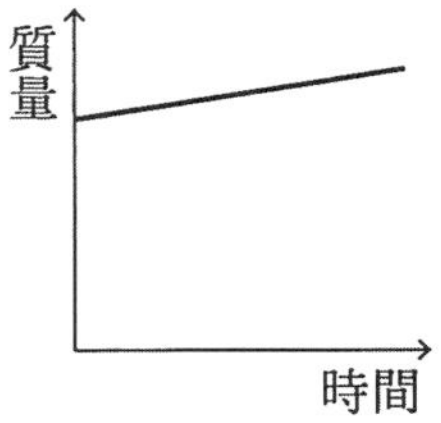

ウ

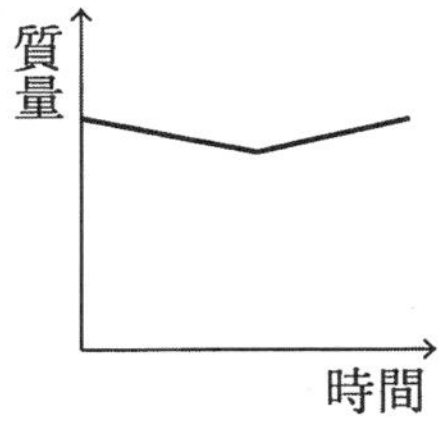

エ

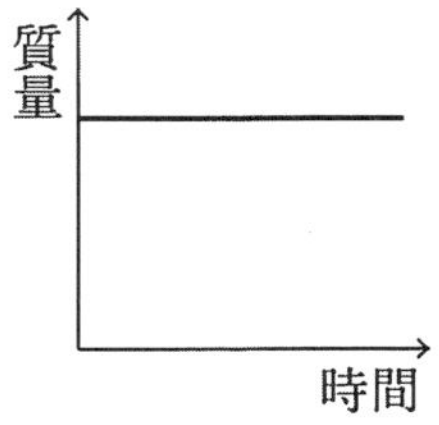

問５　両極の気体を１つの容器に集めました。この集めた気体に点火したときの化学反応式を書きなさい。

問６　H型試験管の中の水溶液を塩化銅水溶液に変えた実験の説明文として正しいものを次の**ア**～**エ**から１つ選び，記号で答えなさい。

「陰極では赤褐色の物質が付着しているため，（　①　）イオンが電子を（　②　）いる」

ア．①塩化物　②受け取って　　**イ**．①塩化物　②失って

ウ．①銅　②受け取って　　**エ**．①銅　②失って

問4　水中のおもりには，重力，浮力，水の抵抗力の３つの力がはたらきます。おもりが水中を落下するにつれて，この３つの力はそれぞれどのように変化しますか。正しく説明されている文を次の**ア～カ**から１つ選び，記号で答えなさい。

ア．重力と浮力の大きさは変化せず，水の抵抗力の大きさは大きくなる。

イ．重力と浮力の大きさは変化せず，水の抵抗力の大きさは小さくなる。

ウ．重力の大きさは変化せず，水の抵抗力と浮力の大きさは大きくなる。

エ．重力の大きさは変化せず，水の抵抗力と浮力の大きさは小さくなる。

オ．浮力と水の抵抗力の大きさは変化せず，重力の大きさは大きくなる。

カ．浮力と水の抵抗力の大きさは変化せず，重力の大きさは小さくなる。

問５　物体にはたらいている力の合力の大きさを縦軸に，時刻を横軸にとると，どのようなグラフになりますか。正しいものを次の**ア～カ**から１つ選び，記号で答えなさい。

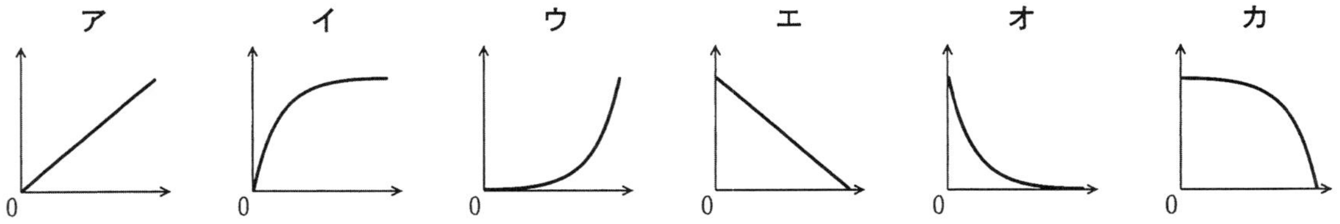

問６　おもりの運動エネルギーと位置エネルギーの合計を縦軸に，時刻を横軸にとると，どのようなグラフになりますか。正しいものを次の**ア～カ**から１つ選び，記号で答えなさい。ただし，位置エネルギーの基準を水そうの底の高さとします。

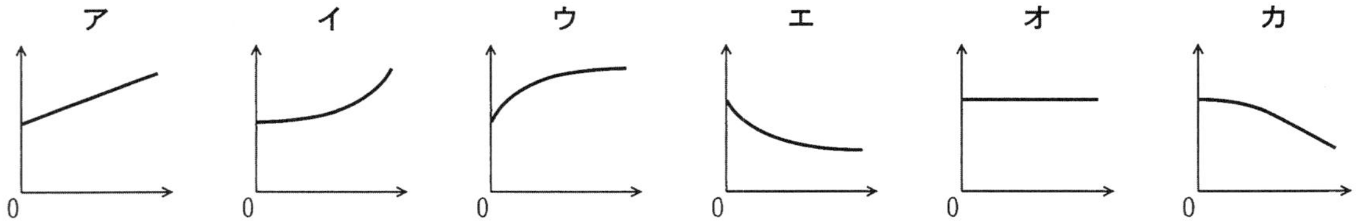

1 右図のように，台車とおもりを，軽くて伸びない糸でつなげました。台車は記録タイマーに接続され，おもりは滑車を介して水そうの水面の位置にあります。台車を止めていたストッパーを外すと，おもりは水中を落下し始めました。おもりの落下中，糸がたるむことはありませんでした。記録タイマーは1秒間に60打点するものを使用し，糸の浮力は無視できるものとして以下の問いに答えなさい。

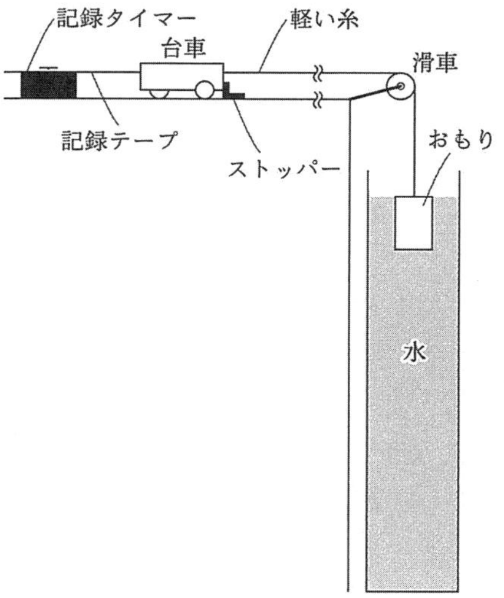

問1　おもりの密度は7.9 g/cm³，質量は316 gでした。このおもりの体積は何cm³ですか。整数で答えなさい。

問2　下のグラフは，台車のストッパーを外した時刻（時刻0秒とします）から，記録テープを6打点ごとに切って順番にならべたものです。ストッパーを外した後の台車の運動のしかたを正しく説明している文を以下の**ア**～**エ**から1つ選び，記号で答えなさい。

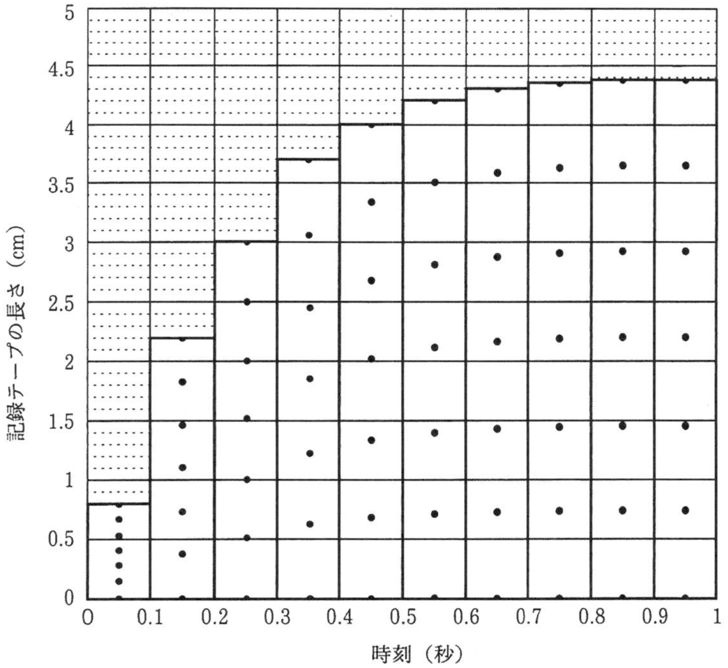

ア．台車の速度はしだいに減少し，やがて静止した。
イ．台車の速度はしだいに減少し，やがて一定の速度になった。
ウ．台車の速度は増加した後，減少し，やがて静止した。
エ．台車の速度はしだいに増加し，やがて一定の速度になった。

問3　時刻0秒から時刻0.5秒までの間の，台車の平均の速さは何cm/秒ですか。

理　　科

平成31年度　一般入学試験

理科・社会

【注意事項】

（１）「始め」という指示があってから，開いて始めなさい。

（２）理科解答用紙，社会解答用紙にそれぞれ志望科・コースの□を黒くぬりつぶし，受験番号・氏名を記入しなさい。

（例）

■特進・選抜コース
□普通コース
□科学技術科
□情報科学科

（３）試験は理科と社会の両方に解答しなさい。試験時間は理科と社会をあわせて60分です。

（４）問題は理科が１～６ページまで，社会が７～13ページまであります。ページが抜けていたり，印刷の文字がはっきりしていない場合は，静かに手をあげて先生に知らせなさい。

（５）解答はすべてそれぞれの解答用紙に記入しなさい。

（６）計算は問題の余白を利用しなさい。

（７）定規・分度器・計算機等の使用はできません。

（８）質問のある時は静かに手をあげて，先生の指示を受けなさい。

（９）「やめ」という指示で書くことをやめなさい。

（10）問題は持ち帰ってください。

愛知工業大学名電高等学校

Ⅱ．次の英文を読み，あとの設問に答えなさい。

Have you ever dreamed of a life in the Land of the Rising Sun? Becoming an exchange student in Japan is a good idea, and going abroad to this popular East Asian country is now easier than before. Let's look at some interesting things about Japan.

A When you live in Japan, you'll be able to learn Japanese quickly. It is difficult but very interesting to use it if you've learned the basics. Listening and reading a lot in a short time is one of the best ways to learn a foreign language.

B Like your country, students in Japan study hard. Students often ride a bike from far away to get to school, and work hard when they arrive. If you go to a Japanese school, you can have great language learning chances, because all classes are taught in Japanese. The school trip is often the biggest event of the year, and it gives students the chance to visit popular places in Japan.

C Living in Japan is expensive, especially in Tokyo. People say that the cost of living in Japan is higher than in the United States. However, living in an apartment in Japan is cheaper than in the United States.

D The food in Japan is well known, but it isn't all sushi. In fact, after trying some homestyle cooking, ①you'll be very surprised. Curry rice and ramen noodles are just a few things you may find in your school cafeteria. There are many Japanese foods you have never seen before.

E A lot of popular sports are practiced in Japan. However, there are a few sports you may never have tried before. How about checking out a sumo or kendo club at your host school? Many Japanese high school students also play their sports. For example, the high school baseball tournament, Koshien, is so popular that many Japanese people watch it on TV and listen to it on the radio.

F It is easy to travel in Japan. The shinkansen train lines spread all over the country, from Kyushu to Hokkaido. Though it depends on the place which you live in, you will experience different kinds of weather, too. You can enjoy the changing of the four (②) and can try many kinds of special dishes with each season, too.

An exciting life is waiting for you. Why don't you go and live in Japan?

（注） exchange student 交換留学生　　basics 基本　　homestyle 家庭の

（注） invention 発明　　invent 発明する　　broom ほうき
dust ほこり　　electricity 電気　　by accident 偶然に
radar waves レーダー波　　World War Ⅱ 第二次世界大戦

1．本文中の下線部の質問に対する筆者自身の答えを漢字３字で書きなさい。

2．次の年表の（A）～（D）に該当する発明品を正しく表しているものを，ア～エから１つ選び，記号で答えなさい。

1846年	—	1860年	—	1876年	—	1908年	—	1945年
（ A ）		（ B ）		(refrigerator)		（ C ）		（ D ）

ア．A. sewing machine　　B. microwave oven
　　C. first vacuum cleaner　　D. new vacuum cleaner
イ．A. first vacuum cleaner　　B. sewing machine
　　C. new vacuum cleaner　　D. microwave oven
ウ．A. sewing machine　　B. first vacuum cleaner
　　C. new vacuum cleaner　　D. microwave oven
エ．A. microwave oven　　B. first vacuum cleaner
　　C. sewing machine　　D. new vacuum cleaner

3．本文に書かれていない発明品を，ア～エから１つ選び，記号で答えなさい。
ア．ミキサー　　イ．電子レンジ　　ウ．掃除機　　エ．冷蔵庫

4．本文の内容と一致するものを，ア～オから１つ選び，記号で答えなさい。
ア．Before the refrigerator was invented, people lived in an icehouse in summer.
イ．The first vacuum cleaners were so large that a person could pick up a lot of dust.
ウ．Daniel Hess and James Spangler made a new type of vacuum cleaner together.
エ．People had to make clothes by hand before sewing machines were invented.
オ．The first name of the machine that Percy Spencer invented was Radar Wave.

5．発明に関して大きく変わったと筆者が述べていることを，ア～エから１つ選び，記号で答えなさい。
ア．Inventions are becoming smaller and smaller.
イ．People are making inventions which work with electricity.
ウ．People who are not scientists try to invent something useful.
エ．Companies work together with universities to make inventions.

Ⅰ．次の英文を読み，あとの設問に答えなさい。

There are many useful things in our lives. People, companies, and even universities have made a lot of things. These things make life easier. Do you know the stories of inventions? Do you know how they were invented? What is the greatest invention in our lives? Here are some examples of great inventions that made our lives easier.

The refrigerator was invented in 1876 by Carl von Linde. He was a German scientist. Before he invented it, many people had icehouses. They were small buildings to keep food in. People bought and kept ice in the icehouse, and put food and drink in it to keep them cold. But the icehouse didn't keep things cold for long. The refrigerator keeps food and drink fresh much longer and more easily. So the refrigerator became more popular than icehouses.

Before the vacuum cleaner was invented, people used brooms to clean their houses. The first vacuum cleaner was invented before the refrigerator, by Daniel Hess. He called it Carpet Sweeper. It was so large that one person had to move the body of the machine, and another person moved the part that picked up dust. Many people improved Hess's design, but vacuum cleaners were still large and expensive. Forty eight years later, James Spangler made a more efficient and smaller vacuum cleaner. This was the first vacuum cleaner that worked with electricity. Thanks to him, people started buying vacuum cleaners for their homes.

What do you do if you can't buy clothes in a store? Before the sewing machine was invented, everyone made their clothes at home by hand. Many people tried to invent a sewing machine in the 1800s, and Elias Howe invented the first useful sewing machine. It was invented earlier than the first vacuum cleaner. Others began making the same kind of machine. Then companies were able to make a lot of clothes, and sell them in stores. Thanks to the sewing machine, we can now buy clothes.

The microwave oven was invented by accident. Percy Spencer was working with radar waves. One day in the last year of World War Ⅱ, the chocolate in his pocket melted because of radar waves. This gave him an idea, and he created the microwave oven. The first microwave oven was called Radarange. It was used in restaurants in those days.

These are examples of great inventions we use even now. Can you think of any other useful inventions that make our lives easier today? And what is the greatest invention? Is it the television, is it the airplane, or is it the smartphone? I think it is the machine which makes electricity. When the refrigerator, the vacuum cleaner, and the sewing machine were invented, they didn't need electricity, but now, electricity is used for almost every machine we use. This is the greatest change. So I say the greatest invention is the generator — it changed our world forever.

問題は次ページから始まります。

平成31年度　一般入学試験

英　　語

【注意事項】

（1）「始め」という指示があってから，開いて始めなさい。

（2）解答用紙の志望科・コースの□を黒くぬりつぶし，受験番号・氏名を記入しなさい。

（例）

■ 特進・選抜コース
□ 普　通　コ　ー　ス
□ 科　学　技　術　科
□ 情　報　科　学　科

（3）試験時間は40分です。

（4）この問題は8ページまであります。ページが抜けていたり，印刷の文字がはっきりしていない場合は，静かに手をあげて先生に知らせなさい。

（5）解答はすべて解答用紙に記入しなさい。

（6）質問のある時は静かに手をあげて，先生の指示を受けなさい。

（7）「やめ」という指示で書くことをやめなさい。

（8）問題は持ち帰ってください。

愛知工業大学名電高等学校

(5) 右の図のように，AB＝AC の二等辺三角形 ABC があります。直線 l を辺 AB，AC と交わるようにひき，交点をそれぞれ D，E とします。さらに，直線 l に平行な直線 m を辺 BC，AC と交わるようにひき，交点をそれぞれ F，G とします。∠ABC＝50°，∠AED＝60° のとき ∠BDE＋∠BFG の大きさを求めなさい。

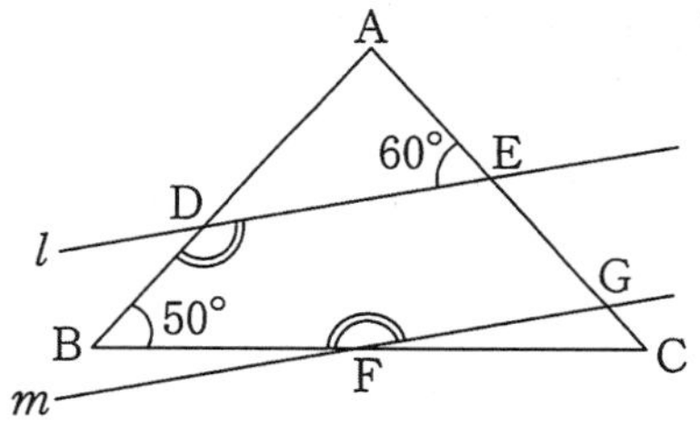

(6) ある部活動の 2 年生と 1 年生の部員数の比は 4：3 でした。5 人ずつの班に分けて練習をしようとすると，5 人の班の他に 6 人の班が 2 つできてしまいました。できた班の数の合計が 2 年生の部員数の $\frac{1}{3}$ であるとき，2 年生と 1 年生の部員数はそれぞれ何人ずつか，途中の説明を書いて求めなさい。

1 次の問いに答えなさい。

(1) $\{(-3+1)^3-2^2\}\div\left(1-\frac{5}{2}\right)$ を計算しなさい。

(2) $a=2\sqrt{3}$, $b=2$ とするとき，$2a^2-2b^2+(a+b)^2$ の値を求めなさい。

(3) 2けたの整数があります。一の位の数は十の位の数より7だけ大きく，それぞれの位の数に2を足した数の積はこの2けたの整数より12だけ大きくなります。このとき，もとの2けたの整数を求めなさい。

(4) 立方体の各面に1から6までの数字が1つずつ書いてあるさいころAと，立方体の各面に「2」か「5」のどちらかの数字が1つずつ書いてある特殊なさいころBがあります。この2つのさいころを同時に投げるとき，出る目の和が7以上となる確率は $\frac{1}{2}$ でした。このとき，さいころBの6つの面のうち2の数字が書いてある面はいくつあるか求めなさい。

平成31年度　一般入学試験

数　　学

【注意事項】

（1）「始め」という指示があってから，開いて始めなさい。

（2）解答用紙の志望科・コースの□を黒くぬりつぶし，受験番号・氏名を記入しなさい。

（例）

■特進・選抜コース
□普 通 コ ー ス
□科 学 技 術 科
□情 報 科 学 科

（3）試験時間は40分です。

（4）この問題は５ページまであります。ページが抜けていたり，印刷の文字がはっきりしていない場合は，静かに手をあげて先生に知らせなさい。

（5）解答はすべて解答用紙に記入しなさい。

（6）計算は問題の余白を利用しなさい。

（7）定規・分度器・計算機等の使用はできません。

（8）質問のある時は静かに手をあげて，先生の指示を受けなさい。

（9）「やめ」という指示で書くことをやめなさい。

（10）問題は持ち帰ってください。

愛知工業大学名電高等学校

だろう。⑤その教師はただの未熟者であり、教師たる資格はない。

（押井　守『凡人として生きるということ』）

［注］　＊デマゴギー…根拠・確証のないうわさ話。デマ。

【問一】　傍線部①「やむにやまれぬウソだけでなく、ささいなことや、大きなこと、相手のためを思って、あるいは自分のために、人は平気でウソをつく」とあるが、この意味で使われることわざを五字程度で書きなさい。

【問二】　傍線部②「そういうことだ」とあるが、それはどういうことか。本文中から十五字以内で抜き出して、その最初の五字を書きなさい。

【問三】　傍線部③「若者は、自分が日ごとに年を取っていくことを嘆く必要がなくなる」とあるが、それはなぜか。最も適当なものを次の中から選び、その記号を書きなさい。

ア　ウソは時としてついてもよいウソが存在し、「若さは価値」もついてもよいウソだから。

イ　「若さは価値」のデマに気づくことができれば、自分らしく、自由に生きられるようになるから。

ウ　大人になれば若さは価値ではないということに気づき、若さを軽蔑するようになるから。

エ　現在は、「ちょい不良」オヤジや若作りオヤジなどいくつになっても若さを保つ秘訣があるから。

【問四】　傍線部④「自分がやりたいこと」とあるが、著者の「やりたいこと」について述べている一文を本文中から抜き出し、その最初の三字を書きなさい。

【問五】　空欄［A］・［B］に当てはまる語を、本文中からそれぞれ抜き出して書きなさい。

【問六】 傍線部⑤「その教師はただの未熟者であり、教師たる資格はない」とあるが、それはどういうことか。最も適当なものを次の中から選び、その記号を書きなさい。

ア この教師は大人になってもウソとデマの違いを見抜けず、子供に教えるべき本質もわからないまま、中途半端な真実しか伝えることができないということ。

イ この教師は大人になっても自分の明確な目的を持っておらず、単に口当たりのいい言葉を子供たちに伝えているに過ぎないということ。

ウ この教師は大人になっても建前はウソであると信じ込み、常に子供たちには本音で話をするのが正しいことだと思い込ませようとしているということ。

エ この教師は「若さは価値」という言葉がデマであることが未だに見抜けず、子供たちに物事の本質を伝える能力を持っていないということ。

【問七】 次の中から本文の内容としてふさわしくないものを二つ選び、その記号を書きなさい。

ア 大人は「ウソはいけない」ということがウソであることを当然知っているが、子供にはウソを見抜ける大人になってほしいと願い、あえて「ウソはいけない」ということを教えようとする。

イ 「若さは価値」という言葉は、デマではあるが、言葉の巧みさからなかなかそれがデマということが見破られず、大人になってもそれを信じてしまう人がいる。

ウ 大人も若者も失敗は許されるものではないので、「若いうちの失敗は許される」という言葉はデマではあるが、失敗の経験を重ねることで、若者は大人になっていく。

エ 大人は物事の本質を見極められるようになるため、たとえ子供に非難されようとも自分の欲望に対して純粋に振る舞えるようになる。

オ 本音と建前とでは本音の方がはるかに重要であるが、時として本音を出してしまうと本来の目的を果たせられないので、仕方なく建前を使うこともある。

カ 宮崎駿監督も著者も物事の本質が見えているという点では一致しているが、方法論としてお互いに異なる手法をとっているにすぎない。

三　次の文章を読んで、後の問いに答えなさい。（＊のことばには文末に注があります。）

【古文】

物事正直なる人は、天も見捨てたまはず。a難波人ひさしく、江戸に棚出して、一代世をわたる程儲《まう》けて、再び大坂にかへり、楽々と暮らされける。

折ふし、秋の草花などいけて詠《なが》める時、東の山里より、紅茸《べにたけ》のうるはしきを、おくりける折から、bあたりの男きたりて、「何ぞ。」といふ程に、①「聖人の世にはえる、＊1霊芝《れいし》といふ物。」と語れば、ありがたさうに手にも取らず見物する、律儀者なり。「けふ御見舞ひ申すは、私も＊2此処元《ここもと》の、しんだいおもはしからず。一たび江戸への心ざしなり。こなたには、数年にて、勝手も御存じなれば、今時は何商ひがよい。」と申す。「今は銀《かね》ひろふ事がまだもよい。」と申せば、cこの男まことにして、「これは人の気のつかぬ事なり。御陰にて、是非に拾うてまゐらう。」といふ程に、②これをかしく、道中の遣《つか》ひ銭《せん》もとらし、「其処元《そこ》へ、d稼ぎにくだる者なり。万事頼む。」のよし、ねんごろなる方へ、状を添へける。やがてくだりつきて、かの人宿の＊3出居衆《でゐしゅ》になつて、あけの日、＊4股引《ももひき》・脚絆《きゃはん》して出、日暮れてかへる事、十日ばかりなり。

亭主心もとなく「毎日何方《いづかた》へゆかるるぞ。身過ぎの内談もなされず。」といふ。eこの男ささやきて、「主様《あるじ》へは隠すまじ。それがしは此処元へ銀を拾ひにまゐつた。」と申す。亭主腹をかかへ、また大坂から、fこの男をなぶつて、くだしける、とおもひ、「さて、日に日に出られ

【現代語訳】

何事にも正直な人は、天もその人をお見捨てにはならない。大坂の人で、長らく江戸に店を出して一生生活してゆけるほど、財産を作って、再び大坂に帰り、楽々と暮らしている者があった。

頃は秋で、草花などを生けて眺めている時に、東の山里から、紅茸の色美しいのを贈ってきたが、その折に近所の男が来合わせて、「これは何ですか。」と聞くので、「聖人のいる世の中に生えるという、霊芝というものだ。」と語ると、ありがたそうに手にも取らないで見ている、この男は真正直な男であった。男は、「今日お伺いしましたのは、私も大坂では生業がうまくゆきません。一度江戸へ下って稼いでみようと思います。あなたは数年間いらっしゃったので、江戸の様子もご存じでしょうが、今日では、どのような商売がよろしいでしょうか。」と言った。主人は、「今日では金を拾うことがまだしもよろしい。」と言うと、この男はこれを本当だと思って、「これは人の気づかぬことです。お陰をもって私も、ぜひ金を拾いにまいりましょう。」と言うので、これをおかしく思い、主人は道中の小遣い銭も与え、「そちらへ稼ぎに下る者です。万事よろしく頼みます。」と、よく知っている人あてに紹介状を書いて、男に与えた。やがて江戸に下り着き、紹介の人置き宿の出居衆になって、翌日には股引・脚絆姿で出て行き、日没後に帰る、ということが十日ほど続いた。

亭主は心配して、「毎日どこへおでかけですか。商売についての打ち明けた相談もなさらないで。」と尋ねた。この男は小声になって、「ご主人には隠さずお話しします。私はこの土地へ金を拾いにやって来ました。」と

て、拾はるるか。」と申せば、此処元へまゐつて、昨日ばかりが不仕合わせ、その外《ほか》は拾ひました。あるいは、五匁《もんめ》*5七匁、先をれの小刀、または秤《はかり》のおもり・かたし目貫《めぬき》*6、何やかや取り集めて、四百色程拾ひける。亭主きもをつぶして、「g珍しきお客。」と、近所の衆に語れば、「これためしもなき事なり。はるばる正直にくだる心ざし、咄《はな》しの種に拾はせよ。」と③小判五両出し合ひ、拾はせける。

それより次第に富貴となつて、通り町に屋敷を求め、棟にむね門松を立て、広き御江戸の正月をかさねける。

（井原西鶴『西鶴諸国ばなし』）

言った。亭主は腹を抱えて笑い、また大坂のあの男が、この男をいじめからかったのだ、と思い、「それでは毎日外出されて、お拾いになりましたか」と言うと、江戸にやって来て、昨日だけがうまくゆかず拾えませんでしたが、そのほかの日は拾いました。あるときは銀五匁、七匁、先の折れた小刀、または秤の重り・目貫の片方など、何やかや取り集めて四百種類ほど拾いました。亭主は肝をつぶして、「珍しいお客だ。」と近所の人々に語ると、人々は、「これは前例のないことだ。はるばる正直に下って来た心がけ、話の種に拾わせよう。」と小判五両を出し合って拾わせた。

それから、次第に富裕になって、表通りに家を買い入れ、幾棟も家を立て、広いお江戸で何度も正月を迎えることができた。

〔注〕
＊1 **霊芝**…きのこの一種。めでたいきのことされた。
＊2 **此処元**…この土地。ここでは大坂の地。
＊3 **出居衆**…その家に寄宿して、自分が資本を出して商売する行商。
＊4 **股引・脚絆**…行商人の服装。
＊5 **匁**…銭を数える単位。
＊6 **目貫**…携帯用のはかりのおもり。

【問一】 波線部a～gのうち、同じ人物を示していないものを一つ選び、その記号を書きなさい。

【問二】 傍線部①「聖人の世にはえる、霊芝といふ物」とあるが、なぜこのように答えたのか。その説明として最も適当なものを次の中から選び、その記号を書きなさい。

ア ただのキノコと霊芝の区別がよくわからなかったので、男に見栄を張った。
イ ただのキノコを霊芝というおめでたいキノコと偽り、男に聖人ぶりを示した。
ウ ただのキノコと霊芝の区別がよくわからなかったので、男が見抜けるか試した。
エ ただのキノコを霊芝というおめでたいキノコと偽り、男をからかった。

【問三】 本文にはもう一箇所「　」の必要なところがある。古文中からその部分の最初と最後の三字を抜き出して書きなさい。

【問四】 傍線部②「これをかしく」とあるが、この男のどのようなところを「をかしく」感じたのか。古文中の語句を用い、五～十字以内の現代語で書きなさい。

【問五】 傍線部③「小判五両出し合ひ、拾はせける」とあるが、なぜこのようなことをしたのか。その説明として最も適当なものを次の中から選び、その記号を書きなさい。

ア 江戸の亭主は、金を拾って稼ぎを作ろうと本気で思っている男の心がけに返って感心し、これからの話題にしようとわざと小判を拾わせた。

イ 江戸の亭主は、からかわれたことも気づかず江戸へ出てきて馬鹿正直に金を拾う男の心がけにあきれたが、せめて商売の資本になればと小判を拾わせた。

ウ 江戸の亭主は、大坂から紹介状を受け取っているので、男が毎日拾えるか拾えないかを黙ってみているわけにもいかず、小判を拾わせた。

エ 江戸の亭主は、たくさんのくだらない物を拾ってくる真面目で正直な男の心がけに驚き、何も拾えない日の不幸を気の毒に思い、小判を拾わせた。

【問六】 本文には作者の感想が述べられている部分がある。古文中からその部分の最初の三字を抜き出して書きなさい。

【問七】 本文から読み取れるものを次の中から二つ選び、その記号を書きなさい。

ア 三度目の正直　　イ 正直は最善の策　　ウ 正直に非を認める

エ 正直の頭に神宿る　　オ 正直者が馬鹿を見る　　カ 正直に白状する

四　次の問いに答えなさい。

【問一】　次の1～3の傍線部のカタカナは漢字に直し、漢字はその読みをひらがなで書きなさい。ただし3は送り仮名もつけなさい。

1　プレゼントを贈って好きな人のカンシンを買う。

2　安全祈願の祝詞を神社であげてもらった。

3　私の失敗が友人を窮地にオトシイレルこととなった。

【問二】　助詞を含まない文節を、ア～オの中から一つ選び、その記号を書きなさい。

ア親ゆずりの／イ無鉄砲で／ウ子供の／エときから／オ損ばかり／している。

【問三】　次の文のア～キから助動詞ではないものを二つ選び、その記号を書きなさい。

賢人君は、涼真君のアように勉強はできイないが、もてるウらしい。二人とも同じクラスエで仲もいい。しかし涼真君は、今回の実力テストオで賢人君より成績が悪かっカたので、おもしろくキないということだ。

2019(H31) 愛知工業大学名電高
K 教英出版